ŒUVRES
COMPLÈTES
DE J. RACINE

AVEC UNE VIE DE L'AUTEUR

ET

UN EXAMEN DE CHACUN DE SES OUVRAGES

PAR

M. LOUIS MOLAND

TOME SEPTIÈME

PARIS

GARNIER FRÈRES, LIBRAIRES-ÉDITEURS

6, RUE DES SAINTS-PÈRES

M DCCC LXXVII

CHEFS-D'ŒUVRE

DE LA

LITTÉRATURE

FRANÇAISE

26

ŒUVRES

COMPLÈTES

DE J. RACINE

TOME SEPTIÈME

ŒUVRES
COMPLÈTES
DE J. RACINE

AVEC UNE VIE DE L'AUTEUR

ET

UN EXAMEN DE CHACUN DE SES OUVRAGES

PAR

M. LOUIS MOLAND

TOME SEPTIÈME

PARIS

GARNIER FRÈRES, LIBRAIRES-ÉDITEURS

6, RUE DES SAINTS-PÈRES

M DCCC LXXVII

INTRODUCTION

Ce tome septième comprend les *Remarques sur l'Odyssée d'Homère* et celles *sur les Olympiques de Pindare*, les *Annotations*, les *Discours académiques* et la première série de la *Correspondance*. Voici sur chacune de ces parties les explications qui peuvent être utiles au lecteur.

I

REMARQUES SUR L'ODYSSÉE D'HOMÈRE ET SUR
LES OLYMPIQUES DE PINDARE

Les deux cahiers manuscrits contenant les *Remarques sur les dix premiers livres de l'Odyssée* et les *Remarques sur les Olympiques* sont à la Bibliothèque nationale, parmi les papiers qui y furent déposés par Louis Racine. Ils sont cotés, fonds français, n°s 12890 et 12891. Les *Remarques sur l'Odyssée d'Homère* sont datées : Avril 1662; les *Remarques sur les Olympiques* de Pindare sont datées seulement du 1er mars; il ne paraît pas douteux qu'elles ne soient de la même année que les *Remarques sur l'Odyssée*. Les deux cahiers se ressemblent beaucoup, et l'écriture est bien du même temps. On trouve, de plus, dans ces deux morceaux, des rapprochements qui indiquent des études contemporaines.

INTRODUCTION.

L'année 1662 est celle que Racine passa entièrement à Uzès, chez son oncle le vicaire général; il avait vingt-deux ans lorsqu'il se livrait à ce travail sur les deux grands poëtes grecs. Il est certain que ces années passées à Uzès furent laborieuses, et nous avons dans ces notes un spécimen de ces fortes études par lesquelles l'élève de Port-Royal se préparait aux œuvres poétiques qu'il méditait déjà, car, dès son séjour à Uzès, il paraît avoir ébauché la tragédie des *Frères ennemis*.

M. Mesnard a constaté que Racine a étudié Pindare dans l'édition de Paul Estienne de 1599 : Πινδαρου Ολυμπια, Πυθια, Νεμεα, Ισθμια, μετα εξηγήσεως παλαιᾶς πάνυ ὠφελίμου, καὶ σχολίων ὁμοίων. *Adjuncta est interpretatio ad verbum. Anno M.D.XCIX.* Il est moins affirmatif au sujet du texte dont le poëte a fait usage pour étudier *l'Odyssée :* il ne serait pas éloigné de croire que ce fut l'édition donnée par Jean Crespin en 1567. (*E typographia Joannis Crespini Atrebatii.*) Ce point a du reste peu d'importance.

Les *Remarques sur l'Odyssée* sont plus abondantes, plus étendues, plus intéressantes que les *Remarques sur les Olympiques,* qui sont purement et sèchement explicatives. C'est pour cela que nous donnons d'abord les *Remarques sur l'Odyssée*, quoique les *Remarques sur les Olympiques* soient probablement les premières en date, mais cette légère interversion chronologique n'offre aucun inconvénient.

Les *Remarques sur l'Odyssée* et les *Remarques sur les Olympiques* ont été imprimées pour la première fois par M. Aimé Martin, dans l'édition des OEuvres de Racine de 1825.

ANNOTATIONS.

Racine eut, dès sa jeunesse, l'habitude de jeter à la marge de ses livres des notes diverses, observations critiques, traductions, rappels, références, indications sommaires destinées à lui faire retrouver plus aisément les passages ou les expressions qui frappaient son attention. La piété de ses admirateurs a recueilli ces notes à la marge des livres qui lui ont appartenu. M. Gail publia en 1819, dans le tome VI du journal *le Philologue,* les notes sur les *Coéphores* d'Eschyle, sur *Ajax, Électre* et *OEdipe-roi* de Sophocle, et sur *Médée, Hippolyte* et *les Bacchantes* d'Euripide. M. Félix Ravaisson transcrivit en 1841 les notes sur les *Coéphores* déjà livrées au public, celles sur les *Phéniciennes, Hippolyte, Ion, Électre,* et la note unique sur *Iphigénie en Aulide,* empruntées à un autre exemplaire d'Euripide ; elles furent imprimées dans la *Nouvelle Revue encyclopédique,* livraison d'octobre 1846.

M. le marquis de Larochefoucauld-Liancourt publia en 1855, dans la première partie du volume intitulé *Études littéraires et morales de Racine,* les notes sur l'*Iliade* d'Homère et celles sur les tragédies de Sophocle et d'Euripide. Mais les notes de Racine y sont présentées dans un ordre arbitraire, et fréquemment retouchées et arrangées, fréquemment altérées par conséquent. Ce travail ne peut donc inspirer de confiance et n'a pas droit à figurer dans les éditions des OEuvres de Racine.

M. Mesnard a repris avec plus de méthode ce qu'on avait mis au jour avant lui, et y a considérablement ajouté. Et cependant, dans cet amas de tout ce qu'il a pu recueillir, le plus intéressant fait encore défaut. Ainsi l'on n'a point retrouvé les notes que l'auteur d'*Iphigénie* et de *Phèdre* a dû prendre sur *Iphigénie en Aulide* et sur *Hippolyte porte-couronne* d'Euripide, avant de composer ses tragédies. L'on n'a pas retrouvé les notes qu'il avait prises peut-être sur *Iphigénie en Tauride* et sur *Alceste,* lorsqu'il songea à transporter ces tragédies grecques sur notre théâtre. Le peu que l'on possède sur *Iphigénie en Aulide* et sur *Hippolyte porte-couronne* est antérieur à toute idée d'appropriation scénique, et n'offre qu'un travail d'écolier. De même, dans la latinité, on n'a point les notes qu'il a dû prendre sur Tacite pour composer *Britannicus*.

Quelques-unes des annotations que l'on a transcrites sont tellement insignifiantes que nous nous refusons à en charger notre édition. Nous donnons les notes sur l'*Iliade* d'Homère qui complètent les *Remarques sur l'Odyssée*; les quelques notes sur les odes de Pindare qui complètent les *Remarques sur les Olympiques*, puis naturellement toute l'annotation sur les tragiques grecs. Nous donnons de plus quelques notes sur la *Poétique* d'Aristote, empruntées à un autre volume que celui qui a fourni les fragments de traduction insérés dans notre tome VI, et enfin quatre notes sur la *Pratique du théâtre* de l'abbé d'Aubignac. Comme c'est assurément le poëte tragique qui, dans Racine, intéresse davantage la postérité, nous relevons tout ce qui peut même de très-loin se rattacher aux études et aux lectures propres à former le poëte tragique. C'est assez pour apaiser la plus ardente curiosité ; le reste ne mérite pas, à notre avis, d'avoir place même dans les éditions de Racine qu'on s'efforce de rendre les plus complètes. Nous pouvons du moins espérer, en abrégeant cette partie aride, que quelques lecteurs la parcourront. Il y a toujours une limite qu'on est obligé de se fixer en ces matières. M. P. Mesnard n'a pas tout donné. Nous nous arrêtons plus tôt que lui, et nous ne savons si nos successeurs consentiront même à nous suivre aussi loin.

III

DISCOURS ACADÉMIQUES.

Nous avons déjà dit (Notice préliminaire de *Mithridate*, t. IV) que le discours que Racine prononça à l'Académie française, lorsqu'il y fut reçu, n'a jamais été imprimé, et qu'il n'en est resté aucune copie manuscrite. Il est probablement perdu. Il n'eut, paraît-il, qu'un succès médiocre, et Racine le supprima. C'est un fait assez singulier que ce malheureux début que l'abbé d'Olivet attribue à la trop grande timidité avec laquelle Racine récita son discours, et cela prouve qu'il ne faut pas toujours juger les hommes à une première épreuve, car Racine était né pour remporter plus aisément que personne ces succès académiques.

Deux seulement des discours qu'il prononça à l'Académie nous ont été conservés : le premier est celui qu'il prononça en 1678 à la réception de l'abbé Colbert, fils du célèbre ministre ; le second, celui qu'il prononça en 1685, à la réception de MM. Thomas Corneille et Bergeret, auxquels il répondit concurremment.

L'abbé Colbert, qui fut peu après (en 1680) coadjuteur de l'archevêque de Rouen, fut reçu académicien à vingt-quatre ans, en remplacement de Jacques Esprit. Sa réception eut lieu le 31 octobre 1678, date que M. Mesnard adopte d'après le *Mercure galant*, car le 30 octobre, qui est donné dans le recueil quasi officiel de J.-B. Coignard et qui a été généralement assigné à cette cérémonie, fut cette année-là un dimanche, et cela suffit à démontrer qu'une légère erreur, probablement une faute d'impression, a été commise d'abord, et ensuite répétée.

Le rédacteur du *Mercure galant* a rendu compte de cette séance dans son journal de novembre 1678. Ce compte rendu d'une séance académique il y a deux cents ans offre assez d'intérêt par lui-même pour que nous le reproduisions en grande partie :

Compte rendu d'une séance de réception à l'Académie,
en 1678.

« Je vous ai parlé du choix que l'Académie françoise avoit fait de M. l'abbé Colbert pour remplir la place de

feu M. Esprit. Le voyage de Fontainebleau fut cause qu'il
différa le temps de sa réception jusqu'au dernier jour de
l'autre mois. Cette cérémonie se fait dans le lieu ordinaire de leurs assemblées. C'est une alle du Louvre, où l'on
voit les tableaux des protecteurs de cette célèbre Compagnie,
qui sont celui du roi et ceux de M. le cardinal de Richelieu,
son instituteur, et de feu M. le chancelier Séguier, qui lui a
servi de protecteur après lui. On y voit aussi celui de la
reine de Suède. Lorsque cette grande princesse vint à Paris,
elle voulut se trouver à une séance de l'Académie, et elle fut
si satisfaite des savantes lumières que lui découvrirent ceux
qui composoient cet illustre corps que, pour marque de son
amitié, elle leur fit l'honneur de leur envoyer son portrait.
Cette salle est ouverte à tout le monde, chaque fois qu'on
reçoit un académicien nouveau. Ainsi la foule est ordinairement fort grande, et particulièrement quand c'est une personne distinguée par la qualité. Vous jugez bien par là que
l'assemblée ne pouvoit être que très-nombreuse le jour où
M. l'abbé Colbert fut reçu. L'envie de vous entretenir de
ce qui s'y passa, comme témoin oculaire, m'y fit chercher
place de fort bonne heure. Je ne vous redirai point ce que
je me souviens de vous avoir déjà dit qu'une partie de l'Académie françoie est comp osée de personnes du premier ordre
par leur naissance et par leurs emplois, tant dans l'Église et
la Robe que dans l'Épée. Si l'autre partie n'est pas d'un
rang si élevé, elle ne voit rien ou ne doit rien voir au-dessus
d'elle pour ce qui regarde l'esprit; et l'esprit est tellement
estimé que, quoique ces Messieurs soient avec les premiers
du royaume, il n'y a néanmoins aucune distinction entre eux
pour les rangs. C'est le sort qui décide tous les trois mois
des charges de l'Académie. Il y en a trois qui sont celles de
directeur, de chancelier et de secrétaire. Je crois, Madame,
que vous ne serez pas fâchée que je vous instruise de ces
particularités, puisque je vous parle d'un corps qui est reçu
à l'audience du roi avec les mêmes cérémonies que les assem-

blées souveraines... Les règles sont que celui qui a été choisi pour remplir une des places vacantes doit faire un compliment à la Compagnie en forme de remerciement. Comme le roi en est présentement le protecteur, et que les grandes choses qu'il a faites et qu'il continue de faire tous les jours donnent lieu de parler de lui dans toutes les actions publiques, les académiciens qui sont reçus font ce remerciement en peu de paroles, afin d'avoir plus de temps à s'étendre sur le panégyrique de ce grand prince. Il en faudroit beaucoup, quand il ne s'agiroit que de l'ébaucher. Celui qu'on reçoit est assis au bout d'en bas de la table, parce que, n'ayant point encore eu de place dans l'Académie, il semble qu'il ne la doive prendre qu'après sa réception. Le directeur est vis-à-vis de lui à l'autre bout de la table, seul de toute l'Académie assis dans un fauteuil. Les officiers sont à ses côtés, et le reste des académiciens sur des chaises autour de la table. Plusieurs évêques se placèrent derrière ces illustres savants le jour que je viens de vous marquer. Il y avoit avec eux un grand nombre de personnes de la première qualité. Le reste de la salle étoit rempli indifféremment de toute sorte de gens dont beaucoup se pouvoient vanter d'un mérite généralement reconnu. M. l'archevêque de Paris, M. Colbert et M. l'abbé son fils étant entrés, ce dernier eut à peine pris sa place, que, sans se donner le temps de respirer après avoir traversé une grande foule, il commença son compliment. » Après une analyse et des citations de ce compliment, le rédacteur continue : « Je passe à ce que le directeur de l'Académie lui répondit de sa part. Le sort, qui décide tous les trois mois de l'élection des officiers, avoit rendu justice au mérite de M. Racine en le mettant dans ce poste glorieux, et plus glorieux encore ce jour-là par l'avantage qu'il eut de parler devant une si belle et si illustre assemblée. »

Après une analyse et des citations du discours de Racine, le rédacteur reprend : « Les applaudissements qu'on donna tout haut à ce discours furent grands et firent voir que chacun ne connoissoit pas moins que M. Racine les vérités qu'il venoit de dire de la maison de M. Colbert. Le bruit que causa la joie que toute l'assemblée en ressentit étant cessé, le même M. Racine, comme directeur de l'Académie, demanda aux académiciens s'ils avoient quelque chose à lire. Cette demande se fait toujours dans leurs actions publiques. Il n'y a qu'eux qui aient ce droit de lecture. Ils la font assis, couverts, et le papier à la main. M. l'abbé Cotin commença par un discours de philosophie. Il le fit sur ce que M. l'abbé Colbert qu'on recevoit ce jour-là étoit un très-habile philosophe. Il n'en lut qu'une partie, son âge ne lui laissant pas assez de voix pour se faire entendre dans une si grande assemblée. M. Quinault lut ensuite deux petits ouvrages de vers. Il y en avoit un sur la modestie de M. Colbert, qui fuit toute sorte de louanges, et qui n'aime à entendre que celles du Roi. Il finissoit par une très-belle pensée qui faisoit connoître que si ce zélé ministre ne pouvoit souffrir que les louanges de son maître, l'admirable panégyrique que venoit de faire un autre lui-même avoit dû lui donner une extrême joie. Le second ouvrage de M. Quinault étoit tout entier à l'avantage de M. l'abbé Colbert, sur ce que dans le bel âge il avoit uni les belles-lettres au profond savoir. Après qu'il eut achevé, M. l'abbé Furetière fit entendre quelques vers sur plusieurs endroits de la vie du roi pour servir d'inscriptions à un arc de triomphe dont il a fait le dessin il y a déjà quelque temps. Un dialogue de la Paix et de la Victoire fut lu par M. Boyer. Il est plein de louanges pour le roi, et reçut de grands applaudissements. D'autres vers de M. Corneille l'aîné *sur la Paix* furent écoutés avec beaucoup de plaisir. On y remarqua de ces grands traits de maître qui l'ont si souvent fait admirer, et qui le rendent un des premiers hommes de son siècle. M. Le Clerc lut après lui différents ouvrages de poésie... M. Charpentier parla le dernier, et, comme la matière des ouvrages qui se lisent publiquement dans ces jours de réception n'est jamais fixée, il fit entendre une traduction

INTRODUCTION.

qu'il a faite du *Miserere*. Elle est resserrée en peu de vers et fut extrêmement applaudie. M. Charpentier ayant achevé de lire, toute l'assemblée sortit, fort satisfaite des belles choses qu'elle avoit entendues, et, comme elle en étoit toute remplie, les applaudissements résonnoient de tous côtés en faveur des illustres de l'Académie. »

Cette modestie du ministre célébrée par Quinault fut mise ce jour-là, comme on le voit, à une assez forte épreuve. Le directeur n'avait été que l'interprète des sentiments de l'Académie, il avait donné le signal des éloges. Les lettres devaient beaucoup au ministre qui les encourageait, et elles lui témoignaient leur reconnaissance.

Le discours de Racine ne fut pas imprimé dans le recueil des harangues académiques. Il fut publié par Louis Racine à la suite des *Mémoires* sur la vie de son père, Lausanne et Genève, 1747, et c'est à partir de cette époque qu'il prit place dans les éditions des Œuvres de Racine. Le brouillon autographe de ce discours existe à la Bibliothèque nationale parmi les manuscrits que Louis Racine y déposa.

Thomas Corneille fut reçu à l'Académie le 2 janvier 1685, à la place de son frère aîné. Le sieur Bergeret, secrétaire ordinaire de la chambre et du cabinet du roi, premier commis du ministre Colbert de Croissy, ancien avocat général au parlement de Metz, fut reçu le même jour à la place de Cordemoy. Ce fut Racine qui répondit à l'un et à l'autre, et son discours est l'un des plus mémorables qu'ait entendus la célèbre assemblée ; Racine louant Pierre Corneille, effaçant ainsi les souvenirs d'une rivalité inévitable, et trouvant pour cet acte de réparation et de justice les accents d'une noble éloquence, c'est ce qui frappa les contemporains, c'est ce qu'on admirera toujours. « Je tâcherois inutilement, dit Devisé dans le *Mercure galant,* de vous exprimer combien cette réponse fut éloquente et avec combien de grâce il la prononça. Elle fut interrompue par des applaudissements fréquemment réitérés; et comme il en employa une partie à élever le mérite de M. de Corneille, il fut aisé de connoître qu'on voyoit avec plaisir dans la bouche d'un des plus grands maîtres du théâtre les louanges de celui qui a porté la scène françoise au degré de perfection où elle est. »

On lit dans le *Journal de Dangeau :* « Vendredi 5 janvier 1685, à Versailles, le roi se fit réciter par Racine la harangue qu'il avoit faite à l'Académie le jour de la réception de Bergeret et du jeune Corneille[1], et les courtisans trouvèrent la harangue aussi belle qu'elle avoit été trouvée à l'Académie. Racine la récita dans le cabinet du roi. »

Auquel des deux discours qui nous sont parvenus faut-il appliquer le mot de Louis XIV que rapporte Racine, tome VI, page 211? Auquel aussi se rapporte, par conséquent, la lettre d'Antoine Arnauld à Racine, dans laquelle il fait allusion à cette parole[2]! Dans l'un et l'autre cas, il s'agit sans aucun doute de la réponse à Thomas Corneille et à Bergeret, ainsi que Louis Racine le rapporte dans les *Mémoires.* La réponse à Thomas Corneille et à Bergeret est beaucoup plus louangeuse pour Louis XIV que le premier discours, consacré presque exclusivement à la louange de la famille Colbert. Arnauld n'eût pas écrit d'ailleurs à Racine sur ce ton en 1678; la réconciliation était encore trop récente. Il est donc bien certain que c'est après la lecture faite le 5 janvier à Versailles, lecture que Dangeau a constatée dans son *Journal,* que le roi dit à Racine : « Je vous louerois davantage, si vous ne me louiez pas tant. »

L'excès de ces louanges est fort sensible, en effet, lorsqu'on lit les harangues de Racine isolément; mais quand on les lit à la suite des autres, on voit que c'était le ton général, et que Racine y met même une certaine mesure. Il faut se

1. Dangeau eût mieux dit : Corneille le jeune, car Thomas Corneille avait alors soixante ans.
2. Voir ci-après, p. 424.

reporter à l'époque, par un effort d'intelligence historique, et considérer qu'alors le roi était aux yeux de tous la personnification de la nation, et qu'en le célébrant, on faisait acte de patriotisme, ni plus ni moins que si l'on eût célébré la France. M. Mesnard fait remarquer que le poëte, bien qu'il y fût comme sollicité par Corneille et par Bergeret, garda le silence sur la révocation de l'Édit de Nantes qui se préparait, et en effet ce n'était pas aux amis de Port-Royal à encourager la persécution.

Voyez dans le *Traité des études* de Rollin, livre IV, chapitre xiv, l'analyse de ce discours de Racine proposé comme un modèle achevé d'une éloquence noble et sublime et en même temps naturelle et sans affectation.

Ce discours fut imprimé à part en 1685, avec ceux de Thomas Corneille et de Bergeret, et c'est de ces trois harangues qu'il est question dans la lettre LI.[1] Le recueil a pour titre : « Discours prononcés à l'Académie françoise le 2 janvier 1685. A Paris, de l'imprimerie de Pierre le Petit..... M DC.LXXXV. Avec privilége de sa Majesté. » Ce discours fut inséré dans les *Œuvres* de Racine en 1687, et reproduit dans les éditions qui suivirent.

Ces trois discours sont de plus dans le *Recueil des harangues académiques* publié en 1698 par Coignard, et souvent réimprimé.

Nous sommes, dans cette section, plus copieux que nos devanciers. Il nous a paru qu'il était indispensable de donner les discours auxquels Racine répondait. C'est par là seulement qu'on peut bien apprécier les réponses. Nous donnons donc le discours de l'abbé Colbert avant le premier discours de Racine ; les discours de Thomas Corneille et de Bergeret avant le second discours de Racine. Nous donnons de plus les deux discours prononcés le 27 juin 1699, lorsque Valincourt fut reçu à la place de Racine, par le récipiendaire et

---

1. Voir ci-après, p. 422.

par M. de La Chapelle qui le reçut, discours dont Racine fut exclusivement le sujet, si exclusivement même que Boileau, qui croyait avoir droit à une mention, en fut irrité contre La Chapelle et riposta par l'épigramme :

> J'approuve que chez vous, messieurs, on examine
> Qui du pompeux Corneille ou du tendre Racine
> Excita dans Paris plus d'applaudissements ;
> Mais je voudrois qu'on cherchât tout d'un temps
> (La question n'est pas moins belle)
> Qui du fade Boyer ou du sec La Chapelle
> Excita plus de sifflements.

La Chapelle était un auteur tragique qui, après la retraite de Racine, avait obtenu des succès au théâtre avec *Téléphonte* et *Cléopâtre,* cette *Cléopâtre* que La Fontaine a critiquée et parodiée spirituellement dans sa comédie de Ragotin. Il a laissé de plus une petite comédie, *les Carrosses d'Orléans,* qui resta longtemps au répertoire.

On verra dans la correspondance (*Lettres de divers à divers*) deux lettres de M. Vuillard à M. de Préfontaine, à la date du 9 et du 23 juillet 1699, relatives à ce petit incident.

Les harangues de Valincourt et de La Chapelle valent la peine d'être reproduites. « M. de Valincourt, dit Sainte-Beuve, en entrant à l'Académie, avait justifié ce choix par un fort bon discours, — un éloge de Racine fort délicat et fort poli. Il avait été reçu par M. de La Chapelle, directeur, qui ne parla pas mal non plus, et qui dit même des choses assez neuves et très à propos à cette date de 1699, sur les heures de perfection et de décadence littéraire pour les nations. Il développa une pensée de l'historien Velleius Paterculus, et parla de cette sorte de fatalité qui fixe dans tous les arts, chez tous les peuples du monde, un *point d'excellence* qui ne s'avance ni ne s'étend jamais. — « Le même ordre immuable,
« disait-il, détermine un nombre certain d'hommes illustres
« qui naissent, fleurissent, se trouvent ensemble dans un
« court espace de temps, où ils sont séparés du reste des

INTRODUCTION.   xiii

« hommes communs que les autres temps produisent, et en-
« fermés dans un cercle hors duquel il n'y a rien qui ne
« tienne ou de l'imperfection de ce qui commence ou de la
« corruption de ce qui vieillit. » C'était bien pensé et bien dit. »

Il nous a paru, d'ailleurs, qu'il était intéressant de connaître les sentiments et le langage de la célèbre assemblée au lendemain de la mort du grand poëte qui était associé à tous ses travaux depuis vingt-six ans, et que, si l'on a été bien aise de voir comment Racine avait loué Pierre Corneille, on devait aussi souhaiter de voir comment Racine mort avait été loué à son tour.

IV

CORRESPONDANCE.

La correspondance est une des parties intéressantes de l'œuvre de Racine. Elle s'est grossie peu à peu, et forme maintenant un ensemble assez considérable. La première publication a été celle faite par Louis Racine en 1747 et formant un volume in-12 de 405 pages, édité à Genève et Lausanne, chez Marc-Michel Bousquet et Cie. Ce volume est divisé en plusieurs recueils : le premier comprend les « Lettres écrites dans sa jeunesse à quelques amis ». Louis Racine le fait précéder de l'avertissement que voici :

« Comme M. l'abbé d'Olivet, qui avoit lu quelques-unes des lettres suivantes, en a parlé dans son *Histoire de l'Académie françoise*, en disant qu'elles sont pleines d'esprit et écrites avec une exactitude et une beauté de style qui sont ordinairement le fruit d'un long exercice, on me sauroit mauvais gré si je ne les faisois pas connoître, et quoiqu'elles soient peu sérieuses, loin d'avoir de la répugnance à les donner, je n'ai pas un meilleur moyen pour détromper ceux qui s'imaginent que celui qui a si bien peint l'amour dans ses vers en étoit toujours occupé. S'il y eût été livré, même dans sa jeunesse, il ne se fût pas rendu capable de le peindre si bien.

« Voici des lettres écrites en toute liberté, et en sortant de Port-Royal, dont il n'avoit plus à craindre les remontrances : on les peut appeler ses *Juvenilia*. Il les écrit à un jeune ami, qu'il soupçonne quelquefois d'être amoureux : il ne s'attendoit pas qu'elles dussent être lues par d'autres : il n'a jamais su qu'on les eût conservées. M. l'abbé Dupin, qui les avoit recueillies, nous les a rendues. Dans ces lettres cependant, écrites librement, le badinage est si innocent que je n'ai jamais rien trouvé qui ait dû m'obliger à en supprimer une seule. On y voit un jeune homme enjoué, aimant à railler, ne se préparant pas à l'état ecclésiastique par esprit de piété, conservant toujours néanmoins des sentiments de piété dans le cœur, quoiqu'il paroisse content de n'être plus sous la sévère discipline de Port-Royal ; plein de tendresse pour ses amis, fuyant le monde et les plaisirs par raison, pour se livrer tout entier à l'étude et à son unique passion, qui étoit celle des vers. »

Ces dernières réflexions de Louis Racine restent vraies, même à présent que l'on a publié ces lettres plus fidèlement qu'il n'avait jugé à propos de le faire, et les *Juvenilia* de Racine paraîtront, à coup sûr, fort innocents.

Le deuxième recueil comprend les « Lettres à Boileau et les réponses de Boileau » ; le troisième recueil les « Lettres de Racine à son fils », suivies de quatre lettres de Mme de Maintenon à diverses personnes, et d'une lettre de J.-B. Racine (le fils aîné du poëte, mort cette année-là même, 31 janvier 1747) à son frère Louis, à propos du poëme de *la Religion*. Ces deux derniers recueils ne devant trouver place que dans notre huitième volume, nous en dirons quelques mots en tête de ce volume-là.

La publication de Louis Racine avait donc une réelle importance. Il eut le tort de ne pas se croire tenu à une sévère exactitude. Il retoucha, corrigea, fit des suppressions, composa une seule lettre de fragments de lettres diverses, ou plusieurs lettres des fragments d'une seule. Heureusement les originaux de ces lettres furent déposés par lui à la Bibliothèque du roi; et dès lors il fut toujours loisible aux éditeurs de rétablir ce qu'il avait altéré.

Les éditeurs Germain Garnier (1807), Geoffroy, Aimé Martin, améliorèrent en effet le texte donné par Louis Racine, sans apporter néanmoins à leur révision tout le soin désirable. Ces éditeurs ajoutèrent quelques lettres à l'ensemble que l'on possédait.

En 1862, M. l'abbé Adrien de La Roque, descendant de Racine, fit paraître à la librairie Hachette et Cie un volume de *Lettres inédites de Jean Racine et de Louis Racine,* qui apporta vingt-quatre lettres nouvelles à la correspondance du poëte, lettres publiées exactement, et dont l'éditeur a conservé jusqu'à l'orthographe. M. l'abbé de La Roque mettait en outre au jour une correspondance étendue de Louis Racine avec sa femme (64 lettres) et avec sa fille aînée (3 lettres).

Enfin M. P. Mesnard fit un travail de collation, qui est tout à fait méritoire et qu'on peut considérer comme définitif. Il rétablit le texte des lettres de Racine dans toute sa pureté et dans toute son intégrité d'après les manuscrits originaux. Il rectifia certaines dates, éclaircit plus d'un point obscur; il produisit aussi un petit nombre de lettres inconnues.

Nous profitons de ces progrès successifs accomplis dans les éditions précédentes, en reconnaissant les obligations que nous avons à nos devanciers et particulièrement à notre devancier immédiat. Nous n'avons pas toutefois suivi absolument le plan de ce dernier. M. Mesnard a donné toutes les lettres qui font partie de la correspondance dans une seule série. Il nous paraît préférable de conserver la division formée d'abord par Louis Racine, en la modifiant légèrement. Les lettres échangées entre Boileau et Racine et les lettres de Racine à son fils présentent un caractère si particulier, qu'il y a un sensible avantage à les voir se suivre sans interruption. Nous établissons donc trois recueils : le premier comprenant les « Lettres de Racine à diverses personnes et de diverses personnes à Racine », dans lequel on trouvera et les lettres écrites dans sa jeunesse à quelques amis, publiées par Louis Racine, et les lettres de famille publiées par M. l'abbé de La Roque, et enfin tout ce qui n'appartient pas à la double correspondance spéciale dont nous formons deux recueils distincts, correspondance avec Boileau, correspondance avec J.-B. Racine.

Nous y ajoutons, dans le volume suivant, un recueil de lettres qui ne sont ni de Racine, ni adressées à Racine, mais qui le concernent et qui sont utiles à sa biographie.

Quoique l'ensemble de cette correspondance, comme nous l'avons dit, soit assez considérable, elle présente encore de graves lacunes. Ainsi nous n'avons aucune ou presque aucune lettre de la période où Racine écrivit et fit jouer ses chefs-d'œuvre, de cet intervalle de 1664 à 1678 où il fut auteur dramatique, et ce sont cependant les lettres de cette époque qui nous offriraient le plus d'intérêt. Nous n'avons que les lettres de sa jeunesse ou les lettres de sa retraite : la première lettre à Boileau que nous possédions est de 1687, pour ne point parler de celle qui est imprimée en tête de la traduction du *Banquet de Platon* et dont la date est incertaine.

Nous avons, dans notre édition des *Œuvres complètes de La Fontaine,* parlé d'une lettre du petit-fils du fabuliste, Charles-Louis de La Fontaine, bien propre à nous inspirer des regrets. Charles-Louis de La Fontaine écrivait, du comté de Foix, où il était, à Fréron, le rédacteur de l'*Année littéraire,* qu'il avait sur sa table environ *cinq cents lettres de Racine...* Que sont devenues ces cinq cents lettres ? Malgré toutes les recherches entreprises pour les retrouver, on n'a découvert aucune trace de ce riche trésor que le petit-fils de La Fontaine avait sous la main. On a peine à se persuader qu'il faille renoncer à le voir jamais reparaître au jour.

REMARQUES
ET
ANNOTATIONS

REMARQUES

SUR L'ODYSSÉE D'HOMÈRE

Avril 1662.

Horace loue le commencement de ce poëme dans son *Art poétique*, et dit qu'Homère est bien éloigné de la conduite de ces poëtes qui font de grandes promesses à l'entrée de leur ouvrage, et qui donnent après cela du nez en terre : au lieu qu'Homère commence modestement, et montre ensuite de grandes choses[1].

Homère laisse Ulysse dans l'île de Calypso durant tous les quatre premiers livres, et il ne le fait paroître qu'au cinquième. Cependant il parle de ce qui passoit[2] entre les dieux au sujet d'Ulysse, et décrit l'état où étoit sa maison à Ithaque.

---

1. Au revers du premier feuillet, on trouve ces vers de l'*Art poétique* d'Horace, écrits de la main de Racine :

> Quanto rectius hic qui nil molitur inepte !
> Dic mihi, Musa, virum, captæ post tempora Trojæ,
> Qui mores hominum multorum vidit et urbes.
> Non fumum ex fulgore, sed ex fumo dare lucem
> Cogitat, ut speciosa dehinc miracula promat,
> Antiphatem Scyllamque et cum Cyclope Charybdim...
> Semper ad eventum festinat ; et in medias res,
> Non secus ac notas, auditorem rapit ; et, quæ
> Desperat tractata nitescere posse, relinquit ;
> Atque ita mentitur, sic veris falsa remiscet,
> Primo ne medium, medio ne discrepet imum.

. Il y a *passoit*, et non *se passoit*.

Ulysse est toujours persécuté de Neptune, et toujours sous la protection de Pallas, et il n'y a que ces deux divinités qui soient opposées l'une à l'autre dans l'*Odyssée*, au lieu que dans l'*Iliade* tous les dieux sont divisés en deux partis. Et l'on voit même que tout se passe fort doucement entre Neptune et Pallas, qui n'ose pas ouvertement résister aux desseins de son oncle, comme on voit au livre XIII, où elle le dit en propres termes à Ulysse, qui se plaignoit qu'elle l'avoit abandonné depuis la prise de Troie.

LIVRE PREMIER.

Les dieux s'assemblent. Jupiter prend sujet de parler de la mort d'Égisthe, qu'Oreste venoit de tuer pour venger la mort d'Agamemnon son père; et il dit ces belles paroles :

>Ὦ πόποι, οἷον δή νυ θεοὺς βροτοὶ αἰτιόωνται,
>Ἐξ ἡμέων γάρ φασι κάκ' ἔμμεναι· οἱ δέ καὶ αὐτοὶ
>Σφῇσιν ἀτασθαλίῃσιν ὑπέρμορον ἄλγε' ἔχουσιν.
>
>A, 34.

Car, dit-il, n'avions-nous pas envoyé Mercure à Égisthe pour lui dire de ne point épouser Clytemnestre, et de ne point tuer Agamemnon, s'il ne vouloit être tué lui-même? Et cependant il s'est attiré tout cela, en dépit même du destin, c'est-à-dire de nos volontés.

Pallas prend occasion de plaindre Ulysse, qui est malheureux, dit-elle, sans l'avoir mérité; car Calypso le re-

>Ὣς ἔφαθ' Ἑρμείας· ἀλλ' οὐ φρένας Αἰγίσθοιο
>Πεῖθ' ἀγαθὰ φρονέων· νῦν δ' ἀθρόα πάντ' ἀπέτισεν.
>
>A, 43.

tient et veut qu'il l'épouse, l'amusant par des paroles douces et amoureuses, pour lui faire oublier son pays.

> Αὐτὰρ Ὀδυσσεὺς,
> Ἱέμενος καὶ καπνὸν ἀποθρώσκοντα νοῆσαι
> Ἧς γαίης, θανέειν ἱμείρεται.
> A, 59.

Il exprime par là combien est puissant l'amour du pays, puisqu'un héros et un esprit aussi fort qu'Ulysse ne souhaite autre chose que de voir seulement la fumée de son pays, et puis mourir, quoiqu'il fût dans une île si belle, comme nous verrons au cinquième livre. Virgile a imité en la personne de Vénus la harangue de Pallas, I, *Énéide*.

> Τέκνον ἐμὸν, ποῖόν σε ἔπος φύγεν ἕρκος ὀδόντων.
> A, 64.

Homère se sert souvent de cette façon de parler, qui est belle, et qui marque bien qu'une parole lâchée ne se peut plus rappeler.

Pallas prie Jupiter d'envoyer Mercure à Calypso, et cependant elle s'en vient à Ithaque, où elle treuve[1] tous les amants de Pénélope qui jouoient aux dés devant la porte, tandis que leurs valets apprêtoient le souper. Télémaque[2], au contraire, étoit dans la maison triste et affligé, ayant toujours son père dans l'esprit, et soupirant après son retour. Il voit Pallas sous la figure d'un étranger, et se fâche qu'on la fasse si longtemps attendre à la porte. Il va au-devant d'elle, et la prend par la main. C'est une belle chose de voir comment l'hospitalité est exercée dans l'*Odyssée* et la vénération avec laquelle on y reçoit tous les étrangers. C'est ce qu'on voit bien au long

---

1. Racine, dans ces remarques, écrit presque toujours *treuver*.
2. Racine écrit quelquefois *Télémaque*, mais le plus souvent *Telemachus*.

au livre VII, dans l'île des Phéaques, où Ulysse est reçu comme un roi, sans qu'on le connût; et au livre XIV, où il est reçu par son fermier, sous la figure d'un pauvre vieil homme. Et lorsqu'il remercie son fermier du bon traitement qu'il lui fait, voilà ce que répond Eumeüs :

> Ξεῖν', οὔ μοι θέμις ἔστ', οὐδ' εἰ κακίων σέθεν ἔλθοι,
> Ξεῖνον ἀτιμῆσαι· πρὸς γὰρ Διός εἰσιν ἅπαντες
> Ξεῖνοί τε πτωχοί τε.
> Ξ, 58.

Peut-être Homère étant errant comme il étoit, et n'ayant point de pays certain, a voulu être bien reçu dans les pays étrangers. Et la première chose qu'on dit à un étranger lorsqu'il entre dans un logis, c'est qu'on le prie de manger, et qu'on l'écoutera après. C'est ce que fait ici Télémaque à son étranger : il prend ses armes, et les serre avec celles de son père; il le fait asseoir auprès de lui, lui fait laver les mains, et le fait mettre à table. Voilà l'ordre de tous les festins d'Homère : après que tout est préparé, une servante vient, qui donne à laver avec une aiguière dorée, tenant dessous un grand bassin d'argent; après on se met à table. Celle qui a soin de la dépense sert toutes sortes de pains et de fruits sur la table :

> Σῖτον δ' αἰδοίη ταμίη παρέθηκε φέρουσα,
> Εἴδατα πόλλ' ἐπιθεῖσα, χαριζομένη παρεόντων.
> A, 140.

Ce mot d'αἰδοίη fait voir que c'étoit quelque femme âgée. Le cuisinier met après les viandes,

> Δαιτρὸς δὲ κρειῶν πίνακας παρέθηκεν ἀείρας
> Παντοίων·

et met en même temps des coupes d'or auprès de chacun. Il semble qu'Homère fait couvrir ses tables de viandes toujours grossières. (Voyez *Apol. pour Hérodote*, seconde partie.) Ainsi, dans l'*Iliade*, au deuxième livre, Agamemnon sert un bœuf aux chefs de l'armée; Achille sert un mouton aux principaux d'entre eux qui le vont voir, et à Priam tout de même. Et l'on ne voit guère d'autres viandes que des bœufs, des moutons, des chèvres, des porcs et des agneaux. Mais ce mot παντοίων marque ici qu'il y en avoit de plusieurs sortes. Enfin il leur fait verser à boire par un héraut : c'étoit sans doute quelque sorte de valet de pied, ou bien des gens dont on se servoit pour faire des messages, ou des gens qui portoient quelque marque particulière comme des hérauts, à cause qu'on fait comme une espèce de société et d'alliance quand on boit ensemble.

Κῆρυξ δ' αὐτοῖσιν θάμ' ἐπῴχετο οἰνοχοεύων.
A, 143.

Ce n'est pas qu'il y admet encore d'autres valets, comme on voit par ce vers :

Κοῦροι δὲ κρητῆρας ἐπεστέψαντο ποτοῖο.
A, 148.

Ils couronnoient de vin les coupes, c'est-à-dire qu'ils les emplissoient. La première chose qu'on faisoit, c'étoit de boire en l'honneur des dieux, comme de Jupiter l'Hospitalier et de quelques autres dieux, et même de ses meilleurs amis, lorsqu'ils étoient morts ou absents, comme on voit partout dans Homère et dans d'autres auteurs. Ainsi dans Héliodore, Calasiris, devant que souper avec Cnémon, boit en l'honneur des dieux, et aussi, dit-il, en l'honneur de Théagène et de Chariclée, qui méritent bien cet honneur. Cette cérémonie consistoit à répandre quelques gouttes de vin, et puis après d'en boire un peu ; c'est ce que les Grecs appellent λείβω, et les Latins *libo*, c'est-à-dire *leviter degusto*. Cela s'observoit inviolablement au commencement des festins ; et si Homère l'omet ici, il faut attribuer cela à l'importunité de tous ces amoureux qui mettoient le trouble partout. Sur la fin du festin, un musicien chantoit. Après qu'on avoit levé les tables, on chantoit encore, ou bien on dansoit : c'est ce que font ici tous ces importuns.

> Αὐτὰρ ἐπεὶ πόσιος καὶ ἐδητύος ἐξ ἔρον ἔντο
> Μνηστῆρες, τοῖσιν μὲν ἐνὶ φρεσὶν ἄλλα μεμήλει,
> Μολπή τ'ὀρχηστύς τε· τὰ γάρ τ' ἀναθήματα δαιτός.
> A, 152.

Car ce sont là, dit-il, les embellissements d'un festin. Pour Télémachus, il avoit d'autres choses à songer ; et, pendant que le musicien touche son luth, il entretient Pallas, et il lui dit que ces gens-là ont bon temps, parce qu'ils se divertissent aux dépens d'autrui.

> Τούτοισιν μὲν ταῦτα μέλει, κίθαρις καὶ ἀοιδή,
> Ῥεῖ', ἐπεὶ ἀλλότριον βίοτον νήποινον ἔδουσιν.
> A, 160.

Puis il lui demande ce qu'on demandoit d'abord à un étranger :

> Τίς πόθεν εἰς ἀνδρῶν; πόθι τοι πόλις, ἠδὲ τοκῆες;
> Ὁπποίης δ' ἐπὶ νηὸς ἀφίκεο;
> A, 171.

Après il demande si elle est des anciens amis de la maison, parce qu'on avoit encore plus d'égard à eux ; et il dit ces belles paroles à la louange d'Ulysse :

> Ἠὲ νέον μεθέπεις, ἢ καὶ πατρώϊός ἐσσι
> Ξεῖνος ; ἐπεὶ πολλοὶ ἴσαν ἀνέρες ἡμέτερον δῶ
> Ἄλλοι, ἐπεὶ καὶ κεῖνος ἐπίστροφος ἦν ἀνθρώπων.
> A, 177.

Il faisoit du bien aux hommes, c'est-à-dire qu'il les traitoit toujours bien. Pallas lui répond qu'elle s'appelle Mentès, de Taphe; et que lui et Ulysse sont amis de père. Elle l'assure qu'Ulysse n'est pas mort, et qu'il reviendra assurément à Ithaque. Et puis elle dit à Télémaque, pour lui donner du courage, qu'il ressemble tout à fait à Ulysse,

> Αἰνῶς γὰρ κεφαλήν τε καὶ ὄμματα καλὰ ἔοικας
> Κείνῳ.
>
> A, 209.

Après, Homère décrit parfaitement le caractère d'un jeune homme, en la personne de Télémachus, qui souhaiteroit d'être plutôt le fils de quelque homme riche, qui lui eût laissé beaucoup de biens, que non pas d'Ulysse, qui lui a laissé une maison qui s'en va en ruine à cause de l'insolence des amants de Pénélope.

> Ὡς δὴ ἔγωγ' ὄφελον μάκαρός νύ τευ ἔμμεναι υἱὸς
> Ἀνέρος, ὃν κτεάτεσσιν ἑοῖς ἔπι γῆρας ἔτετμεν·
> Νῦν δ' ὃς ἀποτμότατος γένετο θνητῶν ἀνθρώπων.
>
> A, 219.

Pallas le console, et lui demande qui sont tous ces gens-là qui font tant d'insolences chez lui; et elle lui fait cette demande afin de l'irriter davantage. Télémaque dit qu'Ulysse avoit fait une fort bonne maison tandis qu'il demeuroit à Ithaque, mais qu'à présent on ne savoit ce qu'il étoit devenu, et qu'il étoit mort sans faire parler de lui. Il vaudroit bien mieux, dit-il, qu'il fût mort glorieusement devant Troie; les Grecs lui auroient dressé un tombeau, et la gloire en seroit revenue à son fils. Après, il parle de tous les rivaux qui font ensemble l'amour à sa mère.

Ἡ δ' οὔτ' ἀρνεῖται στυγερὸν γάμον, οὔτε τελευτὴν
Ποιῆσαι δύναται· τοὶ δὲ φθινύθουσιν ἔδοντες
Οἶκον ἐμόν. Τάχα δή με διαρραίσουσι καὶ αὐτόν.
Λ, 251.

Il fait voir là la prudence de Pénélope, qui, ayant ce mariage en horreur, ne les rebute pas pourtant tout à fait, de peur qu'ils ne s'emportent aux dernières extrémités. Pallas répond que si Ulysse revenoit au logis au terrible état où elle l'a vu quelquefois, il leur feroit d'étranges noces.

Ἀλλ' ἤτοι μὲν ταῦτα θεῶν ἐν γούνασι κεῖται.
Α, 267.

Ce vers est assez fréquent dans Homère, pour marquer la providence des dieux de qui dépendent toutes choses. Après, elle conseille à Télémachus d'assembler le lendemain tous les rivaux, et de leur dire hardiment que chacun s'en aille chez soi, et qu'il dise à sa mère que si elle se veut marier, elle s'en aille chez ses parents, qui lui feront tel avantage qu'ils voudront ; qu'après cela il aille chercher qui lui donne des nouvelles de son père : si on lui dit qu'il vit encore, qu'il ait patience ; que s'il est mort, il lui fasse des funérailles, et qu'il tâche après de se défaire de tous ces importuns, *sive dolo, sive palam.* Car vous n'êtes plus enfant, dit-elle,

Οὐδέ τί σε χρὴ
Νηπιάας ὀχέειν, ἐπεὶ οὐκ ἔτι τηλίκος ἐσσί.
Α, 297.

Ne voyez-vous pas, dit-elle, quelle gloire s'est acquise Oreste en vengeant la mort de son père ?

Καὶ σύ, φίλος (μάλα γάρ σ' ὁρόω καλόν τε μέγαν τε)
Ἄλκιμος ἔσσ', ἵνα τίς τε καὶ ὀψιγόνων εὖ εἴπῃ.
Α, 302.

Télémachus la remercie de ses conseils, et lui veut faire un présent avant qu'elle s'en aille ; mais elle remet cela à une autre fois : car jamais Homère ne laisse sortir un étranger qu'il ne lui donne un présent, afin qu'il se souvienne de celui qui l'a reçu à sa maison, et que ce soit à l'avenir une marque de leur amitié. Aussitôt Pallas s'envole comme un oiseau, lui inspirant dans l'âme de la hardiesse et du courage.

> Ὑπέμνησέν τέ ἑ πατρὸς
> Μᾶλλον ἔτ' ἢ τὸ πάροιθεν.
> A, 322.

Et lui s'aperçoit bien que c'est une divinité, et il va trouver les rivaux.

> Τοῖσι δ' ἀοιδὸς ἄειδε περικλυτὸς, οἱ δὲ σιωπῇ
> Εἴατ' ἀκούοντες.
> A, 326.

Ce vers exprime bien l'attention qu'on a dans une grande assemblée lorsque quelque musicien chante. Celui-ci chantoit le retour des Grecs après la prise de Troie. Là-dessus vient Pénélope, qui descend de sa chambre ; car elle demeure toujours dans une chambre d'en haut, toute seule avec ses servantes, et n'a point de communication avec ses amants, si ce n'est qu'elle descend quelquefois pour voir ce qui se passe dans le logis, comme présentement pour entendre ce musicien ; et elle n'entre jamais dans la salle, mais se tient toujours à l'entrée, ayant deux servantes à ses côtés, telle qu'elle est dépeinte en cet endroit :

> Κλίμακα δ' ὑψηλὴν κατεβήσατο οἷο δόμοιο,
> Οὐκ οἴη, ἅμα τῇγε καὶ ἀμφίπολοι δύ' ἕποντο.
> Ἡ δ' ὅτε δὴ μνηστῆρας ἀφίκετο δῖα γυναικῶν,

Στῆ ῥα παρὰ σταθμὸν τέγεος πύκα ποιητοῖο,
Ἄντα παρειάων σχομένη λιπαρὰ κρήδεμνα·
Ἀμφίπολος δ' ἄρα οἱ κεδνὴ ἑκάτερθε παρέστη.

A, 335.

Homère lui fait toujours tenir un voile ou un mouchoir devant ses joues, pour montrer qu'elle pleuroit presque toujours son mari. Elle dit en pleurant à ce musicien qu'il prenne un autre sujet, parce que celui-là est trop douloureux pour elle. Mais Télémachus, qui veut commencer à prendre quelque autorité dans la maison, et qui est bien aise même qu'on chante la gloire de son père, afin d'entretenir le deuil et l'affection de Pénélope pour son mari, dit qu'elle laisse faire ce musicien. Car, dit-il, ce n'est pas sa faute si vous pleurez; mais il s'en faut prendre aux dieux qui font les faveurs qu'il leur plaît aux hommes d'esprit, en les inspirant. Outre cela, dit-il, les hommes n'aiment rien plus qu'une nouvelle chanson.

Τὴν γὰρ ἀοιδὴν μᾶλλον ἐπικλείουσ' ἄνθρωποι,
Ἥτις ἀκουόντεσσι νεωτάτη ἀμφιπέληται.

A, 352.

C'est-à-dire qu'en matière de poésie les plus nouvelles sont toujours les plus estimées. Mais, poursuit Télémachus, remontez à votre appartement, ayez soin de votre ménage, et laissez l'entretien aux hommes, et à moi surtout, qui suis le maître du logis.

Ἀλλ' εἰς οἶκον ἰοῦσα τὰ σ' αὐτῆς ἔργα κόμιζε,
Ἱστόν τ' ἠλακάτην τε, καὶ ἀμφιπόλοισι κέλευε
Ἔργον ἐποίχεσθαι· μῦθος δ' ἄνδρεσσι μελήσει.

A, 358.

Ce qu'elle fait; et elle s'en va avec ses femmes, où elle

pleure continuellement son mari, jusqu'à ce que Minerve lui envoie un peu de sommeil.

Cependant ses amants font grand bruit, et chacun voudroit bien coucher auprès d'elle. Télémachus leur dit qu'ils se taisent, et qu'ils écoutent ce musicien qu'il appelle.

Θεοῖς ἐναλίγκιος αὐδήν.
A, 371.

Et il leur dit que le lendemain ils s'assemblent, afin qu'il leur déclare sa volonté, et qu'ils s'en aillent tous chacun chez soi; sinon qu'il implorera la vengeance des dieux. Ils se mordent tous les lèvres de rage, admirant la hardiesse de Télémachus. Antinoüs lui dit qu'il est un hardi discoureur, ὑψαγόρην, et qu'il seroit bien marri qu'un homme comme lui fût roi d'Ithaque, comme l'a été son père. Télémachus répond : Je le voudrois bien être, moi, si les dieux m'en faisoient la grâce : croyez-vous qu'il y ait du mal à l'être? Au contraire, dès qu'on est roi, on fait une maison riche, et on se fait honorer; mais le soit qui voudra : au moins je le veux être de ma maison et de la famille qu'Ulysse m'a laissée. Eurymachus répond que cela est en la disposition des dieux de faire un roi; puis il lui demande quel étoit cet étranger. Télémachus répond que c'étoit Mentès, prince des Taphiens.

Ὣς φάτο Τηλέμαχος, φρεσὶ δ' ἀθανάτην θεὸν ἔγνω.
A, 420.

Après, ils se mettent tous à danser et à chanter jusqu'à la nuit, et alors chacun s'en retourne coucher chez soi. Télémachus se retire en haut à son appartement, où il avoit une fort belle chambre.

Sa gouvernante Euryclée porte un flambeau devant lui. C'étoit une vieille fille que Laërte avoit achetée fort jeune, et qu'il aimoit beaucoup, et comme sa femme.

> Εὐνῇ δ' οὔποτ' ἔμικτο· χόλον δ' ἀλέεινε γυναικός.
> A, 433.

Elle avoit nourri Télémachus tout petit, et elle l'aimoit plus que toutes les autres femmes. Elle ouvre donc la porte de sa chambre. Il s'assit, et se déshabille, et donne ses habits à Euryclée, qui les plie, et les pend à un porte-manteau tout près de son lit. Ensuite elle s'en va, et ferme la porte; et Télémaque demeure seul dans son lit, et songe toute la nuit à exécuter tout ce que lui a dit Pallas. Ainsi Homère décrit les moindres particularités.

LIVRE II.

> Ἦμος δ' ἠριγένεια φάνη ῥοδοδάκτυλος Ἠώς.
> B, 1.

C'est le vers qui est le plus fréquent dans Homère, et il exprime admirablement le lever de l'Aurore. Héliodore l'applique à Chariclée.

> Βῆ δ' ἴμεν ἐκ θαλάμοιο, θεοῖς ἐναλίγκιος ἄντην.
> B, 5.

Il décrit Télémachus, qui sort de sa chambre aussitôt qu'il est habillé. Il appelle les Grecs à l'assemblée, et il vient lui-même, ayant un javelot à la main,

> Οὐκ οἶος, ἅμα τῷγε δύο κύνες ἀργοὶ ἕποντο.
> B, 11.

Pour montrer sans doute qu'il étoit en équipage de chasseur ; et aussitôt il dit que Pallas lui donna une grâce tout à fait haute.

Θεσπεσίην δ' ἄρα τῷγε χάριν κατέχευεν Ἀθήνη.
B, 12.

Tout le monde l'admiroit, dit-il ; et il s'alla seoir à la place de son père, et les vieillards se levèrent devant lui, parce que les vieillards étant plus sages que les jeunes, le reconnoissoient pour le successeur de son père. Un vieillard nommé Égyptius,

Ὅς δὴ γήραϊ κυφὸς ἔην καὶ μυρία ᾔδη.
B, 16.

et de plus dont l'un de ses enfants avoit suivi Ulysse et avoit été dévoré par Polyphème, et dont l'autre faisoit l'amour à Pénélope, commence à parler, et demande qui est-ce et à quel dessein on a convoqué l'assemblée : car, dit-il, depuis le départ d'Ulysse nous ne nous sommes point assemblés ; mais qu'on dise librement pourquoi nous sommes assemblés à présent. Télémachus répond, et auparavant un héraut lui donne un sceptre à la main. Homère a cette coutume de mettre toujours un sceptre à la main des princes qu'il fait haranguer ; sans doute que cela donnoit plus de grâce et plus de majesté. Ainsi dans le second livre de l'*Iliade*, parlant d'une assemblée, il appelle les princes σκηπτοῦχοι βασιλῆες ; et il dit qu'Agamemnon se leva pour parler ayant un sceptre à la main.

Ἀνὰ δέ κρείων Ἀγαμέμνων
Ἔστη, σκῆπτρον ἔχων.
Iλιαδ., B, 101.

Et il parle de la dignité de ce sceptre, disant que

Vulcain l'avoit fait pour Jupiter, lequel l'avoit donné à Mercure, et Mercure aux ancêtres d'Agamemnon.

> Τῷ ὅγ' ἐρεισάμενος ἔπεα πτερόεντα προσηύδα.
>
> Il., B, 109.

Et dans le troisième livre de l'*Iliade*, Anténor parlant d'Ulysse lorsqu'il vint à Troie en ambassade avec Ménélaüs : Lorsqu'il se leva, dit-il, pour haranguer, il avoit les yeux fichés contre terre, et tenoit son sceptre immobile sans le remuer, ni par devant, ni derrière lui, comme feroit un ignorant ; mais, etc.

> Σκῆπτρον δ' οὔτ' ὀπίσω οὔτε προπρηνὲς ἐνώμα
> Ἀλλ' ἀστεμφὲς ἔχεσκεν ἀΐδρεϊ φωτὶ ἐοικώς·
> Φαίης κεν ζάκοτόν τινα ἔμμεναι, ἄφρονά θ' αὕτως.
>
> Γ, 220.

Télémachus donc répond, et décrit bien au long l'insolence de ces jeunes gens qui mangent tout son bien, et les conjure par les dieux d'avoir égard à ce que diront les peuples voisins, et de craindre la colère des dieux mêmes, de peur qu'ils ne les abandonnent à cause de leurs méchantes actions.

> Λίσσομαι ἠμὲν Ζηνὸς ὀλυμπίου ἠδὲ Θέμιστος
> Ἥτ' ἀνδρῶν ἀγορὰς τῇ μὲν λύει ἠδὲ καθίζει.
>
> Οδ., B, 69.

La justice, dit-il, convoque et termine les assemblées, c'est-à-dire qu'elle autorise tout ce qui s'y passe, à cause qu'un corps a toujours plus d'égard à la justice que des particuliers. Enfin il leur dit qu'il aimeroit mieux que ce fût eux qui mangeassent tout chez lui, et que peut-être ils lui rendroient tout un jour ; mais que c'étoient des jeunes gens et des étrangers dont on ne pourroit jamais avoir raison.

>Ὣς φάτο χοώμενος, ποτὶ δὲ σκῆπτρον βάλε γαίῃ
>Δάκρυ' ἀναπρήσας· οἴκτος δ' ἕλε λαὸν ἅπαντα.
>
>B, 81.

C'étoit une marque d'affliction ou de colère de jeter son sceptre à terre, après avoir parlé, au lieu de le rendre aux hérauts. Ainsi, au premier livre de l'*Iliade*, après qu'Achille a parlé contre Agamemnon, il jette encore son sceptre par terre.

>Ποτὶ δὲ σκῆπτρον βάλε γαίῃ
>Χρυσείοις ἥλοισι πεπαρμένον, ἕζετο δ' αὐτός.
>
>Il., A, 246.

Et c'étoit comme une marque qu'on ne vouloit pas parler davantage. Ici tout le monde demeure muet.

>Ἔνθ' ἄλλοι μὲν πάντες ἀκὴν ἔσαν οὐτέ τις ἔτλη
>Τηλέμαχον μύθοισιν ἀμείψασθαι χαλεποῖσιν.
>
>Od., B, 83.

Il n'y a qu'Antinoüs qui étoit le plus insolent, à cause qu'il étoit d'une des meilleures maisons et qu'il aspiroit à la royauté, comme on voit dans la suite. Il dit donc à Télémachus que ce n'est pas leur faute, mais celle de sa mère, qui les tient toujours en haleine, et qui est, dit-il, la plus adroite femme qu'on ait jamais vue; qu'elle les a amusés longtemps en leur disant qu'elle vouloit faire un grand voile pour Laërte, le père d'Ulysse, afin de l'ensevelir.

>Μή τίς μοι κατὰ δῆμον Ἀχαιϊάδων νεμεσήσῃ,
>Αἴκεν ἄτερ σπείρου κεῖται πολλὰ κτεατίσσας.
>
>B, 102.

Sans doute que le voile de la sépulture étoit toujours donné au père par ses enfants. Antinoüs dit donc qu'ils attendoient qu'elle eût fait ; qu'elle y travailloit en effet le jour, mais qu'elle défaisoit tout la nuit : ce qu'ils reconnurent ensuite. Et ils lui firent achever ce voile malgré elle. Il dit donc à Télémachus qu'il la renvoie chez son père, et qu'il lui ordonne de se marier, au lieu d'employer tous ces artifices pour nous tromper.

> Τὰ φρονέουσ' ἀνὰ θυμὸν ἅ οἱ πέρι δῶκεν Ἀθήνη
> Ἔργα τ' ἐπίστασθαι περικαλλέα καὶ φρένας ἐσθλὰς
> Κέρδεά θ' οἷ' οὔπω τίν' ἀκούομεν οὐδὲ παλαιῶν,
> Τάων αἱ πάρος ἦσαν ἐϋπλοκαμῖδες Ἀχαιαί,
> Τυρώ τ' Ἀλκμήνη τε, ἐϋπλόκαμός τε Μυκήνη,
> Τάων οὔτις ὁμοῖα νοήματα Πηνελοπείῃ
> Ἤδη.
>
> B, 122.

On voit qu'Homère a voulu donner à Pénélope le caractère d'une femme tout à fait sage, aussi bien que d'un homme parfaitement adroit à Ulysse. Mais, dit Antinoüs, elle ne considère pas que nous vous ruinons pendant qu'elle nous amuse de la sorte.

> Μέγα μὲν κλέος αὐτῇ
> Ποιεῖτ', αὐτὰρ σοί γε ποθὴν πολέος βιότοιο.
>
> B, 126.

Car nous ne sortirons point de votre logis jusqu'à ce que quelqu'un de nous l'emmène pour son épouse. Télémachus répond à cela qu'il n'a garde de faire sortir du logis celle qui l'a mis au monde et qui l'a nourri.

> Ἀντίνο', οὔπως ἐστὶ δόμως ἀέκουσαν ἀπῶσαι,
> Ἥ μ' ἔτεχ', ἥ μ' ἔθρεψε.
>
> B, 131.

Car d'un côté, dit-il, mon père vit peut-être encore.

Ἐκ γὰρ τοῦ πατρὸς κακὰ πείσομαι, ἄλλα δὲ δαίμων
Δώσει, ἐπεὶ μήτηρ στυγερὰς ἀρήσετ' Ἐριννὺς,
Οἴκου ἀπερχομένη· νέμεσις δέ μοι ἐξ ἀνθρώπων
Ἔσσεται.
B, 137.

On voit là un bel exemple du respect que les enfants doivent avoir pour leur mère : car y avoit-il rien de plus juste, ce semble, que de faire sortir Pénélope de la maison d'Ulysse, qu'on croyoit mort, afin qu'elle se mariât, et qu'elle n'achevât pas la ruine de sa maison? Cependant Télémachus dit que cette parole ne sortira jamais de sa bouche. Mais vous-même, dit-il, sortez de ma maison, et allez faire bonne chère ailleurs ; sinon, et si vous aimez mieux manger tout mon bien, mangez. Pour moi, j'invoquerai la vengeance des dieux, comme dans la dernière extrémité.

Κείρετ'· ἐγὼ δὲ θεοὺς ἐπιβώσομαι αἰὲν ἐόντας
Αἴ κέ ποτε Ζεὺς δῷσι παλίντιτα ἔργα γενέσθαι.
B, 144.

Telle étoit la confiance qu'on avoit aux dieux. En effet, Jupiter lui envoie un bon augure de deux aigles qui se battent au milieu de leur assemblée. Un bon vieillard nommé Alitherses Mastorides enseigne ce que cet augure veut dire, et intimide tous ces jeunes gens. Mais Eurymachus lui dit qu'il aille deviner à ses enfants ; car, dit-il, tous oiseaux ne font point augure :

Ὄρνιθες δέ τε πολλοὶ ὑπ' αὐγὰς ἠελίοιο
Φοιτῶσ', οὐδέ τε πάντες ἐναίσιμοι.
B, 182.

Il lui dit donc de se taire, et Télémachus aussi, tout grand discoureur qu'il est, μάλα περ πολύμυθον ἐόντα ; et qu'il songe seulement à renvoyer Pénélope chez son père, ou à voir manger tout son bien jusqu'à ce qu'elle se marie.

> Ἡμεῖς δ' αὖ ποτιδέγμενοι ἤματα πάντα
> Εἵνεκα τῆς ἀρετῆς ἐριδαίνομεν, οὐδὲ μετ' ἄλλας
> Ἐρχόμεθ', ἅς ἐπιεικὲς ὀπυιέμεν ἐστὶν ἑκάστῳ.
> B, 207.

Eh bien, dit Télémachus, n'en parlons plus ; mais au moins faites-moi donner un vaisseau, afin que j'aille chercher des nouvelles de mon père, afin que je puisse prendre mes mesures là-dessus. Alors Mentor, le plus fidèle des amis d'Ulysse, dit ces belles paroles : Il ne faut plus qu'un roi traite ses peuples avec douceur, puisqu'on ne se souvient plus d'Ulysse, et que tant de gens qui sont ici ne détournent pas seulement de paroles tous ces jeunes gens de leur dessein.

> Μή τις ἔτι πρόφρων ἀγανὸς καὶ ἤπιος ἔστω
> Σκηπτοῦχος βασιλεύς, μηδὲ φρεσὶν αἴσιμα εἰδώς,
> Ἀλλ' αἰεὶ χαλεπός τ' εἴη καὶ αἴσυλα ῥέζοι,
> Ὡς οὔτις μέμνηται Ὀδυσσῆος θείοιο
> Λαῶν οἷσιν ἄνασσε, πατὴρ δ' ὣς ἤπιος ἦεν.
> B, 234.

Mais Liocritus, un des jeunes gens, lui dit des injures, et se moque de tout cela et d'Ulysse, même quand il seroit de retour. Ainsi l'assemblée est rompue, et chacun s'en va de côté et d'autre. Mais Télémachus va sur le bord de la mer, et, se lavant les mains, invoque Pallas :

> Κλῦθί μοι ὅς χθιζὸς θεὸς ἤλυθες ἡμέτερον δῶ.
> B, 262.

Pallas vient à lui sous la figure de Mentor, et elle l'excite par les louanges de son père.

Τηλέμαχ', οὐδ' ὄπιθεν κακὸς ἔσσεαι, οὐδ' ἀνοήμων,
Εἰ δή τοι σοῦ πατρὸς ἐνέσταται μένος ἠύ,
Οἷος ἐκεῖνος ἔην τελέσαι ἔργον τε ἔπος τε.

B, 272.

Mais si vous n'êtes pas son fils, c'est-à-dire si vous ne lui ressemblez pas, vous ne viendrez pas à bout de votre entreprise.

Παῦροι γάρ τοι παῖδες ὁμοῖοι πατρί πέλονται·
Οἱ πλέονες κακίους, παῦροι δέ τε πατρὸς ἀρείους.

B, 277.

Mais je vous connois, dit-elle, et espérez tout, principalement avec un ami paternel comme moi, qui vous suivra partout. En effet, Pallas protégea toujours Ulysse.

Τοῖος γάρ τοι ἑταῖρος ἐγὼ πατρώϊός εἰμι.

B, 286.

Mais allez ; faites provision de vivres, et moi je vous treuverai un vaisseau et des compagnons.

Télémachus s'en va chez lui, et y treuve tous ces jeunes gens qui s'apprêtoient à souper. Antinoüs le prend par la main, et le prie de souper avec eux. Télémachus dit qu'il songe plutôt à se venger d'eux, et arrache sa main de celle d'Antinoüs. Les autres se moquent de lui, et lui monte en haut, en une chambre où étoient toutes les provisions du logis, comme de l'or et de l'airain, des habits, ἅλις τ' εὐῶδες ἔλαιον, et de l'excellent vin qu'on gardoit depuis longtemps pour le retour d'Ulysse.

Ἐν δὲ πίθοι οἴνοιο παλαιοῦ ἡδυπότοιο
Ἕστασαν, ἄκρητον θεῖον ποτὸν ἐντὸς ἔχοντες
Ἐξείης ποτὶ τοῖχον ἀρηρότες, εἴποτ' Ὀδυσσεὺς
Οἴκαδε νοστήσειε καὶ ἄλγεα πολλὰ μογήσας.

B, 343.

Tout cela étoit à la garde d'Euryclée, à qui Télémachus demande tout ce qu'il lui faut, et le meilleur vin, dit-il, après celui qu'on garde pour mon père. Elle pleure; mais il lui ordonne d'apprêter tout, et de ne point dire son départ devant onze ou douze jours, à moins qu'elle ne l'apprenne d'ailleurs,

'Ως ἂν μὴ κλαίουσα κατὰ χρόα καλὸν ἰάπτη.
B, 376.

Ce qu'elle lui promet, et elle prépare tout; et lui s'en retourne avec tous ces jeunes gens pour couvrir son dessein. Pallas cependant, sous la figure de Télémachus, amasse des gens et treuve un vaisseau.

Δύσετό τ' ἠέλιος σκιόωντό τε πᾶσαι ἀγυιαί.
B, 388.

Homère décrit ainsi le soleil couché dans les villes, disant que les rues étoient devenues obscures; et il le fait justement coucher, afin qu'on ne voie point Pallas, qui monte son vaisseau en mer, et l'équipe. Après, elle endort tous les jeunes gens, qui s'en vont chacun chez soi; elle avertit Télémachus que tout est prêt. Il la suit, et fait apporter ses provisions : ils s'embarquent. Pallas fait venir un vent favorable; le vaisseau s'avance en pleine mer : et tous ceux qui étoient dedans boivent en l'honneur des dieux, et surtout de Pallas.

Ἐκ πάντων δὲ μάλιστα Διὸς γλαυκώπιδι κούρῃ.
B, 433.

C'est là l'épithète ordinaire de Minerve; et, comme disoient nos vieux traducteurs, Minerve aux yeux pers : c'est entre le bleu et le vert, car ce n'est pas bleu tout à fait, comme on voit par ce passage de Cicéron, I, *de Nat. Deorum* : *Cæsios oculos Minervæ, cæruleos Neptuni.* On voit cette couleur dans les yeux de chat, d'où vient que quelques-uns l'ont appelée *felineus color*; mais beaucoup mieux dans ceux d'un lion : de là vient que les poëtes ont donné ces yeux-là à Minerve, qui étoit une guerrière. En un mot, ce sont des yeux entre le bleu et le vert, mais des yeux forts, reluisants et perçants. Et souvent on n'appelle Minerve que de ce nom-là, γλαυκῶπις, comme d'un nom honorable. Ainsi elle le témoigne, lorsqu'elle dit à Junon, tandis que Jupiter étoit en colère contre elle, au huitième livre de l'*Iliade* :

Ἔσται μὰν ὅτ᾽ ὂν αὖτε φίλην γλαυκώπιδα εἴπῃ.
Il., Θ, 373.

Junon au contraire, qui étoit d'une humeur plus posée et plus majestueuse, est appelée βοῶπις, aux yeux de bœuf. Ce sont de grands yeux bleus qui ont beaucoup de majesté : aussi Homère ajoute toujours βοῶπις πότνια Ἥρη. Enfin Vénus, qui n'étoit point guerrière et qui ne tenoit pas tant sa gravité, mais qui au contraire étoit d'une humeur gaie et tout amoureuse, est appelée ἑλικῶπις, ou ἑλικοβλέφαρος, aux yeux ou aux prunelles noires, ou, si l'on veut, aux yeux pétillants, et, comme a dit Homère, ὄμματα μαρμαίροντα : ce qui exprime admirablement de certains yeux qui ne peuvent se tenir en place, et qui ont toujours un mouvement adroit et lascif. Catulle appelle cela *ebrios ocellos*, et nous disons quelquefois des yeux fripons : *Atque ipsa in medio sedet voluptas*, dit un ancien épigramme.[1] Mais, pour revenir à la couleur des

---

1. Qui commence, *O blandos oculos et inquietos;* ce qui revient au grec (R.) Racine fait ici le mot *épigramme* masculin.

yeux de Vénus, Homère les fait noirs, et tous les anciens aussi ; et on voit que la plupart des beautés de l'antiquité ont été ainsi qualifiées.

LIVRE III.

Ἥλιος δ' ἀνόρουσε λιπὼν περικαλλέα λίμνην
Οὐρανὸν ἐς πολύχαλκον, ἵν' ἀθανάτοισι φανείη
Καὶ θνητοῖσι βροτοῖσιν ἐπὶ ζείδωρον ἄρουραν.
Γ, 3.

Ce marais ne peut être autre chose que la mer, qui est en effet un assez beau marais. Au cinquième livre, ἀνεδύσατο λίμνης, parlant d'Ino. Ils arrivent à Pyle, et sacrifient aux dieux en prenant terre. Pallas dit à Télémachus qu'il ne doit point être honteux, mais demander librement à Nestor des nouvelles de son père.

Ψεῦδος δ' οὐκ ἐρέει· μάλα γὰρ πεπνυμένος ἐστίν.
Γ, 20.

Il ne vous dira point de fausseté, dit-elle ; car il est fort sage. Télémachus lui demande conseil.

Μέντορ, Πῶς τ' ἄρ' ἴω ; Πῶς τ' ἄρ προσπτύξομαι αὐτόν ;
Γ, 22.

Cicéron rapporte ce vers-là, lib. IX, ep. 8, ad Attic. : *Hic ego vellem habere Homeri illam Minervam simulatam Mentori, cui dicerem,* Μέντορ, etc. Et la raison pourquoi Télémachus demande conseil,

Οὐδέ τί πω μύθοισι πεπείρημαι πυκινοῖσιν·
Αἰδὼς δ' αὖ νέον ἄνδρα γεραίτερον ἐξερέεσθαι.
Γ, 24.

Je n'ai pas, dit-il, encore assez d'expérience pour parler. Homère nous apprend par là qu'un jeune homme ne doit pas s'ingérer de parler, puisque Télémachus, qui étoit un prince si bien né, appréhende de parler ; et, dit-il, ce n'est pas honnête à un jeune homme d'interroger un vieillard. Mais Pallas le rassure par ces belles paroles :

> Τηλέμαχ', ἀλλὰ μὲν αὐτὸς ἐνὶ φρεσὶ σῇσι νοήσεις
> Ἀλλὰ δὲ καὶ δαίμων ὑποθήσεται. Οὐ γὰρ ὀΐω
> Οὔ σε θεῶν ἀέκητι γενέσθαι τε τραφέμεν τε.
>
> Γ, 28.

Dites, dit-elle, ce qui vous viendra dans la pensée, et quelque bon démon vous inspirera le reste. Commencez, et Dieu achèvera, car vous ne lui êtes pas indifférent.

> Ὣς ἄρα φωνήσασ' ἡγήσατο Παλλὰς Ἀθήνη
> Καρπαλίμως, ὁ δ' ἔπειτα μετ' ἴχνια βαῖνε θεοῖο.
>
> Γ, 30.

Pallas lui montra le chemin, et lui, marchoit sur les pas de cette déesse. Ils viennent trouver Nestor à une assemblée.

> Ἔνθ' ἄρα Νέστωρ ἧστο σὺν υἱάσιν. Ἀμφὶ δ' ἑταῖροι
> Δαῖτ' ἐντυνόμενοι κρέα ὤπτων, ἄλλα δ' ἔπειρον.
>
> Γ, 33.

Il étoit assis avec ses enfants, et ses domestiques ou ses amis préparoient le souper. D'abord qu'ils virent ces étrangers, ils vinrent tous en foule à eux, les prirent par les mains et les firent asseoir, après les avoir salués.

> Οἱ δ' ὡς οὖν ξείνους ἴδον, ἀθρόοι ἦλθον ἅπαντες·
> Χερσίν τ' ἠσπάζοντο καὶ ἑδριάασθαι ἄνωγον.
>
> Γ, 35.

Et surtout Pisistrate, l'aîné des enfants de Nestor, qui les prend et les fait mettre à table. Homère fait paroître tous les enfants de Nestor fort bien nourris, pour montrer qu'un père sage instruit bien ses enfants. Ainsi, dans l'*Iliade*, Antilochus, son fils, étoit un des plus braves, et grand ami d'Achille : aussi y mourut-il. Pisistrate donc leur présente à boire, et les avertit de boire en l'honneur de Neptune ; car ce festin est à son honneur : et il dit un peu devant que c'étoit sur le bord de la mer.

Πάντες δὲ θεῶν χατέουσ' ἄνθρωποι

Γ, 48.

Tout le monde, dit Pisistrate, a besoin des dieux, et par conséquent doit les honorer. Mais il donne la coupe à Pallas la première, parce, dit-il, étranger, que vous paroissez le plus âgé, l'autre étant de mon âge. Pallas fait une prière à Neptune, et puis après donne la coupe à Télémachus.

Ὣς ἄρ' ἔπειτ' ἠρᾶτο, καὶ αὐτὴ πάντα τελεύτα.

Γ, 62.

Elle pria ainsi, dit-il, et elle-même accomplit tout ce qu'elle demandoit à Neptune, ou bien elle accomplit toute la cérémonie des libations. Ils soupent, et après Nestor leur demande qui ils sont. Télémaque lui répond, et avec assurance, car Pallas lui en inspiroit.

Θαρσήσας· αὐτὴ γὰρ ἐνὶ φρεσὶ θάρσος Ἀθήνη
Θῆχ', ἵνα μιν περὶ πατρὸς ἀποιχομένοιο ἔροιτο
Ἠδ' ἵνα μιν κλέος ἐσθλὸν ἐν ἀνθρώποισιν ἔχῃσιν.

Γ, 78.

Il lui demande des nouvelles de son père, et l'en conjure par son père même, s'il en a jamais reçu quelque service à la guerre de Troie.

> Λίσσομαι, εἴ ποτέ τοί τι πατὴρ ἐμὸς ἐσθλὸς Ὀδυσσεὺς
> Ἢ ἔπος ἠέ τι ἔργον ὑποστὰς ἐξετέλεσσε
> Δήμῳ ἐνὶ Τρώων, ὅθι πάσχετε πήματ' Ἀχαιοί
>
> Γ, 100.

Car rien ne lie si bien l'amitié que d'avoir enduré de la misère ensemble. En effet, Nestor commence à lui parler de la guerre de Troie, et dit qu'ils y ont tant souffert de maux que, quand il seroit cinq ans entiers à en parler toujours, il ne pourroit pas tout dire. Il lui raconte ce qui se passa au retour des Grecs, et comme ils se séparèrent les uns des autres. C'est là le caractère qu'Homère donne à Nestor, de parler beaucoup, et de rapporter des histoires de son vieux temps. Nous voyons dans l'*Iliade* que, quand il y a quelque différend, Nestor se produit toujours, et leur dit qu'ils se taisent tous, et qu'il est plus expérimenté qu'eux : aussi avoit-il vu trois siècles. Homère a pratiqué encore cela dans quelques autres vieillards, comme dans Phénix, au neuvième livre de l'*Iliade*; dans le fermier d'Ulysse, à la fin de l'*Odyssée*, etc. Nestor dit que jamais ils ne furent d'avis différents lui et Ulysse.

> Ἔνθ' ἤτοι εἵως μὲν ἐγὼ καὶ δῖος Ὀδυσσεὺς
> Οὔτε ποτ' εἰν ἀγορῇ δίχ' ἐβάζομεν, οὔτ' ἐνὶ βουλῇ,
> Ἀλλ' ἕνα θυμὸν ἔχοντε, νόῳ καὶ ἐπίφρονι βουλῇ
> Φραζόμεθ', Ἀργείοισιν ὅπως ὄχ' ἄριστα γένηται.
>
> Γ, 129.

Cela montre que deux hommes sages discordent rarement quand il s'agit du bien public.

> Οἱ δ' ἦλθον οἴνῳ βεβαρηότες υἷες Ἀχαιῶν.
>
> Γ, 139.

Il parle d'une assemblée des Grecs, où tout se passa fort mal et avec désordre, et dit que les Grecs étoient chargés de vin.

>Νήπιος, οὐδὲ τὸ ᾔδη ὅ οὐ πείσεσθαι ἔμελλεν.
>Οὐ γάρ τ' αἶψα θεῶν τρέπεται νόος αἰὲν ἐόντων.
>
>Γ, 147.

Agamemnon vouloit persuader aux Grecs de demeurer jusqu'à ce qu'ils eussent fait des sacrifices à Pallas. Mais, dit-il, il ne savoit pas qu'il ne leur persuaderoit jamais cela, les dieux ne le voulant pas permettre, parce qu'ils étoient irrités contre eux ; et l'esprit des dieux ne se change pas si aisément.

>Νύκτα μὲν ἀέσαμεν χαλεπὰ φρεσὶν ὁρμαίνοντες
>Ἀλλήλοις. Ἐπὶ γὰρ Ζεὺς ἤρτυε πῆμα κακοῖο.
>
>Γ, 152.

Nous passâmes la nuit en dormant, nous voulant du mal les uns aux autres, car Jupiter préparoit aux Grecs un grand orage de malheurs.

>Ἐστόρεσεν δὲ θεὸς μεγακήτεα πόντον.
>
>Γ, 158.

Ce vers exprime bien le calme et la tranquillité de la mer. Il dit donc que quelques-uns du nombre desquels il étoit s'embarquèrent, et qu'ils eurent un retour assez heureux ; mais que les autres, avec Agamemnon et Ulysse, demeurèrent. Les autres revinrent enfin, à ce que j'ai ouï dire, et Agamemnon même, qui a été tué et vengé après par son fils.

>Ὡς ἀγαθὸν καὶ παῖδα καταφθιμένοιο λιπέσθαι
>Ἀνδρός.
>
>Γ, 197.

Tant il est bon de laisser un fils après soi ; et vous, mon enfant, qui êtes beau et grand, ayez du courage, afin que la postérité parle bien de vous.

> Καὶ σὺ, φίλος, μάλα γάρ σ' ὁρόω καλόν τε μέγαν τε,
> Ἄλκιμος ἔσσ', ἵνα τίς σε καὶ ὀψιγόνων εὖ εἴπῃ.
> Γ, 200.

Télémachus dit qu'il voudroit bien faire parler de lui, mais qu'il est trop foible, étant seul contre tant d'hommes. Ah! dit Nestor, ils seroient tous bien punis si Pallas vous aimoit autant que votre père; car je n'ai jamais vu les dieux aimer si ouvertement un homme.

> Οὐ γάρ πω ἴδον ὧδε θεοὺς ἀναφανδὰ φιλεῦντας
> Ὡς κείνῳ ἀναφανδὰ παρίστατο Παλλὰς Ἀθήνη.
> Γ, 222.

Télémachus dit que cela n'est pas aisé, quand les dieux mêmes s'en mêleroient ; et aussitôt Pallas prend la parole : Qu'osez-vous dire, Télémachus ?

> Ῥεῖα θεός γ' ἐθέλων καὶ τηλόθεν ἄνδρα σαώσαι.
> Γ, 231.

Il est aisé à un dieu de sauver un homme, en quelque extrémité qu'il soit.

> Ἀλλ' ἤτοι θάνατον μὲν ὁμοίιον οὐδὲ θεοί περ
> Καὶ φίλῳ ἀνδρὶ δύνανται ἀλαλκέμεν.
> Γ, 237.

Ce n'est pas, dit-elle, que les dieux puissent sauver un homme de la mort, lorsque son heure est venue une fois.

Télémachus change de discours, et dit qu'il veut demander autre chose à Nestor, puisqu'il passe tous les hommes en science et en sagesse ; car il a vu trois générations d'hommes.

> Ὥστε μοι ἀθανάτος ἰνδάλλεται εἰσοράασθαι.
> Γ, 246.

De sorte que je le respecte et que je le regarde comme un dieu : cela montre le respect que l'on doit avoir pour les vieillards. Il lui demande donc comment s'est passée la mort d'Agamemnon. Ainsi Homère décrit ce qui s'est passé après la mort d'Achille où finit son *Iliade*, tantôt par la bouche de Nestor, tantôt par celle de Ménélaüs, et par celle d'Ulysse même.

Nestor décrit comme Égisthe, étant amoureux de Clytemnestre, tâchoit de la corrompre ; mais cette femme refusoit d'abord une action si déshonnête, car elle étoit d'abord bien conseillée, φρεσὶ γὰρ κέχρητ' ἀγαθῆσι, ayant auprès d'elle un musicien, ἀοιδὸς ἀνήρ, à qui Agamemnon l'avoit fort recommandée. Mais Égisthe emmena ce musicien dans une île déserte, où il le laissa en proie aux oiseaux ; et alors cette femme se laissa aller.

> Τὴν δ' ἐθέλων ἐθέλουσαν ἀνήγαγεν ὅνδε δόμονδε.
> Πολλὰ δὲ μηρί' ἔκηε θεῶν ἱεροῖς ἐπὶ βωμοῖς —
> Πολλὰ δ' ἀγάλματ' ἀνῆψεν ὑφάσματά τε χρυσόν τε
> Ἐκτελέσας μέγα ἔργον, ὃ οὔποτε ἔλπετο θυμῷ.
> Γ, 275.

Et il fit bien des sacrifices aux dieux, mit des couronnes sur leurs statues, et leur fit plusieurs autres dons, étant venu à bout d'une chose qu'il n'espéroit pas pouvoir jamais faire : cela montre le transport d'un homme amoureux. Cependant, dit-il, je revenois avec Agamemnon et Ménélaüs, son frère ; mais Apollon ayant tué de ses flèches Phrontis, le pilote de Ménélaüs, qui étoit le plus habile de tous les hommes à gouverner un vaisseau quand la tempête étoit violente, Ménélaüs demeura derrière, et fut emporté en Égypte : et ainsi Égisthe eut la commodité de tuer Agamemnon ; ce qui est plus amplement décrit au onzième livre. Égisthe régna sept ans durant, après quoi il fut tué par Oreste. J'ai remarqué qu'Homère ne dit jamais expressément qu'Oreste ait tué sa mère, et qu'il évite cela comme une chose odieuse ; mais il le dit ouvertement ici.

>   Ἤτοι ὁ τὸν κτείνας δαίνυ τάφον Ἀργείοισιν
>   Μητρός τε στυγερῆς καὶ ἀνάλκιδος Αἰγίσθοιο.
>
>   Γ, 310.

Il fit un banquet pour la sépulture de sa mère et du lâche Égisthe. Oreste étant jeune avoit été envoyé par sa sœur Électra dans la Phocide, afin qu'il ne fût pas tué par Égisthe. Il n'en revint que douze ans après, selon quelques-uns, et sept, selon Homère.

Nestor conseille à Télémaque de n'être pas longtemps hors de son logis.

>   Καὶ σὺ, φίλος, μὴ δηθὰ δόμων ἄπο τῆλ' ἀλάλησο,
>   Κτήματά τε προλιπὼν ἄνδρας τ' ἐν σοῖσι δόμοισι
>   Οὕτω ὑπερφιάλους, μήτοι κατὰ πάντα φάγωσι.
>
>   Γ, 315.

Mais il dit qu'il aille voir auparavant Ménélaüs, lequel est nouvellement revenu de bien loin, et d'une mer dont les oiseaux mêmes ne pourroient pas revenir en un an, car elle est vaste et horrible à voir. Ce n'est pourtant que la Méditerranée : car Ménélaüs n'avoit été qu'en Égypte, et les héros d'Homère n'ont jamais vu l'Océan, ni même les Romains devant César, qui y monta le premier pour passer en Angleterre. Alors ils se mettent à table, et font des libations à Neptune et aux autres dieux. Pallas leur dit qu'ils se hâtent, et qu'il ne faut pas être trop longtemps à table quand on y est pour faire des libations, parce que ces choses-là sans doute se devoient faire avec révérence. Nestor les retient à coucher, et dit que tant qu'il vivra il ne souffrira pas que le fils d'un tel homme qu'Ulysse couche sur le plancher d'un vaisseau. Après moi, mes enfants auront encore soin de bien traiter les hôtes.

Ἔπειτα δὲ παῖδες ἐνὶ μεγάροισι λίπωνται
Ξείνους ξεινίζειν ὅστις κ' ἐμὰ δώμαθ' ἵκηται.

Γ, 355.

Pallas lui dit qu'elle lui sait bon gré ; mais, pour éviter de coucher au logis de Nestor, elle dit qu'ayant le plus d'autorité parmi les compagnons de Télémachus, il faut qu'elle les aille trouver, et que dès le matin elle ira chez les Caucons, où on lui doit une dette qui n'est pas nouvelle ni petite : car les vieilles dettes sont les meilleures.

Ἔνθα χρεῖός μοι ὀφέλλεται, οὔτι νέον γε
Οὐδ' ὀλίγον.

Γ, 368.

Puis elle lui recommande Télémachus, et s'en va pareille à un aigle, c'est-à-dire terrible comme une aigle.[1]

Φήνῃ εἰδομένη. Θάμβος δ' ἕλε πάντας ἰδόντας.

Γ, 372.

Les Latins traduisent *ossifraga :* c'est une espèce d'aigle qui est carnassier et qui brise les os ; car Pline en rapporte de six espèces, liv. X, c. III.

Aussitôt Nestor prend Télémachus par la main, et dit

1. Racine a écrit dans la même phrase : un aigle et une aigle.

qu'il doit être un jour quelque chose de grand, puisque les dieux l'accompagnent si visiblement.

Εἰ δή τοι νέῳ ὧδε θεοὶ πομπῆες ἕπονται.
Γ, 377.

Car assurément, dit-il, c'est là la fille de Jupiter, Pallas. Nestor lui fait un vœu de lui sacrifier une génisse bien saine, large de front, et qui n'est pas encore domptée, et de lui verser de l'or entre les cornes : c'étoit là un des plus augustes sacrifices. Pallas l'écouta. Après, Nestor ramène tous ses gendres et ses enfants à son logis, les fait asseoir chacun selon son rang, et puis il remplit une coupe de vin qu'on gardoit depuis onze ans; et ils en boivent tous en l'honneur de Pallas.

Après quoi ils se vont tous coucher. Nestor retient Télémachus, et fait coucher son fils Pisistrate auprès de lui, car il n'étoit pas encore marié; et lui couche dans un appartement d'en haut avec sa femme. Dès le matin il se lève, et se vient seoir sur de belles pierres blanches et reluisantes qui étoient devant sa porte. Là s'étoit assis Néleüs, son père; et Nestor s'y asseyoit présentement, portant un sceptre à la main; et autour de lui s'arrangeoient tous ses enfants, dont Homère nomme six.

Télémachus y vient aussi avec Pisistrate, qui fait le sixième. Nestor commande à ses enfants d'aller, les uns querir une génisse à la campagne, les autres querir les compagnons de Télémachus, les autres d'aller querir l'orfévre afin de faire le sacrifice, et aux autres enfin de donner ordre au dîner.

Ὥς ἔφατ'. Οἱ δ' ἄρα πάντες ἐποίπνυον.
Γ, 430.

Il est aussitôt obéi. La génisse vient, les compagnons de Télémachus et l'orfévre,

> Ὅπλ' ἐν χερσὶν ἔχων χαλκήϊα πείρατα τέχνης,
> Ἄκμονά τε σφῦράν τ' ἐϋποίητόν τε πυράγρην.
> Γ, 434.

ayant dans les mains ses instruments, son enclume, son marteau et ses tenailles. Il ne se peut rien voir de mieux réglé que toute la famille de Nestor. On voit que chacun fait son office : l'un tient la cognée, l'autre le vase pour recevoir le sang. Nestor tient une aiguière; il invoque Minerve, coupe du poil dessus la tête de la génisse, et puis le jette dans le feu avec de la farine salée que les Latins appellent *mola*, d'où vient *immolo*; les Grecs, οὐλοχύτης.

Aussitôt Thrasymède, son fils, lui donne un grand coup de hache sur le cou, et la tue; les filles et les femmes font un grand cri, ὀλόλυξαν. Héliodore dit la même chose en un sacrifice de cent bœufs. Aussitôt, dit-il, qu'on donna les coups de hache, ὠλόλυξαν αἱ γυναῖκες, ἠλάλαξαν οἱ ἄνδρες. La femme de Nestor s'appeloit Eurydice, fille de Clymenus. On fait cuire les viandes, c'est-à-dire les membres de cette génisse découpés; on couvroit les cuisses de la coiffe, c'est-à-dire de la peau qui couvre les intestins, *omentum*. Cependant la belle Polycaste, la dernière des filles de Nestor, lave Télémachus; après quoi il reprend ses habillements.

> Ἐκ ῥ' ἀσαμίνθου βῆ δέμας ἀθανάτοισιν ὁμοῖος.
> Γ, 468.

Après le dîner, Nestor commande à ses enfants d'accommoder un chariot pour Télémachus, ce qu'ils font. Télémachus y monte, et Pisistrate aussi, qui prend les rênes à la main. Il fouette les chevaux et ils partent; ils vont coucher à Phères, où Dioclès, fils d'Alphée, les reçoit; et le lendemain, à soleil couchant, ils arrivent à Lacédémone.

> Μάστιξεν δ' ἐλάαν. Τὼ δ' οὐκ ἄκοντε πετέσθην.
> Γ, 484.

Ce vers exprime bien des chevaux qui vont légèrement; et il est fréquent dans Homère.

Les livres de l'*Odyssée* vont toujours de plus beau en plus beau, comme il est aisé de reconnoître, parce que les premiers ne sont que comme pour disposer aux suivants; mais ils m'ont paru tous admirables et divertissants.

LIVRE IV.

Ils descendent chez Ménélaüs, lequel étoit occupé à faire les noces de son fils et de sa fille, dont l'une étoit Hermione, fille d'Hélène; car Hélène, dit Homère, n'eut plus d'enfant après la belle Hermione.

> Ἑλένη δὲ θεοὶ γόνον οὐκέτ' ἔφαινον,
> Ἐπειδὴ τὸ πρῶτον ἐγείνατο παῖδ' ἐρατεινὴν
> Ἑρμιόνην, ἣ εἶδος ἔχε χρυσῆς Ἀφροδίτης.
> Δ, 14.

Ménélaüs l'avoit promise à Pyrrhus, fils d'Achille, lorsqu'ils étoient devant Troie, quoiqu'elle eût déjà été accordée à Oreste, qui s'en vengea depuis, et tua Pyrrhus dans le temple d'Apollon; après quoi il la reprit pour son épouse. Mais Homère ne parle point qu'Oreste y fût intéressé. Il dit donc que Ménélaüs envoyoit sa fille à Pyrrhus. Et il marioit à une fille de Sparte son fils Mégapenthès, qui lui étoit né d'une concubine. Il étoit donc en festin où jouoit un musicien, tandis que deux danseurs dansoient à la cadence. Dans ce temps-là ces deux jeunes princes parurent à sa porte. Un des domestiques de Ménélaüs lui vient demander s'il les fera entrer, ou s'il les enverra chez quelque autre.

Τὸν δὲ μέγ' ὀχθήσας προσέφη ξανθὸς Μενέλαος.
Δ, 30.

comme s'il se fâchoit qu'on lui fît cette demande. En effet, il répond : Je vous ai toujours vu assez sage jusqu'ici ; mais, à ce que je vois, vous ne savez ce que vous dites. Moi qui ai été reçu si favorablement dans tous les pays étrangers, je refuserois ma maison à personne ! mais détachez leurs chevaux, et faites-les venir, afin qu'ils soupent ; ce qu'on fait, et on observe toutes les cérémonies ordinaires dans Homère. Il faut, leur dit Ménélaüs, que vous soyez nés de quelques princes.

Ἐπεὶ οὔ κε κακοὶ τοιούσδε τέκοιεν.
Δ, 64.

Sur la fin du souper, Télémachus dit tout bas au fils de Nestor qu'il considère la maison de Ménélaüs, combien elle est riche, étant toute brillante d'airain, d'or, d'ambre, d'argent et d'ivoire, et comme il est dit un peu devant

Ὥστε γὰρ ἠελίου αἴγλη πέλεν ἠὲ σελήνης.
Δ, 45.

Mais Télémachus va plus loin, et dit qu'on la prendroit pour le palais de Jupiter :

Ζηνός που τοιήδε γ' Ὀλυμπίου ἔνδοθεν αὐλή.
Δ, 74.

Ménélaüs l'entend bien, et lui dit qu'il n'y a point de comparaison avec l'éternelle demeure de Jupiter.

. . . Ἤτοι Ζηνὶ βροτῶν οὐκ ἄν τις ἐρίζοι.
Δ, 78.

Mais, dit-il, je voudrois n'en avoir pas la troisième partie, et n'avoir pas perdu tant d'amis, surtout Ulysse. Il dit qu'il a erré en Chypre, dans la Phénicie, l'Égypte, l'Éthiopie et la Libye, où les agneaux naissent avec des cornes, et où les brebis portent trois fois l'an ; si bien que ni roi ni pâtre ne manquent jamais de lait, ni de fromage, ni de chair.

Ἔνθα μὲν οὔτε ἄναξ ἐπιδευὴς οὔτέ τι ποίμην
Τυροῦ καὶ κρειῶν, οὐδὲ γλυκεροῖο γάλακτος.
Δ, 88.

Il dit, en un mot, ce qui s'est passé chez lui durant cela ; et ainsi, dit-il, je ne fais plus autre chose que de pleurer tous mes amis, mais surtout Ulysse, que j'aimois principalement. Il dit cela à cause de la ressemblance qu'il treuvoit dans son fils avec lui : cela tire les larmes des yeux de Télémachus, qui se cache de son manteau ; ce que Ménélaüs aperçoit bien. Télémachus songe s'il lui parlera de son père, ou s'il l'en laissera parler le premier. Cependant Hélène descend de son appartement ; Homère décrit admirablement son arrivée ; et, sans mentir, c'est un plaisir de voir comme il s'entend à faire une description. Il remarque les plus petites choses, et les fait toutes paroître devant les yeux ; ainsi on croit voir arriver Pénélope avec toute sa modestie, quand il décrit qu'elle vient ; tout de même quand Télémachus va se coucher. Et ici on voit Hélène paroître avec éclat et majesté, quoiqu'il la décrive en ménagère.

> Ἐκ δ' Ἑλένη θαλάμοιο θυώδεος ὑψορόφοιο
> Ἤλυθεν, Ἀρτέμιδι χρυσηλακάτῳ εἰκυῖα·
> Δ, 122.

Parce qu'elle vient à la négligence, il la compare à Diane. Une de ses femmes, nommée Adreste, lui apporte un siége; l'autre, nommée Alcippe, met un carreau dessus.

> . . . . Τάπητα φέρε μαλακοῦ ἐρίοιο.
> Δ, 124.

Phylo, l'autre, apporte devant elle un vase d'argent pour tenir la laine, en grec τάλαρον; d'où, selon Plutarque, les Romains ont pris le nom de *Talassio*, chanson nuptiale, comme pour avertir les femmes d'avoir soin du ménage. Ce vase lui avoit été donné avec beaucoup d'autres par Alcandra, dame égyptienne, et il étoit bordé d'or. Phylo le met donc aux pieds de sa maîtresse, tout rempli de laine, et dessus étoit étendue sa quenouille garnie d'une laine violette. Hélène s'asseoit sur son siége, où il y avoit aussi un marchepied : car Homère décrit toujours tous les siéges avec un marchepied, quand c'étoient des siéges honorables, comme Junon en promet un au Sommeil, ayant besoin de lui afin qu'il endorme Jupiter. Je te donnerai, dit-elle, un beau siége d'or qui sera incorruptible, et fait des mains de Vulcain; mais comme si ce n'étoit pas assez, elle ajoute :

> Ὑπὸ δὲ θρῆνυν ποσὶν ἥσει
> Τῷ κεν ἐπισχοίης λιπαροὺς πόδας εἰλαπινάζων,

afin que vous y mettiez vos pieds délicats tout à votre aise. En cet état, Hélène parle à son mari. On voit bien qu'autrefois les dames ne faisoient pas tant de façons qu'elles en font à présent. Et elles vivoient assez familièrement, comme Hélène qui fait apporter avec elle tout son ouvrage, devant des jeunes hommes qu'elle n'avoit jamais vus. Néanmoins elle dit à son mari qu'elle se trompe fort si ce n'est Télémachus, tant il lui ressemble; sans doute que c'est à cause qu'il ressembloit à son père. Et si Hélène le devine devant son mari, c'est que les femmes font plus de réflexion et examinent les nouveaux venus avec curiosité, car c'est leur coutume. Ménélaüs avoue qu'elle a raison.

> Κείνου γὰρ τοιοίδε πόδες, τοιαίδε τε χεῖρες,
> Ὀφθαλμῶν τε βολαὶ, κεφαλή τ', ἐφύπερθέ τε χαῖται.
>   Δ, 150.

Virgile dit : *Sic oculos, sic ille manus, sic ora ferebat.* Mais Homère est plus particulier, et ce tour des yeux ὀφθαλμῶν βολαὶ est tout à fait expressif. Aussi, dit Ménélaüs, cela m'a fait souvenir et parler d'Ulysse, et j'ai remarqué que cela l'a fait pleurer. Le fils de Nestor répond pour lui, parce qu'il est mieux séant qu'un tiers dise qui il est. Il est vrai que c'est lui, dit-il; mais il est sage, et ne veut pas se vanter devant vous, que nous écoutons comme un dieu.

> Νεμεσσᾶται δ' ἐνὶ θυμῷ,
> Ὧδ' ἐλθὼν τὸ πρῶτον, ἐπεσβολίας ἀναφαίνειν
> Ἄντα σέθεν.
>   Δ, 160.

Et Nestor m'a envoyé pour l'accompagner, et il est venu vous demander des nouvelles de son père, dont l'absence lui est insupportable, et le fait souffrir beaucoup. Ménélaüs s'écrie aussitôt :

Ὦ πόποι, ἦ μάλα δὴ φίλου ἀνέρος υἱὸς ἐμὸν δῶ
Ἵκεθ' ὅς εἵνεκ' ἐμεῖο πολεῖς ἐμόγησεν ἀέθλους.

Δ, 170.

La reconnoissance de Ménélaüs paroît par ces paroles. J'avois résolu, dit-il, de l'aimer plus que personne, et de l'emmener hors d'Ithaque, lui et sa famille, et son peuple, et de lui donner une de mes villes, afin que nous vécussions ensemble.

. . . . Οὐ δέ κεν ἡμᾶς
Ἄλλο διέκρινε φιλέοντέ τε τερπομένω τε
Πρίν γ' ὅτε δὴ θανάτοιο μέλαν νέφος ἀμφεκάλυψεν.

Δ, 180.

Mais quelque dieu nous a envié ce bien-là, et l'a privé de son retour. Ces paroles tendres les font pleurer tous quatre.

Ὣς φάτο. Τοῖσι δὲ πᾶσιν ὑφ' ἵμερον ὦρσε γόοιο.
Κλαῖε μέν Ἀργείη Ἑλένη Διὸς ἐκγεγαυῖα,
Κλαῖε δὲ Τηλέμαχός τε καὶ Ἀτρείδης Μενέλαος,
Οὐδ' ἀρά Νέστορος υἱὸς ἀδακρύτω ἔχεν ὄσσε.

Δ, 186.

Car il se souvenoit de son frère Antilochus, et il dit à Ménélaüs : Croyez-moi, changeons de discours; car je n'aime pas de pleurer après (ou durant) le souper,

Οὐ γάρ ἔγωγε
Τέρπομ' ὀδυρόμενος μεταδόρπιος.

Δ, 194.

mais demain au matin, tant que vous voudrez ; car je n'empêche point qu'on pleure les morts, vu que c'est là leur récompense.

Τοῦτό νυ καὶ νέκυς οἷον ὀϊζυροῖσι βροτοῖσι
Κείρασθαι τε κόμην βαλέειν τ' ἀπὸ δάκρυ παρειῶν.

Δ, 198.

Ménélaüs loue son discours, et dit ces belles paroles :

'Ρεῖα δ' ἀρίγνωτος γόνος ἀνέρος ᾦτε Κρονίων
Ὄλβον ἐπικλώσῃ γαμέοντί τε γεινομένῳ τε.

Δ, 208.

Tel qu'est Nestor, à qui Dieu a fait la grâce de vieillir longtemps et agréablement dans sa maison, et d'avoir des enfants également sages et vaillants. Ainsi ils lavent les mains et soupent ; et, pour leur faire oublier leur affliction, Hélène jette dans leur vin une drogue d'une herbe qui ôte toute la douleur et la colère.

Νηπενθές τ' ἀχολόν τε, κακῶν ἐπίληθον ἁπάντων.

Δ, 221.

De sorte qu'après cela un homme auroit passé tout le jour sans pleurer, quand il verroit mourir ou sa mère (ou son père), et qu'on tueroit cruellement son frère, ou même son fils à ses yeux. Quelques-uns croient que cette herbe, qui a été appelée nepenthes, n'est autre que la buglose ; au moins Pline dit qu'elle a les mêmes qualités, l. XXV, c. III, où il l'a décrit : *Homerus quidem, primus doctrinarum et antiquitatis parens, multus alias in admiratione Circes, gloriam herbarum Egypto tribuit;* et un peu après : *Nobile illud nepenthes oblivionem tristitiæ veniamque afferens, et ab Helena utique omnibus mortalibus propinandum;* il en parle encore l. XXI, c. XXI. Homère dit donc que cette herbe, avec plusieurs autres, avoit été donnée à Hélène par Polydamna, princesse égyptienne.

. . . . . Τῇ πλεῖστα φέρει ζείδωρος ἄρουρα
Φάρμακα πολλὰ μὲν ἐσθλὰ μεμιγμένα, πολλὰ δὲ λυγρά.

Δ, 230.

Plutarque applique ce passage à la lecture des poëtes, où il y a beaucoup de bonnes choses à prendre, et beaucoup de mauvaises. Homère dit qu'en Égypte chacun y est fort habile médecin, car ils descendent tous de Pæon. Aussi les Égyptiens passoient partout pour des devins et des enchanteurs, comme on voit dans le Calasiris d'Héliodore ; cet auteur assure qu'Homère étoit Égyptien, et le prouve.

Puis elle leur parle, et leur dit ces mots qui sont fréquents dans Homère :

> Ἀνδρῶν ἐσθλῶν παῖδες (ἀτὰρ θεὸς ἄλλοτ' ἐπ' ἄλλῳ
> Ζεὺς ἀγαθόν τε κακόν τε διδοῖ. Δύναται γὰρ ἅπαντα).
>
> Δ, 237.

pour montrer que la misère et le bonheur n'ôtent et n'ajoutent rien à la vertu d'un homme, puisque ce sont des choses que Dieu donne à qui il veut. Hélène loue Ulysse, et surtout lorsqu'il se lacéra lui-même, et que, déguisé en gueux, Δέκτη, il entra dans Troie, où il fit grand ravage.

Et elle dit qu'elle s'en réjouissoit, désirant alors de revenir avec son premier mari, et déplorant le jour que Vénus l'avoit emmenée à Troie ; car elle fait l'honnête femme, et veut dire qu'elle avoit été enlevée par force. Ménélaüs dit que ce fut bien autre chose lorsqu'ils étoient enfermés dans ce grand cheval de bois où il fermoit la bouche à tous ceux qui vouloient répondre à Hélène, qui, par je ne sais quel instinct, les appeloit tous, en contrefaisant la voix de leurs femmes. Télémachus dit alors : Et le pis, c'est que tout cela ne lui a servi de rien.

> Ἄλγιον, οὐ γάρ οἵ τι τάγ' ἤρκεσε λυγρὸν ὄλεθρον.
>
> Δ, 292.

Après ils se vont tous coucher. Du matin Ménélaüs se lève, et vient demander à Télémachus le sujet de son voyage. Il le lui conte tout au long comme à Nestor. Ménélaüs, indigné de l'impudence de tous ces beaux amoureux, dit :

>Ὦ πόποι, ἦ μάλα δὴ κρατερόφρονοσ ἀνδρὸς ἐν εὐνῇ
>Ἤθελον εὐνηθῆναι ἀνάλκιδες αὐτοὶ ἐόντες.
>
>Δ, 334.

Ainsi, dit-il, lorsqu'une biche vient mettre ses petits dans la tanière d'un lion tandis qu'il en est dehors, le lion revient après, qui les maltraite et les tue, tant la mère que les petits.

>Ὡς δ', ὁπότ' ἐν ξυλόχῳ ἔλαφος κρατεροῖο λέοντος
>Νεβροὺς κοιμήσασα νεηγενέας γαλαθηνούς,
>Κνημοὺς ἐξερέῃσι καὶ ἄγκεα ποιήεντα
>Βοσκομένη, ὁ δ' ἔπειτα ἑὴν εἰσήλυθεν εὐνήν,
>Ἀμφοτέροισι δὲ τοῖσιν ἀεικέα πότμον ἐφῆκεν.
>
>Δ, 339.

Rien ne sauroit être mieux dit que cette comparaison, et cela vient bien à de certaines gens qui veulent débaucher les femmes dont les maris valent bien plus qu'eux.

Alors, pour venir à Ulysse, il raconte tous ses voyages, et les maux qu'il endura pour n'avoir pas sacrifié aux dieux.

>Οἱ δ' αἰεὶ βούλοντο θεοὶ μεμνῆσθαι ἐφετμέων.
>
>Δ, 353.

Il dit qu'il étoit dans une petite île à une journée de l'Égypte, qu'on appelle le Phare, et que là il alloit mourir de faim, lui et son monde, étant réduit à pêcher quelques poissons pour vivre ; mais qu'Inothée, nymphe marine, fille de Protée, au moins, dit-elle, on le dit,

Τόνδε τ' ἐμόν φασιν πατέρ' ἔμμεναι ἠδὲ τεκέσθαι.

Δ, 387.

Elle lui dit qu'il aille treuver ce Protée qui vient tous les jours dormir la méridienne, là auprès avec tous ses veaux marins. Enfin elle lui donne les mêmes avis que Cyrène en donne à son fils Aristée, au quatrième livre des *Géorgiques*; car Virgile a traduit cette fable mot pour mot; sinon que Virgile fait cacher Protée dans un coin; et ici Inothée donne trois peaux de ces gros poissons à Ménélaüs, afin qu'il se cache dessous avec deux de ses amis. Car Protée comptoit son troupeau chaque jour; et Ménélaüs dit qu'ils n'eussent pu durer, à cause de la puanteur de ces peaux. Mais Inothée leur boucha les narines d'ambroisie,

Ἡδὺ μάλα πνείουσαν, ὄλεσσε δὲ κήτεος ὀδμήν.

Δ, 446.

Protée lui demande enfin ce qu'il veut; il dit οἶσθα, γέρον, *scis, Proteu*. Protée donc lui dit la cause de ses malheurs, et dit qu'il faut qu'il retourne sacrifier sur le bord du Nil, Διιπετέος ποταμοῖο, qui coule de Jupiter, c'est-à-dire du ciel, à cause qu'on ignoroit sa source. Ménélaüs lui demande des nouvelles de ses amis, s'ils sont tous revenus en leur pays. Protée dit qu'il lui en dira, mais qu'il ne sera pas longtemps sans pleurer :

Οὐδέ σέ φημὶ
Δὴν ἄκλαυτον ἔσεσθαι, ἐπὴν εὖ πάντα πύθηαι.

Δ, 494.

En effet, il dit qu'il y a deux des principaux chefs qui ont péri dans leur retour, et qu'il y en a encore un qui est vivant en un endroit de la mer. Le premier est Ajax, dont il décrit la mort, non pas selon Virgile, qui le fait tuer par Pallas; mais il dit que Neptune, irrité d'une parole impie d'Ajax qui s'étoit vanté d'échapper de la mer malgré tous les dieux, le jeta de son trident contre un rocher, où il périt. Après il conte qu'Agamemnon revint à son pays, et baisa la terre natale.

> Καὶ κύνει ἁπτόμενος ἣν πατρίδα, πολλὰ δ' ἀπ' αὐτοῦ
> Δάκρυα θερμὰ χέοντ' ἐπεὶ ἀσπασίως ἴδε γαῖαν.
>
> Δ, 523.

Mais un espion d'Égisthe le vit et le courut dire à son maître, qui, lui ayant fait un festin, le tua comme un bœuf à l'étable.

> Ὡς τίς τε κατέκτανε βοῦν ἐπὶ φάτνῃ.
>
> Δ, 535.

Alors Ménélaüs ne vouloit plus vivre, d'affliction, et se rouloit sur le sable en pleurant.

> Αὐτὰρ ἐπεὶ κλαίων τε κυλινδόμενός τ' ἐκορέσθην.
>
> Δ, 541.

C'est une façon de parler fort ordinaire à Homère : après que je fus soûlé de pleurer. Ainsi Ménélaüs dit au commencement de ce livre :

> Ἄλλοτε μέν τε γόῳ φρένα τέρπομαι, ἄλλοτε δ' αὖτε
> Παύομαι. Αἰψηρὸς δέ κόρος κρυεροῖο γόοιο.
>
> Δ, 103.

C'est une espèce de plaisir de pleurer, et Homère ne dit jamais autrement, sinon : il pleura à cœur joie; mais, dit-il, on se soûle bientôt de ce plaisir-là. Protée raconte la vengeance d'Oreste, et enfin il lui dit qu'Ulysse est dans l'île de Calypso, et lui dit que pour lui il ne mourra point à Argos, à cause qu'il est mari d'Hélène et gendre de Jupiter.

> Ἀλλά σ' ἐς Ἠλύσιον πεδίον καὶ πείρατα γαίης
> Ἀθάνατοι πέμψουσιν, (ὅθι ξανθὸς Ῥαδάμανθυς,
> Τῇ περ ῥηΐστη βιοτὴ πέλει ἀνθρώποισιν·
> Οὐ νιφετὸς, οὔτ' ἄρ χειμὼν πολὺς, οὔτε πότ' ὄμβρος,
> Ἀλλ' αἰεὶ ζεφύροιο λιγυπνείοντας ἀήτας
> Ὠκεανὸς ἀνίησιν, ἀναψύχειν ἀνθρώπους·)
> Οὕνεκ' ἔχεις Ἑλένην, καὶ σφιν γαμβρὸς Διός ἐσσι.
> Δ, 569.

Pindare décrit amplement les Champs-Élysiens, ode II, et dit la même chose qu'Homère : ἔνθα μακάρων νᾶσον ὠκεανίδες αὖραι περιπνέουσιν. Mais j'ai remarqué qu'Homère n'en bannit pas tout à fait l'hiver, mais il dit qu'il n'y en a guère, et il le dit avec raison, car l'hiver est absolument nécessaire pour faire cette diversité de saisons qui est beaucoup plus agréable qu'un printemps éternel, pourvu que le froid ou le chaud ne soient pas excessifs.

> Ὣς εἰπὼν, ὑπὸ πόντον ἐδύσατο κυμαίνοντα.
> Δ, 570.

> Hæc Proteus, et se jactu dedit æquor in altum.
> Georg., lib. IV, V. 528.

Ménélaüs achève son récit, et offre des présents à Télémachus et surtout trois chevaux ; mais il le remercie de ses chevaux, et il dit qu'il les garde pour son plaisir (Horace, l. I, ep. 7) : Car vous régnez dans un pays où il y a abondance de souchet ou jonc, d'orge, de blé et d'aveine ; mais à Ithaque il n'y a point de pré ni de lieu pour exercer les chevaux ; elle n'est bonne qu'aux chèvres, et avec tout cela elle en est plus agréable.

Αἰγίβοτος, καὶ μᾶλλον ἐπήρατος ἱπποβότοιο.

Δ, 606.

Il dit cela par l'amour qu'on a pour la patrie. Aussi Ménélaüs en rit, et lui promet d'autres présents, et même une coupe, qui est le plus beau meuble de son logis. Télémachus dit qu'au reste il demeureroit un an entier avec lui sans songer à son pays ni à ses parents, tant il se plaît à l'entendre ; mais qu'il n'ose pas faire longtemps attendre sa compagnie, qui l'attend à Pyle.

Ménélaüs lui dit :

Αἵματος εἶς ἀγαθοῖο, φίλον τέκος,

Δ, 611.

Homère laisse Télémachus chez Ménélaüs jusqu'au retour d'Ulysse, et il revient au logis d'Ulysse, et décrit l'étonnement qu'eurent tous ces jeunes gens quand ils surent que Télémachus étoit parti. Homère fait qu'ils l'apprennent fort naturellement d'un d'entre eux, qui lui avoit apprêté son vaisseau : c'est Noémon, fils de Phronius, qui demande à Antinoüs s'il ne sait point quand il reviendra ; et il dit qu'il a vu monter avec lui un guide qui étoit ou un dieu ou Mentor,

Μέντορα ἠὲ θεόν, τῷ δ' αὐτῷ πάντα ἐῴκει.

Δ, 654.

Mais, dit-il, ce qui m'étonne, c'est que j'ai vu hier Mentor ici. Ils sont tous fort surpris, et cela leur fait quitter tous leurs jeux, Μνηστῆρες δ' ἄμυδις κάθισαν, καὶ παῦσαν ἀέθλων. Surtout Antinoüs enrage ; et Homère dit bien cela :

μένεος δὲ μέγα φρένες ἀμφιμέλαιναι
Πίμπλαντ', ὄσσε δέ οἱ πυρὶ λαμπετόωντι ἐΐκτην.

Δ, 662.

Il fait dessein d'aller au-devant et de le tuer, et ils louent tous ce dessein ; mais un héraut qui étoit avec eux, nommé Médon, le découvre à Pénélope. Elle lui demande d'abord qu'est-ce que veulent ces jeunes gens : N'iront-ils jamais ailleurs, dit-elle, et n'ont-ils point de honte de manger tout ce qu'il y a ici ? N'avez-vous pas appris de vos pères quel a été Ulysse, et avec quelle douceur il les a gouvernés, sans jamais maltraiter personne, ni d'action, ni de parole en public? Cependant les rois peuvent aimer et haïr qui bon leur semble :

ἥτ' ἐστὶ δίκη θείων βασιλήων
Ἄλλον κ' ἐχθαίρῃσι βροτῶν, ἄλλον κε φιλοίη.

Ce n'est pas tout, dit Médon, ils veulent tuer votre fils à son retour de Pyle.

Elle, qui ne savoit pas seulement qu'il fût parti, tombe en foiblesse, et s'afflige pitoyablement, se jetant par terre et ne voulant pas seoir sur des siéges, οἴκτρ' ὀλοφυρομένη. Toutes ses femmes pleuroient aussi, mais tout bas, μινύριζον, pour montrer que ce n'étoit pas par une simple complaisance. Alors Pénélope fait des plaintes fort touchantes sur le malheur de sa maison, qui lui a fait perdre son mari, et bien plus son fils. Elle veut envoyer avertir Laërte, afin qu'il voie ce qu'il y a à faire ; mais Euryclée lui dit qu'elle n'afflige pas à ce point ce bon vieillard, Μηδὲ γέροντα κάκου κεκακωμένον. Et elle lui raconte ce qui s'est passé entre Télémachus et elle : cela la console ; et se lavant les mains, et prenant une robe pure, καθαρὰ χροΐ εἵμαθ' ἑλοῦσα, elle fait une supplication à Pallas, dont elle est exaucée. Cependant ces jeunes gens font bruit, et quelques-uns croient que Pénélope s'apprête à se marier ; mais ils étoient bien loin de leur compte. Antinoüs leur dit qu'ils exécutent leur dessein sans bruit et sans discours.

Δαιμόνιοι, μύθους μὲν ὑπερφιάλους ἀλέασθε.

Aussi Sénèque dit : *Ira quæ tegitur nocet.* Ils préparent donc un vaisseau. Cependant Pénélope ne veut point manger, et songe toujours à son fils, tel qu'un lion songe, dans une foule de gens, pour se garder d'être enfermé. Elle s'endort, et Pallas lui envoie l'idole d'Iphtime, son amie, pour la consoler. Cet idole lui dit de ne point craindre, et que son fils reviendra, οὐ μὲν γάρ τι θεοῖς ἀλιτήμενός ἐστιν. Pénélope lui répond à demi endormie, et rêvant à demi ; ce qu'Homère dit fort bien : Dormant agréablement aux portes des songes : Ἡδὺ μάλα κνώσσουσ' ἐν ὀνειρείῃσι πύλῃσι. Comment, dit-elle, ne m'affliger point, n'ayant plus Ulysse, et voyant mon fils qui s'en est allé ? οὔτε πόνων εὖ εἰδὼς, οὔτ' ἀγοράων. L'idole lui dit qu'elle se rassure, et qu'il a pour guide Pallas ; mais elle ne lui dit pas si son mari vit encore ou non, κακὸν δ' ἀνεμωλία βάζειν. Les autres vont attendre Télémachus à Asteris, petite île entre Ithaque et Samos.

Description du ciel par Homère, page 65.

Plutarque dit à ce sujet, dans la vie de Périclès :
« Les poëtes mettent nos esprits en trouble et en confusion par leurs folles fictions, lesquelles se contredisent à elles-mêmes, attendu qu'ils appellent le ciel, où les dieux habitent, séjour très-assuré, et qui point ne tremble, et n'est point agité des vents, ni offusqué des nuées, ains est toujours doux et serein, et en tout temps

1. *Cet idole.* Voyez Œuvres complètes de La Fontaine, tome I, p. 220.

également éclairé d'une lumière pure et nette, comme étant telle habitation propre et convenable à la nature souverainement heureuse et immortelle. Et puis ils les décrivent eux-mêmes pleins de dissensions et inimitiés, de courroux et autres passions, qui ne conviennent pas seulement à hommes sages et de bon entendement. »

Il dit cela sur le nom d'Olympien, qui fut donné à Périclès à cause de son éloquence, et dit qu'il le méritoit bien mieux pour avoir toujours conservé ses mains pures de sang, ce qui lui fit dire en mourant qu'aucun Athénien n'avoit porté le deuil à son occasion; et ce sentiment de Plutarque est parfaitement beau.

LIVRE V.

19 avril.

Homère revient à Ulysse, et laisse là sa femme et son fils. Les dieux s'assemblent, et Pallas obtient son retour. Il commence par la description du matin :

> Ἠὼς δ' ἐκ λεχέων παρ' ἀγαυοῦ Τιθωνοῖο
> Ὄρνυθ',
>
> E, 2.

Pallas déplore la misère d'Ulysse, que Calypso tient captif. Jupiter envoie aussitôt Mercure dire à cette nymphe qu'elle le renvoie. Mercure part avec cet équipage qui lui est ordinaire. Voici comme Homère le dépeint :

> Αὐτίκ' ἔπειθ' ὑπὸ ποσσὶν ἐδήσατο καλὰ πέδιλα,
> Ἀμβρόσια, χρύσεια· τά μιν φέρον ἠμὲν ἐφ' ὑγρὴν,
> Ἠδ' ἐπ' ἀπείρονα γαῖαν, ἅμα πνοιῆς ἀνέμοιο.
> Εἵλετο δὲ ῥάβδον, τῇ τ' ἀνδρῶν ὄμματα θέλγει,
> Ὧν ἐθέλει, τοὺς τ' αὖτε καὶ ὑπνώοντας ἐγείρει.
>
> E, 48.

Et voici comme Virgile l'a traduit mot à mot au quatrième livre de l'*Énéide :*

> Primum pedibus talaria nectit
> Aurea, quæ sublimem alis, sive æquora supra,
> Seu terram, rapido pariter cum flamine portant.
> Tum virgam capit : hac animas ille evocat Orco
> Pallentes, alias sub tristia Tartara mittit;
> Dat somnos, adimitque, et lumina morte resignat.

Virgile a encore traduit la suite, et raconte, aux mêmes termes qu'Homère, de la façon que Mercure part du ciel; ils le comparent tous deux à un plongeon ; mais Virgile a ajouté cette belle fiction du mont Atlas où il le fait reposer.

> Heic primum paribus nitens Cyllenius alis
> Constitit : hinc toto præceps se corpore ad undas
> Misit.

Il arrive dans l'île de Calypso,

> ἠπειρόνδε
> Ἤϊεν· ὄφρα μέγα σπέος ἵκετο, τῷ ἔνι νύμφη
> Ναῖεν ἐϋπλόκαμος.
>   E, 58.

Cette île s'appelle autrement Ogygie; au moins Pline dit que plusieurs ont cru qu'Homère l'appeloit ainsi. *Calypso quam Ogygiam appellasse Homerus existimatur.* Elle est devers l'Italie, près des Locres qui en sont une province. Ce qu'Homère appelle ici du mot de caverne n'en étoit pas une sans doute, mais c'étoit quelque grande grotte que la nature avoit faite, et que Calypso avoit ornée pour en faire son palais. Ainsi les nymphes de la mer logeoient véritablement dans des grottes, mais ces grottes étoient riches et comme enchantées, comme on peut voir au quatrième livre des *Géorgiques,* où Virgile en fait la description. Celle de Calypso étoit bien agréable, si on croit Homère; car en voici la situation : Il y avoit, dit-il, tout autour de cette grotte une belle forêt pleine d'arbres verts, d'aune, de peuplier et de cyprès odoriférant; et là nichoient des oiseaux à grandes ailes, τανυσίπτεροι, ou qui volent les ailes étendues; il nomme des hiboux, des éperviers et des corneilles à la langue large, τανύγλωσσοί τε κορῶναι, et quelques oiseaux marins, ce qui montre que c'étoit un désert tout à fait retiré, et qui avoit quelque chose d'affreux. Ce qui est agréable sans doute, quand cela est adouci par quelques autres objets, comme de la vigne, des fontaines et des prairies qu'Homère y met encore.

> Ἡ δ' αὐτοῦ τετάνυστο περὶ σπείους γλαφυροῖο
> Ἡμερὶς ἡβώωσα, τεθήλει δὲ σταφυλῇσι.
> Κρῆναι δ' ἐξείης πίσυρες ῥέον ὕδατι λευκῷ,
> Πλησίαι ἀλλήλων τετραμμέναι ἄλλυδις ἄλλη.
> Ἀμφὶ δὲ λειμῶνες μαλακοὶ ἴου, ἠδὲ σελίνου
> θήλεον·
>
> E, 73.

Σέλινον est ce qu'on appelle en latin *apium*, du persil; c'est une herbe de jardin, et qui n'est pas champêtre ; ainsi ces prés-là doivent s'entendre aussi pour des jardins. Et on peut dire que cette belle île étoit en partie inculte et sauvage, et en partie cultivée, ce qui fait un beau mélange. Aussi il ajoute qu'un dieu même l'auroit admirée avec plaisir.

> . . . . Ἔνθα κ' ἔπειτα καὶ ἀθάνατός περ ἐπελθὼν
> Θηήσαιτο ἰδὼν, καὶ τερφθείη φρεσὶν ᾗσιν.

C'est ce que fit Mercure, et après l'avoir admirée tout son loisir, ἐπειδὴ παντα ἑῷ θηήσατο θυμῷ, il entra dans la grotte de Calypso, et elle le reconnut aussitôt; car, dit-il, les dieux se connoissent bien les uns les autres, quand ils demeureroient en des lieux fort éloignés. On peut appliquer cela aux personnes de condition, lesquelles ont d'ordinaire quelque marque avantageuse qui les fait reconnoître. Il ne treuva pas Ulysse, car il étoit allé pleurer tout seul sur le bord de la mer. Homère le décrit admirablement :

> Οὐδ' ἄρ' Ὀδυσσῆα μεγαλήτορα ἔνδον ἔτετμεν,
> Ἀλλ' ὅγ' ἐπ' ἀκτῆς κλαῖε καθήμενος, ἔνθα πάρος περ,
> Δάκρυσι καὶ στοναχῇσι καὶ ἄλγεσι θυμὸν ἐρέχθων
> Πόντον ἐπ' ἀτρύγετον δερκέσκετο, δάκρυα λείβων.
>
> E, 84.

On ne peut pas mieux décrire un affligé. Il étoit assis, dit-il, sur le rivage de la mer, où il nourrissoit sa douleur de larmes, de gémissements et d'inquiétudes, versant des pleurs dans la mer, où il avoit les yeux toujours attachés. Il semble qu'on voit un homme qui cherche la solitude pour pleurer, et qui regarde la mer à cause de la passion qu'il a pour son retour. Ainsi Virgile dit des Troyennes, au cinquième livre de l'*Énéide :*

> Cunctæque profundum
> Pontum adspectabant flentes.

Cependant la nymphe Calypso interroge Mercure qui l'avoit treuvée travaillant à une toile, et chantant avec une agréable voix ; et il dit la même chose de Circé, livre X :

> Κίρκης δ' ἔνδον ἄκουον ἀειδούσης ὀπὶ καλῇ
> Ἱστὸν ἐποιχομένης μέγαν, ἄμβροτον· οἷα θεάων
> Λεπτά τε, καί χαρίεντα καὶ ἀγλαά ἔργα πέλονται.
>
> K, 223.

faisant, dit-il, une grande toile, et incorruptible, telle que sont les ouvrages des déesses, qui ne font rien que de délicat, d'agréable et d'éclatant. Il dit encore que de cette grotte sortoit une odeur de cèdre et de quelque autre bois odoriférant qui brûloient dedans. Virgile a compris tout cela en ces trois vers, parlant de Circé :

> Assiduo resonat cantu, tectisque superbis
> Urit odoratum nocturna in lumina cedrum,
> Arguto tenues percurrens pectine telas.

Mais Homère ne dit pas que ce fût pour éclairer ; car il dit que ce bois brûloit au foyer : Πυρ μὲν ἐπ' ἐσχαρόφιν μέγα καίετο, τήλοθι δ' ὀδμὴ, etc. Il semble qu'Homère a voulu dire que cette île n'étoit habitée que de Calypso, car il ne parle point des habitants. Elle demande donc à Mercure ce qu'il veut ; car, dit-elle, vous ne veniez pas souvent ici. Elle le fait manger, et puis après il lui répond ainsi :

> Εἰρωτᾷς μ' ἐλθόντα, θεὰ, θεόν;
>
> E, 97.

Vous m'interrogez, dit-il, moi qui suis dieu et vous déesse ; c'est-à-dire vous savez bien ce que j'ai dans l'esprit. Car, comme il a dit devant que les dieux se connoissent bien les uns les autres,

> Οὐ γάρ τ' ἀγνῶτές γε θεοὶ ἀλλήλοισι πέλονται.
>
> E, 79.

il veut dire ici qu'ils lisent chacun dans leurs pensées ; c'est-à-dire vous m'interrogez, moi qui lis dans votre âme, et vous qui lisez dans la mienne, et qui savez aussi bien que moi tout ce qui se passe entre les dieux. Mais je vous le dirai pourtant, puisque Jupiter m'a donné cette commission bien malgré moi ; car qui se plairoit à passer un si grand espace de mer où il n'y a point d'hommes qui fassent des sacrifices? On diroit que les temples fussent autant d'hôtelleries pour les dieux, et que pour cette raison c'est autant que si Mercure disoit qu'il n'a bu ni mangé depuis qu'il est parti du ciel. Mais, dit-il, il ne faut pas qu'aucun des dieux ait la pensée de désobéir à Jupiter. On voit en plusieurs endroits de l'*Iliade* combien Jupiter étoit absolu, et comme Junon et Neptune son frère l'appréhendoient. Et ainsi on peut dire que l'empire des dieux étoit monarchique.[1]

Il lui dit donc que Jupiter veut qu'elle renvoie Ulysse. Cette parole la fait tressaillir, ῥίγησεν, ce qui marque qu'elle aimoit beaucoup Ulysse.

En effet elle répond que les dieux sont inhumains et jaloux plus que personne, puisqu'ils ne veulent jamais souffrir que les déesses aiment des hommes.

> Σχέτλιοι ἐστὲ, θεοὶ, ζηλήμονες ἔξοχον ἄλλων,
> Οἵτε θεαῖς ἀγάασθε, παρ' ἀνδράσιν εὐνάζεσθαι
> Ἀμφαδίην, ἥν τίς τε φίλον ποιήσετ' ἀκοίτην.
>   E, 120.

Ainsi, dit-elle, quand l'Aurore prit Orion pour mari, vous lui portâtes envie, jusqu'à ce que la chaste Diane l'eût tué de ses flèches. Ainsi, quand Cérès aux beaux cheveux coucha avec Jason pour satisfaire son amour,

> Ὦ θυμῷ εἴξασα, μίγη φιλότητι καὶ εὐνῇ.
>   E, 126.

Jupiter ne fut pas longtemps sans en être averti, et le tua d'un coup de foudre. Vous êtes fâchés tout de même que j'aie auprès de moi un homme que j'ai sauvé de la mort,

---

1. Isocrate, *Nicocl.* : Λέγεται καί τοὺς θεοὺς ὑπό τοῦ Διός βασιλεύεσθαι. (*Note de Racine.*)

lorsque Jupiter brûla son vaisseau, où tous ses compagnons périrent ; car je l'ai recueilli ici, et l'ai nourri avec grand soin, et l'ai aimé.

> Τὸν μὲν ἐγώ φίλεόν τε καὶ ἔτρεφον, ἠδὲ ἔφασκον
> Θήσειν ἀθάνατον καὶ ἀγήραον ἤματα πάντα.
>
> E, 136.

Mais puisqu'il n'est pas permis aux dieux mêmes de désobéir à Jupiter, eh bien ! qu'il s'en aille ; car, pour le renvoyer je n'ai point de vaisseau, mais je l'assisterai de mes conseils. Mercure dit qu'elle fait bien, et s'envole aussitôt. Elle va chercher Ulysse qu'elle trouve en cet état où il étoit, et qu'Homère décrit encore plus exactement,

> Τὸν δ' ἄρ' ἐπ' ἀκτῆς εὗρε καθήμενον· οὐδέ ποτ' ὄσσε
> Δακρύοφιν τέρσοντο· κατείβετο δὲ γλυκὺς αἰὼν
> Νόστον ὀδυρομένῳ, ἐπεὶ οὐκέτι ἥνδανε νύμφῃ.
> Ἀλλ' ἤτοι νύκτας μὲν ἰαύεσκεν καὶ ἀνάγκῃ
> Ἐν σπέσσι γλαφυροῖσι παρ' οὐκ ἐθέλων ἐθελούσῃ·
> Ἤματα δ' ἐν πέτρῃσι καὶ ἠϊόνεσσι καθίζων.
>
> E, 156.

et le reste de ce qu'il a dit auparavant.

Ses yeux, dit-il, n'étoient jamais secs, et les plus beaux de ses jours se consumoient à soupirer pour son retour : car la nymphe ne lui pouvoit plaire, ou, comme je crois, la nymphe n'agréoit pas son retour. Mais il passoit les nuits avec elle qui le vouloit, quoiqu'il ne le voulût pas, et il alloit pleurer tout le jour sur le rivage et sur des rochers. Calypso lui dit qu'il ne pleure plus, et qu'il se fasse un petit vaisseau de branches d'arbres, et qu'elle le pourvoira de tout ce qu'il lui faut. Ulysse tremble de peur, ῥίγησεν ; car il croit qu'elle lui prépare quelque autre mauvais tour, et il veut qu'elle lui jure le contraire. Calypso sourit.

Χειρί τε μιν κατέρεξεν, ἐπός τ' ἔφατ', ἔκ τ' ὀνόμαζεν·
ἦ δὴ ἀλιτρός γ' ἐσσὶ, καὶ οὐκ ἀποφώλια εἰδώς·

E, 182.

Vous êtes un rusé, dit-elle, et il n'est pas aisé de vous tromper. Après elle le rassure, et jure même par le Styx, qui est, dit-elle, le plus grand et le plus terrible jurement des dieux, qu'elle ne songe point à lui faire mal, mais qu'elle ne lui veut que ce qu'elle se voudroit à elle-même, si elle étoit dans une pareille extrémité.

Καί γὰρ ἐμοὶ νόος ἐστὶν ἐναίσιμος, οὐδέ μοι αὐτῇ
Θυμὸς ἐνὶ στήθεσσι σιδήρεος, ἀλλ' ἐλεήμων.

E, 191.

Après elle le ramène à sa grotte, et le fait asseoir sur le même siége d'où Mercure venoit de se lever. Elle le fait servir à table de viandes telles qu'en mangent les hommes.

. . . . . νύμφη δ' ἐτίθει παρὰ πᾶσαν ἐδωδὴν,
Ἔσθειν καὶ πίνειν, οἷα βροτοὶ ἄνδρες ἔδουσιν.

E, 197.

Elle s'assit vis-à-vis de lui, et ses servantes lui servent l'ambrosie et le nectar. Cela montre que l'ambrosie n'étoit pas une viande dont les hommes pussent manger, parce qu'ils n'étoient pas immortels, et que la nature des dieux étoit tout à fait différente de celle des hommes. C'est ce qu'on voit plus clairement dans ce bel endroit de la blessure de Vénus, au cinquième livre de l'*Iliade*. Car Homère dit qu'il n'en coula pas du sang, mais une certaine liqueur pareille au nectar, les dieux ne se nourrissant pas d'une nourriture commune aux hommes. Calypso lui dit alors : Ulysse, vous voulez donc vous en aller ? faites ce que vous voudrez, mais assurez-vous que vous aurez bien à souffrir devant que d'arriver chez vous ; au lieu que vous seriez ici à votre aise, et vous seriez immortel. Quoique vous ayez tant d'envie de revoir votre femme après qui vous soupirez tous les jours ; toutefois je ne crois point lui céder en rien, soit pour le corps, soit pour l'esprit ; car une femme mortelle ne disputeroit pas de la beauté et de la taille du corps avec des déesses. Je sais tout cela, répondit Ulysse, et que la sage Pénélope vous est beaucoup inférieure en beauté et en majesté ou en riche taille :

Εἶδος ἀκιδνοτέρη μέγεθός τ' εἰς ἄντα ἰδέσθαι·
Ἡ μὲν γὰρ βροτός ἐστι, σὺ δ' ἀθάνατος καὶ ἀγήρως.

E, 218.

Avec tout cela, je souhaite passionnément de voir le jour de mon retour ; et s'il faut que je souffre, je souffrirai, ayant l'âme assez patiente ; car j'ai déjà beaucoup souffert, et je veux bien souffrir encore cela.

Τλήσομαι, ἐν στήθεσσιν ἔχων ταλαπενθέα θυμόν·
Ἤδη γὰρ μάλα πόλλ' ἔπαθον καὶ πολλ' ἐμόγησα
Κύμασι καὶ πολέμῳ· μετὰ καὶ τόδε τοῖσι γενέσθω.

E, 224.

On voit là un beau caractère d'un esprit fort et résolu qui ne craint point les traverses. Le soleil se couche, et alors se retirant tous deux au fond de la grotte,

Τερπέσθην φιλότητι, παρ' ἀλλήλοισι μένοντε.

E, 227.

Dès le matin Ulysse s'habille, et Calypso lui met elle-même de fort beaux habits ; puis elle lui donne une hache à manche d'olivier, une scie, et le mène en un endroit de l'île où il y avoit force arbres secs, qu'il coupe pour en faire son vaisseau. Calypso lui donne encore un vilebrequin et des clous, tant Homère est exact à décrire les moindres particularités ; ce qui a bonne grâce dans le grec, au lieu que le latin est beaucoup plus réservé, et ne s'amuse pas à de si petites choses. La langue sans doute est plus stérile, et n'a pas des mots qui expriment si heureusement les choses que la langue grecque. Car on diroit qu'il n'y a rien de bas dans le grec, et les plus viles choses y sont noblement exprimées. Il en va de même de notre langue que de la latine ; elle fuit extrêmement de s'abaisser aux particularités, parce que les oreilles sont délicates et ne peuvent souffrir qu'on nomme des choses basses dans un discours sérieux, comme une cognée, une scie, un vilebrequin. L'italien au contraire ressemble au grec, et exprime tout, comme on peut voir dans l'Arioste, qui est en son genre un caractère tel que celui d'Homère.

Enfin Ulysse bâtit adroitement son vaisseau ; et l'on apprend de là qu'il n'est point messéant à un grand homme de faire les plus petites choses, parce que la nécessité les rend souvent très-importantes comme en cette occasion, où vraisemblablement Ulysse n'auroit pu sortir de cette île déserte, s'il n'eût su lui-même se faire un vaisseau aussi bien que le plus habile charpentier du monde, comme dit Homère. Il travailla durant trois jours, et au quatrième tout fut fait, et le monta en mer avec des leviers, μοχλοῖσιν. Tout le bâtiment de ce vaisseau est décrit par le menu. Calypso le pourvoit de vivres et lui envoie un vent favorable ; et il part et met les voiles au vent. Il s'assit sur la poupe, et gouverne adroitement le timon, sans souffrir que le sommeil lui fermât les yeux, observant les Pléiades et le Boote qui se couchent tard, et l'Ourse qu'on appelle le Chariot, qui est là auprès, et qui regarde l'Orion, et qui est la seule qui ne se mouille point dans les eaux de l'Océan. Il navigua sept jours durant, et au huitième il aperçut la terre de Phéaque qui paraissoit de loin sur cette mer obscure sous la forme d'un bouclier. Mais par malheur, comme Junon dans Virgile, Neptune le voit en revenant d'Éthiopie par terre sans doute, car il le vit de la montagne de Solyme.

Et comme il étoit fort irrité contre lui à cause qu'il avoit aveuglé Polyphème son fils, il se fâche fort et le veut persécuter devant qu'il arrive aux Phéaques, où le destin vouloit qu'il se sauvât. Aussitôt il amasse les nues et frappe la mer avec son trident, excitant toutes les tempêtes, et couvrant de nuages la mer et la terre :

ὀρώρει δ'οὐρανόθεν νύξ·
Σὺν δ' Εὖρός τε Νότος τ' ἔπεσε, Ζέφυρός τε δυσαὴς,
Καὶ Βορέης αἰθρηγενέτης, μέγα κῦμα κυλίνδων.

E, 296.

Pline a remarqué qu'Homère n'admettoit que ces quatre vents, et que l'antiquité n'en connoissoit point davantage. Il dit que depuis quelques-uns en ajoutèrent huit ; mais il dit que la meilleure opinion est celle qui les réduit au nombre de huit, dont voici les noms. Il y en a deux chacune des quatre parties du ciel. *Ab oriente æquinoctiali Subsolanus, ab oriente brumali Vulturnus : illum Apeliotem, hunc Eurum Græci nominant. A meridie Auster seu Notus, et ab occasu brumali Africus. Ab occasu æquinoctiali Favonius sive Zephyrus, ab occasu solstitiali Corus. A septentrionibus Septentrio, interque eum et exortum solstitialem Aquilo, Aparctias dicti et*

Boreas. Quoi qu'il en soit, Virgile a suivi Homère en cet endroit, l. I de l'*Énéide :*

> Una Eurusque Notusque ruunt, creberque procellis
> Africus.

et nomme peu après le Zéphyre,

> Eurum ad se Zephyrumque vocat.

Il l'a aussi copié dans la suite.

> Καὶ τότ' Ὀδυσσῆος λύτο γούνατα καὶ φίλον ἦτορ·
> Ὀχθήσας δ' ἄρα εἶπε πρὸς ὃν μεγαλήτορα θυμόν.
>
> E, 298.
>
> Extemplo Æneæ solvuntur frigore membra;
> Ingemit.
>
> Τρὶς μάκαρες Δαναοὶ καὶ τετράκις, οἳ τότ' ὄλοντο
> Τροίῃ ἐν εὐρείῃ, χάριν Ἀτρείδῃσι φέροντες.
>
> E, 307.
>
> O terque quaterque beati
> Queis ante ora patrum Trojæ sub mœnibus altis
> Contigit oppetere!

Car, dit-il, il faut que je meure maintenant d'une mort sans honneur.

> Νῦν δέ με λευγαλέῳ θανάτῳ εἵμαρτο ἁλῶναι.
>
> E, 312.

Il dit qu'un vent le vint pousser avec violence, tandis qu'il faisoit ces plaintes.

> Talia jactanti, etc.

Mais Ulysse tombe loin de sa frégate, et revient à grande peine dessus les eaux.

Mais quoiqu'il fût noyé d'eau, il n'oublia pas sa frégate,

Ἀλλ' οὐδ' ὣς σχεδίης ἐπελήθετο, τειρόμενός περ.
E, 324.

mais il remonta dessus, τέλος θανάτου ἀλεείνων. On fuit toujours tant qu'on peut le dernier passage de la mort, et on ne se rend qu'à l'extrémité.

Τὴν δ' ἐφόρει μέγα κῦ κατα μα ῥόον ἔνθα καὶ ἔνθα.
E, 327.

Il décrit l'agitation de ce petit vaisseau, qu'il compare à des petites ronces qu'un vent d'automne promène par les campagnes, et qui se roulent l'une avec l'autre. Ainsi, dit-il, les vents promenoient ce vaisseau :

Ἄλλοτε μέν τε Νότος Βορέῃ προβάλεσκε φέρεσθαι,
Ἄλλοτε δ' αὖτ' Εὖρος Ζεφύρῳ εἴξασκε διώκειν.
E, 332.

On peut appliquer cela à une ville ou à une république agitée de plusieurs partis, comme a fait Horace dans l'ode qui commence, *O navis, referent in mare te novi fluctus.* Mais Ino Leucothoé, fille de Cadmus, καλλίσφυρος, aux beaux talons, eut pitié d'Ulysse, et mit la tête hors de l'eau, et même se vint asseoir dans son vaisseau. Elle lui dit de se mettre en nage jusqu'au port des Phéaques, et lui donne un ruban de sa tête pour le soutenir; elle rentre après dans la mer. Ulysse prend cela pour une tentation de quelque dieu ennemi, et se résout de demeurer dans son vaisseau tant qu'il pourra. Mais Neptune pousse contre un flot violent, horrible; et comme un grand vent dissipe un monceau de paille qu'il fait voler çà et là, aussi tous les ais du vaisseau se dissipent. Alors Ulysse se dépouille, et, étendant sous sa poitrine ce ruban, il se met à nage, χεῖρε πέτασσας. Neptune, le voyant en cet état, se croit assez vengé, et chasse ses chevaux vers Ægues, où il avoit un temple. Mais Pallas, qui craignoit la présence de son oncle, vient alors au secours d'Ulysse, bouche le chemin des autres vents, et les fait demeurer cois, et permet au seul Boréas de souffler et de fendre les flots, afin qu'Ulysse les puisse traverser. Il est deux jours entiers à nager et à voir toujours la mort devant les yeux.

. . . . . πολλὰ δέ οἱ κραδίη προτιόσσετ' ὄλετον.

E, 389.

Au troisième il aperçoit la terre à grand'peine, et en s'élevant de dessus les flots.

Ὡς δ' ὅταν ἀσπάσιος βίοτος παίδεσσι φανείη
Πατρὸς, ὃς ἐν νούσῳ κεῖται κρατέρ' ἄλγεα πάσχων,
Δήρον τηκόμενος, στυγερὸς δέ οἱ ἔχραε δαίμων,
Ἀσπάσιον δ' ἄρα τόν γε θεοὶ κακότητος ἔλυσαν·
Ὡς Ὀδυσῆ' ἀσπαστὸν ἐείσατο γαῖα καὶ ὕλη.

E, 398.

Cette comparaison est tout à fait belle et bien naturelle, car il n'est rien de plus doux que de voir revenir un père d'une longue maladie, où sa vie étoit désespérée, tout de même que de voir le port après la tempête. Aussi il se hâte tant qu'il peut de nager ; mais quand il est un peu avancé, il entend un bruit impétueux et voit que c'est l'eau qui bat contre des rochers escarpés, au lieu du port qu'il pensoit trouver. Alors il perd courage et se plaint misérablement, reconnoissant bien que Neptune est irrité contre lui ; et une vague l'alloit pousser contre ce rocher, où il eût été brisé sans doute, si Pallas ne lui eût mis dans l'esprit de se prendre des mains à ce rocher, et de s'y tenir jusqu'à ce que la vague se fût brisée, ce qu'il fait, et Homère le dit admirablement.

> Ἀμφοτέρῃσι δὲ χερσὶν ἐπεσσύμενος λάβε πέτρης,
> Τῆς ἔχετο στενάχων, εἵως μέγα κῦμα παρῆλθε.
> E, 429.

On diroit qu'on le voit attaché avec les ongles à ce rocher; mais le reflux de la vague l'arrache de là et l'emporte bien loin dans la mer. Toute la peau de ses mains s'en va en lambeaux, comme, quand un poulpe est retiré de sa coquille ; une infinité de petites pierres s'attachent à ses bras. C'est un poisson dont la peau est tendre et qui a plusieurs pieds : *polypus*. Et alors le pauvre Ulysse étoit perdu, si Pallas ne lui eût inspiré de sortir de l'eau où il étoit plongé et de suivre la vague qui se fendoit du côté du rivage. Et il arrive à l'embouchure d'un fleuve qui se déchargeoit dans la mer, et où on pouvoit prendre terre. Ulysse lui fait cette prière :

> Κλῦθι, ἄναξ, ὅς τ' ἐσσί· πολύλλιστος δὲ σ' ἱκάνω,
> Φεύγων ἐκ πόντοιο Ποσειδάωνος ἐνιπάς.
> Αἰδοῖος μέν τ' ἐστὶ καὶ ἀθανάτοισι θεοῖσιν,
> Ἀνδρῶν ὅστις ἵκηται ἀλώμενος,...
> E, 448.

C'est ce que Sénèque a traduit dans les vers qu'il fit durant son exil, en ces mots : *res est sacra miser*. Et ce sentiment est d'autant plus beau qu'il est imprimé dans les cœurs par la nature même. Ainsi, dit Ulysse, je viens à vos eaux et à vos genoux ; à vos eaux, σὸν τε ῥόον, comme à un fleuve, σα τε γοῦνατ', comme à un dieu. Et ainsi on peut traiter les fleuves d'une et d'autre façon.

> Ἀλλ' ἐλέαιρε, ἄναξ, ἱκέτης δέ τοι εὔχομαι εἶναι.
> E, 450.

On révéroit les suppliants et on ne permettoit pas qu'on les touchât. Cela se voit partout dans l'histoire, soit aux asiles, soit aux temples, soit aux palais, soit aux statues des princes. Aussi, dit Homère, ce fleuve arrêta son cours et retint ses flots, rendant tout paisible afin qu'il se poussât à bord, ce qu'il fait. Et alors il plie les deux genoux et laisse aller ses mains robustes,

. . . . . ἀλὶ γὰρ δέδμητο φίλον κῆρ,
Ὤδεε δὲ χρόα πάντα.

E, 455.

Et l'eau de la mer, θαλασσα πολλὴ, lui couloit par le nez et par la bouche, ὁ δ' ἄπνευστος και ἀναυδος

Κεῖτ' ὀλιγηπελέων· κάματος δέ μιν αἰνὸς ἵκανεν.

E, 457.

A la fin, il revient à lui et jette le ruban d'Ino dans le fleuve comme elle le lui avoit commandé; le fleuve emporte ce ruban dans la mer, et la nymphe le vient reprendre. La fiction de ce ruban est tout à fait belle : car il est vraisemblable que ce ruban ou ce linge, qui couvroit la tête d'une déesse marine, pouvoit soutenir un homme sur l'eau, et cela donne à Homère le moyen de faire paroître Ulysse dans toutes ces extrémités où on croit toujours qu'il va périr ; ce qui suspend l'esprit et fait un fort bel effet. Aussi rien ne peut être mieux décrit qu'Ulysse flottant entre la vie et la mort, trois jours durant, comme il fait. Il ne sait ici s'il doit passer la nuit dans le fleuve, dont il craint la fraîcheur trop grande, ou dans un bois tout proche, où il a peur des bêtes farouches, qui pourroient le surprendre en dormant. Néanmoins il choisit le dernier et va dans ce bois, et trouve deux arbres, l'un d'olivier sauvage, et l'autre d'olivier, tous deux nés d'un même endroit, et si étroitement serrés qu'ils ne pouvoient être pénétrés ni par le souffle des vents, ni par le soleil, ni par la pluie.

> Τοὺς μὲν ἄρ' οὔτ' ἀνέμων διάει μένος ὑγρὸν ἀέντων,
> Οὐδέ ποτ' ἠέλιος φαέθων ἀκτῖσιν ἔβαλλεν,
> Οὔτ' ὄμβρος περάασκε διαμπερές· ὣς ἄρα πυκνοὶ
> Ἀλλήλοισιν ἔφυν ἐπαμοιβαδίς.
>
> E, 481.

Là il dresse un lit de feuilles en grande abondance, et assez même pour couvrir trois hommes dans le plus grand froid de l'hiver. Il se couche dessus et se couvre avec quantité de ces feuilles, comme un tison caché sous la cendre en quelque maison écartée.

> Ὡς δ' ὅτε τις δαλὸν σποδιῇ ἐνέκρυψε μελαίνῃ,
> Ἀγροῦ ἐπ' ἐσχατιῆς, ᾧ μὴ πάρα γείτονες ἄλλοι,
> Σπέρμα πυρὸς σώζων,......
>
> E, 490.

Pallas l'endort,

> . . . . ἵνα μιν παύσειε τάχιστα
> Δυσπόνεος καμάτοιο, φίλα βλέφαρ' ἀμφικαλύψας.
>
> E, 493.

LIVRE VI.

Tandis qu'il dort, Minerve s'en va à la ville des Phéaques. C'est une île autrement dite Corfou, Corcyra, sur la mer Ionie, entre l'Épire et la Calabre. Elle s'appeloit encore Schérie ; mais les Phéaques, qui logeoient auparavant près des Cyclopes, dont ils étoient tourmentés, vinrent, sous la conduite de Nausithoüs, habiter cette île. Nausithoüs s'appeloit autrement Phéax et étoit fils d'une nymphe nommée Phéacie, fille d'Asope, que Neptune engrossit. Il avoit bâti une ville, dit Homère, dressé des temples aux dieux et divisé les terres à chacun. Après quoi il mourut ; et son fils Alcinoüs régnoit présentement. Homère dit que ce peuple étoit loin des peuples ingénieux, ἑκὰς ἀνδρῶν ἀλφηστάων. Cependant il les représente pour les plus ingénieux hommes du monde. Ils ne recevoient point les étrangers chez eux que pour les renvoyer en leur pays quand l'orage les avoit jetés contre leurs côtes ; ce qu'ils faisoient charitablement, comme ils firent à Ulysse ; mais ils n'étoient adroits que de la main et pour les exercices du corps : car c'étoit un proverbe parmi les Grecs et dans Platon, *Alcinoï apologus,* pour des contes à perte de vue, à cause de ceux qu'Ulysse leur fait, se jouant d'eux comme d'hommes grossiers. Néanmoins il y a trois ou quatre personnages qui n'étoient pas bêtes de la manière qu'ils sont ici dépeints ; tels qu'Alcinoüs, sa femme Arété, sa fille Nausicaa, un musicien et quelques vieillards. Minerve va donc chez Alcinoüs lorsque tout le monde étoit couché, et vient dans la chambre de Nausicaa.

> Βῆ δ' ἴμεν ἐς θάλαμον πολυδαίδαλον, ᾧ ἔνι κούρη
> Κοιμᾶτ', ἀθανάτῃσι φυὴν καὶ εἶδος ὁμοίη,...
>
> Z, 15G.

Et auprès d'elle deux servantes belles comme les Grâces :

> Πὰρ δὲ δύ' ἀμφίπολοι, Χαρίτων ἄπο κάλλος ἔχουσαι,...

car les Grâces étoient les servantes de Vénus. Elles étoient donc couchées contre la porte, qui étoit bien fermée ; mais Minerve entra dedans comme le souffle du vent, et parut à Nausicaa sous la figure d'une de ses compagnes.

Elle lui dit qu'elle est bien négligente de laisser là ses beaux habits sans les laver ; cependant on vous mariera bientôt, et alors il faut que vous soyez bien vêtue, car cela est honorable et cela réjouit le père et la mère.

> Ἐκ γάρ τοι τούτων φάτις ἀνθρώπους ἀναβαίνει
> Ἐσθλή· χαίρουσιν δὲ πατὴρ καὶ πότνια μήτηρ.
> Z, 30.

Allez donc demain les laver et demandez un chariot à votre père, car les bains sont éloignés. Elle disoit cela pour faire en sorte qu'Ulysse, qui étoit tout nu, eût quelques habits, et parût honnêtement devant Alcinoüs : car elle lui dit de laver aussi les habits de ses frères qui la doivent mener aux noces. Aussitôt Minerve s'en retourne au ciel empyrée, qu'Homère décrit ainsi :

> . . . . ἀπέβη γλαυκῶπις Ἀθήνη
> Οὔλυμπόνδ', ὅθι φασὶ θεῶν ἕδος ἀσφαλὲς αἰεὶ
> Ἔμμεναι, οὔτ' ἀνέμοισι τινάσσεται, οὔτε ποτ' ὄμβρῳ
> Δεύεται, οὔτε χιὼν ἐπιπίλναται· ἀλλὰ μάλ' αἴθρη
> Πέπταται ἀννέφελος, λευκὴ δ' ἐπιδέδρομεν αἴγλη·
> Τῷ ἔνι τέρπονται μάκαρες θεοὶ ἤματα πάντα.
> Z, 46.

Aussitôt l'aurore paroît dans son beau char, εὔθρονος. Nausicaa admire son songe, et pour l'exécuter elle vient trouver sa mère et son père ; l'une étoit auprès du feu avec ses servantes, filant des laines de pourpre, et l'autre s'en alloit à l'assemblée avec les principaux des Phéaciens. Dès qu'elle le voit, elle lui tient ce discours, qui est tout à fait naïf et propre à une jeune fille. Elle l'appelle son papa quoiqu'elle fût déjà à marier.

> Πάππα φίλ', οὐκ ἂν δή μοι ἐφοπλίσσειας ἀπήνην
> Ὑψηλήν, εὔκυκλον,...
> Z, 58.

Il semble qu'elle commande, mais il faut imputer cela à l'affection des pères pour leurs enfants. Elle lui dit donc : Vous voulez que vos habits soient bien propres quand vous paroissez en public. Tout de même j'ai cinq frères qui sont bien aises quand ils vont au bal d'avoir des habits honnêtes; j'ai soin de tout cela, dit-elle, car elle n'ose pas nommer le nom du mariage.

> Ὣς ἔφατ'·αἴδετο γὰρ θαλερὸν γάμον ἐξονομῆναι
> Πατρὶ φίλῳ·ὅ δὲ πάντα νόει,...
>
> Z, 67.

Mais il se douta bien de tout, et commanda qu'on lui attelât un chariot, ce qui est exécuté, et sa mère lui met des viandes dans une corbeille et du vin dans une peau de chèvre, et lui donne aussi de l'huile dans une lampe d'or, afin qu'elle se frottât elle et ses servantes. Elle monte sur le chariot, prend les rênes et le fouet; ses mulets courent aussitôt, et elle arrive aux bains où ses servantes laissent paître les chevaux le long du rivage. Cependant elles lavent tous leurs habits dans le bain qui étoit de l'eau du fleuve, et après les étendent au soleil sur le gravier du rivage. Elles se lavent et se frottent d'huile, et dînent ensuite. Après elles jouent à la balle ; c'est comme aujourd'hui à la raquette : elle jetoit une balle, et c'étoit à qui la retiendroit. Cependant on chantoit, et il semble qu'on jouât à la cadence ; car il dit que Nausicaa commença la chanson, et il la compare à Diane. Telle qu'est Diane, dit-il, qui se plaît aux flèches sur une montagne ou sur le haut Taygète ou sur l'Érymanthe. Et autour d'elle les nymphes champêtres, filles de Jupiter, se jouent.

> Τῇ δέ θ'ἅμα Νύμφαι, κοῦραι Διὸς αἰγιόχοιο
> Ἀγρονόμοι παίζουσι· γέγηθε δέ τε φρένα Λητώ·

Πασάων δ' ὑπὲρ ἥγε κάρη ἔχει ἠδὲ μέτωπα,
'Ρεῖα δ' ἀριγνώτη πέλεται, καλαί δέ τε πᾶσαι.
Z, 108.

Voilà la traduction de Virgile, au liv. I de l'*Énéide* :

Qualis in Eurotæ ripis aut per juga Cynthi
Exercet Diana choros; quam mille secutæ
Hinc atque hinc glomerantur Oreades; illa pharetram
Fert humero, gradiensque deas supereminet omnes;
Latonæ tacitum pertentant gaudia pectus :
Talis erat Dido.

Il faut que ce soit de cet endroit que parle Pline p. 630 :
.... *Apelles pinxit Dianam sacrificantium virginum choro mistam, quibus vicisse Homeri versus videtur idipsum describentis.*

Ὡς ἥγ' ἀμφιπόλοισι μετέπρεπε παρθένος ἀδμής.
Z, 109.

Mais lorsqu'elle étoit prête à s'en aller, Minerve, voulant qu'Ulysse s'éveillât et qu'il vît cette belle fille εὐώπιδα κούρην, afin qu'elle le conduisît à la ville, s'avisa de cette invention. La princesse jeta la balle à ses servantes; mais elle les manqua, et la balle tomba dans le fleuve. Ces filles firent un grand cri, et Ulysse s'éveilla. Il songe d'abord en quel pays il est venu; il ne sait s'il est parmi des barbares et des insolents, ou des hommes civils aux étrangers et craignant Dieu. Il ne sait non plus s'il a ouï la voix des nymphes ou de quelques filles. Pour s'en éclaircir, il va droit à elles, et arrache quelques branches pour couvrir sa nudité.

Il s'en va vers elles comme un lion farouche, ὀρεσίτροφος, et hardi, ἀλκὶ πεποιθώς, qui, après avoir enduré le vent et la pluie, s'en va tout furieux chercher à manger.

> Ὅστ' εἶσ' ὑόμενος καὶ ἀήμενος· ἐν δέ οἱ ὄσσε
> Δαίεται· αὐτὰρ ὁ βουσὶν ἐπέρχεται, ἠδὲ ἐσσιν,
> Ἠὲ μετ' ἀγροτέρας ἐλάφους. Κέλεται δέ ἑ γαστήρ,
> Μήλων πειρήσοντα καὶ ἐς πυκινὸν δόμον ἐλθεῖν.
>
> Z, 134.

Ainsi vint Ulysse parmi ces filles tout nu qu'il étoit, car la nécessité l'y forçoit; mais il leur parut terrible étant tout couvert de l'écume de la mer. Et elles s'enfuirent toutes, qui deçà, qui delà, le long de la rivière. La seule Nausicaa demeura ferme.

> . . . . τῇ γὰρ Ἀθήνη
> Θάρσος ἐνὶ φρεσὶ θῆκε, καὶ ἐκ δέος εἵλετο γυίων.
> Στῆ δ' ἄντα σχομένη.
>
> Z, 141.

Car c'est une marque d'un esprit bien né de n'être point si timide. Et c'est ce que Barclay exprime fort bien en la personne du pêtit Polyarque, qui étoit avec une troupe d'enfants de son âge. J'ai oublié les paroles; c'est vers les derniers livres. Ainsi, au huitième livre de l'*Énéide*, Pallas, fils d'Évandre, vient hardiment, *audax*, au-devant d'Énée. Ulysse doute s'il doit embrasser ses genoux ou s'il lui fera de loin un discours flatteur et obligeant, afin qu'elle lui donne quelque habit. Ce dernier avis lui semble plus honnête, craignant que cette belle fille ne se fâchât s'il lui alloit embrasser les genoux.

> Αὐτίκα μειλίχιον καὶ κερδαλέον φάτο μῦθον.
>
> Z, 148.

En effet cette harangue est une des plus belles pièces d'Homère et des plus galantes. Elle est tout à fait propre à un esprit délicat et adroit comme Ulysse, pour gagner quelque crédit auprès de cette belle inconnue.

La voici :

Γουνουμαί σε, ἄνασσα· θεός νύ τις, ἢ βροτός ἐσσί;
Εἰ μέν τις θεός ἐσσὶ, τοί οὐρανὸν εὐρὺν ἔχουσιν,
Ἀρτέμιδί σε ἔγωγε, Διὸς κούρῃ μεγάλοιο,
Εἶδός τε μέγεθός τε φυήν τ' ἄγχιστα ἐΐσκω.

Z, 150.

Voici comme Virgile l'a imité, *Énéide*, I :

O quam te memorem, virgo? namque haud tibi vultus
Mortalis, nec vox hominem sonat : o dea certe ;
An Phœbi soror, an nympharum sanguinis una ?

Mais, comme il n'y avoit guère d'apparence que ce fût une déesse, Ulysse se contente d'en douter, et la cajole comme fille ; car il ne faut pas que les louanges soient excessives, et il vaut mieux dire à un homme qu'il est un grand homme que de lui dire qu'il est un dieu : car le dernier passe pour une pure flatterie.

Εἰ δέ τίς ἐσσὶ βροτῶν, τοὶ ἐπὶ χθονὶ ναιετάουσι,
Τρισμάκαρες μέν σοί γε πατὴρ καὶ πότνια μήτηρ,
Τρισμάκαρες δὲ κασίγνητοι· μάλα πού σφισι θυμὸς
Αἰὲν ἐϋφροσύνῃσιν ἰαίνεται, εἵνεκα σεῖο,
Λευσσόντων τοιόνδε θάλος χορὸν εἰσοιχνεῦσαν.
Κεῖνος δ' αὖ περὶ κῆρι μακάρτατος ἔξοχον ἄλλων,
Ὅς κέ σ' ἐέδνοισι βρίσας οἶκόνδ' ἀγάγηται.

Cette expression est tout à fait belle. Ah ! dit-il, quelle joie pour vos parents, lorsqu'ils voient une si belle fille paroître dans la danse comme une fleur qui brille par-dessus toutes les autres ! car c'est là que la beauté éclate, chacune ayant soin de se parer. Mais plus heureux, dit-il, celui qui vous épousera en vous chargeant d'une dot immense ; pour dire qu'elle méritoit beaucoup : car, dit-il, je n'ai encore rien vu de si beau, ni homme ni femme, et je suis saisi de vénération,

. . . . σέβας μ' ἔχει εἰσορόωντα.
Z, 161.

Telle ai-je vu une jeune plante de laurier qui croissoit auprès de l'autel d'Apollon à Délos, il n'y a pas longtemps ; car j'ai été là, et j'étois suivi de beaucoup de peuple dans ce voyage, qui m'a tant coûté de maux. Il marque en passant qu'il est une personne de conséquence, afin qu'elle l'écoute mieux. J'admirai, dit-il, ce beau rejeton, et je le regardai longtemps, car je n'en avois point vu sortir de terre un si beau ; et je vous admire tout de même, et n'ose pas m'approcher de vos genoux, quoique je sois fort affligé. Il lui conte ce qu'il a souffert sur la mer, et lui dit :

Ἀλλά, ἄνασσ', ἐλέαιρε, σὲ γὰρ κακὰ πολλὰ μογήσας
Ἐς πρώτην ἱκόμην.
Z, 176.

Car c'est comme une obligation plus forte d'assister un étranger qui s'est adressé à nous tous les premiers. Et voilà le vœu qu'il fait pour elle :

Σοὶ δὲ θεοὶ τόσα δοῖεν, ὅσα φρεσὶ σῇσι μενοινᾷς,
Ἄνδρα τε καὶ οἶκον, καὶ ὁμοφροσύνην ὀπάσειαν
Ἐσθλήν· οὐ μὲν γὰρ τοῦγε κρεῖσσον καὶ ἄρειον
Ἢ ὅθ' ὁμοφρονέοντε νοήμασιν οἶκον ἔχητον,
Ἀνήρ ἠδὲ γυνή· πόλλ' ἄλγεα δυσμενέεσσι,
Χάρματα δ'εὐμενέτῃσι· μάλιστα δέ τ' ἔκλυον αὐτοί.
Z, 185.

Je souhaite que les dieux vous donnent tout ce que vous désirez, un mari, une famille et une bonne intelligence ; car il n'y a rien de plus beau que quand une femme et un mari sont d'accord. Quand ils se haïssent, il leur arrive toute sorte de maux, et toute sorte de biens quand ils s'aiment ; et ils le reconnoissent eux-mêmes fort bien, ou plutôt, comme je crois, les dieux mêmes les favorisent de plus en plus lorsqu'ils s'entendent bien l'un avec l'autre.

La princesse lui répond ces paroles obligeantes :

Ξεῖν', (ἐπεὶ οὔτε κακῷ, οὔτ' ἄφρονι φωτὶ ἔοικάς),
Ζεὺς δ' αὐτὸς νέμει ὄλβον Ὀλύμπιος ἀνθρώποισιν,
Ἐσθλοῖς ἠδὲ κακοῖσιν, ὅπως ἐθέλῃσιν ἑκάστῳ·
Καί πού σοι τάδ' ἔδωκε, σὲ δὲ χρὴ τετλάμεν ἔμπης.

Z, 190.

Ces paroles sont belles et sont ordinaires dans Homère, pour ne pas mépriser un homme parce qu'il est en un pauvre état, parce que le bonheur et le malheur viennent à chacun selon que Dieu les distribue. Elle lui apprend en quel pays il est, et qui elle est elle-même. En même temps elle appelle ses servantes, et leur dit : Faut-il s'enfuir pour voir un homme? il n'y en a point d'assez hardi pour venir comme ennemi dans le pays des Phéaques; car ils sont trop aimés des dieux. Mais celui-ci est un malheureux qu'il faut bien traiter; car tous les étrangers et les pauvres viennent de la part de Jupiter, et il leur faut donner, pour peu que ce soit. Ces servantes s'approchent, et mènent Ulysse sur le bord du fleuve, sous un ombrage, et apportent de l'huile pour le frotter. Mais Ulysse leur dit de se retirer, parce qu'il auroit honte de paroître nu devant des filles; ce qu'elles font, et elles le redisent à leur maîtresse. Alors Ulysse se lave, et fait en aller toute l'écume et toutes les ordures de la mer, dont son corps et sa tête étoient couverts. Et après qu'il s'est bien lavé, et qu'il a mis sur son dos la casaque que la princesse lui avoit fait donner, Minerve répand autour de lui une nouvelle beauté, et le fait paroître plus grand et plus gros à proportion. Elle fait descendre sur ses épaules ses beaux cheveux noirs bouclés ; car il dit qu'ils étoient de la couleur d'hyacinthe, qui passe pour noire. Homère répète cette fiction en deux ou trois endroits, et Virgile l'a imitée au livre 1 de l'*Énéide*. Voici comme ils parlent tous deux :

> Τὸν μὲν Ἀθηναίη θῆκεν Διὸς ἐκγεγαυῖα,
> Μείζονά τ' εἰσιδέειν καὶ πάσσονα· καδ'δὲ κάρητος
> Οὔλας ἧκε κόμας, ὑακινθίνῳ ἄνθει ὁμοίας.
> Ὡς δ' ὅτε τις χρυσόν περιχεύεται ἀργύρῳ ἀνὴρ
> Ἴδρις, ὅν Ἥφαιστος δέδαεν καὶ Παλλὰς Ἀθήνη
> Τέχνην παντοίην, χαρίεντα δὲ ἔργα τελείει·
> Ὡς ἄρα τῷ κατέχευε χάριν κεφαλῇ τε καὶ ὤμοις·
> Ἕζετ' ἔπειτ', ἀπάνευθε κιών, ἐπὶ θῖνα θαλάσσης,
> Κάλλεϊ καὶ χάρισι στίλβων· θηεῖτο δὲ κούρη.
>
> Z, 237.

> Restitit Æneas, claraque in luce refulsit,
> Os humerosque deo similis : namque ipsa decoram
> Cæsariem nato genitrix, lumenque juventæ
> Purpureum, et lætos oculis afflarat honores.
> Quale manus addunt ebori decus ; aut ubi flavo
> Argentum, Pariusve lapis, circumdatur auro.

Virgile est plus court, mais il paraît aussi plus délicat, et il met tout l'embellissement d'Énée aux cheveux, au teint du visage et à l'éclat des yeux, au lieu qu'Homère se contente de dire qu'Ulysse parut plus grand et plus gros, et que ses cheveux descendirent sur sa tête. Il est vrai qu'il dit après : κάλλεϊ καὶ χάρισι στίλβων. Virgile finit comme Homère,

> Obstupuit primo aspectu Sidonia Dido.

Mais ici Nausicaa dit à ses servantes : Ce n'est point contre la volonté des dieux que cet étranger est venu ici. D'abord il paroissoit un homme de néant, mais maintenant il est beau comme un dieu. Ah ! plût à Dieu que j'eusse un mari semblable à lui! ou bien, plût à Dieu que je le pusse appeler mon mari, et qu'il voulût demeurer ici! mais donnez-lui à boire et à manger : ce qu'elles font, et Ulysse mange avec avidité, ἁρπαλέως; car il n'avoit pas mangé de longtemps. Cependant Nausicaa replie tous ses habits et se prépare à s'en aller. Elle monte à son chariot, et dit à Ulysse qu'il la suive. Tant que nous serons dans la campagne, venez derrière mon chariot avec mes femmes; mais lorsque nous arriverons près du port, où le peuple tient son assemblée sur de grandes pierres cavées exprès, et où l'on travaille à l'équipage des vaisseaux, car c'est là toute leur étude, et les Phéaques ne s'appliquent point à l'arc ni au carquois, mais seulement aux voiles et aux rames, j'appréhende leur médisance cruelle, car le peuple est insolent; et peut-être que quelqu'un d'eux diroit méchamment : Qui est ce bel et grand étranger qui suit Nausicaa? Où l'a-t-elle treuvé? Sans doute qu'il sera son mari. Ne l'a-t-elle point sauvé de quelque naufrage? Ou bien, n'est-ce point quelque dieu qui lui sera venu du ciel durant qu'elle faisoit ses prières? Et elle l'aura toute sa vie pour mari : aussi bien méprise-t-elle tous ceux de ce pays qui la recherchent en grand nombre, et tous fort nobles. On voit là une peinture admirable des discours d'une populace qui s'ingère dans toutes les actions des grands.

Aussi Nausicaa dit-elle qu'elle fuit ces bruits-là; et ce me seroient des outrages, dit-elle, car je treuverois moi-même fort mauvais qu'une fille fréquentât des hommes sans le consentement de son père et de sa mère, et devant qu'être mariée publiquement. C'est pourquoi nous treuverons sur notre chemin l'agréable bois de Pallas où est la métairie et les beaux jardins de mon père; demeurez-y jusqu'à ce que je sois arrivée dans la ville et au palais de mon père, et quand vous jugerez que nous y sommes, entrez dans la ville et demandez le logis de mon père : il est aisé à connoître, et un enfant vous y mèneroit, car il n'y en a point de pareil dans l'île des Phéaques. Quand vous serez entré, avancez-vous dans la salle, où vous treuverez ma mère assise près du feu contre un pilier où elle file des laines de pourpre avec ses femmes. Vous y verrez mon père qui est auprès d'elle dans son trône.

Τῷ ὅγε οἰνοποτάζει ἐφήμενος, ἀθάνατος ὡς.
Z. 309.

Mais passez-le, et allez embrasser les genoux de ma mère, et assurez-vous que si elle vous veut une fois du bien, vous reverrez vos amis et votre maison, si loin que vous en soyez. Cela dit, elle fouette ses mulets, qui courent et plient les jambes adroitement.

. . . . . . Εὖ δὲ πλίσσοντο πόδεσσιν.
Z, 318.

Mais elle les gouvernoit sagement, afin que ses femmes et Ulysse la pussent suivre, et les fouettoit avec art, νόῳ δ' ἐπέβαλλεν ἱμασθλην.

Le soleil se couche et ils arrivent au bois sacré de Pallas, où Ulysse invoque la déesse et lui reproche de l'avoir abandonné.

Δός μ' ἐς Φαίηκας φίλον ἐλθεῖν, ἠδ' ἐλεεινόν.
Z, 327.

Elle l'exauce, mais elle n'ose pas se découvrir à lui, αἴδετο γαρ ῥα πατροκασίγνητον, qui étoit grandement irrité contre lui.

LIVRE VII.

Nausicaa arrive à la maison de son père, et ses frères viennent à l'entour d'elle et détachent ses mulets, et la descendent du chariot. Elle va à sa chambre où sa nourrice lui allume du feu. Cependant Pallas a soin d'Ulysse, et, afin que personne ne le voie et ne l'importune par des injures ou par des interrogations hors de saison, elle répand autour de lui un nuage épais. C'est ce que Virgile a imité au liv. I de l'*Énéide*, où Vénus en fait autant à Énée. Et il l'a encore imité en faisant venir Vénus au-devant d'Énée pour lui apprendre des nouvelles de Carthage, comme ici Homère fait que Pallas vient à la rencontre d'Ulysse sous la figure d'une jeune fille qui porte une cruche d'eau. Ulysse lui demande : Mon enfant, ne sauriez-vous m'enseigner la maison d'Alcinoüs ? Oui, dit-elle, étranger, mon père, je vous la puis bien montrer, car le logis de mon père est tout contre. Il ne se peut rien de plus beau que la justesse et l'exactitude d'Homère; il fait parler tous ses personnages avec une certaine propriété qui ne se trouve point ailleurs, car on diroit qu'il diversifie son style à chaque endroit, tant il garde bien le caractère des gens. Ulysse, par exemple, parle simplement à cette jeune fille, et cette fille lui répond avec naïveté. En d'autres endroits, Ulysse et les autres parlent en héros, et ainsi du reste. Pallas lui dit donc qu'elle le mènera : Mais allez, dit-elle, sans rien dire à personne, et ne regardez personne non plus, car les Phéaques n'aiment pas volontiers les étrangers.

Οὐ γὰρ ξείνους οἵδε μάλ' ἀνθρώπους ἀνέχονται,
Οὐδ' ἀγαπαζόμενοι φιλέουσ', ὅς κ' ἄλλοθεν ἔλθοι.
H, 33.

Ils n'aiment que la marine, et Neptune leur en a donné l'art, et leurs vaisseaux vont plus vite que l'aile d'un oiseau et que la pensée. C'est le naturel des hommes de ce métier d'être brutaux et de n'avoir point de civilité. Et cela tourne davantage à la louange d'Ulysse, qui a été si bien reçu de ces gens-là. Il marche derrière Pallas sans que personne le voie, à cause de ce nuage qui l'environnoit. Ulysse admire le port et les vaisseaux qui y étoient en bel ordre; il admire les grands logis de ces héros et les places et les murailles hautes et environnées de fossés.

> Miratur molem Æneas, magalia quondam;
> Miratur portas, strepitumque, et strata viarum.

Enfin voilà, dit Pallas, la maison d'Alcinoüs; vous y treuverez ces rois ou ces princes divins, διοτρεφέας, qui sont à table; mais entrez et ne craignez rien.

Un homme hardi réussit toujours mieux dans toutes les occasions, fût-il étranger.

> . . . . Μηδέ τι θυμῷ
> Τάρβει· θαρσαλέος γὰρ ἀνὴρ ἐν πᾶσιν ἀμείνων
> Ἔργοισιν τελέθει, εἰ καὶ ποθεν ἄλλοθεν ἔλθοι.
> H, 52.

Vous y treuverez d'abord la reine Arété, qui est de la même race qu'Alcinoüs, car Neptune engendra premièrement Nausithoüs, de Péribée la plus belle des femmes, laquelle étoit fille du brave Eurymédon qui commanda autrefois aux géants; mais il fit périr ce peuple farouche et se perdit lui-même.

> Ἀλλ' ὁ μὲν ὤλεσε λαὸν ἀτάσθαλον, ὤλετο δ' αὐτός.
> H, 60.

Nausithoüs régna sur les Phéaques et eut deux fils :

Rhexenor et Alcinoüs ; mais le premier fut tué par Apollon, étant nouveau marié et sans enfants mâles, ἄκουρον ἐόντα ; mais il laissa Arété, fille unique, qu'a épousée Alcinoüs et qu'il honore plus que femme ne peut être honorée sur la terre. Voici l'idée d'une grande princesse qui est aimée et révérée de tout le monde :

> Καὶ μιν ἔτισ' ὡς οὔτις ἐπὶ χθονὶ τίεται ἄλλη,
> Ὅσσαι νῦν γε γυναῖκες ὑπ' ἀνδράσιν οἶκον ἔχουσιν.
> Ὣς κείνη περὶ κῆρι τετίμεταί τε καὶ ἐστὶν
> Ἔκ τε φίλων παίδων, ἐκ τ' αὐτοῦ Ἀλκινόοιο,
> Καὶ λαων, οἵ μίν ῥα, θεὸν ὣς, εἰσορόωντες,
> Δειδέχαται μύθοισιν, ὅτε στίχῃσ' ἀνὰ ἄστυ.
> Οὐ μὲν γάρ τι νόου γε καὶ αὐτὴ δεύεται ἐσθλοῦ,
> Οἷσίν τ' εὖ φρονέῃσι, καὶ ἀνδράσι νείκεα λύει.
>
> H, 74.

Que si elle vous veut du bien, espérez que vous reverrez bientôt votre pays. Aussitôt Minerve s'en alla à Athènes, εὐρυάγυιαν, à la maison d'Érechtée, roi d'Athènes, dont les filles souffrirent la mort pour leur patrie, selon Cicéron. Ulysse arrive à la maison d'Alcinoüs, dont voici la description tout entière ; car elle mérite bien d'être copiée mot à mot :

> . . . . Ἀυτὰρ Ὀδυσσεὺς
> Ἀλκινόου πρὸς δώματ' ἴε κλυτά· πολλὰ δέ οἱ κῆρ
> Ὥρμαιν' ἱσταμένῳ, πρὶν χάλκεον οὐδὸν ἱκέσθαι·
> Ὥστε γὰρ ἠελίου αἴγλη πέλεν, ἠὲ σελήνης,
> Δῶμα καθ' ὑψερεφὲς μεγαλήτορος Ἀλκινόοιο.
> Χάλκεοι μὲν γὰρ τοῖχοι ἐρηρέδατ' ἔνθα καὶ ἔνθα,
> Ἐς μυχὸν ἐξ οὐδοῦ· περὶ δὲ θριγκὸς κυάνοιο·
> Χρύσειαι δέ θύραι πυκινὸν δόμον ἐντὸς ἔεργον·
> Ἀργύρεοι δὲ σταθμοὶ ἐν χαλκέῳ ἕστασαν οὐδῷ,
> Ἀργύρεον δ' ἐφ' ὑπερθύριον, χρυσέη δὲ κορώνη.
> Χρύσειοι δ' ἑκάτερθε καὶ ἀργύρεοι κύνες ἦσαν,
> Οὓς Ἥφαιστος ἔτευξεν ἰδυίῃσι πραπίδεσσιν,
> Δῶμα φυλασσέμεναι μεγαλήτορος Ἀλκινόοιο,
> Ἀθανάτους ὄντας καὶ ἀγήρως ἤματα πάντα.
> Ἐν δέ θρόνοι περὶ τοῖχον ἐρηρέδατ' ἔνθα καὶ ἔνθα,

> Ἐς μυχὸν ἐξ οὐδοῖο διαμπερές· ἔθ' ἐνὶ πέπλοι
> Λεπτοὶ ἐΰννητοι βεβλήατο, ἔργα γυναικῶν.
> Ἔνθα δὲ Φαιήκων ἡγήτορες ἑδριόωντο,
> Πίνοντες καὶ ἔδοντες· ἐπηετανὸν γὰρ ἔχεσκον.
> Χρύσειοι δ' ἄρα κοῦροι ἐϋδμήτων ἐπὶ βωμῶν
> Ἕστασαν, αἰθομένας δαΐδας μετὰ χερσὶν ἔχοντες,
> Φαίνοντες νύκτας κατὰ δώματα δαιτυμόνεσσι.
> Πεντήκοντα δέ οἱ δμωαὶ κατὰ δῶμα γυναῖκες.
>
> H, 81.

Dont les unes travailloient à moudre le blé μηλοπα, couleur de pomme, les autres faisoient des toiles plus déliées que les feuilles d'un peuplier; et l'on voyoit dégoutter la teinture où l'on mouilloit ces voiles. Autant que les Phéaques excellent sur les autres hommes dans l'art de conduire les vaisseaux, autant leurs femmes excellent-elles à faire des toiles :

> . . . . . . πέρι γὰρ σφισι δῶκεν Ἀθήνη
> Ἔργα τ' ἐπίστασθαι περικαλλέα καὶ φρένας ἐσθλάς.
>
> H, 110.

Ensuite il vient à la description du jardin, qui est un des beaux endroits de l'*Odyssée*. Virgile n'en fait point lorsqu'il décrit la maison de Didon. On peut dire que c'est à cause que Didon étoit à Carthage depuis peu de temps, et qu'un jardin n'est pas sitôt dans sa perfection.

Mais les jardins d'Alcinoüs ont été fameux dans toute l'antiquité. Virgile, au liv. II des *Géorgiques* :

Pomaque, et Alcinoi sylvæ.

Voici donc la description qu'en fait Homère, et que Le Tasse a voulu imiter dans le palais d'Armide :

> Ἔκτοσθεν δ' αὐλῆς μέγας ὄρχατος ἄγχι θυράων
> Τετράγυος· περὶ δ' ἕρκος ἐλήλαται ἀμφοτέρωθεν.
> Ἔνθα δὲ δένδρεα μακρὰ πεφύκει τηλεθόωντα,

>Ὄγχναι, καὶ ῥοιαὶ, καὶ μηλέαι ἀγλαόκαρποι,
Συκαῖ τε γλυκεραὶ, καὶ ἐλαῖαι τηλεθόωσαι.
Τάων οὔποτε καρπὸς ἀπόλλυται, οὐδ' ἀπιλείπει,
Χείματος, οὐδέ θέρευς, ἐπετήσιος· ἀλλὰ μάλ' αἰεὶ
Ζεφυρίη πνείουσα τὰ μὲν φύει, ἄλλα δὲ πέσσει.
Ὄγχνη ἐπ' ὄγχνῃ γηράσκει, μῆλον δ' ἐπὶ μήλῳ,
Αὐτὰρ ἐπὶ σταφυλῇ σταφυλὴ, σῦκον δ' ἐπὶ σύκῳ.
Ἔνθα δέ οἱ πολύκαρπος ἀλωὴ ἐρρίζωται·
Τῆς ἕτερον μὲν θειλόπεδον λευρῷ ἐνὶ χώρῳ
Τέρσεται ἠελίῳ· ἑτέρας δ' ἄρα τε τρυγόωσιν,
Ἄλλας δὲ τραπέουσι· πάροιθε δέ τ' ὀμφακές εἰσιν,
Ἄνθος ἀφιεῖσαι, ἕτεραι δ' ὑποπερκάζουσι.
Ἔνθα δὲ κοσμηταὶ πρασιαὶ παρὰ νείατον ὄρχον
Παντοῖαι πεφύασιν, ἐπηετανὸν γανόωσαι.

C'est-à-dire des parterres ornés de fleurs continuelles; et il y avoit encore deux fontaines, dont l'une se répandoit par tout le jardin, et l'autre alloit par-dessous la cour du logis auprès de la porte, où toute la ville venoit querir de l'eau.

>Τοῖ' ἄρ ἐν Ἀλκινόοιο θεῶν ἔσαν ἀγλαὰ δῶρα.

H, 132.

Ulysse, après avoir tout admiré dans son âme, entre dans la salle, où les plus apparents des Phéaques étoient à table, et faisoient une libation en l'honneur de Mercure.

>Ὧ πυμάτω σπένδεσκον, ὅτε μνησαίατο κοίτου.

H, 138.

La raison de cela étoit sans doute qu'il avoit le pouvoir d'endormir et de réveiller, lorsqu'il vouloit, avec sa verge, comme Homère le dit au commencement du cinquième livre, et Virgile au quatrième :

Dat somnos, adimitque.

Ulysse entre donc toujours environné de cette obscurité qui le rendoit invisible; il va se jeter aux genoux d'Arété, et alors ce nuage miraculeux se dissipe, et tout le monde est effrayé de voir un homme devant eux. Ulysse fait sa prière à Arété, la conjurant par le nom de son père, qu'il avoit fort bien retenu, de faire en sorte qu'on le renvoie chez lui; et, attendant sa réponse, il étoit dans la cendre pour la toucher davantage, jusqu'à ce que le vieillard Échenéus, qui étoit le plus ancien,

Καὶ μύθοισι κέκαστο, παλαιά τε πολλά τε εἰδώς.
H, 157.

dit à Alcinoüs qu'il a tort de laisser un étranger à terre; Faites-le asseoir, et commandez qu'on verse du vin en l'honneur de Jupiter, qui accompagne les suppliants, lesquels sont en vénération, et faites apporter à souper à cet étranger. Alcinoüs prend Ulysse par la main et le fait asseoir dans un beau siége, d'où il fait lever le jeune Laodamas, son fils, qui étoit assis près de lui, et qu'il aimoit plus que tous les autres. Ulysse mange donc ce qu'on lui apporte; et cependant Alcinoüs dit à Pontonoüs, son héraut, qu'il donne du vin à tout le monde, afin qu'on boive en l'honneur de Jupiter; et après que chacun a bu autant qu'il a voulu, Alcinoüs dit que chacun s'en aille coucher chez lui, et que demain au matin ils viennent en bonne compagnie, afin que nous traitions, dit-il, cet étranger, et que nous donnions ordre pour son retour, afin qu'on le remène chez lui sans aucun danger, et qu'après cela il reçoive tout ce que les Parques lui ont destiné:

. . . . ἔνθα δ' ἔπειτα
Πείσεται ὅσσα οἱ αἶσα Κατακλῶθές τε βαρεῖαι
Γεινομένῳ νήσαντο λίνῳ, ὅτε μιν τέκε μήτηρ.
H, 196.

Que si c'est quelqu'un des dieux qui soit descendu du ciel, il en arrivera ce qu'il leur plaira ; car d'ordinaire les dieux nous apparoissent visiblement quand nous leur faisons des hécatombes, et mangent avec nous ; et quelquefois ils se déguisent en forme de voyageurs, et après se découvrent à nous, car nous sommes leurs alliés, aussi bien que les cyclopes et les géants. L'on diroit qu'Homère a pris ce beau sentiment dans les livres de Moïse, que les dieux prennent quelquefois la figure des voyageurs pour éprouver l'hospitalité de ceux qui les servent, et qui sont favorisés d'eux, comme on voit par l'histoire d'Abraham.

Ulysse rejette bien loin cette pensée d'Alcinoüs. Ayez d'autres sentiments, dit-il, car je ne suis point semblable aux immortels qui habitent le ciel, ni de corps ni d'esprit,

> Ἀλλὰ θνητοῖσι βροτοῖσιν·
> Οὕς τινασ ὑμεῖς ἴστε μάλιστ' ὀχέοντας ὀϊζὺν
> Ἀνθρώπων, τοῖσίν κεν ἐν ἄλγεσιν ἰσωσαίμην.
>
> H, 210.

et je puis dire même que j'ai plus souffert que personne. Mais permettez-moi de souper à mon aise, tout affligé que je suis ; car rien n'est plus impudent qu'un ventre affamé ;

> Οὐ γάρ τι στυγερῇ ἐπὶ γαστέρι κύντερον ἄλλο
> Ἔπλετο, ἥτ' ἐκέλευσεν ἕο μνήσασθαι ἀνάγκῃ,
> Καὶ μάλα τειρόμενον, καὶ ἐνὶ φρεσὶ πένθος ἔχοντα.
>
> H, 216.

Notre langue ne souffriroit pas dans un poëme héroïque cette façon de parler qui semble n'être propre qu'au burlesque ; elle est pourtant fort ordinaire dans Homère. En effet, nous voyons que dans nos poëmes, et même dans les romans, on ne parle non plus de manger que si les héros étoient des dieux qui ne fussent pas assujettis à la nourriture : au lieu qu'Homère fait fort bien manger les siens à chaque occasion, et les garnit toujours de vivres lorsqu'ils sont en voyage. Virgile en fait aussi mention, quoique plus rarement qu'Homère, et il ne le fait que dans des occasions importantes, comme au premier livre, après le naufrage, Énée tua des cerfs qu'il donna à ses gens, qui en avoient bien besoin ; ensuite le souper de Didon, où cette princesse devient amoureuse ; et c'est ce qui lui fait dire au quatrième livre, pour éviter les répétitions,

Nunc eadem, labente die, convivia quærit;

au troisième, le dîner des Harpies ; au cinquième en l'honneur d'Anchise ; au septième, pour accomplir la prophétie,

Heus! etiam mensas consumimus!

et au huitième, le sacrifice d'Évandre. Voilà, ce me semble, tous les endroits où il est parlé de manger dans Virgile. Mais dans Homère il en est fait mention presque partout, et plus encore dans l'*Odyssée* que dans l'*Iliade*, parce qu'ici Homère ne parle presque que d'affaires domestiques, au lieu que l'*Iliade* est pour les actions publiques. En cet endroit, on recommence par trois fois à boire, à l'occasion d'Ulysse et des libations qu'on faisoit aux dieux ; ensuite de quoi chacun se va coucher. Ulysse demeure seul, et Arété et Alcinoüs auprès de lui. Arété reconnoît le vêtement que sa fille lui avoit donné, et qu'elle-même avoit fait de ses mains. Elle lui demande donc qui le lui a donné : Ne dites-vous pas que vous avez été jeté par l'orage en ce pays-ci ? Et Ulysse lui répond et lui dit de quel pays il vient. Il y a assez loin d'ici une île qu'on appelle Ogygie, où demeure la nymphe Calypso, fille d'Atlas,

> .... δεινὴ θεός· οὐδέ τις αὐτῇ
> Μίσγεται, οὔτε θεῶν, οὔτε θνητῶν ἀνθρώπων.
> Ἀλλ' ἐμὲ τὸν δύστηνον ἐφέστιον ἤγαγε δαίμων
> Οἶον.
> H, 246.

Il conte de quelle manière il a vécu là sept ans durant, toujours en affliction,

> .... εἵματα δ' αἰεὶ
> Δάκρυσι δεύεσκον, τά μοι ἄμβροτα δῶκε Καλυψώ·
> H, 259.

Enfin, de quelle façon elle le renvoya, les périls étranges qu'il courut sur la mer, comme il arriva à leur île, comme il s'endormit toute une nuit, et jusqu'au soleil couchant du lendemain. Ce fut alors que je vis votre fille, qui paraissoit comme une déesse parmi ses femmes,

> Τὴν ἱκέτευσ'· ἡ δ' οὔτι νοήματος ἤμβροτεν ἐσθλοῦ,
> Ὡς οὐκ ἂν ἔλποιο νεώτερον ἀντιάσαντα
> Ἐρξέμεν· αἰεὶ γάρ τε νεώτεροι ἀφραδέουσιν.
> H, 292.

Elle me traita plus charitablement que je n'eusse attendu d'une jeune personne; car les jeunes gens sont presque toujours légers d'esprit.

Alcinoüs dit qu'elle a eu tort néanmoins de ne le pas amener avec elle, vu qu'il s'étoit adressé à elle toute la première. Ulysse s'excuse, et dit qu'il n'a pas voulu venir avec elle, craignant, dit-il, que vous n'en eussiez quelque déplaisir.

> Δύσζηλοι γάρ τ' εἰμὲν ἐπὶ χθονὶ φῦλ' ἀνθρώπων.
> H, 307.

Nous sommes, dit-il, naturellement jaloux, nous autres hommes ; mais Alcinoüs lui répond qu'il n'est pas si prompt à se fâcher, et que l'honnêteté est toujours belle,

. . . . ἀμείνω δ' αἴσιμα πάντα.

H, 310.

Il entend, comme je crois, la civilité. Après tout, on voit, par cette action d'Ulysse, combien il faut éviter de donner aucun soupçon, et éviter plutôt la compagnie d'une femme que de mettre sa réputation en danger. Il est vrai que ce fut Nausicaa elle-même qui donna ce sage conseil à Ulysse ; et Ulysse le trouve si juste qu'il ne veut pas souffrir que son père lui impute pour cela le moindre reproche d'incivilité, parce que la civilité n'est pas préférable à l'honnêteté et au soin de la réputation. Aussi Alcinoüs, admirant la sagesse d'Ulysse : Bien loin, dit-il, d'avoir quelque ombrage de vous, je voudrois que vous voulussiez de ma fille tel que vous êtes,

Αἲ γάρ, Ζεῦ τε πατέρ, καὶ Ἀθηναίη, καὶ Ἀπόλλον,
Τοῖος ἐὼν, οἷος ἐσσί, τά τε φρονέων, ἅ τ' ἐγώ περ,
Παῖδά τ' ἐμὴν ἐχέμεν, καὶ ἐμὸς γαμβρὸς καλέεσθαι,
Αὖθι μένων· οἶκον δέ ἐγὼ καὶ κτήματα δοίην,

pourvu que vous y demeurassiez volontiers, car jamais personne ne vous retiendra ici malgré vous, Dieu m'en garde ! Demain je donnerai ordre à votre retour, et vous serez ramené en votre pays, si loin qu'il soit, quand il seroit plus éloigné que l'Eubée, qu'on dit être la plus éloignée de ce pays. Cependant nos vaisseaux y ont mené Rhadamante pour y voir le fils de la terre Tityus, et l'ont ramené chez lui en un jour. Ulysse se réjouit à cette nouvelle ; après, on lui dit que son lit est fait, et qu'il vienne coucher : ce qu'il fait, et tous les autres aussi.

LIVRE VIII.

Dès le matin Alcinoüs et Ulysse se lèvent, et s'en vont à l'assemblée ; et Pallas, déguisée en héraut, va appeler tout le monde par la ville, et leur inspire de bons sentiments pour Ulysse, et le fait paroître plus beau lui-même, et lui donne l'art de vaincre dans tous les jeux où les Phéaques l'éprouveroient. Alcinoüs ouvre l'assemblée, et exhorte le peuple à préparer un vaisseau et à élire cinquante-deux jeunes hommes pour reconduire Ulysse ; et cependant il prie les principaux et les plus anciens, qu'il appelle σκηπτοῦχοι βασιλῆες, de venir à son logis, afin de festoyer cet étranger ; et que personne n'y manque, dit-il. Faites aussi venir le divin chantre Démodocus, à qui Dieu a donné la grâce de chanter agréablement tout ce qu'il veut :

. . . . τῷ γὰρ ῥα θεὸς περιδῶκεν ἀοιδὴν
Τέρπνὴν, ὅππῃ θυμὸς ἐποτρύνῃσιν ἀείδειν.

Θ, 44.

A l'heure même on va équiper le vaisseau, et puis tout le monde vient chez Alcinoüs, jeunes et vieux :

. . . . πολλοὶ δ' ἄρ' ἔσαν νέοι, ἠδὲ παλαιοί.

Θ, 58.

Alcinoüs fait tuer une douzaine de brebis, de sangliers, ou plutôt des porcs, ἀγριόδοντας ὕας, et deux bœufs. Le héraut amène le chantre. Il semble qu'Homère se soit voulu dépeindre sous la personne de ce chantre, s'il est vrai qu'il étoit aveugle, comme on dit : car les Muses, dit-il, l'aimoient uniquement et lui avoient donné du bien et du mal. Elles l'avoient privé de la vue, et lui avoient donné l'art de bien chanter :

> Κῆρυξ δ' ἐγγύθεν ἦλθεν ἄγων ἐρίηρον ἀοιδόν.
> Τὸν πέρι Μοῦσ' ἐφίλησε, δίδου δ' ἀγαθόν τε κακόν τε·
> Ὀφθαλμῶν μὲν ἄμερσε, δίδου δ' ἡδεῖαν ἀοιδήν.
> Θ, 62.

Le héraut lui donne un siége, θρόνον ἀργυρόηλον, au milieu de la salle, contre un pilier où étoit pendu un luth, qu'il lui met entre les mains, et met une table auprès de lui garnie de viandes et de vin, afin qu'il bût quand il voudroit. Sur la fin du dîner, il commence à chanter.

> Μοῦσ' ἄρ' ἀοιδὸν ἀνῆκεν ἀειδέμεναι κλέα ἀνδρῶν,
> Οἴμης, τῆς τότ' ἄρα κλέος οὐρανὸν εὐρὺν ἵκανε·
> Νεῖκος Ὀδυσσῆος καὶ Πηλείδεω Ἀχιλῆος.
> Θ, 73.

C'étoit la coutume de ce temps-là de toucher le luth, et de chanter tout ensemble ; et les chansons ordinaires étoient la louange des belles actions. Ainsi, au neuvième livre de l'*Iliade,* Homère représente agréablement Achille, qui jouoit du luth lorsque les principaux des Grecs le vinrent voir dans sa tente. Il semble que les autres poëtes aient tenu cela au-dessous de leurs héros, car ils ne leur donnent jamais cette qualité qui étoit néanmoins affectée des grands hommes, comme Cicéron remarque de Thémistocle, qui, ayant déclaré en bonne compagnie qu'il n'en savoit pas jouer, *habitus est indoctior.* Cela convient fort bien à Achille pour le divertir durant tout le temps qu'il demeuroit seul dans son vaisseau.

> Τόν δ' εὗρον φρένα τερπόμενον φόρμιγγι λιγείῃ,
> Καλῇ, δαιδαλέῃ, ἐπὶ δ' ἀργύρεος ζυγὸς ἦεν·

> Τήν ἄρετ' ἐξ ἐνάρων, πτόλιν Ἠετίωνος ὀλέσσας.
> Τῇ ὅγε θυμὸν ἔτερπεν, ἄειδε δ' ἄρα κλέα ἀνδρῶν.
> Πάτροκλος δέ οἱ οἶος ἐναντίος ἦστο σιωπῇ,
> Δέγμενος Αἰακίδην, ὁπότε λήξειεν ἀείδων.
>
> Ἰλιάδ., I, 186.

Et lorsqu'il vit entrer Ulysse et les autres chefs de l'armée grecque, il se leva αὐτῇ συν φόρμιγγι.

Mais ici Homère, par un bel incident, et pour surprendre davantage l'esprit du lecteur, fait chanter la guerre de Troie, qui étoit une chanson, dit-il, dont la gloire montoit déjà jusqu'au ciel. Il l'a déjà fait chanter dans la maison d'Ulysse, mais c'est quelque chose de plus étonnant qu'on la chante parmi les Phéaques. Virgile, qui a voulu imiter cette invention, a mis des tableaux à Carthage où Énée voit la guerre de Troie.

> Quæ regio in terris nostri non plena laboris!

Le musicien chante la dispute d'Achille et d'Ulysse, Agamenon se réjouissant de les voir ainsi aux mains, à cause que l'oracle lui avoit prédit que la ruine de Troie seroit proche alors :

> . . . . . . τότε γάρ ῥα κυλίνδετο πήματος ἀρχὴ
> Τρωσί τε καὶ Δαναοῖσι, Διὸς μεγάλου διὰ βουλάς.
>
> Ὀδ., Θ, 81.

Cela fait venir les larmes aux yeux d'Ulysse, et il fait comme son fils faisoit chez Ménélaüs, il met sa robe devant ses yeux :

> . . . . κάλυψε δὲ καλὰ πρόσωπα·
> Αἴδετο γὰρ Φαίηκας, ὑπ' ὀφρύσι δάκρυα λείβων.
>
> Θ, 85.

Quand le musicien cesse de chanter, il se découvre le

visage; et, prenant un verre, il boit en l'honneur des dieux; mais sitôt que le musicien recommençoit, car on se plaisoit à l'entendre, et on le faisoit recommencer souvent, Ulysse se cachoit encore pour pleurer. Personne n'y prenoit garde; mais Alcinoüs, qui étoit auprès de lui, s'en aperçoit et l'entend soupirer. Il fait donc cesser, et dit qu'il faut aller s'exercer aux jeux, afin que l'étranger puisse réciter à ses amis combien les Phéaques sont excellents à la lutte, au combat de main, à la danse et à la course. Tout le monde va donc pour voir les jeux; le héraut, prenant le chantre par la main, l'amène avec les autres. Toute la jeunesse, dont Homère compte les noms, s'apprête à combattre, et entre autres trois enfants d'Alcinoüs, Halius, Clytonéus et le beau Laodamas, qui étoit le mieux fait de tout le peuple. On commence par la course,

Τοῖσι δ' ἀπὸ νύσσης τέτατο δρόμος· οἱ δ' ἅμα πάντες
Καρπαλίμως ἐπέτοντο κονίοντες πεδίοιο.

Θ, 121.

Clytonéus passe les autres de beaucoup. Ensuite on joue aux trois autres jeux, et Laodamas est vainqueur aux poings, *pugilatu*; et il dit à ses amis qu'il faut demander à l'étranger s'il sait quelqu'un de ces jeux, y étant assez propre de son corps, soit pour les cuisses et les jambes, les mains et le cou robuste, et outre cela étant encore dans la force de la jeunesse, si ce n'est que ses travaux ne l'aient beaucoup affoibli. Car je ne crois pas, dit-il, que rien affoiblisse plus un homme que la mer, si fort qu'il soit. Euryalus le vaillant loue son dessein. Ainsi Laodamas vient prier Ulysse de montrer son adresse; car, dit-il, il n'y a point de plus grande gloire à un homme que d'être adroit des pieds et des mains; et en cela il parloit sans doute comme un jeune homme qui n'est jamais sorti de son pays. Aussi Ulysse lui répond qu'il le prie de l'excuser,

Κήδεά μοι καὶ μᾶλλον ἐνί φρεσὶν, ἤπερ ἄεθλοι.

Θ, 154.

Et maintenant que je suis ici pour obtenir le secours dont j'ai besoin, il me siéroit mal de me jouer et de combattre contre vous autres. Euryalus lui dit incivilement qu'il n'a point l'apparence d'un galant homme, mais que c'est sans doute quelque marchand qui ne sait que trafiquer sur mer, puisqu'il ne sait pas les exercices des honnêtes gens. Ulysse, se sentant piqué, lui répond qu'il parle un peu trop en étourdi.

Οὕτως οὐ πάντεσσι θεὸς χαρίεντα δίδωσιν
Ἀνδράσιν, οὔτε φυήν, οὔτ' ἂρ φρένας, οὔτ' ἀγορητύν.
Ἄλλος μέν γάρ τ' εἶδος ἀκιδνότερος πέλει ἀνήρ,
Ἀλλὰ θεὸς μορφὴν ἔπεσι στέφει· οἱ δέ τ' ἐς αὐτὸν
Τερπόμενοι λεύσσουσιν· ὁ δ' ἀσφαλέως ἀγορεύει
Αἰδοῖ μειλιχίῃ, μετὰ δὲ πρέπει ἀγρομένοισιν,
Ἐρχόμενον δ' ἀνὰ ἄστυ, θεὸν ὥς, εἰσορόωσιν·
Ἄλλος δ' αὖ εἶδος μὲν ἀλίγκιος ἀθανάτοισιν·
Ἀλλ' οὔ οἱ χάρις ἀμφιπεριστέφεται ἐπέεσσιν.

Θ, 167.

On voit bien que Dieu ne donne pas ses grâces à tout le monde, ni le bon naturel, ni l'esprit, ni l'éloquence : car l'un n'aura point de beauté sur le visage, et Dieu en donne à ses discours; tout le monde l'écoute et le regarde avec plaisir, et lui parle avec assurance, et néanmoins avec une modestie charmante, et il fait ce qu'il veut de son assemblée; et, lorsqu'il va par la ville, on le regarde comme un dieu. Cet endroit est admirable sans mentir, et l'éloquence ne sauroit pas être mieux décrite, surtout cette belle pensée :

．．．．．．．．．．．．． ὁ δ' ἀσφαλέως ἀγορεύει
Αἰδοῖ μειλιχίῃ,

qui montre bien qu'il faut toujours parler avec confiance, mais néanmoins avec une agréable modestie qui gagne les cœurs. Au contraire, d'autres ont fort bonne mine, mais ils n'ont point de grâce dans leur discours : vous êtes de ceux-là, dit-il ; car vous êtes beau et bien fait, mais vous n'êtes pas assez sage, θυμοδακὴς γὰρ μῦθος, car vos discours sont offensants. Cependant je suis plus habile que vous ne pensez, et, tout fatigué que je suis, je ne laisserai pas de vous le montrer. Disant cela, il prend un palet et le jette extrêmement loin. Pallas, déguisée en homme, y met une marque, afin qu'on le voie, et l'assure de la victoire. Ulysse s'en réjouit, étant bien aise d'avoir là trouvé un homme qui lui fût favorable.

Καὶ τότε κουφότερον μετεφώνεε Φαιήκεσσι.
Θ, 201.

Il dit qu'il combattra à toute sorte de jeux contre qui voudra, excepté contre Laodamas, parce qu'il est son hôte. Et qui voudroit, dit-il, se battre contre son ami ! ce seroit une sottise, et ce seroit brouiller toutes ses affaires. Pour les autres, il n'en refuse pas un, et croit être plus vaillant que pas un homme de son temps.

Ἀνδράσι δὲ προτέροισιν ἐριζέμεν οὐκ ἐθελήσω.
Θ, 223.

Cela montre le respect qu'on doit avoir pour les anciens. Et il ajoûte qu'il ne voudroit pas disputer à la course, parce que la mer a affoibli ses genoux.

Alcinoüs prend la parole, et dit qu'on ne trouve point à redire à ce qu'il dit de lui-même, parce qu'il a été injustement attaqué, et qu'il se loue avec raison. Mais il lui dit de trouver bon que ces jeunes gens dansent devant lui, afin qu'il en puisse faire quelque jour le récit à ses amis : car nous autres, dit-il, nous ne mettons pas toute notre étude aux combats et aux exercices pénibles.

Αἰεὶ δ' ἡμῖν δαίς τε φίλη, κίθαρις τε χοροί τε
Εἵματά τ' ἐξημοιβὰ, λοετρά τε θερμὰ καὶ εὐναί.
Ἀλλ' ἄγε, Φαιήκων βητάρμονες, ὅσσοι ἄριστοι,
Παίσατε·
Θ, 248.

Alors on va quérir un luth pour Démodocus, on élit neuf juges pour mettre l'ordre à la danse, on nettoie la place et on la fait spacieuse. Démodocus se met au milieu avec son luth ; et les jeunes gens, πρωθήβαι, c'est-à-dire qui entroient en adolescence, se mettent autour de lui.

Πέπληγον δὲ χορὸν θεῖον ποσίν· αὐτὰρ Ὀδυσσεὺς
Μαρμαρυγὰς θηεῖτο ποδῶν, θαύμαζε δὲ θυμῷ.
Θ, 264.

Cependant le musicien chantoit les amours de Mars et de Vénus, qui ont été tant chantés par tous les poëtes. Lucrèce les a décrits en cinq ou six vers, au commencement de son poëme :

Bellifera munera Mavors
Armipotens regit, in gremium qui sæpe tuum se
Rejicit, æterno devinctus vulnere amoris :
. . . .
Pascit amore avidos inhians in te, dea, visus ;
. . . .
Hunc tu, diva, tuo recubantem corpore sancto
Circumfusa super, etc.

Il y a apparence qu'Homère, que Pline appelle le père de l'antiquité, *antiquitatis parens*, l'a été aussi de cette fable.

Le musicien chante donc

> Ἀμφ' Ἄρεος φιλότητος, εὐστεφάνου τ' Ἀφροδίτης,
> Ὡς τὰ πρῶτα μίγησαν ἐν Ἡφαίστοιο δόμοισι
> Λάθρη· πολλὰ δ' ἔδοκε, λέχος δ' ἤσχυνε καὶ εὐνὴν
> Ἡφαίστοιο ἄνακτος.
>
> Θ, 267.

Cela montre que c'est depuis longtemps que les femmes se laissent aller aux présents. Le Soleil, qui les avoit vus lorsqu'ils se divertissoient, en porte la nouvelle à Vulcain.

> Ἥφαιστος δ' ὡς οὖν θυμαλγέα μῦθον ἄκουσε,
> Βῆ ῥ' ἴμεν ἐς χαλκεῶνα, κακὰ φρεσὶ βυσσοδομεύων.
>
> Θ, 272.

Cela exprime bien la rage couverte d'un homme jaloux. Il vint dans sa boutique,

> . . . . κόπτε δὲ δεσμοὺς
> Ἀρρήκτους, ἀλύτους, ὀφρ' ἔμπεδον αὖθι μένοιεν.

Après qu'il eut forgé cette machine, il alla dans la chambre où étoit son lit, et répandit ces filets par tout le lit, les attachant aux quatre piliers, et il en attache encore plusieurs au ciel du lit.

> Ἠΰτ' ἀράχνια λεπτά, τά κ' οὔ κέ τις οὐδὲ ἴδοιτο,
> Οὐδὲ θεῶν μακάρων· πέρι γὰρ δολόεντα τέτυκτο.
>
> Θ, 280.

Ensuite il feignit d'aller à Lemnos, qui étoit la ville où il se plaisoit le plus; et Mars ne fut pas endormi.

> Οὐδ' ἀλαοσκοπιὴν εἶχε χρυσήνιος Ἄρης.
>
> Θ, 285.

Mais sitôt qu'il crut Vulcain parti, il vint à son logis,

Ἰσχανόων φιλότητος ἐϋστεφάνου Κυθερείης.

Elle ne faisoit que de revenir de chez Jupiter, son père; et elle étoit assise lorsque Mars entra.

Ἔν τ' ἄρα οἱ φῦ χειρὶ, ἔπος τ' ἔφατ', ἔκ τ' ὀνόμαζε·
« Δεῦρο, φίλη, λέκτρονδε τραπείομεν εὐνηθέντε.
« Οὐ γὰρ ἔθ' Ἥφαιστος μεταδήμιος, ἀλλά που ἤδη
« Οἴχεται ἐς Λῆμνον, μετὰ Σίντιας ἀγριοφώνους. »
Ὣς φάτο. Τῇ δ' ἀσπαστὸν ἐείσατο κοιμηθῆναι.
Τὼ δ' ἐς δέμνια βάντε κατέδραθον·

Θ, 291.

Ce mot ne signifie pas là dormir, comme il y a dans la version, car ils n'en eurent pas le loisir ; mais il veut dire se coucher.

. . . . ἀμφὶ δὲ δεσμοὶ
Τεχνήεντες ἔχυντο πολύφρονος Ἡφαίστοιο·
Οὐδέ τι κινῆσαι μελέων ἦν, οὐδ' ἀναεῖραι.
Καὶ τότε δὴ γίνωσκον, ὅτ' οὐκέτι φυκτὰ πέλονται.

Vulcain ne tarda guère à venir, car le Soleil avoit fait sentinelle pour lui, et l'avoit averti. Il vint dans la chambre ; et cette vue le fâcha fort.

Ἔστη δ' ἐν προθύροισι, χόλος δέ μιν ἄγριος ᾕρει·
Σμερδαλέον δ' ἐβόησε, γέγωνέ τε πᾶσι θεοῖσιν·

Θ, 304.

Venez, ô Jupiter, et vous autres, dieux immortels, venez voir des choses honteuses et qui ne sont pas supportables. C'est ainsi que Vénus m'outrage à cause que je suis boiteux, et qu'elle aime le cruel Mars,

Οὕνεχ' ὁ μὲν καλός τε καὶ ἀρτίπος, αὐτὰρ ἐγώγε
Ἠπεδανὸς γενόμην· ἀτὰρ οὔτι μοι αἴτιος ἄλλος,
Ἀλλὰ τοκῆε δύω.

Θ, 310.

Je voudrois qu'ils ne m'eussent point mis au monde. Je ne crois pas qu'ils puissent aisément dormir ensemble, quelque amour qu'ils aient, et peut-être ne voudront-ils plus y revenir ; mais je les tiendrai renfermés jusqu'à ce que Jupiter me rende tout le douaire de sa fille.

> Ὅσσα οἱ ἐγγυάλιξα, κυνώπιδος εἵνεκα κούρης,
> Οὕνεκά οἱ καλὴ θυγάτηρ· ἀτὰρ οὐκ ἐχέθυμος.
> Θ, 319.

Ainsi parla-t-il ; et tous les dieux accoururent à sa maison. Neptune y vint, et l'agréable Mercure, et l'adroit Apollon y vint aussi.

> Θηλύτεραι δὲ θεαὶ μένον αἰδοῖ οἴκοι ἑκάστη.
> Θ, 324.

Les dieux vinrent donc à la porte de la chambre.

> Ἔσταν δ' ἐν προτύροισι θεοί, δωτῆρες ἑάων.
> Ἄσβεστος δ' ἄρ' ἐνῶρτο γέλως μακάρεσσι θεοῖσι,
> Τέχνας εἰσορόωσι πολύφρονος Ἡφαίστοιο.

Et chacun disoit à son voisin : Les mauvaises actions ne réussissent point bien, et quelquefois le foible attrape le plus fort.

> « Οὐκ ἀρετᾷ κακὰ ἔργα. Κιχάνει τοι βραδὺς ὠκύν·
> « Ὡς καὶ νῦν Ἥφαιστος ἐὼν βραδὺς εἷλεν Ἄρηα,
> « Ὠκύτατόν περ ἐόντα θεῶν οἳ Ὄλυμπον ἔχουσι,
> « Χωλὸς ἐών, τέχνῃσι. Τὸ καὶ μοιχάγρι' ὀφέλλει. »
> Θ, 329.

C'est à dire qu'il est coupable d'adultère manifeste, ayant été pris en flagrant délit. Ainsi se parloient-ils les uns aux autres ; et Apollon interrogea Mercure.

> Ἑρμεία, Διὸς υἱέ, διάκτορε, δῶτορ ἑάων,

Ἦ ῥά κεν ἐν δεσμοῖσι θέλοις κρατεροῖσι πιεσθεὶς
Εὕδειν ἐν λέκτροισι παρὰ χρυσῇ Ἀφροδίτῃ;

Θ, 335.

Et Mercure lui répondit :

Αἲ γὰρ τοῦτο γένοιτο, ἄναξ ἑκατηβόλ᾽ Ἄπολλον·
Δεσμοὶ μὲν τρὶς τόσσοι ἀπείρονες ἀμφὶς ἔχοιεν,
Ὑμεῖς δ᾽ εἰσορόῳτε, θεοὶ, πᾶσαί τε θέαιναι·
Αὐτὰρ ἐγὼν εὕδοιμι παρὰ χρυσῇ Ἀφροδίτῃ.

Θ, 339.

Tous les dieux se prirent à rire; mais Neptune n'en rit point du tout : au contraire, il prioit toujours Vulcain de les délier, et s'engageoit à lui payer tout ce qu'il faudroit. Mais Vulcain le prioit de ne lui en parler point, et qu'il n'étoit pas meilleur que les autres.

Δειλαί τοι δειλῶν γε καὶ ἐγγύαι ἐγγυάασθαι.

Θ, 351.

Et comment vous pourrois-je attraper dans mes filets, si Mars s'en étoit une fois fui sans rien payer?

Mais Neptune l'en pressa tellement, et en répondit de telle façon, que Vulcain les délia. Mais pourquoi Neptune est-il le seul qui s'empresse pour leur délivrance, vu que Jupiter, le père de l'un et de l'autre, n'en dit pas un mot? Je crois que c'est à cause que Neptune étoit le plus sérieux d'entre les dieux, et le moins enjoué ; c'est ce que Lucien fait dire à Momus dans le *Jupiter tragique :* O Dieu ! dit-il, Neptune, que vous êtes *ruste* et grossier ! Aussi l'on voit qu'il n'y a rien de plus *ruste* que ces sortes de gens qui sont toujours sur la mer,

Stetitque in limine barbis horrentibus nauta.

PETR.

outre que la mer est le plus farouche de tous les éléments.
Enfin ils sortent de ces filets.

> Τὼ δ' ἐπεὶ ἐκ δεσμοῖο λύθεν, κρατεροῦ περ ἐόντος
> Αὐτίκ' ἀναΐξαντε, ὁ μὲν Θρήκηνδε βεβήκει,
> Ἡ δ' ἄρα Κύπρον ἵκανε φιλομμειδὴς Ἀφροδίτη,
> Ἐς Πάφον. Ἔνθα δέ οἱ τέμενος, βωμός τε θυήεις.
> Ἔνθα δέ μιν Χάριτες λοῦσαν καὶ χρῖσαν ἐλαίῳ
> Ἀμβρότῳ, οἷα θεοὺς ἐπενήνοθεν αἰὲν ἐόντας.
> Ἀμφὶ δὲ εἵματα ἕσσαν ἐπήρατα, θαῦμα ἰδέσθαι.
>
> Θ, 360.

Après cela, Alcinoüs fit danser deux de ses enfants, qui excelloient sur tous les autres. L'un jetoit une balle bien haut en l'air, et l'autre, s'élevant de la terre, la prenoit avant que de retomber. Après, ils dansèrent, et tout le monde leur applaudissoit. Ulysse prend occasion de flatter Alcinoüs, et lui dit qu'il avoit raison de flatter leurs danseurs, et qu'il étoit tout étonné de les voir.

> Ὣς φάτο· γήθησεν δ' ἱερὸν μένος Ἀλκινόοιο.
>
> Θ, 385.

Ce mot de μένος est ordinaire dans Homère pour dire la personne, ou l'esprit, ou le courage. Il met ici ἱερὸν μένος, parce que les rois sont des personnes sacrées. Alcinoüs exhorte les douze principaux d'entre eux de lui donner chacun un talent et quelque vêtement riche, et de l'apporter chez lui, et dit à Euryalus de se réconcilier avec lui de paroles et par présents. Chacun loue le discours d'Alcinoüs, et envoie son présent par un héraut.

Euryalus fait présent à Ulysse de son épée, en lui disant :

> Χαῖρε, πάτερ ὦ ξεῖνε· ἔπος δ' εἴπερ τι βέβακται
> Δεινὸν, ἄφαρ τὸ φέροιεν ἀναρπάξασαι ἄελλαι
>
> Θ, 408.

Ulysse lui répond généreusement :

> Καὶ σὺ φίλος, μάλα χαῖρε, θεοὶ δέ τοι ὄλβια δοῖεν!
> Μηδέ τί τοι ξίφεός γε ποθὴ μετόπισθε γένοιτο.
>
> Θ, 413.

Cette forme de réconciliation est fort belle et fort honnête ; et il semble qu'Homère a voulu donner des exemples de toutes les actions civiles dans l'*Odyssée*, comme de militaires dans l'*Iliade* : car la querelle d'Achille et d'Agamemnon, et leur réconciliation, est une idée des querelles des grands ; et celle-ci, des particuliers, qui sont bien plus faciles à terminer. On porte les présents chez Alcinoüs, lequel dit à sa femme de lui faire aussi le sien comme les autres, et de mener Ulysse au bain, afin qu'il en soupe de meilleur cœur; et il lui donne aussi sa coupe d'or, afin qu'il se souvienne de lui lorsqu'il fera des libations en l'honneur des dieux. Aussitôt Arété, sa femme, commande à ses femmes de mettre de l'eau sur le feu ; ce qu'il exprime ainsi :

> Γάστρην μὲν τρίποδος πῦρ ἄμφεπε, θέρμετο δ' ὕδωρ.
>
> Θ, 437.

Cependant elle fait apporter une belle cassette, où elle enferme tous les présents qu'on a faits à Ulysse et lui dit de la bien fermer lui-même, afin qu'on ne lui dérobe rien dans le vaisseau tandis qu'il dormira. Alors Ulysse ferme le couvercle, et y fait un nœud difficile, ποικίλον, que Circé lui avoit appris. Ensuite il va au bain, et on a soin de lui comme d'un dieu,

> Τόφρα δέ οἱ κομιδή γε, θεῷ ὥς, ἔμπεδος ἦεν.

Lorsqu'il revient dans la salle, ἄνδρας μέτα οἰνοποτῆρας,

la belle Nausicaa l'arrête à l'entrée, et lui dit : Bonjour, étranger ; souvenez-vous de moi quand vous serez de retour chez vous, puisque je vous ai sauvé la vie,

. . . . ὅτι μοι πρώτῃ ζωάγρι' ὀφέλεις.

Θ, 462.

Ulysse lui répond fort civilement ; et puis il s'en va seoir auprès du roi, et se met à table. Le héraut amène l'aimable musicien Démodocus, qui étoit honoré des peuples, et le fait asseoir au milieu de tous les conviés. Ulysse lui envoie un grand quartier de fesse de porc, c'est à dire, ce me semble, d'un cochon de lait, et force sauce autour, θαλερὴ δ' ἦν ἀμφὶς ἀλοιφὴ. Donnez cela, dit-il, à Démodocus, et dites-lui que je......,[1] tout triste que je suis.

Πᾶσι γὰρ ἀνθρώποισιν ἐπιχθονίοισιν ἀοιδοὶ
Τιμῆς ἔμμοροί εἰσι καὶ αἰδοῦς, οὕνεκ' ἄρα σφέας
Οἴμας Μοῦσ' ἐδίδαξε· φίλησε δὲ φῦλον ἀοιδῶν.

Θ, 479.

Démodocus est fort réjoui de la bonne volonté d'Ulysse et, sur la fin du souper, Ulysse lui dit :

Δημόδοκ', ἔξοχα δή σε βροτῶν αἰνίζομ' ἁπάντων·
Ἤ σέ γε Μοῦσ' ἐδίδαξε, Διὸς παῖς, ἢ σέ γ' Ἀπόλλων·
Λίην γὰρ κατὰ κόσμον Ἀχαιῶν οἶτον ἀείδεις,

Θ, 487.

Mais, dit-il, poursuivez et chantez ce qu'ils firent dans ce cheval de bois qu'Ulysse amena dans le château de Troie. Si vous chantez cela comme il faut, je dirai à tout le monde :

---

1. Cette lacune existe dans le manuscrit de Racine.

Ὡς ἄρα τοι πρόφρων θεὸς ὤπασε θέσπιν ἀοιδήν.

Θ, 498.

Ainsi parla Ulysse, ὁ δ᾽ ὁρμηθεὶς θεοῦ ἤρχετο : ce qu'il chante fort bien, et loue principalement Ulysse d'avoir combattu comme un Mars, et d'avoir vaincu par l'assistance de Pallas; ainsi chantoit-il excellemment.

. . . . Αὐτὰρ Ὀδυσσεὺς
Τήκετο· δάκρυ δ᾽ ἔδευεν ὑπὸ βλεφάροισι παρειάς.

Θ, 521.

Et il ajoute cette belle comparaison, qui est sans doute un des endroits les plus achevés d'Homère :

Ὡς δὲ γυνὴ κλαίῃσι φίλον πόσιν ἀμφιπεσοῦσα,
Ὅς τε ἑῆς πρόσθεν πόλιος λαῶν τε πέσῃσιν,
Ἄστεϊ καὶ τεκέεσσιν ἀμύνων νηλεὲς ἦμαρ.
Ἡ μέν τὸν θνήσκοντα καὶ ἀσπαίροντ᾽ ἐσιδοῦσα,
Ἀμφ᾽ αὐτῷ χυμένη, λίγα κωκύει· οἱ δέ τ᾽ ὄπισθεν
Κόπτοντες δούρεσσι μετάφρενον, ἠδὲ καὶ ὤμους,
Εἴρερον εἰσανάγουσι, πόνον τ᾽ ἐχέμεν καὶ ὀϊζύν·
Τῆς δ᾽ ἐλεινοτάτῳ ἄχεϊ φθινύθουσι παρειαί.

Le roi s'aperçoit des larmes d'Ulysse, et, ayant peur que le chant ne lui plaise point, il le fait cesser : Car, dit-il, nous ne nous réjouissons ici que pour divertir l'étranger ; car un étranger tient lieu de frère à un homme sage. Il prie Ulysse de lui dire son nom, car, dit-il, il n'y a point d'homme au monde, bon ou mauvais, qui n'ait son nom, vu que les pères et mères en donnent toujours un à leurs enfants d'abord qu'ils sont nés. Dites-nous aussi votre pays, afin que nos navires le sachant, elles[1] vous y mènent ; car elles n'ont point besoin de matelots, et n'ont point de gouvernail comme les autres ; car elles savent elles-mêmes l'intention des hommes, et connoissent tous les pays et toutes les villes, et passent fort vite les eaux

1. *Navires* est ici du genre féminin.

de la mer, sans qu'il leur arrive jamais aucun danger, car elles sont couvertes de nuages et d'obscurité : de quoi Neptune étant jaloux a prédit qu'un jour un de nos vaisseaux revenant de conduire quelqu'un se changeroit en montagne devant cette ville, et lui boucheroit le chemin de la mer. Homère prépare déjà cet incident, qu'il doit faire arriver à l'occasion d'Ulysse. Enfin il demande à Ulysse pourquoi il pleure sitôt qu'il entend parler du siége de Troie, que les dieux ont voulu ruiner, afin qu'elle serve de chanson aux siècles futurs. N'y avez-vous point perdu quelque parent, ou quelque gendre, ou quelque beau-père, lesquels nous sont les plus chers après ceux de notre sang, ou bien quelque ami savant ou sage, et d'agréable humeur ?

> Ἦ τίς που καὶ ἑταῖρος ἀνὴρ κεχαρισμένα εἰδὼς
> Ἐσθλός· ἐπεὶ οὐ μέν τι κασιγνήτοιο χερείων
> Γίνεται, ὅς κεν, ἑταῖρος ἐών, πεπνύμενα εἰδῇ.
>
> Θ, 584.

LIVRE IX.

Ulysse commence le récit de ses voyages, comme Énée fait à Didon ; mais au lieu que le récit d'Énée ne tient que deux livres, celui d'Ulysse en tient quatre. Il répond à Alcinoüs sur ce qu'il avoit fait cesser le musicien. Grand prince, dit-il, il est toujours beau d'entendre les musiciens, surtout celui-ci qui chante d'une voix égale aux dieux : car, dit-il, je ne crois pas qu'il y ait rien de plus beau au monde que de se réjouir dans les festins et dans les concerts, lorsque le peuple cependant est en repos et réjouissances.

> Οὐ γὰρ ἔγωγέ τί φημι τέλος χαριέστερον εἶναι,
> Ἢ ὅταν εὐφροσύνη μὲν ἔχῃ κάτα δῆμον ἅπαντα,
> Δαιτυμόνες δ' ἀνὰ δώματ' ἀκουάζωνται ἀοιδοῦ
> Ἥμενοι ἑξείης· παρὰ δὲ πλήθωσι τράπεζαι
> Σίτου καὶ κρειῶν· μέτυ δ' ἐκ κρητῆρος ἀφύσσων
> Οἰνοχόος φορέῃσι καὶ ἐγχείῃ δεπάεσσιν.
> Τοῦτό τί μοι κάλλιστον ἐνὶ φρεσὶν εἴδεταί εἶναι.
>
> I, 5.

Il dit son nom et son pays. Je suis Ulysse, dit-il.

> Εἴμ' Ὀδυσεὺς Λαερτιάδης, ὅς πᾶσι δόλοισιν
> Ἀνθρώποισι μέλω καὶ μευ κλέος οὐρανὸν ἵκει.
>
> I, 19.

Δόλος se prend là en bonne part pour adresse, prudence. Je suis bienvenu de tout le monde, à cause de mes adresses; et ma gloire est répandue partout.

> Sum pius Æneas fama super æthera notus.

Il décrit la situation d'Ithaque : Elle est rude, dit-il; mais elle est bonne pour élever des enfants, τρηχεῖ', ἀλλ' ἀγαθή κουροτρόφος. C'est peut-être à cause de cette rudesse même; car il n'y a rien qui soit moins propre à l'éducation de la jeunesse qu'un pays mol et délicieux. Enfin, dit-il, je ne vois rien de plus charmant que mon pays; et c'est en vain que Calypso, grande déesse, et Circé, tout de même, m'ont voulu retenir dans leurs grottes, souhaitant que je fusse leur mari. Elles n'ont jamais pu me fléchir de ce côté-là.

> Ὣς οὐδὲν γλύκιον ἧς πατρίδος οὐδὲ τοκήων.
> Γίνεται, εἴπερ καί τις ἀπόπροθι πίονα οἶκον
> Γαίῃ ἐν ἀλλοδαπῇ ναίει ἀπάνευθε τοκήων.
>
> I, 34.

Il commence le récit de ses voyages.

> Ἰλιόθεν με φέρων ἄνεμος Κικόνεσσι πέλασσεν,
> Ἰσμάρῳ.
>
> I, 39.

Il pilla cette ville, prit force butin, et vouloit s'en aller; mais ses compagnons se mirent à boire et à faire grand'chère. Cependant les Cicons allèrent appeler leurs voisins, Κίκονες Κικόνεσσι γεγώνευν; et ils vinrent charger en grand nombre les gens d'Ulysse, autant qu'il y a de feuilles et de fleurs au printemps. Ils se battirent jusqu'au soir,

Ἦμος δ' ἠέλιος μετενίσσετο βουλυτόνδε.
I, 58.

Alors les gens d'Ulysse eurent du dessous; il en périt plusieurs, et le reste gagna les vaisseaux, non sans avoir appelé par trois fois chacun de leurs compagnons qui leur manquoient. Quand ils furent en haute mer, la tempête vint : ils furent obligés de prendre terre et d'attendre le vent durant deux jours et deux nuits.

Κείμεθ' ὁμοῦ καμάτῳ τε καί ἄλγεσι θυμὸν ἔδοντες.
I, 75.

Au troisième jour il se remit en mer, et le vent le poussa à la fin à la terre des Lotophages; il envoya quelques-uns de ses compagnons pour savoir quels peuples c'étoient. Les Lotophages ne leur firent point d'autre mal que de leur faire manger de leur fruit. Ce pays est une île devers l'Afrique, appelée ainsi à cause d'un fruit qu'elle porte, que les Grecs appellent *lotos*. Il est si délicieux que cela a donné lieu à la fable de dire que ceux qui en avoient une fois mangé ne se souvenoient plus de leur pays. Il y a en Égypte une herbe qui porte le même nom, et qu'Homère met au nombre de celles qui naissent pour le plaisir des dieux, à ce que dit Pline, l. XXII,

c. XXI. En effet Homère, au quatorzième livre de l'*Iliade*, parlant de Jupiter et de Junon, dit ces paroles :

> Τοῖσι δ'ὑπὸ χθὼν δῖα φύεν νεοθηλέα ποίην
> Λωτόν θ' ἑρσήεντα, ἰδὲ κρόκον, ἠδ' ὑάκινθον
> Πυκνὸν καὶ μαλακόν, ὃς ἀπὸ χθονὸς ὑψόσ' ἔεργε.
>
> *Il.*, Ξ, 347.

Mais en cet endroit de l'*Odyssée*, c'est un arbre qui portoit ce fruit merveilleux qui fait oublier toutes choses à ceux qui en mangent, de sorte qu'ils veulent demeurer avec les Lotophages. Ulysse fut obligé de ramener par force ses compagnons, qui pleuroient, et de les lier dans leurs vaisseaux, et faisant rentrer tous les autres de peur qu'ils ne mangeassent de ce fruit, ils s'en allèrent dans l'île des Cyclopes, qu'il appelle des tyrans et des gens sans lois, lesquels, dit-il, se fiant aux dieux immortels, ne plantent et ne labourent point de leurs mains.

> Οὔτε φυτεύουσιν χερσὶν φυτὸν, οὔτ' ἀρόωσιν.
>
> Οδ., I, 108.

On dit que la Sicile fut autrefois habitée par des gens cruels et barbares qui ont donné lieu à la fable des Cyclopes. Et s'il dit ici qu'ils se fioient aux dieux immortels, c'est à dire à la nature et à la bonté du terroir, car on voit bien ensuite qu'ils se moquoient des dieux; aussi il dit que tout y venoit sans être semé ni cultivé, comme le blé, l'orge et le vin, auxquels la pluie donne de l'accroissement; mais pour eux, ils n'ont aucunes lois ni aucune police.

> Τοῖσιν δ' οὔτ' ἀγοραὶ βουληφόροι, οὔτε θέμιστες·
> Ἀλλ' οἵγ' ὑψηλῶν ὀρέων ναίουσι κάρηνα
> Ἐν σπέσσι γλαφυροῖσι· θεμιστεύει δὲ ἕκαστος
> Παίδων ἠδ' ἀλόχων, οὐδ' ἀλλήλων ἀλέγουσι.
>
> I, 112.

Et assez près de là il y a une petite île toute couverte d'arbres et pleine de biches et de chevreuils, qui ne sont point troublés par les chasseurs qui se travaillent et se peinent en courant sur le faîte des montagnes, ni par les bergers, ni par les laboureurs. Mais cette île n'étant point cultivée est déserte d'hommes, et n'est habitée que par des chèvres ; car les Cyclopes n'ont point de navires peintes,[1] μιλτοπάρηοι, ni d'ouvriers qui leur en puissent bâtir afin de voyager sur la mer, comme font les autres hommes : car ils cultiveroient cette île, qui de soi n'est point mauvaise, et qui porteroit de chaque chose en sa saison :

. . . . φέροι δέ κεν ὥρια πάντα.
Ἐν μὲν γάρ λειμῶνες ἁλὸς πολιοῖο παρ' ὄχθας
Ὑδρηλοὶ, μαλακοί· μάλα κ' ἄφθιτοι ἄμπελοι εἶεν.
Ἐν δ' ἄροσις λείη· μάλα κεν βαθὺ λήϊον αἰὲν
Εἰς ὥρας ἀμῷεν, ἐπείμαλα πῖαρ ὑπ' οὖδας.

I, 131.

Elle a un port fort commode, et où il n'est besoin ni de câble ni d'ancre, mais on y peut demeurer tant qu'on veut et y attendre le vent; et là, sous une grotte, il y a une claire fontaine entourée d'aunes : c'est là où aborda Ulysse.

. . . . Καὶ τις θεὸς ἡγεμόνευε
Νύκτα δι' ὀρφναίην· οὐδὲ προὐφαίνετ' ἰδέσθαι·
Ἀὴρ γάρ περὶ νηυσὶ βαθεῖ' ἦν, οὐδὲ σελήνη
Οὐρανόθεν προὔφαινε· κατείχετο δὲ νεφέεσσιν.
Ἔνθ' οὔτις τὴν νῆσον ἐσέδρακεν ὀφθαλμοῖσιν·
Οὔτ' οὖν κύματα μακρά κυλινδόμενα ποτὶ χέρσον
Εἰσίδομεν, πρὶν νῆας ἐϋσσέλμους ἐπικέλσαι.

I, 142.

Virgile a imité cette description d'un nuit obscure lorsqu'il fait aussi aborder Énée à l'île des Cyclopes :

Ignarique viæ Cyclopum allabimur oris.
. . . .

1. Voyez la note de la page 102.

> Nam neque erant astrorum ignes, nec lucidus æthra
> Syderea polus; obscuro sed nubila cœlo,
> Et lunam in nimbo nox intempesta tenebat.

Mais celle d'Homère paroît beaucoup plus achevée, et entre plus dans le particulier, car la description de Virgile peut aussi bien venir sur la terre que sur la mer; mais celle d'Homère revient parfaitement à une nuit sur la mer. Ce qui rend celle de Virgile fort belle, c'est ce grand bruit du mont Etna qu'on entendoit durant la nuit sans pouvoir discerner ce que c'étoit.

> . . . . . . Nec quæ sonitum det causa videmus.

Quand il est jour, Ulysse prend terre dans cette île, et en admire la beauté. Les nymphes lui suscitent des chevreuils pour le dîner de ses gens. Aussitôt ils prennent leurs arcs et leurs haches et courent après; et Dieu leur donne une fort belle chasse. Il avoit douze vaisseaux, et il départit neuf chevreuils à chacun, et on lui en donne dix pour le sien. Ils demeurent là jusqu'au soir à faire grand'chère; car ils avoient encore beaucoup de vin de réserve qu'ils avoient pris au pillage d'Ismare, ville des Cicons. Il jette la vue sur l'île des Cyclopes, et il voit la fumée qui en sort, et il entend le bruit des chèvres et des brebis. Il attend encore la nuit et le lendemain au matin, et il fait demeurer là le reste de ses vaisseaux, et s'en va avec le sien pour voir qui sont les habitants de cette île. Quand ils sont arrivés au bord, ils voient une grande grotte ombragée de lauriers, et là dormoient grand nombre de brebis et de chèvres, et entenant[1] de cette grotte étoit bâtie une espèce de grande salle où étoit

---

1. Ce mot est ainsi dans le manuscrit.

couché un homme prodigieusement grand, lequel habitoit loin du voisinage des autres, car il étoit fort méchant : et c'étoit une chose étrange combien il étoit grand, et il ne ressembloit pas à un homme qui mange du pain, c'est à dire à un homme commun, ἀνδρὶ γε σιτοφάγῳ, mais plutôt à une haute montagne séparée des autres. Ulysse commande à ses gens de l'attendre, et, en ayant pris douze avec lui, il s'y en alla après avoir pris un vaisseau de vin noir, μέλανος, et fort délicieux, que lui avoit donné Maron, prêtre d'Apollon, à cause qu'il avoit sauvé lui, sa femme et ses enfants ; car il demeuroit à Ismare, dans un bois sacré à Apollon. Il fit de beaux présents à Ulysse, sept talents d'or travaillé, une coupe d'argent et douze vaisseaux d'un vin doux et sans mélange, ou incorruptible,

Ἡδὺν, ἀκηράσιον, θεῖῶν ποτόν.

Et pas un de ses valets ni de ses servantes ne savoit qu'il l'eût ; et il n'y avoit que lui :

Ἀλλ' αὐτὸς τ' ἄλοχός τε φίλη, ταμίν τε μί' οἴη.
I, 207.

Et ce vin-là étoit si puissant qu'on y mettoit vingt mesures d'eau, sur une de vin,

Τὸν δ' ὅτε πίνοιεν μελιηδέα οἶνον ἐρυθρὸν,
Ἐν δέπας ἐμπλήσας, ὕδατος ἀνὰ εἴκοσι μέτρα
Χεῦ'· ὀδμὴ δ' ἡδεῖα ἀπὸ κρητῆρος ὀδώδει,
Θεσπεσίη. Τότ' ἄν οὔτοι ἀποσχέσθαι φίλον ἦεν.

Et Pline dit que ce n'est point une fable, liv. XIV, ch. IV : *Durat etiam vis eadem in terra generi vigorque indomitus. Quippe cum Mutianus ter consul* (c'est sans doute ce grand capitaine qui fit Vespasien empereur) *ex his qui nuperrime prodidere, sextarios singulos octonis aquæ misceri compererit, præsens in eo tractu; esse autem colore nigrum, odoratum, vetustate pinguescere* (et on l'appeloit *vinum maroneum*). *Vino antiquissima claritas maroneo.* Et il ajoute qu'Aristée fut le premier, en ce pays-là, voisin de la Thrace, qui mêla le miel avec le vin, *suavitate præcipua utriusque naturæ sponte provenientis.* Cela montre qu'Homère n'a rien dit sans fondement; et on voit bien qu'il étoit instruit de tout ce qu'il y a de beau dans la nature. Ulysse en prit donc un petit vaisseau avec quelques vivres, et son courage l'excita à aller trouver cet homme.

Ἄνδρ' ἐπελεύσεσθαι, μεγάλην ἐπιειμένον ἀλκήν,
Ἄγριον, οὔτε δίκας εὖ εἰδότα, οὔτε θέμιστας.

I, 214.

Ils entrèrent dans l'antre de ce Cyclope, et ils ne le treuvèrent pas. Homère ne dit pas son nom; mais les autres poëtes, comme Théocrite, Virgile et Ovide, l'ont appelé Polyphème. Ils treuvèrent dans son antre des vaisseaux tout pleins de lait, et les étables remplies d'agneaux et de cabris, séparés les uns des autres : les agneaux à part, les plus jeunes ailleurs, et en un autre endroit ceux qui ne faisoient que de naître. On voyoit nager le lait clair sur tous les vases; et tous ceux qui servoient à traire le lait étoient tout prêts. Les compagnons d'Ulysse le prioient bien fort de prendre force fromages, et de chasser dans leur vaisseau tout ce qu'ils pourroient d'agneaux et de cabris; et il eût bien fait.

Οὐδ' ἄρ' ἔμελλ' ἑτάροισι φανεὶς ἐρατεινὸς ἔσεσθαι.

I, 230.

Ils s'amusèrent donc à manger quelques fromages en attendant ; et il vint bientôt portant une charge de bois qu'il jeta à la porte pour faire cuire son souper. Ce bois fit grand bruit en tombant, et ils se retirèrent tout effrayés jusqu'au fond de l'antre. Le Cyclope fit entrer toutes les chèvres et les brebis pour tirer le lait, et laissa les mâles à la porte. Et étant entré, il ferma son antre avec une pierre si grosse que vingt-deux chariots à quatre roues ne l'auroient jamais pu bouger de là ; et il dit un peu après que cette boîte fermoit son antre comme qui fermeroit un carquois ou un étui de son couvercle.

> Τόσσην ἠλίβατον πέτρην ἐπέθηκε θύρῃσιν,
>
> I, 243.

Et s'étant assis,

> . . . . . ἤμελγεν ὄις καὶ μηκάδας αἶγας,
> Πάντα κατὰ μοῖραν, καὶ ὑπ' ἔμβρυον ἧκεν ἑκάστῃ.

Après quoi il fit prendre avec la présure la moitié de son lait, et le mit bien proprement sur des claies d'osier, et mit le reste dans des pots pour boire à son souper.

Homère a voulu décrire le ménage des champs en la personne de Cyclope, et tous les poëtes l'ont suivi en faisant un berger de Polyphème, témoin la belle églogue de Théocrite, qu'Ovide a copiée dans le treizième livre de ses *Métamorphoses*. Après qu'il eut ainsi tout disposé, il alluma du feu, et vit Ulysse et ses compagnons, et leur demanda qui ils étoient, si c'étoient des marchands ou des pirates. Dès qu'ils l'ouïrent, ils pensèrent mourir de peur à l'effroyable ton de sa voix.

> Δεισάντων φθόγγον τε βαρὺν αὐτόν τε πέλωρον.
>
> I, 257.

Ulysse pourtant lui répondit qu'ils étoient Grecs et soldats d'Agamemnon, dont la gloire étoit répandue partout.

> Τόσσην γὰρ διέπερσε πόλιν, καὶ ἀπώλεσε λαοὺς
> Πολλούς.
>   I, 265.

Et il le prie au nom de Jupiter, vengeur des suppliants et des étrangers, d'avoir pitié d'eux en leur donnant quelque chose, et de respecter les dieux. Le Cyclope lui répondit : Vous êtes bien sot, mon ami, et vous venez de bien loin, puisque vous me dites de craindre ou de respecter les dieux,

> Νήπιός εἰς, ὦ ξεῖν, ἢ τηλόθεν εἰλήλουθας.
>   I, 273.

Car les Cyclopes ne se soucient point de votre Jupiter, nourri d'une chèvre, ni de tous les dieux ; car nous valons bien plus qu'eux, et je ne t'épargnerai ni toi ni les tiens, en considération de Jupiter, si ce n'est que je le fasse de mon bon gré. Mais dis-moi si tu as ici près quelque vaisseau.

> Ὣς φάτο πειράζων· ἐμὲ δ' οὐ λάθεν εἰδότα πολλά.
>   I, 281.

Et il lui répondit que son vaisseau s'étoit échoué contre leur île. A cela, cette âme farouche ne répondit rien, et il jeta les mains sur deux de ses compagnons, qu'il brisa contre terre comme de petits chiens ; la cervelle couloit par terre et la rendoit humide : et, les ayant coupés par morceaux, il les apprêta pour son souper, et les dévora comme un lion nourri sur les montagnes, mangeant tout jusqu'aux intestins, les chairs et la moelle des os,

Ἡμεῖς δὲ κλαίοντες ἀνεσχέθομεν Διΐ χεῖρας,
Σχέτλια ἔργ' ὁρόωντες· ἀμηχανίη δ' ἔχε θυμόν.
I, 294.

Et après qu'il eut rempli son grand ventre, μεγάλην ἐμπλήσατο νηδὺν, de chair humaine et de lait qu'il buvoit par-dessus, il se coucha tout de son long parmi ses brebis, et s'endormit. Ulysse eut envie de lui fourrer son épée dans le cœur.

Οὐτάμεναι πρὸς στῆθος, ὅθι φρένες ἧπαρ ἔχουσιν,
χεῖρ' ἐπιμασσάμενος·
I, 301.

C'est-à-dire de la fourrer jusqu'aux gardes dans un si grand corps ; mais il songea que s'il le tuoit ils fussent aussi bien morts là dedans, leur étant impossible de reculer cette horrible pierre qui bouchoit l'antre. Ils attendirent donc en gémissant le retour du jour ; et quand il fut venu, le Cyclope fit de même que le soir, et prit aussi deux des compagnons d'Ulysse pour son dîner, après lequel il mena paître son troupeau et ferma sa caverne. Ulysse demeura là,

. . . . κακὰ βυσσοδομεύων,
Εἴ πως τισαίμην, δῴη δέ μοι εὖχος Ἀθήνη.
I, 316.

Il aperçut contre la muraille une grande branche d'olivier, que le Cyclope avoit coupée pour en faire son bâton quand elle seroit sèche. Elle étoit aussi grande que le mât d'un vaisseau chargé, à vingt rames. Il en coupa la longueur d'une toise qu'il donna à ses compagnons pour l'amenuiser par le bout, et la mit après dans le feu pour la mieux ajuster. Ensuite de quoi il la cacha sous le fumier, qui étoit là en grande abondance. Il jeta au sort pour prendre quatre de ses compagnons qui l'aidassent à lui crever l'œil quand il dormiroit, et le sort tomba sur ceux qu'il eût voulu choisir lui-même. Sur le soir, le Cyclope revient et fait rentrer dans son antre tout son troupeau, mâles et femelles, soit qu'il le fît exprès, ou que Dieu le voulût ainsi. Homère prépare une invention pour faire sortir Ulysse. Et après qu'il eut fermé encore son antre, et fait le reste à son ordinaire, il prit encore deux des compagnons d'Ulysse. A ce compte-là, il y en eut six de mangés, et il n'en restoit plus que six autres avec Ulysse. Cependant Virgile n'en compte que deux, et mal ce me semble, car Homère en compte trois fois deux, au souper du premier jour, et au dîner et au souper du lendemain. C'est au troisième livre de l'*Énéide*, où il imite parfaitement Homère. Ovide en parle, en passant, au quatorzième livre des *Métamorphoses*. Enfin Ulysse, tenant une coupe pleine de ce vin délicieux, lui dit :

Κύκλωψ, τῆ, πίε οἶνον,
I, 347.

Je crois que de ce mot de τῆ, qui signifie *prends*, vient le même mot que nous disons aux chiens. Voyez, lui dit-il, quel vin étoit dans notre vaisseau. Je vous en donnerai encore un coup afin que vous me renvoyiez.

. . . . . . Σὺ δὲ μαίνεαι οὐκ ἔτ' ἀνεκτῶς.

Comment voulez-vous que personne vous vienne jamais voir, puisque vous êtes si cruel ? Il prit le vin et le but :

> . . . . . ἤσατο δ' αἰνῶς
> Ἡδὺ ποτὸν πίνων, καὶ μ' ἤτεε δεύτερον αὖτις·
> Δός μοι ἔτι πρόφρων, καὶ μοι τεὸν οὔνομα εἰπὲ...
>
> I, 353.

afin que je te fasse quelque présent, car nous avons de bon vin parmi nous ; mais celui-là semble être écoulé du nectar et de l'ambrosie. Ulysse lui en donne par trois fois, et il en but inconsidérément par trois fois. Et quand le vin eut un peu occupé son esprit, Ulysse lui parla d'une façon flatteuse, et lui dit qu'il s'appeloit Οὖτις, personne. Le Cyclope lui répondit brutalement :

> Οὖτιν ἐγὼ πύματον ἔδομαι μετὰ οἷς ἑτάροισιν,
>
> I, 369.

Il s'endormit là-dessus, κὰδ δέ μιν ὕπνος Ἥρει πανδαμάτωρ : son gosier exhaloit le vin et la chair humaine. Alors Ulysse ayant pris son levier tout ardent, et ayant fortifié ses gens, αὐτὰρ θάρσος ἐνέπνευσεν μέγα δαίμων, ils le fichèrent dans son œil, Ulysse s'appuyant dessus pour l'enfoncer, comme on enfonceroit un vilebrequin dans une pièce de bois. Son œil grilloit et pétilloit comme un fer chaud qu'un forgeron baigne dans l'eau pour le renforcer. Le Cyclope fit un cri horrible qui les écarta tous. Les Cyclopes accoururent, et lui demandèrent si quelqu'un l'assassinoit ; il répondit :

> Ὦ φίλοι, Οὖτίς με κτείνει δόλῳ, ἠδὲ βίηφι.
>
> I, 408.

Et ils lui répondirent qu'il prît donc patience s'il sentoit du mal, et qu'il priât son père Neptune. Ulysse rit de son erreur.

> Κύκλωψ δὲ στενάχων τε καὶ ὠδίνων ὀδύνῃσι,
> Χερσὶ ψηλαφόων,
>
> I, 415.

Il ouvrit son antre, se mit à la porte pour voir si quelqu'un sortiroit parmi les brebis ; car il croyoit Ulysse si sot que cela.

> . . . . . πάντας δὲ δόλους καὶ μῆτιν ὕφαινον,
> Ὥστε περὶ ψυχῆς· μέγα γὰρ κακὸν ἐγγύθεν ἦεν.
> I, 422.

C'est ce que Virgile a fort bien imité :

Oblitusve sui est Ithacus discrimine tanto.

Il lia chacun de ses gens sous trois béliers, dont celui du milieu en portoit un ; et lui se mit hardiment sous un grand bélier, s'attachant à sa laine violette. Le Cyclope fit sortir tout son troupeau le matin; les brebis qui étoient chargées de lait crioient; et lui les manioit tous sur le dos. Le bélier sortit le dernier, chargé de sa laine et d'Ulysse. Polyphème lui tient un discours tout à fait beau et déplorable. Quand Ulysse est sorti, il délie ses gens, et ils s'en vont à leur vaisseau. Ulysse lui insulte de loin. Il lui jette un gros rocher, qui rapproche son vaisseau près du bord. Ulysse, en remontant, lui insulte encore malgré tous ses compagnons, et lui dit son nom. Le Cyclope s'écrie que le devin Télémus lui avoit prédit qu'Ulysse lui crèveroit l'œil.

> Νῦν δέ μ' ἐὼν ὀλίγος τε καὶ οὐτιδανὸς καὶ ἄκικυς,
> I, 515.

Il jette un plus gros rocher, et invoque Neptune qu'il tourmente Ulysse, lequel sacrifie son bélier à Jupiter.

> . . . . ὁ δ' οὐκ ἐμπάζετο ἱρῶν,
> I, 553.

Mais il méditoit leur perte.

LIVRE X.

Ulysse, continuant ses voyages, va en Éolie; il y avoit sept îles qu'on appeloit de ce nom, toutes proches l'une de l'autre. Elles furent appelées ainsi à cause de cet Éole qui y régnoit du temps du siége de Troie. On l'a fait roi des vents, à cause qu'il fut le premier qui les remarqua, ou bien à cause d'une montagne ou deux qui sont dans ces îles qui jetoient du feu; et à la fumée les habitants conjecturoient quels vents souffleroient. Celle où Éole demeuroit et où Ulysse aborde s'appeloit Strongyle. Elles sont assez près de la Sicile, à douze milles d'Italie. Ce prince étoit donc le roi des vents, et il l'appelle φίλος ἀθανάτοισι θεοῖσι. C'est lui à qui Junon fait une si belle harangue au premier livre de l'*Énéide*. Il avoit, dit Homère, douze enfants, six garçons et six filles; il les maria les uns avec les autres, si bien qu'ils demeuroient tous auprès de leur père et de leur mère.

> Οἱ δ' αἰεὶ παρὰ πατρὶ φίλῳ καὶ μητέρι κεδνῇ
> Δαίνυνται· παρὰ δέ σφιν ὀνείατα μυρία κεῖται·
> Κνισσῆεν δέ τε δῶμα περιστεναχίζεται αὐλῇ
> Ἤματα, νύκτας δ' αὖτε παρ' αἰδοίης ἀλόχοισιν
> Εὕδουσ', ἔν τε τάπησι καὶ ἐν τρητοῖς λεχέεσσι.
>   K, 8.

Cela représente parfaitement bien une maison paisible et commode, et qui n'est troublée d'aucune division. Ulysse y fut fort bien reçu, et Éole le retint un mois durant, lui demandant toutes les particularités du siége de Troie; et lorsque Ulysse le pria de le renvoyer, il lui donna tous les vents enfermés dans une peau de bœuf, qu'il lia dans son vaisseau avec une chaîne d'argent afin que pas un n'échappât.

> . . . . . . ἵνα μήτι παραπνεύσῃ ὀλίγον περ.
>
> K, 24.

Il n'enferma point le Zéphir.

> Αὐτὰρ ἐμοὶ πνοιὴν Ζεφύρου προέηκεν ἀῆναι,
> Ὄφρα φέροι νῆάς τε καὶ αὐτούς· οὐδ' ἄρ' ἔμελλεν
> Ἐκτελέειν· αὐτῶν γὰρ ἀπωλόμεθ' ἀφραδίῃσιν.

Ce passage se peut appliquer aux mauvais chrétiens, à qui Dieu donne des grâces pour les conduire au salut; mais ils périssent par leurs propres fautes.

En effet, après avoir navigué neuf jours, et qu'au dixième ils voyoient leur patrie,

> Καὶ δὴ πυρπολέοντας ἐλεύσσομεν, ἐγγὺς ἐόντας,
>
> K, 30.

et que ceux qui portoient les flambeaux étoient déjà proches (je crois que c'étoit quelque fanal qui étoit au port d'Ithaque, comme il y en avoit en plusieurs endroits), alors Ulysse s'endormit de fatigue, car il ne quittoit jamais le gouvernail.

> Αἰεὶ γὰρ πόδα νηὸς ἐνώμων· οὐδέ τῳ ἄλλῳ
> Δῶχ' ἑτάρων, ἵνα θᾶσσον ἱκοίμεθα πατρίδα γαῖαν,
>
> K, 32.

Cela montre que les hommes intelligents font tout eux-mêmes, et qu'ils ne s'en rapportent point à leurs compagnons. Et il en prit mal à Ulysse de n'avoir pas pu continuer; car ses compagnons s'allèrent imaginer que cette peau étoit sans doute pleine d'or et d'argent ; et ils disoient entre eux :

> Ὦ πόποι ! ὡς ὅδε πᾶσι φίλος καὶ τίμιός ἐστιν
> Ἀνθρώποις, ὁτέων τε πόλιν καὶ γαῖαν ἵκηται !
> K, 38.

Il s'en va tout chargé de butin, et nous revenons les mains vides ; mais voyons ce qu'Éole lui a donné.

> Ὣς ἔφασαν· βουλὴ δὲ κακὴ νίκησεν ἑταίρων.
> K, 46.

Ils délièrent cette peau, et tous les vents en sortirent aussitôt : si bien qu'un tourbillon les enleva, tout pleurants, bien loin de leur pays. Ulysse, s'étant éveillé, délibéra en lui-même s'il se jetteroit dans la mer.

> Ἢ ἀκέων τλαίην, καὶ ἔτι ζωοῖσι μετείην.
> Ἀλλ' ἔτλην καὶ ἔμεινα· καλυψάμενος δ' ἐνὶ νηῒ
> Κείμην. Αἱ δ' ἐφέροντο κακῇ ἀνέμοιο θυέλλῃ.
> K, 52.

Les vents les repoussèrent en Éolie, et Ulysse s'en alla chez Éole, prenant avec lui un héraut et un de ses compagnons. Ils le trouvèrent à table avec sa femme et ses enfants. Ils furent fort surpris de le revoir, et lui en demandoient la cause ; il leur dit, d'un ton fort triste :

> « Ἄασάν μ' ἕταροί τε κακοί, πρὸς τοῖσί τε ὕπνος
> « Σχέτλιος· ἀλλ' ἀκέσασθε, φίλοι· δύναμις γὰρ ἐν ὑμῖν. »
> . . . .
> Οἱ δ' ἄνεῳ ἐγένοντο· πατὴρ δ' ἠμείβετο μύθῳ.
> K, 68.

Vous diriez que ces enfants n'osassent parler devant leur père, lequel prit la parole et lui dit :

« Ἔρρ' ἐκ νήσου θᾶσσον, ἐλέγχιστε ζωόντων.
« Οὐ γάρ μοι θέμις ἐστὶ κομιζέμεν οὐδ' ἀποπέμπειν
« Ἄνδρα τὸν, ὅς κε θεοῖσιν ἀπέχθηται μακάρεσσιν.
« Ἔρρ', ἐπεὶ ἀθανάτοισιν ἀπεχθόμενος τόδ' ἱκάνεις. »
Ὣς εἰπὼν, ἀπέπεμπε δόμων βαρέα στενάχοντα.
K, 73.

Tel étoit le respect que les païens portoient aux dieux, vu qu'ils n'eussent pas voulu assister un homme qui paraissoit ennemi des dieux, de peur de les offenser. Ulysse s'en alla donc, et au septième jour il arriva au pays des Lestrigons. Pline dit que c'étoit une ville qui depuis a été appelée Formia, assez près du port de Caïète, aujourd'hui Nole, dans la Campanie. Homère nomme la ville de Lamus ; c'étoit le père d'Antiphates, fils de Neptune, d'où est descendue la famille patricienne d'Ælius Lamia. Horace, liv. III, od, 17.

Ulysse entra dans le port, qui étoit fort propre et fort paisible.

. . . . λευκὴ δ' ἦν ἀμφὶ γαλήνη.
K, 94.

Il appelle peut-être le calme blanc, à cause que l'eau paraît blanche lorsqu'elle n'est point agitée. Il vit de la fumée assez loin de là, et il envoya deux de ses compagnons pour savoir quel pays c'étoit. Ils treuvèrent la fille d'Antiphates qui alloit puiser de l'eau à une fontaine hors la ville. Elle leur enseigna la maison de son père, qui étoit roi de ce pays-là. Ils y furent, et ils y treuvèrent sa femme, aussi haute qu'une montagne, et ils en eurent peur.

. . . . . τὴν δὲ γυναῖκα
Εὗρον, ὅσην τ' ὄρεος κορυφήν, κατὰ δ' ἔστυγον αὐτήν.
K, 112.

Et elle fit venir son mari à la place, lequel leur préparoit un fort mauvais traitement ; car d'abord qu'il les vit il en prit un pour son souper, et les deux autres s'en coururent de toute leur force vers leur vaisseau. Antiphates appela les autres citoyens, qui vinrent en grand nombre, plus semblables à des géants qu'à des hommes; et, prenant de grosses pierres, ils vinrent fondre sur leurs navires; et alors il tomba dessus une grêle horrible, et il s'éleva un grand fracas d'hommes qui périssoient et de vaisseaux qui se brisoient; et, embrochant les hommes comme des poissons, ils se les gardoient pour leur souper. Ulysse, tirant son épée, coupa le câble de son vaisseau, et faisant ramer ses compagnons s'éloigna au plus vite.

Ἀσπασίως δ' ἐς πόντον ἐπηρεφέας φύγε πέτρας
Νηῦς ἐμή. Αὐτὰρ αἱ ἄλλαι ἀολλέες αὐτόθ' ὄλοντο.
K, 131.

Mais tous les autres périrent. Il s'en alla donc bien marri de la perte de ses compagnons, mais bien aise d'avoir évité la mort.

. . . . . Πλέομεν, ἀκαχήμενοι ἦτορ,
Ἄσμενοι ἐκ θανάτοιο, φίλους ὀλέσαντες ἑταίρους.

Il arriva à l'île OEée, autrement dite île de Circé. Pline dit que c'étoit autrefois une île, mais que la mer s'étant retirée elle avoit été attachée à la terre ferme. Circé étoit fille du Soleil et de Persée, et sœur d'OEtas, roi de Colchos et père de Médée, aussi grande enchanteresse que Circé. Cette ville est dans la Campanie, et les Latins l'appeloient *Circes domus*. Ulysse demeura deux jours au port de cette île, fort affligé à son ordinaire; et le troisième, prenant sa javeline et son épée, il alla faire la découverte de l'île. Il monta sur un tertre vert, d'où il vit sortir de la fumée au travers des arbres, et il s'en retourna vers son vaisseau pour y envoyer quelques-uns de ses compagnons après le dîner ; et en chemin quelque dieu eut pitié de lui. Il envoya devers lui un grand cerf, ὑψίκερων, qui sortoit d'un bois pour venir boire à un fleuve, car il se sentoit pris de la chaleur du soleil,

. . . . . Δὴ γάρ μιν ἔχεν μένος ἠελίοιο.
K, 160.

Il le frappa de sa javeline sur l'épine du dos, et elle entra bien avant. Il tomba sur la poussière en gémissant.

Κάδ δ' ἔπεσ' ἐν κονίῃσι μακών, ἀπὸ δ' ἔπτατο θυμός.
K, 163.

Ulysse retira sa javeline de la plaie, et, l'ayant mise à terre, il coupa des branches d'osier, et ayant fait un lien d'une aune de long, il en lia le cerf par les pieds ; et il descendit vers son vaisseau le traînant sur ses épaules, et s'appuyant sur sa javeline : car c'étoit, dit-il, une fort puissante bête ; et, l'ayant jeté devant son vaisseau, il appela ses compagnons, et leur parla à chacun avec des paroles fort caressantes : Mes amis, nous ne mourrons pas encore cette fois-ci, jusqu'à ce que le jour destiné arrive ; mais, courage, tandis que nous avons des vivres, ne nous laissons pas mourir de faim.

Ils sortirent sur le rivage, et admirèrent ce beau cerf.

. . . . . Μάλα γάρ μέγα θηρίον ἦεν.
Αὐτὰρ ἐπεὶ τάρπησαν ὁρώμενοι ὀφθαλμοῖσιν,
K, 180.

Ils lavèrent les mains, et se mirent à manger et à boire jusqu'au soir ; et quand le soleil fut couché, ils s'endormirent sur le rivage. Le matin Ulysse les assembla, et leur dit :

Ὦ φίλοι· οὐ γάρ τ' ἴδμεν ὅπη ζόφος, οὐδ' ὅπη ἠώς,
Οὐδ' ὅπη ἠέλιος φαεσίμβροτος εἶσ' ὑπὸ γαῖαν,
Οὐδ' ὅπη ἀννεῖται.
K, 190.

Et il leur dit qu'il faut de nécessité aller voir en quel pays ils sont :

. . . . . τοῖσιν δὲ κατεκλάσθη φίλον ἦτορ,
K, 198.

se souvenant de la barbarie d'Antiphates et du Cyclope, et ils pleuroient tous amèrement; mais cela ne servoit de rien :

Ἀλλ' οὐ γάρ τις πρῆξις ἐγίγνετο μυρομένοισιν.
K, 202.

Il divisa ses compagnons en deux bandes, et il étoit le chef de l'une, et Eurylochus de l'autre. Il jeta le sort de chacun dans un casque, et celui d'Eurylochus vint ; il s'en alla donc avec vingt-deux autres, tout en pleurant, et laissant les autres qui pleuroient aussi de leur côté. Ils treuvèrent la maison de Circé dans un vallon, bien bâtie, et dans un lieu assez éminent, ou bien dans un lieu avantageux. Elle étoit environnée de loups champêtres et de lions, qu'elle avoit apprivoisés par des breuvages malfaisants. Ces loups et ces lions n'étoient pas des hommes métamorphosés, mais des loups en effet, ὀρέστεροι, sauvages, qu'elle avoit rendus privés ; et ils ne se ruèrent point sur les gens d'Ulysse, mais ils vinrent au-devant d'eux en les caressant de leurs longues queues, tout de même que des chiens caressent leur maître quand il revient de quelque festin, car il leur apporte d'ordinaire quelques friandises : ainsi ces loups et ces lions les caressoient.

Ὡς δ' ὅτ' ἂν ἀμφὶ ἄνακτα κύνες δαίτηθεν ἰόντα
Σαίνωσ', (αἰεὶ γάρ τε φέρει μειλίγματα θυμοῦ·)

Ὡς τοὺς ἀμφί λύκοι κρατερώνυχες, ἠδὲ λέοντες
Σαῖνον.
K, 216.

Et ils eurent peur, voyant de si grosses bêtes. Ils vinrent à la porte de cette déesse aux beaux cheveux ; et ils l'entendirent qui chantoit : voyez au cinquième livre. Polites, le meilleur et le plus sage des amis d'Ulysse, dit aux autres que c'étoit quelque femme ou quelque déesse qui chantoit, et qu'il falloit appeler au plus vite ; ce qu'ils firent : et Circé leur vint ouvrir la porte, et les pria d'entrer. Ils la suivirent tous imprudemment, excepté Eurylochus, qui demeura à la porte, soupçonnant quelque trahison. En effet, d'abord qu'ils furent entrés, elle les fit asseoir sur de beaux siéges, et leur fit un mélange de fromage, de farine, de miel frais et de vin, et mêla dans le pain des venins malfaisants, afin qu'ils oubliassent leur pays. Homère, ce semble, ne fait pas mettre le poison de Circé dans les breuvages, mais dans le pain, ἀνέμισγε δὲ σίτῳ Φάρμακα λύγρ'. Ovide, au contraire, qui, au reste, a suivi Homère mot à mot, lui fait mettre ce suc empoisonné dans le breuvage, au quatorzième livre des *Métamorphoses*. Homère nomme ici le vin Pramnien, qui étoit encore fameux du temps de Pline, et qui naissoit à l'entour de Smyrne, dans l'Asie. Après donc qu'elle leur eut donné à boire, elle les frappa d'une baguette, et les renferma dans un toit à cochon ; et ils prirent tous la figure de cochon, la tête, la voix, le corps et le poil. Néanmoins leur esprit étoit toujours ferme et entier comme auparavant.

. . . . . αυτὰρ νοῦς ἦν ἔμπεδος, ὡς τὸ πάρος περ.
K, 240.

Ceux qui se sont mêlés d'expliquer les fables ont dit

que cette métamorphose des compagnons d'Ulysse en cochons signifioit que ces gens-là, s'étant abandonnés au vin et à la bonne chère, étoient devenus comme des cochons. Cependant cela ne revient pas bien au sens d'Homère, qui dit que leur esprit étoit aussi entier qu'auparavant; car il est bien certain que l'ivrognerie et la crapule gâtent l'esprit tout le premier : et on peut dire des gens qui y sont adonnés que ce sont des cochons sous la figure humaine ; au lieu que ceux-ci étoient des hommes sous la figure de cochons. Néanmoins tout le monde l'entend en ce sens-là ; et Horace, parlant d'Ulysse,

> Sirenum voces et Circes pocula nosti,
> Quæ si cum sociis stultus cupidusque bibisset,
> Sub domina meretrice fuisset turpis et excors,
> Vixisset canis immundus, vel amica luto sus.

Elle leur donne donc des glands à manger, et autres telles viandes propres aux cochons :

> . . . . . οἷα σύες χαμαιευνάδες αἰὲν ἔδουσιν.
> K, 243.

Eurylochus, qui avoit été sage, s'en vint droit à Ulysse pour lui apporter cette nouvelle ; mais il ne pouvoit parler, de tristesse.

> Κῆρ ἄχεϊ μεγάλῳ βεβολημένος· ἐν δέ οἱ ὄσσε
> Δακρυόφιν πίμπλαντο, γόον δ' ὠΐετο θυμός.
> K, 247.

Il lui conte donc comme ses compagnons sont tous entrés, et qu'il n'en est pas sorti un seul. Ulysse prend son épée, et dit à Eurylochus de le conduire. Eurylochus se jette à ses pieds, et le prie de n'y point aller, parce qu'il n'en reviendra point. Ulysse lui dit qu'il demeure donc à boire et à manger; mais que pour lui il est obligé d'y aller :

$$\ldots\ldots\text{κρατερὴ δέ μοι ἔπλετ' ἀνάγκη.}$$
K, 273.

Assez près de la maison de Circé il rencontre Mercure à la verge d'or, χρυσόρραπις, ressemblant à un jeune homme à qui le poil ne fait que de naître :

$$\ldots\ldots\text{τοῦπερ χαριεστάτη ἥβη.}$$
K, 279.

Mercure l'arrête et lui apprend l'état de ses compagnons; et, afin qu'il n'y tombe pas, il lui donne un remède puissant pour rendre inutiles les breuvages de Circé. C'est une herbe que Mercure arrache de la terre et en montre la nature à Ulysse :

$$\text{Ῥίζῃ μὲν μέλαν ἔσκε, γάλακτι δὲ εἴκελον ἄνθος.}$$
K, 304.

Les dieux, dit-il, l'appellent *moly*; elle est difficile à déraciner aux hommes, mais tout est possible aux dieux. Pline, au liv. XXV, c. IV, l'appelle *laudatissimam herbarum*. Il dit qu'elle croissoit vers la montagne de Cyllène, en Arcadie, *radice rotunda nigraque magnitudine cæpæ, folio scyllæ, effodi autem difficulter*. Les Grecs dépeignent sa fleur noire, quoique Homère la décrive blanche. Quelques médecins croient qu'il en vient aussi dans la Campanie; et Pline dit qu'on lui en avoit apporté une sèche, qu'on avoit treuvée dans la Campanie, et que sa racine étoit de trente pieds de long. Il dit en un autre endroit qu'elle est excellente contre la magie. Mercure la donne donc à Ulysse, et lui dit que quand, après avoir mangé, Circé lui donnera un coup de sa baguette, il tire son épée comme pour la tuer ; et alors, dit-il, elle aura peur et vous invitera à coucher avec elle. Cela montre que pour surmonter la volupté il faut du courage et de la tempérance ; car Socrate entend cette vertu par l'herbe moly. Mercure dit à Ulysse qu'il ne refuse point de coucher avec elle, afin d'obtenir la délivrance de ses compagnons, mais qu'il la fasse jurer auparavant le grand serment des dieux, qu'elle ne lui fera point de mal ni d'affront.

Μή σ' ἀπογυμνωθέντα κακὸν καὶ ἀνήνορα θείη
K, 301.

Mercure s'envole, et Ulysse poursuit son chemin, roulant bien des choses dans son esprit,

. . . . . πολλὰ δέ μοι κραδίη πόρφυρε κιόντι.
K, 309.

Il entre donc chez Circé ; elle le traite comme ses compagnons ; mais quand elle lui voit tirer l'épée, elle s'écrie, et, lui embrassant les genoux, lui dit : Qui êtes-vous qui ne ressentez point la force de ce breuvage que personne n'a jamais pu éviter? N'êtes-vous point cet Ulysse si adroit, que Mercure m'a toujours prédit devoir venir ici? Mais remettez votre épée, et couchons ensemble, afin que nous ayons plus de confiance l'un à l'autre. Il lui répond qu'il n'en fera rien jusqu'à ce qu'elle lui jure de ne lui point faire mal; et alors ils se mettent au lit. Ils sont servis par quatre servantes qui étoient nées des fontaines, des arbres et des fleuves. L'une couvre les sièges de tapis de pourpre par le haut, et par le bas, de lin ; les dossiers étoient revêtus de pourpre, et le reste de lin, pour être plus mollement. L'autre dresse des tables d'argent, et les couvre de vaisselle d'or. L'autre verse d'un vin excellent dans un vase d'argent, et prépare des coupes d'or; et la dernière apporte de l'eau, et allume du feu sous un trépied : elle fait chauffer l'eau, et ensuite lave Ulysse, et lui verse doucement cette eau le long de la tête et des épaules,

'Όφρα μοι ἐκ κάματον θυμοφθόρον εἵλετο γυίων.

K, 363.

afin de soulager la lassitude de ses membres, θυμοφθόρον, parce que le travail du corps abat l'esprit. Après qu'on l'a frotté d'huile, on le met à table, et Homère le fait servir selon sa coutume. Mais Ulysse ne vouloit point manger, songeant à d'autres choses, et étant toujours affligé,

'Αλλ' ἥμην ἀλλοφρονέων,...

K, 374.

Circé s'en met en peine, et tâche de le rassurer; mais il lui dit : O Circé! quel homme juste et raisonnable voudroit manger avant que de voir sortir ses compagnons de l'état où ils sont? Faites-les-moi voir donc, si vous voulez que je mange. Elle s'en va à l'étable avec sa baguette, et en fait sortir ses compagnons, qui étoient comme des porcs de neuf ans; et les frottant d'une drogue contraire à la première, le poil de cochon leur tombe, et ils deviennent des hommes plus jeunes encore et plus beaux à voir qu'auparavant. Cela pourroit s'appliquer à des débauchés qui, sortant une fois de leurs débauches, sont plus sages que jamais.

Καὶ πολὺ καλλίονες καὶ μείζονες εἰσοράασθαι.

K, 396.

Ils se jettent tous au cou d'Ulysse et se mettent tous à pleurer ; toute la maison en retentit, et Circé même en est émue de pitié. Alors elle dit à Ulysse d'aller à son vaisseau, de le tirer à terre, et de mettre leurs provisions et leurs armes dans quelque caverne, et puis de revenir chez elle avec tous ses compagnons. Ulysse lui obéit, et s'en va à son vaisseau, où il treuve tout son monde affligé et désespérant de le revoir. Il décrit la joie qu'ils eurent pour lors, et la compare à la joie que de jeunes veaux ont de revoir leurs mères, qui viennent de paître.

Cette comparaison est fort délicatement exprimée, car ces mots de veaux et de vaches ne sont point choquants dans le grec, comme ils le sont en notre langue, qui ne veut presque rien souffrir, et qui ne souffriroit pas qu'on fît des églogues de vachers, comme Théocrite, ni qu'on parlât du porcher d'Ulysse comme d'un personnage héroïque ; mais ces délicatesses sont de véritables foiblesses.

Ὡς δ' ὅταν ἄγραυλοι πόρτιες περὶ βοῦς ἀγελαίας
Ἐλθούσας ἐς κόπρον, ἐπὴν βοτάνης κορέσωνται,
Πᾶσαι ἅμα σκαίρουσιν ἐναντίαι· οὐδ' ἔτι σηκοὶ
Ἴσχουσ', ἀλλ' ἀδινὸν μυκώμεναι ἀμφιθέουσι
Μητέρας.
K, 410.

Ainsi les compagnons d'Ulysse l'embrassèrent en pleurant, et il leur sembloit qu'ils étoient de retour à Ithaque et dans leur logis. Ils lui demandent que sont devenus les autres, et il leur dit qu'ils les viennent voir eux-mêmes buvant et mangeant, après qu'ils auront tiré leur vaisseau à terre. Les autres lui obéissoient ; mais Eurylochus les en détournoit à toute force. On voit par là que quand ces esprits médiocres ont une fois réussi en quelque chose, ils en deviennent fiers, et veulent qu'on croie tout ce qu'ils disent pour des oracles. Aussi Ulysse, tout en colère, le vouloit tuer, quoiqu'il fût son parent: mais les autres l'apaisèrent et le prièrent de le laisser là tout seul; mais il aima mieux suivre les autres, craignant la colère d'Ulysse [1].

1. Les remarques sur l'*Odyssée* ne vont pas, dans le manuscrit de Racine, au delà du livre X.

FIN DES REMARQUES SUR L'ODYSSÉE D'HOMÈRE.

REMARQUES

SUR LES OLYMPIQUES DE PINDARE.

———

1ᵉʳ mars 1662.

ODE I.

A HIÉRON,

VAINQUEUR A LA COURSE DU CHEVAL CÉLÈTES.

Ἄριστον μὲν ὕδωρ.

Il appelle l'eau le plus excellent de tous les éléments, pour deux raisons : 1° à cause que d'elle se forment les autres ; car l'air se fait d'une eau subtilisée, la terre d'une eau condensée, et le feu, se faisant de l'air devenu plus subtil, tire aussi par conséquent son origine de l'eau ; 2° parce que l'eau et l'humidité est ce qui est le plus nécessaire aux animaux vivants et inanimés, car nous vivons de ce que la terre produit : or les semences ne peuvent pousser sans humidité.

ὉὉ δὲ
Χρυσός, αἰθόμενον πῦρ
Ἄτε διαπρέπει νυ-
κτὶ, μεγάνορος ἔξοχα πλούτου.

L'or éclate autant par-dessus les richesses qu'un feu allumé éclate au milieu de la nuit. Il appelle les richesses μεγάνορα πλοῦτον, parce que ceux qui sont riches font les grands hommes, ou parce que les richesses font de grandes choses. Un commentateur dit que Pindare a suivi son inclination naturelle en louant les richesses.

> Μηκέθ' ἁλίου σκόπει
> Ἄλλο θαλπνότερον
> Ἐν ἀμέρᾳ φαεινὸν ἄστρον,
> Ἐρήμας δι' αἰθέρος.

Ne cherchez point d'astre plus échauffant ni plus brillant que le soleil durant le jour, lorsqu'il éclaire l'air désert.

Les uns disent que ἔρημος veut dire, en cet endroit, chaud et ardent, en sorte que personne n'ose aller à l'air, qui est par conséquent désert; d'autres disent que la mer a des poissons, et la terre les autres animaux qui l'habitent, mais qu'aucun d'eux ne fait sa demeure dans l'air; enfin d'autres disent qu'il veut dire par là que l'air est calme, tranquille et sans nuages; quelques-uns disent qu'il entend la sphère du feu.

> Δρέπων μὲν
> Κορυφὰς ἀρετᾶν ἄπο πασᾶν·
> Ἀγλαΐζεται δὲ καὶ
> Μουσικᾶς ἐν ἀώτῳ,
> Οἷα παίζομεν φίλαν
> Ἄνδρες ἀμφὶ θαμὰ
> Τράπεζαν.

Il dit qu'Hiéron étoit élevé au sommet de toutes les vertus, et qu'il en recueilloit le fruit, et qu'il se plaisoit aux fleurs et aux douceurs de la musique, ou bien qu'il se plaisoit aux odes, qui sont la fleur de la musique. Or, quand un prince se plaît aux exercices de la musique, qui sont des exercices de paix, c'est une marque que son royaume est paisible. Tels sont, dit-il, les cahnts que nous jouons souvent autour de sa table amie, parce que la musique n'est jamais si agréable qu'à l'issue du festin. Il appelle la table *amie*, parce qu'on n'y appelle que des amis, ou bien à cause qu'elle noue les amitiés.

>Ἀλλὰ Δωρίαν ἀ-
>πὸ φόρμιγγα πασσάλου
>Λάμβαν'.

Mais prends ton luth dorien du clou où il est attaché. Il l'appelle dorien, parce que des trois harmonies, dorienne, phrygienne et lydienne, la dorienne ou la dorique étoit la plus grave.

>Σύτο, δέμας
>Ἀκέντητον ἐν δρόμοισι παρέχων,
>Κράτει δὲ προσέμιξε δεσπόταν
>Συρακόσιον ἱπποχάρμαν
>Βασιλῆα.

Il loue le cheval d'Hiéron, qui, courant sans attendre l'éperon, menoit son maître à la victoire, savoir Hiéron, roi de Syracuse, qui aimoit les chevaux.

>Ἦ θαῦμα τὰ πολλά·
>Καί πού τι καὶ βροτῶν φρένα
>Ὑπὲρ τὸν ἀληθῆ λόγον
>Δεδαιδαλμένοι ψεύδεσι ποικίλοις
>Ἐξαπατῶντι μῦθοι.

Après avoir conté la fable de Pélops, à qui les dieux rendirent une épaule d'ivoire après que Cérès eut mangé la sienne : Il y a, dit-il, beaucoup de choses merveilleuses, et cependant des fables embellies de divers mensonges trompent et divertissent l'esprit humain beaucoup plus que de véritables discours.

>Χάρις δ' ἅπερ ἅπαντα τεύ-
>χει τὰ μείλιχα θνατοῖς,

Ἐπιφέροισα τιμὰν,
Καὶ ἄπιστον ἐμήσατο πιστὸν
Ἔμμεναι τὸ πολλάκις.

Par cette grâce qui rend tout agréable aux hommes, et qui donne le prix aux choses, il entend la grâce de la poésie.

Ἁμέραι δ' ἐπίλοιποι,
Μάρτυρες σοφώτατοι.

Mais les jours de l'avenir sont des juges sages et infaillibles.

Ἔστι δ' ἀνδρὶ φάμεν
Ἐοικὸς ἀμφὶ Δαιμόνων κα-
λά.

Il sied bien à un homme, ou il est juste que l'homme parle toujours bien des dieux.

Ἐμοὶ δ' ἄπορα γαστρίμαργον
Μακάρων τιν' εἰπεῖν.
Ἀφίσταμαι. Ἀκέρδεια λέλογχε
Θαμινὰ κακαγόρως.

Il dit cela après avoir réfuté la fable que Pélops avoit été mis en pièces par les dieux, pour être mangé : il dit seulement que Pélops fut enlevé par Neptune, au palais de Jupiter, pour lui servir d'échanson, comme après lui Ganymède.

Ἀλλὰ γὰρ κατα-
πέψαι μέγαν ὄλβον οὐκ ἐδυ-
νάσθη· κόρῳ δ' ἕλεν
Ἄταν ὑπέροπλον.

Il parle de Tantale, que les dieux avoient honoré plus qu'aucun homme; mais il ne put digérer ce grand bonheur, et il s'attira un malheur infini par son dégoût. Il fait allusion aux viandes, qui nuisent beaucoup à l'estomac, lorsqu'il ne les sauroit digérer. Quelques-uns entendent par ce dégoût l'orgueil et l'insolence. Il marque par là qu'un homme qui ne peut digérer son bonheur se perd souvent.

> Εὐφροσύνας ἀλᾶται·
> Ἔχει δ' ἀμάλαμον βίον
> Τοῦτον, ἐμπεδόμοχθον.

Il décrit la misère de Tantale, qui, voulant détourner de sa tête cette pierre qui est pendue sur lui, ne sauroit avoir de joie, et mène une vie toujours pénible.

> Ἀθανάτων ὅτι κλέψας
> Ἁλίκεσσι συμπόταις
> Νέκταρ ἀμβροσίαν τε
> Δῶκεν, οἷσιν ἄφθιτον
> Θέσσαν.

Les uns expliquent cela en disant que Tantale découvrit les mystères des dieux ; d'autres disent que c'étoit un naturaliste qui voulut découvrir la nature du soleil.

> Εἰ δὲ θεὸν
> Ἀνήρ τις ἔλπεταί τι λαθέ-
> μεν ἔρδων, ἁμαρτάνει.

Celui-là se trompe qui croit faire quelque chose au desçu des dieux.

> Τοὔνεκα προῆκαν υἱὸν
> Ἀθάνατοί οἱ πάλιν
> Μετὰ τὸ ταχύποτμον
> Αὖθις ἀνέρων ἔθνος.

Les dieux punissent Tantale en la personne de son fils, en le renvoyant parmi les hommes, qui meurent bientôt.

> Πρὸς εὐάνθεμον δ' ὅτε φυὰν
> Λάχναι νιν μέλαν γένειον ἔρεφον,
> Ἑτοῖμον ἀνεφρόντισεν γάμον.

Il appelle la jeunesse florissante. Il dit que Pélops chercha un mariage qui se présentoit. L'histoire est qu'OEnomaüs étoit si fort épris de la beauté de sa fille qu'il ne croyoit pas que personne la méritât. Il ne la donnoit qu'à cette condition que son amant la devoit enlever à la course d'un char. Il étoit derrière le char avec une pique ; et quand son chariot, qui étoit le plus vite du monde, avoit atteint l'autre, il perçoit de sa lance l'amant de sa fille. Il en avoit déjà tué treize quand Pélops eut recours à Neptune, lequel, selon quelques-uns, gagna le cocher d'OEnomaüs afin qu'il laissât courir Pélops avec Hippodamie; mais, selon Pindare, Neptune donna à Pélops un char d'or, tiré par des chevaux ailés.

Ἄγχι δ' ἐλθὼν
Πολιᾶς ἁλὸς οἶος ἐν ὄρφνᾳ,
Ἄπυεν βαρύκτυπον
Εὐτρίαιναν.

Il appelle la mer chenue, ou parce que c'est le premier et le plus ancien des éléments, ou à cause que sa continuelle agitation la fait blanchir.

Ὁ μέγας δὲ κίνδυ-
νος ἄναλκιν οὐ φῶ-
τα λαμβάνει. Θανεῖν δ' οἷσιν ἀνάγκα,
Τί κέ τις ἀνώνυμον γῆρας ἐν σκότῳ
Καθήμενος ἕψοι μάταν, ἁπάντων
Καλῶν ἄμμορος;

Puisque aussi bien il faut mourir, pourquoi consumer une vieillesse inconnue dans les ténèbres, dénué de vertu et d'honneur?

Ἀρεταῖσι μεμαλότας υἱούς.

Il eut des enfants adonnés à la vertu.

> Τύμβον ἀμφίπολον
> Ἔχων πολυξενωτάτῳ πα-
> ρὰ βωμῷ.

Il a un sépulcre tout environné de la multitude des pèlerins.

> Ὁ νικῶν δὲ λοιπὸν ἀμφὶ βίοτον
> Ἔχει μελιτόεσσαν εὐδίαν,
> Ἀέθλων γ' ἕνεκεν.

Ou parce que cette victoire est le comble de l'honneur, ou parce qu'il n'a plus besoin de combattre davantage, ayant une fois vaincu.

> Τὸ δ' ἀ-
> εὶ παράμερον ἐσλὸν,
> Ὕπατον ἔρχεται παν-
> τὶ βροτῷ.

Les hommes oublient les biens qu'ils ont reçus par le passé, et ne goûtent bien que ceux qui leur viennent de jour en jour. Ou : le bien qui nous arrive sans discontinuer est le souverain bien. Ou : le bien qui nous arrive après l'avoir bien souhaité est le bien qui nous plaît davantage : comme Hiéron, qui a vaincu après avoir fait tous ses efforts pour vaincre.

> Πέποιθα δὲ ξένον
> Μή τιν' ἀμφότερα
> Καλῶν τε ἴδριν ἄλλον, καὶ δύ-
> ναμιν κυριώτερον,
> Τῶν γε νῦν, κλυταῖσι δαιδα-
> λωσέμεν ὕμνων πτυχαῖς.

Je suis certain que je ne louerai jamais personne qui soit plus savant et plus vertueux qu'Hiéron. Ou bien : jamais personne ne vous louera avec plus de connoissance et plus de force que moi.

> Θεός, ἐπίτροπος ἐ-
> ὼν, τεαῖσι μήδεται,
> Ἔχων τοῦτο κῆδος, Ἱέρων,
> Μερίμναισιν.

Cela s'entend ou du dieu protecteur d'Hiéron, ou du dieu de la poésie.

> Ἐπ' ἄλλοι-
> σι δ' ἄλλοι μεγάλοι· τὸ δ' ἔσχατον κορυ-
> φοῦται βασιλεῦσι.

Les uns excellent en une chose, les autres en une autre ; mais les rois excellent souverainement aux choses où les autres n'excellent que médiocrement. Ou bien : la puissance des rois est le souverain degré d'honneur.

> Μηκέτι
> Πάπταινε πόρσιον.

Ne souhaitez rien davantage que la gloire que vous venez d'acquérir aux jeux ; ou bien : que la dignité que les dieux vous ont donnée.

> Εἴη σέ τε τοῦτον
> Ὑψοῦ χρόνον πατεῖν, ἐμέ
> Τε τοσσάδε νικαφόροις
> Ὁμιλεῖν, πρόφαντον σοφίαν καθ' Ἑλ-
> λανας ἐόντα παντᾶ.

Puissiez-vous cependant jouir de la gloire où vous êtes élevé ; et moi puissé-je jouir de la conversation des braves comme vous, me rendant fameux parmi les Grecs par ma sagesse. Le sens est qu'autant qu'Hiéron est heureux d'être vainqueur et d'être roi, autant Pindare se croit-il heureux de converser avec des héros comme lui, et de chanter leurs louanges.

Cet Hiéron étoit si beau, si brave et si généreux, qu'il passa pour un prodige. Théocrite lui a adressé quelques églogues.

ODE II.

A THÉRON, TYRAN OU ROI D'AGRIGENTE,

VAINQUEUR A LA COURSE DU CHARIOT

>   Ἀναξιφόρμιγγες ὕμνοι,
>   Τίνα θεὸν, τίν' ἥρωα,
>   Τίνα δ' ἄνδρα κελαδήσομεν;

Il appelle les chansons reines des instruments, parce qu'on compose les chansons, et puis on y accommode le luth.

>   Γεγωνητέον ὀπὶ
>   Δίκαιον ξένον
>   Ἔρεισμ' Ἀκράγαντος,
>   Εὐωνύμων τε πατέρων
>   Ἄωτον, ὀρθόπολιν.

Il appelle Théron la fleur de ses illustres parents, parce qu'il étoit de la race de Cadmus. Il le loue aussi d'être le conservateur de sa ville.

>   Αἰών τ' ἔφε-
>   πε μόρσιμος, πλοῦτόν
>   Τε καὶ χάριν ἄγων
>   Γνησίαις ἐπ' ἀρεταῖς.

Le temps et la destinée a comblé leurs vertus de richesses et de bonheur.

>   Τῶν δὲ πεπραγμένων,
>   Ἐν δίκᾳ τε καὶ παρὰ δίκαν,
>   Ἀποίητον οὐδ' ἂν
>   Χρόνος, ὁ πάντων πατὴρ,
>   Δύναιτο θέμεν ἔργων τέλος.
>   Λάθα δὲ πότμῳ σὺν εὐδαίμονι γένοιτ' ἄν·
>   Ἐσθλῶν γὰρ ὑπὸ χαρμάτων,
>   Πῆμα θνάσκει παλίγκοτον δαμασθέν.

Il dit cela à cause que Théron avoit été en guerre avec Hiéron. Le temps ne sauroit pas empêcher que cela n'ait été fait ; mais le bonheur et la joie présente doit faire oublier tous ces malheurs.

>Ἕπεται δὲ λόγος εὐθρόνοις
>Κάδμοιο κούραις, ἔπα-
>θον αἱ μεγάλα. Πένθος
>Δὲ πιτνεῖ βαρὺ
>Κρεσσόνων πρὸς ἀγαθῶν.

Il fait venir là l'histoire des filles de Cadmus, parce que Théron étoit de cette race. Elles furent donc toutes malheureuses ; mais après elles devinrent immortelles, comme Sémélé et Ino.

>Ἤτοι
>Βροτῶν γε κέκριται.
>Πείρας οὔ τι θανάτου,
>Οὐδ' ἀσύχιμον ἀμέραν
>Ὁπότε παῖδ' Ἁλίου
>Ἀτειρεῖ σὺν ἀγαθῷ
>Τελευτάσομεν.
>Ῥοαὶ δ' ἄλλοτ' ἄλλαι
>Εὐθυμιᾶν τε μέτα καὶ
>Πόνων ἐς ἄνδρας ἔβαν.

Il appelle les Journées filles du Soleil ; il y en a qui expliquent ce vers, ἀσύχιμον ἀμέραν, pour le jour de la mort, parce qu'elle finit tous nos travaux.

>Οὕτω δὲ Μοῖρ' ἅ τε πατρώϊον
>Τόνδ' ἔχει τὸν εὔφρονα πότμον
>Θεόρτῳ σὺν ὄλβῳ
>Ἐπί τι καὶ πῆμ' ἄγει
>Παλιντράπελον ἄλλῳ χρόνῳ.

Il revient à Théron, dont la race a été heureuse, et puis après malheureuse, et ensuite est retournée à son premier bonheur.

SUR LES OLYMPIQUES DE PINDARE. 141

> Τὸ δὲ τυχεῖν,
> Πειρώμενον ἀγωνίας
> Παραλύει δυσφρόνων.
> Ὁ μὲν πλοῦτος ἀρεταῖς
> Δεδαιδαλμένος
> Φέρει τῶν τε καὶ τῶν
> Καιρὸν, βαθεῖαν ὑπέχων
> Μέριμναν ἀγροτέραν.

Les richesses qui sont ornées de la vertu supportent aisément la bonne et la mauvaise fortune. C'est ce qu'a dit élégamment Sapho :

> « Πλοῦτος ἄνευ ἀρετῆς οὐκ' ἀσινὴς πάροικος·
> Ἡ δὲ ἐξ ἀμφοτέρων κρᾶσις εὐδαιμονίας ἔχει
> Τὸ ἄκρον. »

Callimachus a eu la même pensée en ces vers :

> « Οὔτ' ἀρετῆς ἄτερ ὄλβος ἐπίσταται ἄνδρας ἀέξειν,
> Οὔτ' ἀρετὴ ἀφένοιο, δίδου δ' ἀρετήν τε καὶ ὄλβον. »

> Ἀστὴρ ἀρίζηλος, ἀλαθινὸν
> Ἀνδρὶ φέγγος.

L'un avec l'autre, dit-il, est un astre brillant, et le véritable ornement d'un homme.

> Εἰ δέ μιν ἔχει
> Τις, οἶδε τὸ μέλλον,
> Ὅτι θανόντων μὲν ἐν-
> θάδ' αὐτίκ' ἀπάλαμνοι φρένες
> Ποινὰς ἔτισαν. Τὰ δ' ἐν τᾷδε Διὸς ἀρχᾷ
> Ἀλιτρὰ κατὰ γᾶς δικά-
> ζει τις, ἐχθρᾷ λόγον φράσας ἀνάγκᾳ.

Il représente la justice de l'autre monde, où sont punis les crimes de celui-ci. Ἐχθρᾷ, parce qu'on n'y juge point par amis, mais selon les actions. *Comm.*

> Ἴσον δὲ νύκτεσσιν αἰεὶ,
> Ἴσα δ' ἐν ἀμέραις ἅλι-

ον ἔχοντες, ἀπονέστερον
Ἐσλοὶ νέμονται βίο-
τον, οὐ χθόνα ταράσσον-
τες ἀλκᾷ χερῶν,
Οὐδὲ πόντιον ὕδωρ
Κεινὰν παρὰ δίαιταν· ἀλ-
λὰ παρὰ μὲν τιμίοις
Θεῶν οἵ τινες ἔχαι-
ρον εὐορκίαις,
Ἄδακρυν νέμονται
Αἰῶνα· τοὶ δ' ἀπροσόρα-
τον ὀκχέοντι πόνον.

Il montre la différence des bons qui vivront toujours en l'autre monde sans travail et sans affliction, sans labourer la terre et sans naviguer sur la mer, ou, comme d'autres expliquent, sans se battre sur la terre et sans se battre sur la mer.

Ὅσοι δ' ἐτόλμασαν ἐς τρὶς
Ἑκατέρωθι μείναντες
Ἀπὸ πάμπαν ἀδίκων ἔχειν
Ψυχὰν, ἔτειλαν Διὸς
Ὁδὸν παρὰ Κρόνου τύρ-
σιν· ἔνθα μακάρων
Νᾶσον ὠκεανίδες
Αὖραι περιπνέουσιν· ἄν-
θεμα δὲ χρυσοῦ φλέγει,
Τὰ μὲν χερσόθεν ἀπ' ἀ-
γλαῶν δενδρέων,
Ὕδωρ δ' ἄλλα φέρβει.
Ὅρμοισι τῶν χέρας ἀνα-
πλέκοντι καὶ στεφάνοις.

Il parle ici des plus parfaits qui ont persévéré dans la vertu, et qui, marchant par la voie de Jupiter, sont arrivés aux îles des Bienheureux, où brillent des fleurs dorées, tant celles qui viennent dessus les arbres que celles que l'eau nourrit, comme les roses, etc.

Quelques-uns ont cru qu'il entendoit parler de la métempsycose en la personne de ceux qui ont persévéré dans la vertu partout où ils ont été, c'est-à-dire dans une condition ou dans une autre ; mais il semble qu'il ne veuille parler que de ceux qui dans l'une et l'autre fortune ont toujours été également vertueux ; et cela vient mieux au discours qu'il a tenu auparavant de ces diverses fortunes. Car, dit-il, ces esprits fiers et intraitables, ἀπάλαμνοι, qui ont abusé de leur fortune, sont punis. Ceux qui se sont honnêtement gouvernés ne sont point tourmentés ; mais ceux qui ont gardé leur âme toujours inviolable à l'injustice, en quelque état qu'ils aient été, et qui ont suivi la voie de Jupiter, c'est-à-dire le chemin des héros et des dieux, ceux-là vont dans les îles heureuses. Homère les décrit comme Pindare, quatrième livre de l'*Odyssée*.

> Ὃς Ἕκτορ' ἔσφαλε, Τροίας
> Ἄμαχον ἀστραβῆ κίο-
> να.

Il parle d'Achille, qui vainquit Hector, la colonne inébranlable de Troie.

> Πολλά μοι ὑπ' ἀγκῶ-
> νος ὠκέα βέλη
> Ἔνδον ἐντὶ φαρέτρας
> Φωνᾶντα συνετοῖσιν· ἐς
> Δὲ τὸ πᾶν ἑρμηνέων
> Χατίζει.

Il dit que ses flèches, c'est-à-dire ses vers, se font bien entendre aux savants, mais qu'ils ont besoin d'interprète pour être entendus du peuple.

> Σοφὸς ὁ πολ-
> λὰ εἰδὼς φυᾷ·
> Μαθόντες δέ, λάβροι
> Παγγλωσσίᾳ, κόρακες ὥς,
> Ἄκραντα γαρύετον
> Διὸς πρὸς ὄρνιχα θεῖον.

Il dit que celui-là est véritablement sage qui est naturellement savant : cela s'entend de la poésie plus que de pas une autre science; car il veut dire qu'il n'y a point de bon poëte que ceux qui le sont naturellement, et qu'au contraire ceux qui ne le sont que par étude sont comme des corbeaux qui croassent méchamment au prix du divin oiseau de Jupiter qui est l'aigle.

>   Φίλοις ἀνδρα μᾶλλον
>   Εὐεργέταν πραπίσιν ἀ-
>   φθονέστερόν τε χέρα.

Il dit qu'aucune ville n'a mis au monde depuis cent ans un homme plus obligeant et plus libéral que Théron.

>   Ἀλλ' αἶνον ἔβα κόρος
>   Οὐ δίκᾳ συναντόμενος, ἀλ-
>   λὰ μάργων ὑπ' ἀνδρῶν,
>   Τὸ λαλαγῆσαι θέλων,
>   Κρύφον τε θέμεν ἐσλῶν κακοῖς
>   Ἔργοις.

L'envie et l'insolence attaque la gloire de Théron, et excite de méchants hommes à le troubler, afin d'étouffer ses belles actions sous leurs crimes. Quelques parents [de] Théron, envieux de sa gloire, firent la guerre contre lui.

ODE III.

AU MÊME THÉRON.

> Καλλιπλοκάμῳ θ' Ἑλένᾳ.

Hélène aux beaux cheveux.

> Ὕμνον ὀρθώσας ἀκαμαντοπόδων
> Ἵππων ἄωτον.

Faisant un hymne à la louange de ses chevaux infatigables à la course.

>Διχόμηνις ὅλον χρυσάρματος
>Ἑσπέρας ὀφθαλμὸν ἀντέφλεξε μῆνα.

La pleine lune sur un char d'or montroit tout son visage sur le soir. Il l'appelle διχόμηνις, parce qu'elle coupe le mois en deux.

>Ἀλλ' οὐ καλὰ δένδρε' ἔθαλλε
>Χῶρος ἐν βάσσαις Κρονίου Πέλοπος.
>Τούτων ἔδοξε
>Γυμνὸς αὐτῷ κᾶπος ὀξείαις ὑπακουέμεν αὐγαῖς ἁλίου..

La plaine d'Élide, étant dépouillée d'arbres, étoit sujette aux violentes ardeurs du soleil.

>Εἰ δ' ἀριστεύει μὲν ὕδωρ, κτεάνων
>Δὲ χρυσὸς αἰδοιέστατον·
>Νῦν γε πρὸς ἐσχατιὰν Θή-
>ρων ἀρεταῖσιν ἱκάνων, ἅπτεται
>Οἴκοθεν Ἡρακλέος στηλᾶν. Τὸ πόρσω
>Δ' ἔστι σοφοῖς ἄβατον,
>Κἀσόφοις. Οὐ μὲν διώξω. Κεινὸς εἴην.

Comme l'eau est le plus excellent des éléments, et l'or le plus précieux des métaux, aussi Théron ayant remporté la plus belle victoire, qui est celle des jeux Olympiques, il est au plus excellent degré d'honneur; et par ses vertus domestiques il va jusqu'aux colonnes d'Hercule, au delà desquelles ni sage ni ignorant ne peut aller. Je ne passe donc point plus outre, c'est-à-dire je ne le louerai pas davantage; car je l'entreprendrois vainement.

ODE IV.

A PSAUMIS DE CAMÉRINE,

VAINQUEUR AU CHARIOT.

>Ἐλατὴρ ὑπέρτατε βροντᾶς
>Ἀκαμαντόποδος
>Ζεῦ· (τεαὶ γὰρ ὧραι, etc.)

Il appelle le tonnerre infatigable à la course, pour faire allusion aux chevaux qui courent aux jeux Olympiques. Il dit que les heures appartiennent à Jupiter, ou parce qu'il est le maître du temps, ou bien il entend par là les cinq années qui sont le terme des jeux Olympiques, dédiés à Jupiter.

>Ξείνων δ' εὖ πρασσόντων, ἔσαναν
>Αὐτίκ' ἀγγελίαν
>Ποτὶ γλυκείαν ἐσλοί.

Les gens de bien sont ravis quand ils entendent dire que leurs amis ont fait quelque chose de beau.

>Δέκευ χαρίτων ἕκα-
>τι τόνδε κῶμον,
>Χρονιώτατον φάος εὐρυ-
>σθενέων ἀρετᾶν.

Reçois cet hymne en action de grâces, lequel fera vivre longtemps la mémoire des vertus ; car les belles actions sont étouffées, si la poésie ne les chante.

>Ἐπεί μιν
>Αἰνέω μάλα μὲν
>Τροφαῖς ἑτοῖμον ἵππων,
>Χαίροντα δὲ ξεινίαις πανδόκοις,
>Καὶ πρὸς ἡσυχίαν φιλόπολιν
>Καθαρᾷ γνώμᾳ τεθραμμένον.

SUR LES OLYMPIQUES DE PINDARE.   147

Car il y a des gens qui aiment leur ville ; mais ils n'aiment pas le repos comme Psaumis.

> Οὐ ψεύδεϊ τέγξω
> Λόγον. Διάπειρά τοι
> Βροτῶν ἔλεγχος.

Je ne souillerai point mon discours de mensonge, en louant sans doute un homme déjà âgé d'avoir remporté le prix ; car l'expérience fait connoître les hommes, comme elle a fait connoître Erginus, un des Argonautes, qui sembloit déjà vieux, [et] ne laissa pas de vaincre à la course, quoique les femmes de Lemnos se moquassent de lui.

> Χαλκοῖσι δ' ἐν ἔντεσι νικῶν
> Δρόμον, ἔειπεν Ὑψιπυλείᾳ,
> Μετὰ στέφανον ἰών·
> Οὗτος ἐγὼ, ταχυτᾶτι
> Χεῖρες δὲ καὶ ἦτορ ἴσον.

Tel que vous me voyez, dit-il à Hypsipyle, fille de Thoas, pour qui se faisoient ces jeux à son tombeau, mes mains et mon corps répondent encore à la vitesse de mon esprit ; c'est-à-dire, si je fais de grands desseins, j'ai de la force assez pour les mettre en exécution.

> Φύονται δὲ καὶ νέοις
> Ἐν ἀνδράσι πολιαὶ
> Θαμὰ καὶ παρὰ τὸν ἁλικίας
> Ἐοικότα χρόνον

Ou parce que souvent les vieillards sont encore jeunes et vigoureux, ou parce qu'en effet les cheveux blanchissent souvent avant la vieillesse.

ODE V.

AU MÊME PSAUMIS.

VAINQUEUR EN TROIS COURSES.

Αἰεὶ δ' ἀμφ' ἀρεταῖσι, πόνος δαπάνα τε μάρναται πρός
Ἔργον κινδύνῳ κεκαλυμμένον.
Εὖ δὲ ἔχοντες, σοφοὶ καὶ πολίταις ἔδοξαν ἔμμεν.

Il parle, ou de la victoire que Psaumis a remportée, ou bien de ce que Psaumis a rebâti de nouveau sa ville, Camérine.

Σωτὴρ ὑψινεφὲς Ζεῦ,
. . . .
Ἱκέτας σέθεν ἔρχομαι, Λυδίοις
Ἀπύων ἐν αὐλοῖς,
Αἰτήσων πόλιν εὐανορίαισι τάνδε κλυταῖς
Δαιδάλλειν· σέ τ', Ὀλυμπιόνικε, Ποσειδανίοισιν ἵπποις
Ἐπιτερπόμενον, φέρειν γῆρας εὔθυμον, ἐς τελευτάν,
Υἱῶν, Ψαῦμι, παρισταμένων. Ὑγίεντα δ' εἴ τις ὄλβον
Ἄρδει, ἐξαρκέων κτεάτεσσι, καὶ
Εὐλογίαν προστιθείς, μὴ ματεύσῃ θεὸς γενέσθαι.

Il prie Jupiter d'orner la ville de Psaumis, en lui donnant d'illustres habitants, et de donner à Psaumis une vieillesse heureuse, ayant toujours ses enfants auprès de lui ; et puis il loue ceux qui, jouissant d'une forte santé, se contentent de ce qu'ils ont, et tâchent seulement d'être en bonne réputation, et il dit qu'en cet état ils ne doivent point souhaiter d'être dieux.

ODE VI.

A AGÉSIAS SYRACUSAIN.

> Χρυσέας ὑποστάσαντες εὐ-
> τειχεῖ προθύρῳ θαλάμου
> Κίονας, ὡς ὅτε θαητὸν μέγαρον,
> Πάξομεν. Ἀρχομένου δ' ἔργου πρόσωπον
> Χρὴ θέμεν τηλαυγές.

Comme quand on bâtit quelque beau logis, on embellit le vestibule de colonnes dorées : ainsi, quand on commence un ouvrage, il y faut donner une face éclatante.

> Τίνα κεν φύγοι ὕμνον
> Κεῖνος ἀνήρ, ἐπικύρσας ἀφθόνων,
> Ἀστῶν ἐν ἱμερταῖς ἀοιδαῖς;

Parce que d'ordinaire les habitants d'une même ville sont envieux l'un contre l'autre.

> Ἀκίνδυνοι δ' ἀρεταὶ
> Οὔτε παρ' ἀνδράσιν, οὔτ' ἐν ναυσὶ κοίλαις
> Τίμιαι. Πολλοὶ δὲ μέ-
> μνανταί, καλὸν εἴ τι ποναθῇ.

C'est ce qu'Hésiode dit aussi :

« Τῆς δ' ἀρετῆς ἱδρῶτα Θεοὶ προπάροιθεν ἔθηκαν. »

> Ποθέω στρατιᾶς
> Ὀφθαλμὸν ἐμᾶς, ἀμφότερον,
> Μάντιν τ' ἀγαθόν,
> Καὶ δουρὶ μάρνασθαι...

Il fait dire cela à Adraste, lorsqu'il perdit Amphiaraüs, Thébain, que la terre engloutit avec son char, lorsqu'il alloit être tué avec ses compagnons.

>   Ἄ τοι, Ποσειδάονι μι-
> χθεῖσα Κρονίῳ, λέγεται
> Παῖδ' ἰοπλόκαμον Εὐάδναν τεκέμεν,
> Κρύψαί δε παρθενίαν ὠδῖνα κόλποις.

Il parle de Pitané, fille d'Eurotas, d'où est venue la race d'Agésias; car Pitané eut Évadné, de laquelle Apollon eut Iamos, qui fut le premier de cette race. Tous ceux qui naissoient d'une mère avant qu'elle fût mariée s'appeloient παρθένιοι.

> Ὑπ' Ἀπόλλωνι γλυκεί-
> ας πρῶτον ἔψαυσ' Ἀφροδίτας.

Il parle d'Évadné, qui fut connue par Apollon.

> Ἐν θυμῷ πιέσας
> Χόλον οὐ φατὸν ὀ-
> ξείᾳ μελέτᾳ.

Il parle d'Æpitus, roi de Phésane, en Arcadie, qui retira chez lui Évadné, encore enfant. Il étoit donc fort en colère, la voyant grosse. Il alla consulter l'oracle d'Apollon à Delphes, qui lui apprit qu'Apollon étoit celui qui l'avoit engrossée. Et cependant Évadné accoucha d'un enfant sous un buisson.

> Ἁ δὲ φοινικόκροκον
> Ζώναν καταθηκαμένα,
> Κάλπιδά τ' ἀργυρέαν,
> Λόχμας ὑπὸ κυανέας
> Τίκτε θεόφρονα κοῦρον.

Apollon lui rendit Lucine favorable : ainsi elle accoucha d'un enfant : mais la douleur l'ayant forcée de le mettre à terre, deux dragons aux yeux bleus vinrent, et le nourrirent avec grand soin par l'ordre des dieux, lui donnant l'innocent venin des abeilles pour nourriture. Cependant le roi, étant revenu de Delphes, demanda où étoit l'enfant d'Évadné et d'Apollon, lequel devoit être un grand prophète, lui et sa race : personne n'en savoit rien.

> Ἀλλ' ἐγ-
> κέκρυπτο γὰρ σχοίνῳ βατίᾳ τ' ἐν ἀπει-
> ράτῳ, ἴων ξανθαῖσι καὶ παμπορφύροις
> Ἀκτῖσι βεβρεγμένος ἁβρὸν
> Σῶμα.

De là vient que sa mère le nomma Iamos.

> Τερπνᾶς δ' ἐπεὶ
> Χρυσοστεφάνοιο λάβεν
> Καρπὸν ἥβας.

Il appelle la jeunesse couronnée d'or, ou à cause sans doute que c'est le plus bel âge de la vie, ou à cause que les cheveux sont blonds et ne blanchissent pas encore.

> Τιμῶντες δ' ἀρετὰς,
> Ἐς φανερὰν ὁδὸν ἔρχονται. Τεκμαίρει
> Χρῆμ' ἕκαστον. Μῶμος δ' ἐξ
> Ἄλλων κρέμαται φθονεόντων.

Chaque action témoigne de la vertu d'un homme, et les hommes qui sont vertueux marchent par un chemin découvert, ou parce que la vertu ne se cache point, ou à cause qu'elle est glorieuse.

> Ἐσσὶ γὰρ ἄγγελος ὀρθὸς,
> Ἠϋκόμων σκυτάλα Μοισᾶν, γλυκὺς
> Κρητὴρ ἀγαφθέγκτον ἀοιδᾶν.

Il parle à un musicien, qu'il appelle l'ambassadeur des Muses.

REMARQUES

Ἀδύλογοι
Δέ μιν λύραι μολπαί τε γινώσκοντι. Μὴ
Θραύσοι χρόνος ὄλβον ἐφέρπων.

Il loue Hiéron, qu'il dit être connu des lyres et des chansons.

Ἀγαθαὶ δε πέλον-
τ' ἐν χειμερίᾳ νυκτὶ θοᾶς
Ἐκ ναὸς ἀπε-
σκίμφθαι δύ' ἄγκυραι.

Il dit allégoriquement qu'il est bon dans une tempête d'avoir deux ancres pour assurer un vaisseau ; aussi il est bon à Agésias d'être citoyen de deux villes, de Syracuses, et dans l'Arcadie.

ODE VII.

A DIAGORAS,

Πύκτῃ, VAINQUEUR AU COMBAT DE MAIN

Il commence par une belle comparaison qu'il fait d'une coupe pleine de vin à un poëme qu'il appelle le nectar des Muses.

Φιάλαν ὡς εἴ τις ἀ-
φνειᾶς ἀπὸ χειρὸς ἑλών,
Ἔνδον ἀμπέλου καχλάζοι-
σαν δρόσῳ δωρήσεται
Νεανίᾳ γαμβρῷ προπίνων
Οἴκοθεν οἴκαδε, πάγ-
χρυσον, κορυφὰν κτεάνων,
Συμποσίου τε χάριν, κᾶδός τε τιμά-
σας ἑόν, ἐν δέ φίλων
Παρεόντων, θῆκέ μιν ζα-
λωτὸν ὁμόφρονος εὐνᾶς·
Καὶ ἐγὼ νέκταρ χυτὸν,
Μοισᾶν δόσιν, ἀθλοφόροις
Ἀνδράσιν πέμπων, γλυκὺν καρ-
πὸν φρενός γ' ἱλάσκομαι.

Tout de même qu'un homme riche, prenant à la main une coupe pleine de vin, la porte à son gendre, et lui donne le plus précieux de ses meubles, tant pour l'honneur du festin que pour honorer son alliance, et le fait estimer heureux de ses amis pour l'amitié qui est entre le gendre et le beau-père : aussi je porte maintenant un nectar tout pur, lequel est un don des Muses, et le doux fruit de mon esprit, afin de réjouir nos vainqueurs.

> Ὁ δ' ὄλβιος, ὃν
> Φᾶμαι κατέχοντ' ἀγαθαί,
> Ἄλλοτε δ' ἄλλον ἐποπτεύει Χάρις ζω-
> θάλμιος, ἀδυμελεῖ
> Θ' ἅμα μὲν φόρμιγγι, παμφω-
> νοισί τ' ἐν ἔντεσιν αὐλῶν.

Celui-là est heureux qui est en bonne réputation ; mais il y en a peu qui soient honorés et loués par la poésie, laquelle immortalise les hommes et leur donne une vie florissante. Il y en a qui entendent ce mot de Χάρις pour la Fortune.

> Ὑμνέων παῖδ' Ἀφροδίτας,
> Ἀελίοιό τε, νύμφαν
> Ῥόδον.

Il est ordinaire à Pindare de donner aux villes le nom des nymphes qui ont été appelées comme elles, et d'en faire des divinités.

> Ἁδόντα Δίκᾳ.

Un homme qui plaisoit à la justice, c'est-à-dire un homme juste.

> Ἀμφὶ δ' ἀνθρώ-
> πων φρεσὶν ἀμπλακίαι
> Ἀναρίθμητοι κρέμανται·
> Τοῦτο δ' ἀμήχανον εὑρεῖν,
> Ὅ τι νῦν καὶ ἐν τελευ-
> τᾷ φέρτατον ἀνδρὶ τυχεῖν.

Il dit cela à cause que Tlépolémus, aïeul de Diagoras, avoit tué le frère de sa mère : en suite de quoi l'oracle lui ordonna de quitter son pays, et de venir à Rhode, où il régna heureusement.

>   Αἱ δὲ φρενῶν ταραχαὶ
>   Παρέπλαξαν καὶ σοφον.

Ainsi la colère avoit emporté Tlépolémus.

>   Ἔνθα ποτὲ
>   Βρέχε Θεῶν Βασιλεὺς ὁ μέγας
>   Χρυσαῖς νιφάδεσσι πόλιν.

Ainsi Homère a dit de la même ville de Rhode :

> « Καὶ σφι θεσπέσιον πλοῦτον κατέχευε Κρονίων. »

Ensuite il décrit tout à fait bien la naissance de Pallas. Lorsque Vulcain, dit[-il], avec une hache d'airain fit sortir Minerve de la tête de Jupiter :

>   Πατέρος Ἀθαναία κορυφὰν κατ' ἄκραν
>   Ἀνοροῦσασ' ἀλάλα-
>   ξεν ὑπερμάκει βοᾷ·
>   Οὐρανὸς δ' ἔφριξέ νιν καὶ Γαῖα μάτηρ.

Alors le Soleil, φαυσίβροτος, commanda aux Rhodiens de bâtir en l'honneur de Pallas ; et le vénérable Prométhée, c'est-à-dire la Providence, y mit les vertus et la joie. La vénération qu'on a pour les dieux en prévoyant le bien et le mal qu'ils nous peuvent faire produit dans les cœurs la vertu et la joie; mais ils oublièrent de porter du feu pour le sacrifice, et firent des sacrifices sans feu. Le commentaire ne dit point à quelle cause Pindare dit cela.

Jupiter leur versa donc une pluie d'or :

Κείνοισι μὲν ξαν-
θὰν ἄγαγὼν νεφέλαν,
Πολὺν ὗσε χρυσόν.

Et Pallas leur donna l'art d'exceller par-dessus tous les autres hommes dans les ouvrages des mains ἀριστοπόνοις χερσί; car on eût vu dans leurs rues des statues qui sembloient être animées.

Ἔργα δὲ ζωοῖσιν ἑρπόγ-
τεσσί θ' ὁμοῖα κέλευθοι
Φέρον· ἦν δὲ κλέος
Βαθύ.

En effet, les Rhodiens ont inventé l'art de la sculpture. Quelques-uns croient que ç'a été Dédale. Pindare parle peut-être ici des statues qu'on faisoit marcher, et dont il est parlé dans Platon, ce me semble, *in Conv.*

. . . . . . Δαέντι δὲ καὶ σοφία
Μείζων ἄδολος τελέθει.

Quelque adroit que soit un homme, néanmoins il est toujours beaucoup plus habile quand il est instruit, et est moins sujet à manquer : comme les Rhodiens, qui étoient naturellement adroits, furent encore instruits par Minerve.

Φαντὶ δ' ἀνθρώπων παλαιαὶ
Ῥήσιες.

C'est-à-dire les poëtes, sans doute, qui étoient les historiens de ce temps. Et en effet c'est une fable qu'il rapporte pour montrer la raison pour laquelle Rhodes est consacrée au Soleil. Rhodes, dit-il, étoit au fond de la mer, et ne paroissoit pas encore, lorsque les dieux firent le partage de la terre entre eux ; mais le Soleil étant absent, personne ne se souvint de lui, et ils laissèrent ce dieu pur et chaste sans aucune ville.

Il appelle le Soleil ἁγνὸν θεόν, parce qu'il purifie tout de ses rayons. A son retour, Jupiter vouloit recommencer les partages, mais le Soleil ne voulut pas, et dit qu'il voyoit au fond de la mer une fort belle île, et qu'il la prenoit pour lui. Il commanda donc à la parque Lachésis de confirmer les partages, et aux dieux de jurer qu'ils ne les violeroient point, mais que cette ville lui seroit éternellement consacrée : ce qui fut fait ; et cette île sortit de la mer toute fertile, et le Soleil la prit pour lui.

Ἔχει τέ μιν ὀ-
ξειᾶν ὁ γενέθλιος ἀκτίνων πατήρ,
Πῦρ πνεόντων ἀρχὸς ἵππων.

Et là, c'est-à-dire dans cette île, ayant couché avec une nymphe du même nom, il en eut sept enfants fort sages et de bon esprit, dont l'un eut trois enfants, lesquels ayant habité cette île donnèrent leurs noms aux lieux où ils habitèrent. C'est là qu'on fait des jeux en l'honneur de Tlépolémus, qui accompagna les Rhodiens au siége de Troie, où il mourut ; et Diagoras, dit-il, y a été couronné deux fois, et quatre fois aux jeux Isthmiens, deux fois à Némée et à Athènes. Le fer, c'est-à-dire la lance, qui est le prix des jeux d'Argos, le connoît bien. Cette expression est belle et hardie. Il est connu en Arcadie, à Thèbes et en Béoce, à Ægine et à Pellane, où il a vaincu six fois ; et la pierre où l'on écrit le nom des vainqueurs, à Mégare, ne connoît que lui. Après avoir compté toutes ses victoires, il invoque Jupiter, afin qu'il rende Diagoras aimé de ses citoyens et des étrangers.

Ἐπεὶ ὕβριος ἐχθρὰν
Ὁδὸν εὐθυπορεῖ,
Σάφα δαεὶς, ἅτε οἱ πατέρων

Ὀρθαὶ φρένες ἐξ ἀγαθῶν
Ἔχραον.

C'est-à-dire qu'il a appris de ses pères à révérer les dieux. Sa ville, dit-il, a souvent été en réjouissances pour les victoires qu'il a acquises.

Ἔχει
Θαλίας καὶ πόλις. Ἐν
Δὲ μιᾷ μοίρᾳ χρόνου
Ἄλλοτ' ἀλλοῖαι διαιθύσσουσιν αὖραι.

En un moment les vents changent, et les choses prennent toute une autre face ; car Diagoras, qui, peu de temps auparavant, avoit eu de l'affliction, se voit maintenant glorieux ; ou bien, en un sens contraire. C'est sans doute ce Diagoras dont parle Gellius, qui eut trois enfants, excellents en trois différentes luttes, qu'il vit vaincre tous trois en un même jour aux jeux Olympiques ; et comme ses enfants, ayant mis leur couronne sur sa tête, le baisoient en présence de tout le peuple, il expira entre leurs mains. Cicéron en parle aussi au premier livre des *Tusculanes*.

ODE VIII.

A ALCIMÉDON et TIMOSTHÈNE, athlètes, et MILÉSIAS, maître des athlètes.

Ἄλλα δ' ἐπ' ἄλλον ἔβαν
Ἀγαθῶν· πολλαὶ δ' ὁδοὶ
Σὺν Θεοῖς εὐπραγίας.

Les uns sont heureux en une chose, les autres en une autre, et il y a plusieurs chemins pour devenir heureux quand on a les dieux favorables. Il dit cela parce que l'un avoit vaincu aux jeux Olympiques, et l'autre aux Néméens, comme il ajoute.

Ἦν δ' ἐσορᾶν καλός· ἔργῳ
Τ' οὐ κατ' εἶδος ἐλέγχων.

Il parle d'Alcimédon, qui étoit beau à voir, et qui ne déshonoroit point sa beauté par ses actions. C'est ce qu'Hector reproche à Pâris, au troisième livre de l'*Iliade* :

« Δύσπαρι, εἶδος ἄριστε, γυναιμανές. »

Et il dit un peu après : Les Grecs croient que tu es un homme de conséquence,

« . . . . Οὕνεκα καλόν
Εἶδος ἔπ'· ἀλλ' οὐκ' ἔστι βίη φρεσίν, οὐδέ τις ἀλκή. »

Après il parle d'Égine, où le peuple étoit fort humain aux étrangers : c'étoit le pays d'Alcimédon.

Ἔνθα σώτειρα, Διὸς Ξένιου,
Πάρεδρος, ἀσκεῖται Θέμις,
Ἔξοχ' ἀνθρώπων. Ὅ τι γὰρ
Πολὺ, καὶ πολλὰ ῥέπει,
Ὀρθᾷ διακρίνειν φρενὶ μὴ παρὰ καιρὸν
Δυσπαλές.

Il dit que la Justice, laquelle est comme l'assistante et la conseillère de Jupiter l'Hospitalier, est révérée là plus que partout ailleurs ; car ce n'est pas, dit-il, une chose aisée de garder l'équité et la mesure dans une si grande foule de gens, en parlant du peuple de cette ville ou des étrangers qui y abordoient, voulant dire qu'il est bien difficile, parmi tant d'étrangers, de les contenter tous, et de recevoir chacun selon son mérite. Et il ajoute après :

Τεθμὸς δέ τις ἀθανάτων
Καὶ τάνδ' ἁλιερκέα χώραν
Παντοδαποῖσιν ὑπέστασε ξείνοις
Κίονα δαιμονίαν.

Ç'a été un arrêt des dieux que ce pays fût tout environné de la mer, afin que ce fût le refuge et comme la colonne de tous les étrangers, de quelque pays qu'ils fussent. Puissent-ils jamais ne se lasser d'une si belle pratique !

> Ὁ δ' ἐπαντέλλων χρόνος
> Τοῦτο πράσσων μὴ κάμοι·
> . . . .
> Τερπνὸν δ' ἐν ἀνθρώποις ἴσον ἔσσεται οὐδέν.

Il n'y a rien qui plaise également à tout le monde. Les uns aiment une chose, les autres une autre. Si on loue deux personnes également, il y en aura quelqu'un de jaloux. Aussi, si je loue Milésias, je crains, dit-il,

> Μὴ βαλέτω με λίθῳ τραχεῖ φθόνος,

je crains que l'envie ne me jette des pierres.

> Κουφότεραι γὰρ ἀπειράτων φρένες.

Les gens sans expérience sont d'ordinaire foibles et légers d'esprit. Il dit cela au sujet de Milésias, qui étoit le maître de ces deux jeunes athlètes, et qui lui-même avoit souvent combattu. Celui, dit-il, qui sait les choses par expérience est plus capable de montrer aux autres :

> Διδάξασθαι δέ τοι,
> Εἰδότι ῥᾴτερον. Ἀγνω-
> μον δὲ τὸ μὴ προμαθεῖν.

C'est une chose ridicule d'enseigner sans avoir appris ; mais celui-ci peut enseigner beaucoup mieux que personne comment il faut vaincre ; et on peut dire qu'il a vaincu en Alcimédon, puisque la gloire du disciple rejaillit sur le maître ; cet Alcimédon, qui a vaincu quatre jeunes hommes, et qui les a fait retourner avec honte et n'osant pas seulement ouvrir la bouche, mais se tenant clos et couverts, et cherchant des chemins détournés, comme font les vaincus.

> Ὃς τύχᾳ μὲν δαίμονος, ἀ-
> νορέας δ' οὐκ ἀμπλακών,
> Ἐν τέτρασι παίδων ἀπεθήκατο γυίοις
> Νόστον ἔχθιστον, καὶ ἀτιμοτέραν
> Γλῶτταν, καὶ ἐπίκρυφον οἶμον.

Il étoit, dit-il, favorisé des dieux; mais il n'étoit pas privé de force et de courage.

Sa victoire a donné à son père une joie de père, et une nouvelle force pour résister à la vieillesse :

> Πατρὶ δὲ πατρὸς ἐνέπνευσεν μένος
> Γήραος ἀντίπαλον.
> Ἀΐδα τοι λάθεται,
> Ἅρμενα πράξας ἀνήρ.

Il revient à Alcimédon. Un homme, dit-il, qui fait de belles actions ne songe point à la mort, et ne s'en soucie point. Cela me fait souvenir des Blepsiades, ses ancêtres, dont il faut que je recueille la mémoire; car voilà la sixième victoire qui est entrée dans leur famille; et cela les rendra encore plus glorieux.

> Ἔστι δὲ καί τι θανόντεσσιν μέρος
> Καννόμον ἐρδόμενον.

Les morts ont aussi leur légitime, c'est-à-dire la gloire qui les suit après leur mort.

> Κατακρύπτει δ' οὐ κόνις
> Συγγόνων κεδνὰν χάριν.

La terre qui les couvre n'empêche pas qu'ils ne prennent part à la gloire de leurs descendants. Ainsi, lorsque Iphion, un des ancêtres d'Alcimédon, apprendra sa vic-

SUR LES OLYMPIQUES DE PINDARE.

toire de la Renommée ou de l'Ambassade, fille de Mercure, car il en fait un personnage,

Ἑρμᾶ δὲ θυγατρὸς ἀκούσας Ἰφίων
Ἀγγελίας,

il contera cette nouvelle à Callimachus, un autre de ses ayeuls. Cependant je prie les dieux de le conserver en santé, et que la déesse Némésis ne s'oppose point à sa félicité.

ODE IX.

A ÉPHARMOSTUS.

Il appelle les Muses ἑκαταβόλους, parce que leurs chansons s'étendent fort loin ; Δία τε φοινικοστερόπαν, Jupiter aux rouges éclairs.

Οὔ-
τοι χαμαιπετέων λόγων ἐφάψῃ
Ἀνδρὸς ἀμφὶ παλαίσμασι
Φόρμιγγ' ἑλελίζων.

Il ne faut pas se servir de discours bas et rampants en chantant les victoires d'Épharmostus, citoyen d'Oponte, capitale des Locres.

Ἐγὼ δέ τοι φίλαν πόλιν
Μαλεραῖς ἐπιφλέγων ἀοιδαῖς,
Καὶ ἀγάνορος ἵππου θᾶσσον
Καὶ ναὸς ὑποπτέρου παντᾶ
Ἀγγελίαν πέμψω ταύταν,
Εἰ σύν τινι μοιριδίῳ παλάμᾳ
Ἐξαιρέτων Χαρίτων νέμομαι
Κᾶπον· κεῖναι γὰρ ὤπασαν
Τὰ τέρπν'. Ἀγαθοὶ δὲ
Καὶ σοφοὶ κατὰ δαίμον' ἄνδρες
Ἐγένοντο.

Pour l'honneur de cette ville, et pour la faire éclater par mes chansons illustres, je veux répandre partout la victoire d'Épharmostus, et en faire voler la nouvelle plus vite qu'un cheval léger, ou qu'un navire ailé, pourvu que je sois assisté des Grâces; car les grands hommes sont tels par le secours des dieux. Autrement Hercule auroit-il pu résister tout seul contre trois dieux, contre le trident de Neptune, l'arc d'Apollon et la verge de Pluton?

Οὐδ' Ἀΐδας ἀκι-
νήταν ἔχε ῥάβδον,
Βρότεα σώμαθ' ᾇ κατάγει
Κοίλαν πρὸς ἀγυιὰν
Θνασκόντων.

Dans la rue ténébreuse, c'est-à-dire dans la sombre demeure des morts.

Ἀπό μοι λόγον
Τοῦτον, στόμα, ῥίψον.

Pindare se repend d'avoir parlé de ces dissensions des dieux, comme d'une chose qui leur est injurieuse.

Ἐπεὶ τόγε λοιδορῆσαι
Θεοὺς, ἐχθρά σοφία· καὶ
Τὸ καυχᾶσται παρὰ καιρὸν
Μανίαισιν ὑποκρέκει.

C'est une mauvaise sagesse de mal parler des dieux, et c'est une espèce de fureur de faire gloire de cette impiété. Ὑποκρέκει veut dire *approche*, comme quand on accorde un instrument on cherche le son de l'oreille, et on approche du vrai ton. Cet endroit est beau contre ceux qui font les esprits forts.

Μὴ νῦν λαλάγει τὰ τοι-
αῦτ'. Ἔα πόλεμον, μάχαν τε πᾶσαν,
Χωρὶς Ἀθανάτων.

Il faut laisser là les dissensions des dieux; ou plutôt : il ne faut point admettre de dissension entre les dieux. Il faut plutôt faire l'éloge d'Oponte, ville ancienne, où Deucalion et Pyrrha s'établirent lorsque le déluge fut passé.

>   Ἄτερ
> Δ' εὐνᾶς ὁμόδαμον
> Κτισάσθαν λίθινον γόνον·
> Λαοὶ δ' ὀνόμασθεν.

Mais il quitte ce sujet comme trop commun, pour en traiter un autre.

>   Αἴνει δὲ παλαιον
> Μὲν οἶνον, ἄνθεα δ' ὕμνων
> Νεωτέρων.

C'est ce que dit Homère au premier livre de l'*Odyssée*. Il décrit donc la généalogie de la ville d'Oponte, qui venoit d'une fille de Jupiter; car Jupiter enleva Protogénée, femme de Locrus, et lui fit un enfant, de peur que Locrus ne mourût sans enfant. Cette charité de Jupiter est fort plaisante.

>   Μὴ καθέλοι μιν αἰ-
> ὼν, πότμον ἐφάψας,
> Ὀρφανὸν γενεᾶς. Ἔχε
> Δὲ σπέρμα μέγιστον
> Ἄλοχος.

Jupiter la ramena à son mari, lequel, croyant que c'étoit son enfant, l'appela du nom de son grand-père maternel, Opuns, fils de Deucalion.

>   Ὑπέρφαντον ἄνδρα μορφᾷ
> Τε καὶ ἔργοισι.

Cet enfant fut un homme extraordinaire pour sa beauté et pour ses actions. Il habita la ville d'Oponte, et force étrangers se rangèrent auprès de lui; mais il honora surtout Ménœtius, père de Patrocle. Pindare fait cette digression pour embellir son sujet, qui seroit trop stérile d'ailleurs ; et il parle de la valeur de Patrocle, qu'il montra contre les Mysiens, leur résistant seul avec Achille. Depuis ce temps-là, Achille l'aima et lui commanda de ne se mettre jamais en bataille qu'auprès de lui. Patrocle étoit citoyen d'Oponte.

> Ἐξ οὗ Θέτιος γό-
> νος οὐλίῳ μιν ἐν ἄρει
> Παραγορεῖτο, μήποτε
> Σφετέρας ἄτερθε ταξιοῦσθαι
> Δαμασιμβρότου αἰχμᾶς.

Achille lui dit ces paroles dans Homère :

> « Μὴ σύγ' ἄνευθεν ἐμεῖο λιλαίεσθαι πολεμίζειν
> Τρωσὶ φιλοπτολέμοισιν· ἀτιμότερον δέ με θήσῃς. »

Il souhaite une grande éloquence pour dignement louer les victoires d'Épharmostus.

> Εἴην
> Εὑρησιεπὴς ἀναγεῖσθαι
> Προσφόρος ἐν Μοισᾶν δίφρῳ·
> Τόλμα δὲ καὶ ἀμφιλαφὴς δύναμις
> Ἕσποιτο.

Plût à Dieu que je pusse inventer de belles paroles pour chanter dans le chariot des Muses, c'est-à-dire au style des Muses, qui marche comme dans un char roulant, au lieu que la prose marche à pied ; et que la hardiesse me suivît avec l'abondance et la fécondité ! car l'un ne suffit pas sans l'autre.

Il parle des diverses victoires qu'il a remportées comme garçon et comme homme.

> Ἄργει τ' ἔσχεθε κῦδος ἀν-
> δρῶν. παῖς δ' ἐν Ἀθάναις.

SUR LES OLYMPIQUES DE PINDARE.

. . . .
Ὡραῖος ἐὼν καὶ
Καλὸς, κάλλιστά τε ῥέξας.

Étant beau garçon et ayant fait de fort belles choses. Il parle de ses autres victoires, et conclut ainsi :

Τὸ δὲ φυᾷ κράτιστον ἅπαν.
Πολλοὶ δὲ διδακταῖς
Ἀνθρώπων ἀρεταῖς κλέος
Ὤρουσαν ἑλέσθαι.
Ἄνευ δὲ Θεοῦ, σεσιγα-
μένον γ' οὐ σκαιότερον χρῆ-
μ' ἕκαστον.

Tous les commentateurs sont fort empêchés de dire le sens de ces deux derniers vers, qui sont en effet fort obscurs. Il dit donc que ce qui est naturel est toujours le meilleur. Plusieurs ont voulu acquérir de la gloire par des qualités qu'ils avoient apprises ou empruntées de l'art; mais les choses qui se font autrement que par la nature (car Dieu ne veut dire autre chose que la nature) doivent plutôt être ensevelies dans le silence que publiées. Cela se doit appliquer à toutes sortes de sciences, soit à la poésie, soit aux jeux, et ainsi du reste. C'est pourquoi il ajoute que chacun doit s'appliquer aux choses où il a plus de disposition naturelle.

Ἐντὶ γὰρ ἄλλαι
Ὁδῶν ὁδοὶ περαίτεραι.
Μία δ' οὐχ' ἅπαντας ἄμμε θρέψει
Μελέτα. Σοφίαι μὲν αἰπει-
ναί.

La sagesse est difficile à obtenir; je crois qu'il entend la perfection : il y a plusieurs sciences différentes, mais il est difficile d'y être parfait. Il conclut en s'exhortant lui-même : puis donc que tu as ce don-là, c'est-à-dire que tu es naturellement savant et bon poëte, loue hardiment Épharmostus, publie que c'est un homme héroïque,

> Εὔχειρα, δεξιόγυιον, ὁρῶν-
> τ' ἀλκάν.

C'est-à-dire qui porte sa générosité empreinte dans ses yeux, qui a les yeux guerriers et courageux.

ODE X.

A AGÉSIDAMUS,

JEUNE GARÇON LOCRIEN DE LA PROVINCE DES ÉPIZÉPHYRIENS, LUTTEUR

Car les Locres étoient divisés en trois provinces, les Épizéphyriens, qui confinoient avec l'Italie; les Ozoles avec l'Étolie; et les Épicnémides avec l'Eubœe. Il commence cette ode par un ressouvenir. Il avoit promis à Agésidamus de faire une ode pour lui, et l'avoit oublié. Il lui en veut payer l'usure, et c'est pourquoi il accompagne cette ode d'une autre petite.

Muses, dit-il, montrez-moi en quel endroit de mon esprit j'ai laissé Agésidamus, car j'ai oublié que je lui devois un poëme; et toi, Vérité, fille de Jupiter, garantis-moi du blâme d'avoir manqué de parole à un ami.

> Ἀλλὰ σὺ καὶ θυγάτηρ
> Ἀλάθεια Διὸς,
> Ὀρθᾷ χερὶ ἐρύκετον ψευδέων
> Ἐνιπὰν ἀλιτόξενον.

Il est vrai que j'ai été longtemps sans m'acquitter; mais je me mettrai à couvert en payant l'intérêt. Je veux donc absorber cette dette, et composer un hymne en sa faveur et en celle de son pays : c'est ce que veut dire le mot de κοινόν; car la ville des Zéphyriens aime la vérité, et ils sont affectionnés aux Muses et à la guerre :

Μέλει τέ σφίσι Καλλιόπα
Καὶ χάλκεος Ἄρης.

Hercule a bien été mis en fuite en se battant contre Cycnus, fils de Mercure, qui tuoit tous les passants, et de leurs têtes vouloit bâtir un temple; et si Agésidamus[1]..., il faut qu'il en rende grâce à Iolas, son maître d'exercice, comme Patrocle à Achille; car les instructions et les exemples des autres font souvent parvenir au comble de la gloire, pourvu qu'on soit outre cela secouru de Dieu.

Θήξας δέ κε φῶτ' ἀρετᾷ, ποτὶ
Πελώριον ὥρμασε κλέος ἀ-
νὴρ, Θεοῦ σὺν παλάμᾳ.
Ἄπονον δ' ἔλαβον χάρμα παῦροί τινες,
Ἔργων πρὸ πάντων βιότῳ φάος.

Peu de gens acquièrent du bonheur sans peine, et ont fait éclater leur vie et leurs actions. Il raconte l'inimitié d'Hercule avec Augéas, dont il avoit nettoyé l'écurie. Augéas ne lui vouloit point donner sa récompense; mais il fut bien puni.

Καὶ μὰν
Ξεναπάτας Ἐπειῶν βασιλεὺς ὄπιθεν
Οὐ πολλὸν ἴδε πατρίδα πολυκτέανον
Ὑπὸ στερεῷ πυρὶ πλαγαῖς τε σιδάρου
Βαθὺν εἰς ὀχετὸν ἄτας ἵζοισαν ἑὰν πόλιν.

Il vit sa ville réduite dans un abîme de misères; car, ajoute-t-il, il n'est pas aisé de se réconcilier avec des puissances offensées :

Νεῖκος δὲ κρεσσόνων ἀποθέσθ' ἄπορον.

---

1. Il y a une lacune de quelques mots dans le manuscrit.

Hercule tua donc Augée, roi de Pise ou d'Élide; et ayant amassé là toute son armée, il y dédia un temple à Jupiter, son père, et y institua les jeux Olympiques, ayant dressé une grande place, pour ce dessein, sur le bord du fleuve Alphée[1]. A cette première institution les Parques se treuvèrent, et le Temps,

> Ὅ τ' ἐξελέγχων μόνος
> Ἀλάθειαν ἐτήτυμον
> Χρόνος.

C'est-à-dire que le Destin vouloit que ces jeux fussent immortels, et avec lui le Temps, qui l'a appris ensuite aux siècles suivants.

Il fait mention de ceux qui furent victorieux à la première fois; et parce que ces jeux se célébroient au clair de la lune, lorsqu'elle étoit pleine, il dit :

> Ἐν δ' ἕσπερον ἔφλεξεν εὐώπιδος
> Σελάνας ἐρατὸν φάος.

Ou bien, c'est-à-dire seulement que ces jeux-là se célébroient le 15 du mois. En suite des jeux, tout le temple retentissoit d'applaudissements; et suivant cette coutume, nous faisons des hymnes en l'honneur de Jupiter Foudroyant. Et les vers qui ont été inventés à Thèbes bien du temps après, c'est-à-dire les vers lyriques, accompagnent, ou répondent à la flûte; et ces vers ne sont pas moins agréables au vainqueur qu'un fils légitime l'est à son père vieux et mourant. Cette comparaison est fort bien exprimée.

> Ἀλλ' ὥστε παῖς ἐξ ἀλόχου πατρὶ
> Ποθεινὸς[2] ἥκοντι νεότατι
> Τὸ πάλιν ἤδη, μάλα δέ τοι θερ-

---

1. Ce lieu fut aussi nommé Δωδεκάθεος, à cause des douze dieux principaux. (*Note de Racine.*)

2. Qui redevient enfant. (*Note de Racine.*)

μαίνει φιλότατι νόον·
Ἐπεὶ πλοῦτος ὁ λα-
χὼν ποιμένα ἐπακτὸν ἀλλότριον,
Θνάσκοντι στυγερώτατος.

Car il n'y a rien de plus fâcheux [pour] qui se meurt, que de laisser son bien en la puissance d'un étranger. Autant est-il déplaisant à un homme qui a fait de belles choses, de mourir sans être honoré de louanges.

Καὶ ὅταν καλὰ ἔρξας, ἀοιδᾶς ἄτερ,
Ἀγησίδαμ' εἰς Ἀΐδα σταθμὸν
Ἀνὴρ ἵκηται, κενεὰ πνεύσας,
Ἔπορε μόχθῳ βραχύ τι τερπνόν.

Ce n'est pas un grand plaisir; mais il n'en va pas de même de vous; car les Muses répandront votre gloire partout.

Τὶν δ' ἀδυεπής τε λύρα
Γλυκύς τ' αὐλὸς ἀνα-
πάσσει χάριν· ἔχοντι δ' εὐρὺ κλέος
Κόραι Πιερίδες Διός.

Et à votre sujet je loue aussi la ville de Locres.

Μέλιτι
Δ' εὐάνορα πόλιν καταβρέχων.

Et vous surtout, Agésidamus, que j'ai vu victorieux,

Ἰδέᾳ τε καλὸν
Ὥρᾳ τε κεκραμένον,

doué de beauté et de jeunesse, laquelle a rendu Ganymède immortel par l'ordre de Vénus,

ἅ τ' ἀναι-
δέα Γανυμήδει τὸν θάνατον ἄ-
λαλκε, σὺν Κυπρογενεῖ.

Il appelle la Mort impudente, parce qu'elle ne respecte personne.

ODE XI.

AU MÊME AGÉSIDAMUS.

ΤΟΚΟΣ, L'INTÉRÊT.

Il commence par une belle comparaison de la poésie avec les vents et la pluie :

> Ἔστιν ἀνθρώποις ἀνέμων ὅτε πλείστα
> Χρῆσις· ἔστιν δ' οὐρανίων ὑδάτων
> Ὀμβρίων, παίδων νεφέλας.
> Εἰ δὲ σὺν πόνῳ τις εὖ πράσσοι, μελιγάρυες ὕμνοι
> Ὑστέρων ἀρχαὶ λόγων τέλλεται,
> Καὶ πιστὸν ὅρκιον μεγάλαις ἀρεταῖς.

Les poëmes sont cause qu'on parle longtemps après des belles actions, et sont un gage fidèle des grandes vertus; et les victoires olympiques sont celles à qui les louanges doivent être moins enviées :

> Ἀφθόνητος δ' αἶνος Ὀλυμπιονίκαις
> Οὗτος ἄγκειται.

C'est moi qui sais donner de telles louanges, et un homme instruit des dieux, comme moi, produit toujours de belles pensées :

> Ἐκ θεοῦ δ' ἀνὴρ σοφαῖς ἀνθεῖ ἐσαεὶ πραπίδεσσιν.

C'est pourquoi je compose cet hymne à votre louange et en l'honneur de votre ville, ô Agésidamus. Puis, adressant son discours [au chœur] des Muses : Vous pouvez hardiment, leur dit-il, aller en cette ville, et vous y réjouir ou y danser; je vous réponds que ses citoyens ne sont pas ennemis des étrangers, ni ignorants des belles choses.

> Ἔνθα συγκωμάξατ'. Ἐγγυάσομαι
> Μή μιν, ὦ Μοῖσαι, φυγόξενον στρατον,
> Μηδ' ἀπείρατον καλῶν,
> Ἀκρόσοφον δὲ καὶ αἰχματὰν ἀφίξεσθαι. Τὸ γὰρ
> Ἐμφυὲς οὔτ' αἴθων ἀλώπηξ
> Οὔτ' ἐρίβρομοι λέοντες
> Διαλλάξαιντο ἦθος.

Il appelle le renard αἴθων, ou à cause qu'il est vif, ou plutôt à cause qu'il est roux. Il dit que le renard ne quitte point sa finesse, et le lion son courage, parce qu'il a loué ce peuple d'être adroit et d'être courageux.

ODE XII.

A ERGOTÉLÈS D'HIMÈRE, ville de Sicile,

VAINQUEUR A LA LONGUE COURSE

Il invoque la Fortune, qu'il appelle fille de Jupiter Libérateur, afin qu'elle prenne sous sa protection la ville d'Himère.

> Τὶν γὰρ ἐν πόντῳ κυβερνῶνται θοαὶ
> Νᾶες, ἐν χέρσῳ τε λαιψηροὶ πόλεμοι,
> Κἀγοραὶ βουλαφόροι· αἵ γε μὲν ἀνδρῶν
> Πόλλ' ἄνω, τὰ δ' αὖ κάτω
> Ψεύδη μεταμώνια τέμνοι-
> σαι, κυλίνδοντ' ἐλπίδες.

Il compare nos espérances aux navires qui coupent des apparences trompeuses comme des flots, tantôt en haut et tantôt en bas; et cette comparaison est parfaitement bien exprimée.

> Σύμβολον δ' οὔπω τις ἐπιχθονίων
> Πιστόν, ἀμφὶ πράξιος ἐσ-
> σομένας, εὗρεν θεόθεν.
> Τῶν δὲ μελλόντων τετύφλωνται φράδαι.

C'est ce qu'Horace a rendu en ces paroles, liv. III, ode XXIX :

Prudens futuri temporis exitum
Caliginosa nocte premit Deus;
Ridetque si mortalis ultra
Fas trepidat...

Pindare poursuit cette matière et ajoute :

Πολλὰ δ' ἀνθρώποις παρὰ γνώμαν ἔπεσεν,
Ἔμπαλιν μὲν τέρψιος. Οἱ δ' ἀνιαραῖς
Ἀντικύρσαντες ζάλαις,
Ἐσλὸν βαθὺ πήματος ἐν μι-
κρῷ πεδάμειψαν χρόνῳ.

Horace, liv. I, ode XXXIV :

. . . *Valet ima summis*
Mutare, et insignem attenuat Deus,
Obscura promens. Hinc apicem rapax
Fortuna cum stridore acuto
Sustulit; hic posuisse gaudet.

Pindare dit tout cela au sujet d'Ergotélès, qui, ayant été banni de Candie, son pays, durant des troubles, s'étoit venu habituer à Himère, et avoit remporté le prix des jeux Olympiques. Aussi il ajoute, en s'adressant à lui, que s'il fût demeuré toujours en son logis, comme un coq qui ne se bat que sur son fumier, il n'auroit rien fait d'illustre, et la gloire de ses pieds, c'est-à-dire sa vitesse, se fût flétrie.

Υἱὲ Φιλάνορος, ἤτοι καὶ τεά κεν,
Ἐνδομάχας ἅτ' ἀλέκτωρ,
Συγγόνῳ παρ' ἑστίᾳ
Ἀκλεὴς τιμὰ κατεφυλλορόησε ποδῶν,
Εἰ μὴ στάσις ἀντιάνειρα
Κνωσίας ἄμερσε πάτρας.

Au lieu qu'à présent, ayant vaincu aux jeux Olympiques et aux autres jeux, vous avez honoré Himère, où sont les bains des Nymphes, et y vivez comme en votre propre pays.

ODE XIII.

A XÉNOPHON CORINTHIEN,

VAINQUEUR A LA COURSE DU CHARIOT ET AUX CINQ JEUX

Il appelle Corinthe ἀγλαόκουρον, c'est-à-dire pleine de belles filles ou de beaux garçons; il dit que la police y règne.

>Ἐν τᾷδε δ' Εὐνομία ναίει, κασίγνη-
>ταί τε, βάθρον πολίων
>Ἀσφαλὴς Δίκα, καὶ ὁμό-
>τροπος Εἰράνα, ταμίαι
>Ἀνδράσι πλούτου, χρύσεαι
>Παῖδες εὐβούλου Θέμιτος.
>Ἐθέλοντι δ' ἀλέξειν Ὕβριν, Κόρου
>Ματέρα θρασύμυθον.

Ce n'est pas l'Insolence qui est mère de la Saturité, mais la Saturité qui est mère de l'Insolence.

Homère :

>Τίκτει τοι Κόρος Ὕβριν, ὅταν κακῷ ὄλβος ἕποιτο.

C'est-à-dire que ces deux filles de Thémis, la Justice et la Paix, bannissent l'Insolence, mère ou plutôt fille de la Saturité.

>Ἄμαχον δὲ κρύψαι τὸ συγγενὲς ἦθος.

Il dit cela au sujet des Corinthiens qui ne démentoient point leur bon naturel, ou il s'entend lui-même, disant que c'est son bon naturel de louer les excellents hommes.

>Πολλὰ δ' ἐν
>Καρδίαις ἀνδρῶν ἔβαλον

>   Ὧραι πολυάνθεμοι ἀρ-
> χαῖα σοφίσμαθ'. Ἅπαν δ' εὑρόντος ἔργον.

Le temps a mis au jour beaucoup de belles inventions des anciens ; mais quoiqu'elles soient maintenant communes, toutefois la gloire en appartient aux inventeurs. Les Corinthiens avoient trouvé les poids, les mesures, et beaucoup d'autres choses. Pindare dit ici que ce sont eux qui ont inventé les danses en rond, qu'il appelle dithyrambes. Il dit qu'ils ont aussi trouvé l'art de brider les chevaux et de les conduire, et d'avoir mis les premiers un double aigle dans les temples des dieux. Il dit aussi que les sciences et l'art militaire y fleurissent :

>   Ἐν δὲ Μοῖσ' ἁδύπνοος,
> Ἐν δ' Ἄρης ἀνθεῖ νέων
> Οὐλίαις αἰχμαῖσιν ἀνδρῶν.

Il invoque Jupiter, afin qu'il soit favorable à ses hymnes et aux louanges de Xénophon, lequel a vaincu et a remporté les cinq prix : ce qui n'étoit jamais arrivé à un homme seul.

>   Οὐκ
> Ἀντεβόλησεν τῶν ἀνὴρ
> Θνατὸς οὔπω τις πρότερον.

Il raconte le grand nombre de ses autres victoires, et dit à la fin qu'il est aussi malaisé de les compter toutes que de compter le gravier de la mer. Cette hyperbole est démesurée. Aussi il ajoute que la médiocrité est une bonne chose, et qu'il est bon de la connoître et de la suivre partout, c'est-à-dire qu'il n'en veut pas dire davantage.

>   Ἕπεται δ' ἐν ἑκάστῳ μέτρον. Νοῆ-
> σαι δὲ καιρὸς ἄριστος.

Il se jette sur les louanges de Corinthe et de ses anciens habitants, comme de Sisyphe, qu'il appelle adroit comme un dieu, de Médée, et de Bellérophon, qui, voulant monter le cheval Pégase, n'en pouvoit venir à bout, jusqu'à ce que Pallas lui en donna en dormant une bride, qu'il appelle φίλτρον ἱππεῖον, laquelle étoit d'or, δαμασίφροονα χρυσόν.

Car les dieux rendent aisé ce qui paroissoit hors d'espérance :

> Πληροῖ δὲ Θεῶν δύναμις καὶ τὰν παρ' ὅρκον
> Καὶ παρὰ ἐλπίδα κού-
> φαν κτίσιν γ'.

En effet, le généreux Bellérophon ayant mis cette bride à la bouche du cheval ailé, il sauta dessus tout armé, et lui faisoit faire la volte ; et il alla dessus faire la guerre aux Amazones, à la Chimère et aux Solymes. Je ne dirai rien de sa mort, et cela sans doute à cause qu'elle n'étoit pas glorieuse pour Bellérophon, qui tomba de dessus le cheval Pégase, et se rompit la cuisse.

Horace dit, ode XI, liv. IV :

> *Terret ambustus Phaeton avaras*
> *Spes ; et exemplum grave præbet ales*
> *Pegasus, terrenum equitem gravatus*
> *Bellerophontem ;*
> *Semper ut te digna sequare...*

Homère décrit bien au long l'histoire de Bellérophon, au sixième livre de l'*Iliade*, en la personne de son petit-fils Glaucus, qui s'alloit battre contre Diomède ; et c'est aussi au sujet de Glaucus que Pindare en parle, disant que Glaucus se glorifioit parmi les Troyens d'être petit-fils de Bellérophon ; et il fait cela pour imiter Homère.

> Τον δ' ἐν Οὐλύμπῳ φάτναι
> Ζηνὸς ἀρχαῖαι δέχονται.

Il parle du cheval Pégase, car il fut changé en astre, et Aratus dit que même parmi les astres il y en a quelques-uns qui s'appellent des ânes. Mais, dit-il, je m'arrête trop hors de mon sujet, ayant entrepris de louer les Corinthiens et de prêter ma main aux Muses, ἀγλαοθρόνοις, pour les louer : Μοίσαις ἔϐαν ἐπίκουρος. Il loue donc les diverses victoires des Corinthiens, et s'engage de louer celles qu'ils remporteront encore. Puis il finit priant Jupiter qu'il donne de l'agrément à ses vers et qu'il les fasse estimer.

> Ἀλλὰ κούφοισιν ἐκνεῦσαι ποσὶ,
> Ζεῦ, τέλει, αἰδῶ διδοὺς
> Καὶ τύχαν τερπνῶν γλυκεῖαν.

Il dit κούφοισιν ποσί, c'est-à-dire qu'il finisse son hymne en sorte que personne n'y trouve à redire et n'en soit choqué.

ODE XIV ET DERNIÈRE DES OLYMPIQUES.

A ASOPICHUS D'ORCHOMÈNE,

VAINQUEUR A LA COURSE

Il adresse tout son discours aux Grâces qui résidoient à Orchomène, ville de Bœoce, d'où étoit Asopichus. Céphisus est un fleuve qui y passe. Il les prie d'assister favorablement à cette chanson qu'il fait pour Asopichus.

> Καφησίων ὑδάτων λαχοῖσαι,
> Αἵ τε ναίετε καλλίπωλον ἕδραν,
> Ὦ λιπαρᾶς ἀοίδιμοι βασίλειαι
> Χάριτες Ὀρχομενοῦ,
> Παλαιγόνων Μινυᾶν ἐπίσκοποι,
> Κλῦτ', ἐπε εὔχομαι.

Minyus fut le premier roi d'Orchomène, fils de Neptune.

> Σὺν γὰρ ὑμῖν τὰ τερπνὰ καὶ τὰ γλυκέα
> Γίνεται πάντα βροτοῖς,
> Εἰ σοφὸς, εἰ καλὸς, εἴ τις ἀγλαος
> Ἀνήρ. Οὔτε γὰρ Θεοὶ
> Σεμνᾶν Χαρίτων ἄτερ
> Κοιρανέοντι χορούς,
> Οὔτε δαῖτας· ἀλλὰ πάντων
> Ταμίαι ἔργων ἐν οὐρανῷ,
> Χρυσότοξον θέμεναι
> Παρὰ Πύθιον Ἀπόλλωνα θρόνους,
> Ἀέναον σέβοντι πατρὸς
> Ὀλυμπίοιο τιμάν.

Il dit qu'elles sont assises auprès d'Apollon. En effet, à Delphes, elles étoient placées à sa main droite, parce qu'elles président aux sciences et aux vers comme lui. Il ajoute leurs noms :

> Πότνι' Ἀγλαΐα, φιλησίμολπέ
> Τ' Εὐφροσύνα, Θεῶν κρατίστου παῖδες,
> Ἐπάκοοι νῦν, Θαλία τε ἐ-
> ρασίμολπε, ἰδοῖσα τόνδε
> Κῶμον ἐπ' εὐμενεῖ τύχᾳ
> Κοῦφα βιβῶντα.

Parce que cet hymne étoit une chanson à danser; et il ajoute ensuite qu'il est sur un ton lydien. Ensuite il s'adresse à la Renommée, qu'il appelle Écho, et lui dit qu'elle aille aux enfers devers Cléodamus, le père d'Asopichus, pour lui raconter la victoire de son fils :

> Μελαντειχέα δόμον
> Φερσεφόνας ἴθι, Ἀχοῖ.

Ce mot de μελαντειχής est fort expressif pour décrire l'enfer, comme si ses murailles étoient toutes noircies de fumée. Au reste, il y avoit deux Orchomènes, l'une en Arcadie, l'autre en Bœoce, qui est celle-ci, que l'on appeloit le séjour des Grâces, parce que ce fut là où on leur sacrifia la première fois.

FIN DES REMARQUES SUR PINDARE.

ANNOTATIONS

NOTES

SUR L'ILIADE D'HOMÈRE,

Recueillies en marge d'un volume intitulé *Ilias, id est, de Rebus ad Trojam gestis, typis regiis, Parisiis*, 1554, *apud Ad. Turnbeum*, in-8°, conservé à la Bibliothèque nationale.

Sur un petit papier collé au feuillet de garde, on lit cette note de l'écriture de Racine :

« La durée est de quarante-sept jours, dont il n'y a que cinq de combats, neuf de peste, onze pendant que les dieux sont en Éthiopie, et pendant ce temps les Grecs se guérissent; onze accordés pour les funérailles d'Hector, onze pour les funérailles de Patrocle.

« Des cinq mêmes un jour de trêve pour enterrer les morts.

« Virgile, en Italie, deux mois et demi.

LIVRE I.

Vers 26-32. Discours superbe d'Agamemnon.

Vers 85-91. Discours d'Achille, qui marque sa fierté.

Vers 594 (Ἔνθα με Σίντιες ἄνδρες.....) On appeloit ainsi les Lemniens, à cause que c'étoient des pirates, ou à cause qu'ils avoient inventé les armes.

(*Au bas de la page 21, où finit le livre I.*) Il se passe douze jours dans le Ier livre, depuis l'assemblée des Grecs, c'est-à-dire depuis la querelle d'Achille et d'Agamemnon, qui est proprement le commencement de l'*Iliade*.

car la peste, et l'outrage fait à Chrysès est récité comme une chose qui s'est passée devant l'action.

LIVRE II.

Vers 48. (Ἠὼς μέν ῥα θεὰ...) Treizième aurore.

Vers 109. Agamemnon veut tenter l'armée. La raison de cette feinte d'Agamemnon, c'est que, comme c'étoit pour lui et pour son frère Ménélas que les Grecs avoient déjà tant souffert, il n'ose leur proposer de son chef de s'aller encore exposer à un assaut, et il aime mieux que ce conseil leur soit donné par d'autres. Il fait donc semblant de leur proposer de s'enfuir, mais il le fait en termes si artificieux qu'il leur représente en même temps cette fuite comme la chose du monde la plus honteuse, espérant que d'eux-mêmes ils aimeront mieux s'exposer à tous les périls plutôt que de consentir à cette infamie, ou, au moins, que les princes de l'armée prendront la parole et exhorteront le peuple à combattre, ce qui fera plus d'effet venant de bouches qui ne sont intéressées que pour l'honneur général de la patrie. Que si cette feinte ne réussit point d'abord, et si Agamemnon est pris au mot, c'est que le succès ne répond pas toujours à nos intentions. Et peut-être le poëte a voulu marquer qu'il vaut mieux aller plus rondement, sans tant de finesse.

Vers 114 et 115. Il fait un mensonge, et le poëte a fait que ce mensonge ne réussit pas.

Vers 183-186. Il (*Ulysse*) jette son manteau, et Eurybate le ramasse. — Il prend le sceptre d'Agamemnon pour parler avec plus d'autorité.

Vers 190. (Δαιμόνι', οὔ σε ἔοικε κακὸν ὣς δειδίσσεσθαι.) Comme il parle aux honnêtes gens.

Vers 200. (Δαιμόνι', ἀτρέμας ἧσο, καὶ ἄλλων μῦθον ἄκουε.) Comme il parle à la populace.

Vers 212-215. Thersite. Médisant et grand parleur, toujours envieux des honnêtes gens, et cherchant à faire rire le peuple.

Vers 239. Il loue maintenant Achille pour blâmer Agamemnon.

LIVRE III.

Vers 8-14. Les Grecs marchent en silence, comme un brouillard épais.
Vers 16-20. Description du beau Paris.
Vers 39-57. Discours merveilleux d'Hector à Paris. Nᵃ (*Nota*).
Vers 59-75. Réponse honnête de Paris.
Vers 75. Paris a raison d'appeler la Grèce καλλιγύναικα.

Vers 105 et 106. Ménélas veut que Priam vienne, car les jeunes gens sont sans foi et gâtent tout.

Vers 121. Iris va faire venir Hélène aux blanches épaules.

Vers 125-127. Hélène brodoit dans un voile les combats des Grecs et des Troyens.

(*En tête de la page 58, où se trouve le vers* 153.) Homère a trouvé moyen de mettre Priam et les vieillards sur le rempart, enfin que, par les questions qu'ils font à Hélène, le lecteur apprenne agréablement qui sont les principaux des Grecs.

(*Au bas de la même page, avec renvoi au mot* Ἦκα, *dans le vers* 155 : Ἦκα πρὸς ἀλλήλους ἔπεα πτερόεντ' ἀγόρευον.) N°. *Tout bas à l'oreille,* et parce qu'ils étoient honteux d'être touchés à leur âge de la beauté d'Hélène, et pour rendre la louange qu'ils lui donnent moins suspecte, n'étant point donnée en face. *Eustath*[1]. — Grande louange de la beauté d'Hélène par les vieillards troyens.

(*En tête de la page 59, commençant au vers* 160.) Eustath. dit qu'Homère fait Hélène respectueuse et craintive (*voyez le vers* 172), et parce qu'elle se sent coupable, et parce qu'elle sait qu'elle est haïe. C'est cette pudeur et cette crainte qui la sauvent de la haine des Troyens.

Vers 162-164. Priam la fait asseoir auprès de lui. — Ce n'est point vous qui êtes la cause de mes malheurs.

Vers 172-175. Hélène se confesse coupable de tout. — Elle ne nomme point son mari devant Priam, comme étant amoureuse de Paris, son fils. *Eust.*

Vers 182. (Ὦ μάκαρ Ἀτρείδη.....) Exclamation qui sied bien à un roi comme Priam. *Ipse hostis Teucros,* etc.[2]. — Eustath. loue la structure de ce vers (*du vers* 182), qui commence par un monosyllabe, suivi d'un dissyllabe, et ensuite d'un trisyllabe, et qui finit par un mot de cinq syllabes. — Eustath. dit que les gens qui souffrent un long siége louent volontiers la bravoure de leurs ennemis, comme pour s'excuser de ce qu'ils ne leur ont pas fait lever le siége.

Vers 205 et suivants. Anténor éloquent loue l'éloquence d'Ulysse, comme Priam guerrier loue Agamemnon sur la guerre. *Eustath.* — Homère, dans cette description des Grecs, diversifie la figure : tantôt Priam parle, tantôt Anténor ; Hélène interrogée, et Hélène sans attendre qu'on l'interroge. *Eust.*

Vers 211. (Ἄμφω δ' ἑζομένω, γεραρώτερος ἦεν Ὀδυσσεύς.) Eustath. dit que la phrase de ce vers est un solécisme, qui fait une élégance, comme si

---

1. C'est-à-dire que ceci est un emprunt fait au commentaire d'Eustathe, dont ordinairement Racine abrége le nom de l'une de ces manières : *Eustath., Eustat.,* ou *Eust.*

2. Virgile, *Énéide,* livre I, vers 625.

la chose étoit dite sur-le-champ, le vers commençant d'une façon et finissant de l'autre.

Vers 214. (Παῦρα μὲν, ἀλλὰ μάλα λιγέως.) Caractère d'un Lacédémonien et d'un homme jeune.

Vers 222. Abondance de discours comparée à la neige qui tombe.

Vers 262. Homère fait accompagner Priam par Anténor, Agamemnon par Ulysse. Cependant ces deux orateurs ne disent mot. Homère est le premier qui a introduit des personnages muets. *Eustath.*

Vers 276. Serment ou prière d'Agamemnon. Eustath. remarque qu'il n'y a pas dans Homère une seule prière juste qui ne soit exaucée.

Vers 305-307. Priam s'en retourne pour ne point voir combattre son fils.

Vers 324. Hector tire au sort à qui des deux lancera son dard le premier.

Vers 365. (Ζεῦ πάτερ, οὔτις σεῖο Θεῶν ὀλοώτερος ἄλλος.) Les malheureux sont toujours prêts à s'emporter contre les dieux. *Eustat.*

Vers 394. Vous diriez qu'Alexandre revient du bal.

Vers 399 et suivants. Hélène refuse d'aller retrouver Paris. Demeurez vous-même avec lui, et renoncez au ciel[1]. — Cette résistance d'Hélène la justifie un peu, et fait croire que Vénus est coupable de toutes ses fautes.

Vers 427. Hélène lui parle (*à Paris*) en détournant les yeux ailleurs, parce qu'elle le veut quereller, et qu'elle sent bien qu'elle sera amoureuse si elle le regarde.

Vers 428 et suivants. Vous voilà donc revenu de la guerre. — *N*ª. Beaucoup d'amour et peu d'opinion de sa valeur.

Vers 438 et suivants. Réponse de Paris. Il redouble d'amour pour réparer son peu de valeur. — L'amour de Paris se renflamme, parce qu'il s'y mêle de la jalousie, et qu'il craint qu'on ne rende Hélène à Ménélas victorieux. *Eust.*

LIVRE IV.

Vers 31-47. Jupiter reproche à Junon sa colère contre les Troyens. Vous les voudriez manger tout vifs. — Il aimoit Troie sur toutes les villes du monde.

Vers 141. Ivoire taché de pourpre.

Vers 234 et suivants. Discours vif d'Agam[emnon].

Vers 257-260. (*Autre discours d'Agamemnon*) à Idoménée. Vous êtes brave et à table et à la bataille.

---

1. Ce sont les paroles d'Hélène à Vénus.

Vers 274. Un nuage d'infanterie.

Vers 275 et suivants. Comp[araison] d'une grosse nuée.

Vers 293-302. Nestor. Il range ses troupes en bataille (sic).

Vers 303. Le poëte le fait parler tout d'un coup.

Vers 339 et suivants. Reproche d'Agamemnon à Ulysse. — Bataille ardente[1], καυστειρῆς. Vous êtes toujours les premiers que j'invite à souper. Et vous êtes ici les derniers.

Vers 370 et suivants. Reproche d'Agamem[non] à Diomède. Il lui étale les louanges de son père, pour le piquer d'émulation.

Vers 399 et 400. Voilà quel étoit Tydée ; son fils est moins brave et plus beau parleur.

Vers 401. Diomède se tait, parce qu'il est jeune, et parce qu'on l'appelle parleur. — Diomède ne se défend point, parce qu'il se sent brave, et que ses actions ne parlent pas encore pour lui. Mais il le prend bien d'un plus haut ton au IXe livre, et fait ressouvenir Agamemnon du reproche qu'il lui avoit tait.

Vers 403-405. Sthenelus, fils de Capanée, plus impatient, répond à Agamemnon. — Nous valons beaucoup mieux que nos pères.

Vers 413-417. Diomède dit qu'Agamemnon a raison d'exhorter les Grecs. L'honneur et la honte le regardent.

Vers 429-436. Les Grecs vont au combat en silence, comme des troupes bien réglées et aguerries ; les Troyens marchent avec de grands cris, comme un troupeau de brebis.

Vers 521. (Λᾶας ἀναιδής.) Pierre impudente.

Vers 523. Homme qui meurt en tendant les mains à ses amis.

Vers 539-544. Tous faisoient bien leur devoir. Un homme qui auroit pu être spectateur du combat, et que Minerve auroit mené partout, n'auroit rien trouvé à reprocher aux uns et aux autres.

LIVRE VI[2].

Vers 119. Homère introduit Glaucus avec Diomède, et prolonge leur entretien, pour donner à Hector le temps de rentrer dans la ville, et pour empêcher le lecteur de trouver mauvais qu'Hector laisse les Troyens dans un si grand besoin.

Vers 237 et suivants. (Ἕκτωρ δ' ὡς Σκαιάς τε πύλας καὶ φηγὸν ἵκανεν.) Homère jette cette entrée d'Hector dans la ville et tout ce qui passe [3]

---

1. Au-dessus du mot *ardente,* Racine a écrit *cuisante.*
2. La plupart des notes du livre V sont de simples gloses, des explications de mots. Rien ne nous y a paru intéressant à recueillir. (P. M.)
3. Voyez ci-dessus, page 3, note 2.

pour délasser son lecteur de tant de carnage et de tant de récits de guerre.

Vers 239-241. Les femmes demandent à Hector des nouvelles de leurs parents ou de leurs maris ; et lui leur dit pour toute réponse de prier les dieux.

Vers 266-268. Hector n'ose pas prier Jupiter avec ses mains sanglantes.

Me bello e tanto digressum et cæde recenti
Attrectare nefas [1].

Vers 281 et 282. Imprécation d'Hector contre Paris. — Hector est en colère contre Paris, qu'il ne voit pas. Mais quand il le voit, il lui parle sans aigreur : ce qui marque bien le caractère d'un brave homme, d'épargner ceux qui sont au-dessous de lui.

Vers 296. *Interea ad templum non æquæ Palladis ibant*
Crinibus Iliades passis, peplumque ferebant [2].

Vers 305-310. Vœu des femmes. Il est fort beau.

Vers 307. (Πρηνέα δὸς πεσέειν.) Πρηνέα, couché sur le ventre, c'est-à-dire en fuyant, afin qu'il n'ait pas même l'honneur de mourir en combattant.

Vers 321. Il (*Hector*) trouve Paris qui nettoie ses armes.

Vers 326-331. Hector lui parle doucement. Il feint même d'attribuer sa retraite à sa mauvaise humeur contre les Troyens.

Vers 337. Paris a soin de justifier Hélène devant Hector.

Vers 341. (Ἦ ἴθ', ἐγὼ δὲ μέτειμι.) Cela sent bien son homme qui demeure le plus possible qu'il peut près de sa maîtresse.

Vers 344-353. Hélène se condamne la première, et condamne aussi Paris, pour montrer que ce n'est pas elle qui le retient. — On remarque la différence qu'il y a entre l'amour de Paris et d'Hélène, et l'amour d'Hector et d'Andromaque. Paris est ici auprès d'Hélène, qui est contrainte de lui prêcher son devoir : au lieu qu'Andromaque fait ce qu'elle peut pour arrêter Hector et pour l'empêcher de se perdre. *Eustath.*

Vers 352. En condamnant Paris, elle ne laisse pas d'en paroître amoureuse.

Vers 357 et 358. On parlera de nous éternellement.

Vers 363. Hector dit à Hélène de porter Paris à faire son devoir.

Vers 367. Hector dit qu'il ne sait s'il reverra plus sa femme.

Vers 371. Hector ne trouve point Andromaque au logis. Cela se fait pour réveiller l'attention du spectateur, qui se fâche qu'Hector trouve Hélène qu'il ne cherche pas, et ne trouve point Andromaque. *Eust.* — Leur

---

1. Virgile, *Énéide,* livre II, vers 718 et 719.
2. *Ibidem*, livre I, vers 479 et 480.

conversation même devient plus tragique et plus noble ; elle se passe à la porte de la ville, par où Hector va sortir pour n'y plus rentrer. — V. (*voyez*) Plutarque dans la *Vie de Brutus*. Porcie et Brutus.

Vers 389. (Μαινομένη εἰκυῖα.) Cela fait plaisir à Hector, à qui on apprend l'amour d'Andromaque.

Vers 390-394. Hector ne cherche plus sa femme ; mais elle court à sa rencontre[1].

Vers 398. (Τοῦπερ δὴ θυγάτηρ ἔχεθ᾽ Ἕκτορι χαλκοκορυστῇ.) Elle étoit possédée par Hector, à la différence d'Hélène, dont Paris dépend. *Eust*. (*Les vers 400-402 sont réunis par une accolade, et Racine a écrit à la marge N*ª.)

Vers 402 et 403. Hector modeste avoit nommé simplement son fils du nom du fleuve Scamandre ; mais les Troyens l'appelèrent Astyanax, parce que son père défendoit leur ville.

Vers 404 et 405. (Ἤτοι ὁ μὲν μείδησεν, etc.) Image admirable. Silence et sourire d'Hector. Larmes d'Andromaque.

Vers 407. (Δαιμόνιε, φθίσει σε τὸ σὸν μένος.) Ce δαιμόνιε est fort tendre.— Entretien divin d'Hector et d'Andromaque.

Vers 410. (Πάντες ἐφορμηθέντες.) Tous les Grecs ensemble ; car elle croit qu'il ne faut pas moins que cela pour venir à bout de son mari.

Vers 414. Elle lui ramène devant les yeux les malheurs de sa maison, pour le toucher davantage. — Homère a soin de parler d'Achille partout.

Vers 425. (Μήτερα δ᾽, ἣ βασίλευεν.) Reine, et non point une concubine.

Vers 431-439. Andromaque veut lui donner un conseil. Cela convient bien à une femme inquiète, et qui a l'esprit tout plein de la guerre à cause du péril de son mari.

Vers 441. Le discours d'Hector est grave et passionné.

Vers 446. Hector a soin de louer son père.

Vers 447-449. Hector prévoit que Troie sera prise quelque jour. Cela excite plus de compassion que s'il étoit sûr de la victoire. Néanmoins comme ce malheur lui paroît encore fort éloigné, cela ne décourage point le lecteur.

Vers 450 et suivants. Il rend la pareille à Andromaque, et comme elle n'aime que lui, il ne craint pour personne tant que pour elle.

Vers 466-470. (Ὣς εἰπὼν οὗ παιδὸς ὀρέξατο.) Tableau divin. — (*En tête de la page* 138.) Adieu d'Hector et d'Andromaque. — (*Au bas de cette même page*.) Artifice admirable d'Homère d'avoir mêlé le rire, les larmes, la gravité, la tendresse, le courage, la crainte, et tout ce qui peut toucher.

Vers 476-481. Prière d'Hector sur son fils.

---

1. Au-dessous de cette note, Racine a écrit en caractères plus gros : ANDROMAQUE, et de même, un peu plus bas : ASTYANAX.

Vers 496. (Ἐντροπαλιζομένη.) Regardant encore derrière elle, pour voir Hector. — Quand elle est chez elle, elle s'abandonne aux larmes.

Vers 500. (Αἱ μὲν ἔτι ζωὸν γόον.) Elles pleuroient Hector vivant.

Vers 506 et 507. Cheval qui a rompu son lien, et qui échappe de l'écurie.

Vers 521-523. Paroles honnêtes d'Hector à Paris. Vous êtes brave, mais vous êtes négligent. — Homère a soin de ne point rendre Paris trop odieux, et il en fait un homme qui est vaillant, mais trop abandonné aux plaisirs.

Vers 528. N^a. Κρητὴρ ἐλεύθερος [1].

LIVRE VII.

Vers 4-7. Hector et Paris paroissent aux Troyens comme un vent favorable à des matelots lassés de ramer.

Vers 62. Images des troupes, *quæ armis horrebant*.

Vers 63 et 64. Comp[araison] des flots que soulève doucement un zéphir.

Vers 67 et suivants. Hector parle aux Grecs, et fait son défi.

Vers 87-90. Quelqu'un passant un jour le long du bord de l'Hellespont, dira : « Voilà le tombeau d'un brave qui fut tué par Hector. »

Vers 124 et suivants. Discours pathétique de Nestor.

Vers 125. O que Pélée gémira bien, lorsqu'il saura la honte des Grecs !

Vers 136 et suivants. Nestor raconte un combat qu'il a fait en sa jeunesse.

Vers 381. (Ἦῶθεν δ' Ἰδαῖος ἔβη.) Voici le 14e jour de l'*Iliade*. Car il ne s'est passé qu'un jour depuis le réveil d'Agamemnon, qui est au commencement du second livre, jusqu'au combat d'Hector et d'Ajax, qui sont séparés par la nuit.

Vers 433. (Ἦμος δ' οὔτ' ἄρ πω ἠώς.) Voici la 15e journée.

Vers 465. (Δύσσετο δ' ἠέλιος.) Nuit du 15e jour.

LIVRE VIII.

Vers 1. (Ἠὼς μὲν κροκόπεπλος.) La 16e journée. — Κροκόπεπλος, lorsqu'elle tient encore de la nuit ; ῥοδοδάκτυλος, quand le jour se fait plus grand.

Vers 16. Il croyoit la terre le centre du monde, et le ciel et l'enfer aux extrémités.

Vers 19. (Σειρὴν χρυσείην ἐξ οὐρανόθεν.) Cette chaîne d'or est prise allégoriquement, ou pour l'assemblage des éléments liés ensemble, ou pour le

---

1. *Le cratère libre*, c'est-à-dire le cratère qui servira aux libations que nous ferons aux dieux pour célébrer notre indépendance sauvée.

soleil, dont tout descend et où tout revient, ou pour la suite et l'enchaînement des planètes, depuis Saturne jusqu'à la Lune, [suivant] d'autres pour les exhalaisons de la mer et de la terre D'autres enfin l'entendent de la monarchie.

Vers 60-65. Eustath. remarque que ces six vers sont déjà dans le 4ᵉ chant [1], mais qu'Homère ne craint point de redire la même chose, quand il ne la sauroit plus mieux dire.

Vers 77-81. La frayeur saisit les Grecs. Nestor seul demeure à cause que son cheval est blessé.

Vers 80. (Νέστωρ δ' οἶος ἔμιμνε.) On remarque qu'il s'est servi de l'imparfait pour exprimer la foiblesse du vieux Nestor.

Vers 82. (Δῖος Ἀλέξανδρος, Ἑλένης πόσις.) Hélène semble être nommée là inutilement, mais Eustath. dit qu'Homère aime à se souvenir d'elle.

Vers 130. (Ἔνθα κε λοιγὸς ἔην.....) Car la prudence était jointe avec la valeur, Nestor avec Diomède.

Vers 485. (Ἐν δ' ἔπεσ' Ὠκεανῷ λαμπρὸν φάος.) Nuit du 17ᵉ jour.

Vers 551-555. Nuit claire et sereine.

LIVRE IX.

(*En tête de la page 180, où commence le IXᵉ chant.*) Tout ce chant, qui contient la négociation d'Ulysse dans la tente d'Achille, et le dixième, qui contient la mort de Dolon et de Rhésus, se passe en une nuit, qui est la nuit du 16ᵉ jour de l'*Iliade*.

Vers 32. Diomède parle ici plus fièrement à Agamemnon qu'au IVᵉ chant, car il a fait de grandes actions qui lui élèvent le cœur.

LIVRE X.

Vers 8. (Ἤ ποθι πτολέμοιο μέγα στόμα....) Cicéron, *pro Archia* : *Urbem ex totius belli ore et faucibus ereptam*. — *In ore gladii* [2].

LIVRE XI.

Vers 1. (Ἠὼς δ' ἐκ λεχέων....) Le 17ᵉ jour.

Vers 385-395. Raillerie généreuse de Diomède. — Κέρᾳ ἀγλαὲ, ou à cause que les arcs étoient faits de corne, ou à cause qu'il avoit de beaux

---

1. Vers 446-451.
2. Expression tirée de la Bible.

cheveux ; κέρας signifie souvent le crin des animaux, et quelquefois la chevelure d'un homme.

LIVRE XII.

Vers 278 et 279. Neige. — V. (*voyez*) Eustath., p. 903.

Vers 279. (Ἥματι χειμερίῳ.) Jour d'hiver, parce que c'est là où sont les grandes neiges. — C'est Jupiter lui-même, ce n'est point une neige passagère et de hasard.

Vers 281. (Κοιμήσας δ' ἀνέμους....) Les vents dorment; car les vents dispersent la neige.

Vers 283. (Καὶ πεδία λωτεῦντα καὶ ἀνδρῶν πίονα ἔργα.) C'est-à-dire les terres en friche et les terres labourées.

Vers 286. (Ὅτ' ἐπιβρίσῃ Διὸς ὄμβρος.) Quoique la neige soit légère, ce mot (ἐπιβρίσῃ) marque qu'elle tombe épaisse, et qu'elle pèse en quelque façon.

LIVRE XV.

Vers 53-77. Voyez dans Eustath. la critique de cette prédiction. Les uns la tiennent d'Homère, les autres non. Ils disent que cela ressemble à un prologue d'Euripide.

Vers 77. (Ἀχιλλῆα πτολίπορθον.) Ils disent que cet épithète[1] n'est donné à Achille qu'en ce seul endroit.

LIVRE XVI.

Vers 97. (Αἲ γὰρ, Ζεῦ τε πάτερ....) Souhait digne de la colère d'Achille.

LIVRE XVII.

Vers 670. (Νῦν τις ἐνηείης Πατροκλῆος δειλοῖο Μνησάσθω.) Souvenir d'un mort.

Vers 694-696. Douleur d'Antilochus.

LIVRE XVIII.

Vers 176 et 177. Il excuse par avance la fureur d'Achille contre Hector.

Vers 203-206. Appareil terrible dont il accompagne Achille.

---

1. Racine fait *épithète* du masculin.

Vers 207-213. Compar[aison]. — *Per diem in columna nubis, et per noctem in columna ignis.* Exod. [1].

Vers 241. (Ἥλιος μὲν ἔδυ....) Nuit du 17ᵉ jour. — La 17ᵉ journée contient sept chants et la moitié d'un; c'est à-dire depuis le commencement du XIᵉ livre jusqu'au milieu du XVIIIᵉ.

Vers 593. (Παρθένοι ἀλφεσίβοιαι.) Ἀλφεσίβοιαι, c'est-à-dire qui trouvent facilement à se marier, parce qu'anciennement la richesse consistait en troupeaux, et les présents de noces étoient des bœufs, etc.

LIVRE XIX.

Vers 1. (Ἠὼς μὲν κροκόπεπλος....) La 18ᵉ journée.

Vers 14-18. Ardeur d'Achille en voyant les armes de Vulcain. Les autres en tremblent et n'osent les regarder.

Vers 45. Tout le monde court à l'assemblée, parce qu'Achille y va.

Vers 59. Achille voudroit que Briséis fût morte, plutôt que d'avoir causé cette querelle.

Vers 79. (Ἑσταότος μὲν καλὸν ἀκουέμεν....) Agamemnon parle assis, ou parce qu'il a honte des paroles trop humbles qu'il va tenir à Achille, ou à cause de la fable qu'il va raconter, et qu'on ne doit point conter debout, ou à cause qu'il est blessé. — On dit qu'il faut ἑσταότως, c'est-à-dire tranquillement, sans tumulte, parce que les partisans d'Achille, ou même la plupart des Grecs, font trop de bruit et empêchent Agamemnon de parler.

Vers 85. Il ne veut pas redire ce que lui disoient les Grecs pour ne se pas donner trop de tort.

Vers 87. Agamemnon rejette tout sur les dieux.

Vers 149. Achille veut combattre sans rien attendre.

Vers 155 et 156. Ulysse ne veut pas que les Grecs combattent à jeun.

Vers 182 et 183. Il est juste qu'un roi apaise celui qu'il a offensé le premier.

Vers 212. (Κεῖται ἀνὰ πρόθυρον τετραμμένος.) Mort tourné vers la porte.

Vers 216-233. Ulysse à Achille : Vous êtes plus brave que moi, mais j'ai plus d'expérience que vous. Il ne faut point pleurer à jeun. Il faut enterrer le mort, le pleurer un jour, et du reste se mettre en état de combattre. — Les gens de guerre ne doivent point trop s'attendrir pour les morts.

Vers 362. Lueur des armes. Γέλασσε δὲ πᾶσα περιχθών.

Vers 375. Feu qu'on découvre de dessus la mer.

Vers 384. Achille s'éprouve dans ses armes.

Vers 396. Achille monte dans son char.

1. *Exode,* chapitre XIII, verset 21.

LIVRE XX.

Vers 25-27. On a remarqué que si les Troyens ne sont pas assez forts tout seuls pour soutenir Achille, ils ne le seront pas davantage avec le secours des dieux, puisque les dieux des Grecs l'emportent de beaucoup sur ceux des Troyens. Et ainsi les choses demeurent dans l'état où elles étoient.

Vers 32-40. Dieux contre les dieux. — Tout l'univers est ébranlé et s'intéresse, maintenant qu'Achille revient au combat.

Vers 76. Achille ne cherche qu'Hector.

Vers 158-173. Eustathius dit qu'Achille auroit pu commencer par quelque chose de plus terrible que par un combat où il n'y a que des paroles, et où il n'y a point de sang répandu ; mais qu'Homère aime à surprendre le lecteur, et qu'il fait les plus grandes choses lorsqu'on s'y attend le moins. Mais il me semble qu'Achille cherchant principalement Hector, comme Homère le vient de dire, il dédaigne de s'échauffer contre d'autres que lui. Et il faut qu'il s'irrite peu à peu. De là vient la comparaison du lion.

Vers 178. Achille ne daigne pas presque frapper Énée : ce n'est pas là l'ennemi qu'il cherche. Il veut même le faire retirer. Ainsi il l'interroge et lui laisse tout le temps de parler.

Vers 206-209. *On dit* que vous êtes fils de Thétis, et moi *je suis* le fils de Vénus.

Vers 215. On dit que Dardanus, dans le déluge de Deucalion, s'étoit sauvé dans une peau de bouc, et étoit abordé au pied du mont Ida.

Vers 242. (Ζεὺς δ' ἀρετὴν ἄνδρεσσιν ὀφέλλει τε μινύθει τε.) C'est pour s'excuser de ce qu'il a fui auparavant.

Vers 307 et 308. Prédiction des successeurs d'Énée.

Et nati natorum et qui nascentur ab illis [1].

— Eustathius dit qu'Homère avoit pu lire cette prédiction dans les livres de la Sibylle, ou qu'il l'a faite de son chef, comme poëte.

Vers 367. Je combattrois de paroles contre les dieux.

Vers 371. (Τοῦ δ' ἐγὼ ἀντίος εἶμι....) Cela sent un homme qui tâche à s'encourager lui-même.

Vers 403 et 404. Quand le taureau se taisoit, c'étoit signe que Neptune étoit irrité ; quand la victime mugissoit, c'étoit signe qu'il acceptoit le sacrifice.

---

1. Virgile, *Énéide*, livre III, vers 98.

Vers 407 (Ἀντίθεον Πολύδωρον.) Euripide et Virgile mettent ce Polydore dans la Thrace, et le font survivre à Priam. — Homère se plait à exciter la compassion pour les enfants de Priam, ici pour Polydore, et dans le chant suivant pour Lycaon.

Vers 498-502. Char d'Achille tout sanglant.

LIVRE XXI.

Vers 68 et suivants. Lycaon aux pieds d'Achille.

Vers 99. Réponse d'Achille.

Vers 106 et 107. Meurs; mon ami Patrocle est bien mort, qui valoit mieux que toi.

Vers 151. (Δυστήνων δέ τε παῖδες ἐμῷ μένει ἀντιόωσι.) Les enfants des malheureux s'offrent à mon épée.

Vers 195-197. Océan, d'où toutes les eaux prennent leurs sources.

Vers 464-466. Hommes sont comme des feuilles.

Vers 489-492. Junon frotte Diane.

Vers 498 et 499. Mercure ne veut point avoir de querelle avec les maîtresses de Jupiter.

Vers 505-508. Vénus ne vient point en pleurant quand elle a été blessée; mais Diane, qui est une fille, pleure. — Diane s'enfuit dans les genoux de Jupiter. — Homère représente en Diane l'ingénuité d'une honnête fille.

LIVRE XXII.

Vers 38. Discours de Priam à Hector. — Priam a tout le temps de dire à Hector tout ce qu'il lui dit; car Achille est encore loin.

Vers 98. Hector consulte en lui-même.

Vers 111-125. Il doute s'il traitera d'accord avec Achille.

Vers 126 et 127. Il n'est pas temps de raisonner avec lui, comme un jeune homme avec une jeune fille.

Vers 148. Deux sources du Scamandre.

Vers 154 et 155. (....Ὅθι εἵματα σιγαλόεντα πλύνεσκον.) Là où les Troyennes venoient laver leurs robes.

Vers 256-259. Hector veut composer avec Achille pour le corps de celui qui sera tué.

Vers 261-269. Achille n'entend à aucune composition. — Souviens-toi maintenant d'être brave.

LIVRE XXIII.

Vers 58. (Οἱ μὲν κακκείοντες ἔβαν.) Nuit du 18e jour.

ANNOTATIONS.

Vers 109. (Φάνη ῥοδοδάκτυλος Ἠώς.) La 19ᵉ journée
Vers 226. (Ἦμος δ' Ἑωσφόρος εἰσι.) 20ᵉ journée.
Vers 820-822. Il paroît bien qu'Homère n'a point supposé qu'Ajax ne pût être blessé que par le côté, puisque les Grecs ont peur que Diomède ne le blesse au cou.

LIVRE XXIV.

Vers 1-3. Nuit du 20ᵉ jour.
Vers 12. (Οὐδέ μιν Ἠώς....) Le 21ᵉ jour.
Vers 31. (Ἀλλ' ὅτε δή ῥ' ἐκ τοῖο δυωδεκάτη γένετ' Ἠώς.) Il se passe ici onze jours sans action. — Le 32ᵉ jour.
Vers 160-165. État déplorable de Priam.
Vers 163. (Ἐντυπὰς ἐν χλαίνῃ κεκαλυμμένος....) Enveloppé de telle sorte qu'on voyoit toute la figure de son corps. Ses habits étoient attachés à son corps, parce qu'il avoit passé plusieurs nuits sans se coucher.
Vers 198 et 199. Priam veut aller.
Vers 201 et suivants. Discours d'Hécube. Elle est timide comme sont les femmes. Fureur de mère.
Vers 218-227. Priam inébranlable. Quand je devrois mourir, je mourrai en embrassant mon fils, et le pleurant tout mon saoul.
Vers 237-240. Priam chasse les Troyens d'autour de lui. N'avez-vous pas à pleurer chez vous, vous qui me venez consoler?
Vers 253 et 254. Il querelle ses enfants. Plût aux dieux que vous fussiez tous morts au lieu d'Hector!
Vers 284-286. Hécube lui présente du vin au-devant du chariot.
Vers 363. (Νύκτα δι' ἀμβροσίην....) Ceci se passe durant la nuit du 32ᵉ jour.
Vers 385. Mercure prend occasion de lui parler de son fils.
Vers 408. Priam ne songe d'abord qu'à son fils.
Vers 448-456. Tente d'Achille.
Vers 462-464. Mercure s'en va. Les dieux ne se communiquent pas si aisément aux hommes.
Vers 475 et 476. Achille venoit de souper. Il étoit encore à table.
Vers 478 et 479. Priam baise les mains d'Achille.
Vers 510-512. Priam et Achille pleurent.
Vers 515. Achille relève Priam.
Vers 629-632. Priam et Achille s'admirent l'un l'autre.
Vers 643-646. Achille fait préparer un lit pour Priam.
Vers 695. (Ἠὼς δὲ κροκόπεπλος....) Le 33ᵉ jour.
Vers 700. Cassandre aperçoit Priam.
Vers 707-709. Troie sort au-devant d'Hector.

Vers 725. (Ἄνερ, ἀπ' αἰῶνος νέος ὤλεο….) Paroles divines d'Andromaque sur le corps d'Hector. Tout cela marque la jeunesse de l'un et de l'autre. La séparation en est plus douloureuse. — Ἀνήρ est un mari qu'on aime et dont on est aimée, et c'est un nom amoureux. Πόσις, au contraire, est un nom froid; et c'est un mari quand même il seroit séparé de sa femme. Sophocle fait dire à Déjanire jalouse[1] :

.... Φοβοῦμαι μὴ πόσις μὲν Ἡρακλῆς
Ἐμὸς καλῆται, τῆς νεωτέρας δ' ἀνήρ.

Vers 785. (Ἀλλ' ὅτε δὴ δεκάτη ἐφάνη φαεσίμβροτος Ἡώς….) Il se passe encore onze jours aux funérailles d'Hector. — Ainsi toute l'action de l'*Iliade* se passe en quarante-quatre jours, dont il y en a trente-quatre dont le détail n'est point raconté : savoir douze depuis la querelle d'Achille jusqu'à ce que Thétis monte dans le ciel; onze durant lesquels Achille outrage le corps d'Hector; et onze qui se passent aux funérailles d'Hector[2].

NOTES

SUR LES ODES DE PINDARE,

Recueillies en marge d'un volume intitulé Πινδάρου περίοδος. *Pindari Olympia, Pythia, Nemea, Isthmia. Johannes Benedictus… totum authorem innumeris mendis repurgavit…. Salmurii, ex typis Petri Piededii, anno 1620*, in-4, conservé à la Bibliothèque nationale.

OLYMPIQUE I.

Vers 1-4. L'eau à cause d'Empédocle; l'or à cause que Pindare l'aimoit.
Vers 21-26. Roi qui aime la poésie.
Vers 48-52. Grâce de la poésie.
Vers 53 et 54. Postérité sage témoin.
Vers 55-57. L'homme doit parler bien des dieux.

1. *Trachiniennes*, vers 550 et 551.
2. On voit que le calcul de Racine n'est pas ici tout à fait le même que dans la petite note citée ci-dessus.

Vers 58-68. Il (*Pindare*) conte la véritable histoire de Pélops.

Vers 76. Voisins envieux.

Vers 84 et 85. Le médisant est souvent puni[1].

Vers 85. Si les dieux ont honoré quelqu'un, c'étoit Tantale.

Vers 88. (Μέγαν ὄλβον.) Insolence dans la prospérité.

Vers 159-162. Il n'y a point de plus grand bien que celui dont on jouit tous les jours.

Vers 181 et 182. (Τὸ δ'ἔσχατον κορυφοῦται βασιλεῦσι.) Excellence de la royauté.

OLYMPIQUE II.

Vers 1. Hymnes maîtresses des instruments.

Vers 19-21. Bonheur qui suit la vertu.

Vers 29-33. Ce qui a été fait bien ou mal ne peut point n'avoir point été fait.

Vers 41-43. La douleur est effacée par de plus grands biens.

Vers 56 et 57. Heure de la mort incertaine.

Vers 59. Jour enfant du soleil.

Vers 61-64. Joie et tristesse attachée à la vie.

Vers 93 et 94. Victoire après le combat.

Vers 96 et 97. Richesses jointes avec la vertu.

Vers 106-108. Châtiments de l'autre vie.

Vers 109 et suivants. Champs Élysiens. — Vie douce.

Vers 113-115. Ils (*les Bienheureux*) ne tourmentent ni la terre ni la mer à force de bras.

Vers 128. Iles des Bienheureux.

Vers 141. [*Saturne*] qui a son trône plus haut qu'aucun des dieux.

Vers 149-154. Sa poésie (*la poésie de Pindare*) est pour les honnêtes gens, mais elle a besoin d'interprète pour le vulgaire.

Vers 154-157. Le génie l'emporte sur l'art.

OLYMPIQUE III.

Vers 9. (Δωρίῳ φωνὰν ἐναρμόξαι πεδίλῳ). Cothurne[2].

Vers 13 et 14. Harmonie. La lyre à plusieurs sons, la flûte et la cadence des vers.

Vers 24. (Κόσμον ἐλαίας.) C'étoit une branche d'olivier sauvage.

---

1. Au-dessus de ces mots, Racine a écrit ἀκέρδεια.
2. Benoît traduit πεδίλῳ par *cothurno*.

Vers 35 et 36. (Διχόμηνις.... Μήνα.) Pleine lune.
Vers 40. Plaine sans arbres.
Vers 56. Régions hyperborées.
Vers 77-79. Perfection. On ne passe point les colonnes d'Hercule.

OLYMPIQUE IV.

(*En tête de l'argument de cette ode qui est adressée à Psaumis de Camarine.*) Ce Psaumis étoit déjà un peu avancé en âge. Voilà pourquoi il lui rapporte l'histoire qui est à la fin.

Vers 3. C'est-à-dire les quatre années sont échues où les jeux se doivent célébrer.

Vers 7-9. Les honnêtes gens qui se réjouissent aux nouvelles des prospérités de leurs amis.

Vers 26. Homme qui a des sentiments paisibles.

OLYMPIQUE V.

Vers 15 et 16. (Μοναμπυκία τε.) *Celeti*, à un seul coureur, qui n'a point d'autre harnois qu'une bride.

PYTHIQUE VI.

Vers 10 et 11. Pluie, armée de l'affreuse nue.

Vers 21-27. Leçon de Chiron au jeune Achille : *Honora Deum et parentes*[1].

Vers 24. Jupiter, maître des éclairs et des foudres.

Vers 38. Antilochus fameux dans la postérité pour avoir voulu mourir pour son père.

Vers 47 et 48. *Jeune homme sage.* Il use de ses richesses avec prudence, et ne passe point une jeunesse insolente et superbe.

Vers 50. Neptune qui a inventé l'art de conduire les chevaux.

Vers 52-54. La douceur de son esprit et sa conversation à table passent le miel des abeilles.

PYTHIQUE VII.

Vers 19 et 20. Envie qui suit les belles actions.

---

1. Racine a également écrit en tête de la page 405, où se trouvent ces vers 21-27 : *Deum cole, parentes honora.*

PYTHIQUE VIII.

Vers 1. Paix. Apostrophe à la Paix.

Vers 103-111. Quand on voit un homme riche en peu de temps, plusieurs insensés le croient habile homme, et pensent qu'il a augmenté ses biens par sa bonne conduite. Mais cela ne dépend point de l'homme. La Fortune fait tout.

Vers 119-123. N^a. Honte des vaincus.

Vers 126-131. N^a. Joie et triomphe des vainqueurs.

Vers 131-134. La joie des mortels s'élève et tombe facilement.

Vers 135 et 136. (Ἐπάμεροι· τί δέ τις;...) Hommes d'un jour, c'est-à-dire qui ne durez qu'un jour, Qu'est-ce que quelqu'un? C'est-à-dire un homme de conséquence. Qu'est-ce que personne? C'est-à-dire un homme de rien. Les hommes ne sont que le songe d'une ombre, *i.* (*c'est-à-dire*) moins qu'une ombre.

Vers 136-139. Mais quand Dieu répand ses faveurs sur quelqu'un, il est dans l'éclat, et sa vie est douce.

NÉMÉENNE III.

(*En tête de l'argument de cette ode*). Louanges de Pélée et d'Achille.

Vers 1-9. O Muse, on t'attend sur les bords d'Asopus.

Vers 11-13. L'hymne est la compagne la plus agréable de la victoire.

Vers 16-19. Commence une hymne digne de plaire à Jupiter; et moi, je la communiquerai aux lyres et aux discours des autres.

Vers 29. La victoire est un remède agréable pour les blessures.

Vers 32-34. Il (*Aristoclidas*) est beau, et fait de belles actions. Il n'y a point de bonheur qui aille au delà.

Vers 45-47. Mon esprit, dans quelle navigation étrangère t'engages-tu?

Vers 54 et 55. Ta matière est assez belle.

Vers 69-74. N^a. Vertu, génie naturel, opposé à l'art.

Vers 72-74. L'art veut goûter de tout, et n'a jamais le pied ferme.

Vers 75-78. Enfance d'Achille. Enfant, il jouoit en faisant de grandes choses.

Vers 79. (Βραχυσίδαρον.) Il veut dire un petit dard propre pour un enfant.

Vers 80-84. Enfance d'Achille. Il tuoit les lions et les sangliers, et les rapportoit tout palpitants à Chiron.

Vers 85-87. Diane et Pallas étoient épouvantées de le voir.

Vers 88-90. Il tuoit les cerfs sans chiens et sans filets, car il les devançoit à la course.

Vers 93-100. Chiron éleva encore dans son antre Jason et Esculape, et il maria Pélée à Thétis, et nourrit leur enfant.

Vers 95 et 96. Chirurgie.

Vers 97. Thétis qui avait le dedans de la main beau, ἀγλαόκαρπος.

Vers 126-127. Jeune avec les jeunes, homme avec les hommes, vieillard avec les vieillards.

Vers 128 et 129. Vivre selon son âge.

Vers 134-137. Il compare son hymne à un breuvage de lait et de miel, mêlé de rosée.

Vers 138-144. Les aigles volent de loin à la proie ; mais les geais paissent la terre. — Sublime. — Bas.

NÉMÉENNE IV.

(*En tête de la page 528, où commence cette ode.*) Louanges. Excellence de la poésie, quand elle part d'un beau génie[1].

Vers 1-3. La joie est un excellent médecin.

Vers 6-9. Un bain d'eau chaude délasse moins que la louange.

Vers 10-13. Les actions vivent moins que les discours, surtout quand le discours part d'un esprit profond, et que les Grâces s'en mêlent.

Vers 21-26. Si ton père étoit encore échauffé du soleil, il joueroit tes louanges sur sa lyre.

Vers 52. Il est juste qu'on souffre ce qu'on a fait souffrir.

Vers 64 et 65. Envieux rêve dans les ténèbres.

Vers 68. Il (*Pindare*) reconnoît qu'il doit aux dieux son génie.

Vers 92. (Δάμαρτος Ἱππολύτας.) V. (*voyez*) l'ode suivante (*vers 48-62*), où il est parlé plus au long de l'accusation de cette Hippolyte.

Vers 98-104. Chiron sauva Pélée, et surmonta ensuite toutes les formes que prenoit Thétis, le feu et les ongles de lion.

Vers 112-115. (Γαδείρων τὸ πρὸς ζόφον....) Métaphore. On ne va point au delà de Gadès, et on revient en Europe. On ne passoit point alors au delà des colonnes d'Hercule, et lorsqu'on étoit arrivé jusque-là, on s'en revenoit en Europe.

Vers 131 et 132. Ses vers sont une colonne plus blanche que le marbre de Paros.

Vers 133. (Ὁ χρυσὸς ἐψόμενος.) L'or dans le feu.

Vers 135-138. L'hymne égale un vainqueur aux rois.

---

1. Cette note se rapporte à la strophe I, vers 1-13.

Vers 143. (Κορινθίοις σελίνοις.) L'apy[1] étoit la couronne des jeux Isthmiques.

Vers 148. On chante mieux ce qu'on a vu.

Vers 153-156. Poëte ou orateur invincible. — Doux à ses amis, terrible à ses ennemis.

NÉMÉENNE V.

Vers 30 et 31. La vérité n'est pas toujours bonne à dire.

Vers 48-56. Hippolyte, femme d'Acaste, voulut persuader Pélée de coucher avec elle; et étant refusée, elle l'accusa auprès de son mari de l'avoir voulu violer.

NÉMÉENNE VIII.

Vers 60-62. Vie dans l'innocence, et bonne renommée après sa mort[2].

NOTES

SUR LES COÉPHORES D'ESCHYLE,

Recueillies en marge d'un volume intitulé Αἰσχύλου τραγῳδίαι ἑπτά. *Æschyli tragœdiæ septem, cum scholiis grœcis omnibus... Versione et commentario Thomæ Stanleii. Londini.* 1673, in-fol. conservé à la bibliothèque de Toulouse.

SUR *LES CHOÉPHORES.*

Vers 1. (Ἑρμῆ χθόνιε....) Oreste commence et vient au tombeau de son père.

---

1. Racine a ainsi francisé le mot latin *apium*, sorte de *persil* (en grec ἄπιον, mot synonyme de σέλινον ou ayant un sens très-voisin). Le vrai correspondant français d'*apium* est *ache*.
2. Celles des odes de Pindare qui sont ici omises n'ont pas été annotées par Racine. Il s'est contenté d'y souligner çà et là des passages. Dans les *Isthmiques*, quelques vers de l'ode II ont été marqués d'accolades au crayon rouge; les autres n'ont gardé aucune trace de l'étude que Racine en a pu faire. (P. M.)

ESCHYLE.

Vers 3. (.... Κατέρχομαι.) Se dit des bannis qui retournent dans leur pays.

Vers 6. (.... Πλόκαμον Ἰνάχῳ θρεπτήριον.) Les anciens avoient deux manières de se couper les cheveux : la première fois, ils les consacroient au fleuve de leur pays ; enfin ils les coupoient sur le tombeau de leurs proches.

Vers 8. (.... Τίς ποθ' ἥδ' ὁμήγυρις...;) Chœur de femmes habillées de noir.

Vers 14. (.... Καὶ γὰρ Ἠλέκτραν δοκῶ.) Electra est à leur tête.

Vers 16. (.... Ὦ Ζεῦ, δός με τίσασθαι μόρον.) Oreste fait entendre pourquoi il vient. Il prie Jupiter de lui aider à venger son père.

Vers 18. (Πυλάδη, σταθῶμεν....) Pylade est avec Oreste.

Vers 20. (Ἰαλτὸς ἐκ δόμων ἔβην.) Le chœur est de femmes qui sont au service de Clytemnestre. Il dit qu'il a été envoyé par Clytemnestre au tombeau d'Agamemnon, avec des présents pour l'apaiser.

Vers 22. (Πρέπει παρηὶς φοίνισσα μυγμοῖς.) Joues déchirées.

Vers 24. (Δι' αἰῶνος φυγμοῖσι βόσκεται κέαρ.) Mon cœur se nourrit de gémissements.

Vers 25 et 26. (Λινοφθόροι δ' ὑφασμάτων....) Cela veut dire qu'elles se déchiroient leurs robes.

Vers 30 et 31. (Τορὸς γὰρ φόβος ὀρθόθριξ, Δόμων ὀνειρόμαντις,...) La crainte qui fait dresser les cheveux. Songe terrible.

Vers 33. (Μυχόθεν ἔλακε περὶ φόβῳ.) Un songe étoit venu troubler Clytemnestre, et les devins lui disoient que les mânes d'Agamemnon étoient en colère.

Vers 40-44. (Τοιάνδε χάριν ἄχαριν.... Δύσθεος γυνά.) Voilà pourquoi Clytemnestre les envoie à son tombeau. Δύσθεος γυνά, *cette femme impie.* Le chœur dit tout bas cette parole.

Vers 46. (Τί γὰρ λύτρον πεσόντος αἵματος πέδῳ;) Car quel prix peut valoir le sang qu'elle a versé ?

Vers 52-57. (Σέβας δ' ἄμαχον...) Au lieu du respect qui retenoit les peuples du temps d'Agamemnon, c'ést maintenant la frayeur qui les retient.

Vers 57 et 58. (Τὸ δ' εὐτυχεῖν Τόδ' ἐν βροτοῖς θεός τε....) Être heureux, c'est être dieu et quelque chose de plus parmi les hommes.

Vers 59-62. ('Ροπὴ δ' ἐπισκοπεῖ δίκας....) Les crimes sont punis tôt ou tard.

Vers 64 et 65. (Δι' αἷμά τ' ἐκποθὲν ὑπὸ χθονός....) Le sang que la terre a bu est un vengeur qui ne s'écoule point.

Vers 66 et 67. (Διαλγὴς ἄτη διαφέρει....) Un crime remplit l'âme du coupable de maladies qui ne lui laissent pas de repos.

Vers 69. (Οἴγοντι δ' οὔ τι νυμφικῶν ἐδωλίων....) La fleur de la virginité ne se rend point.

ANNOTATIONS.

Vers 73-81. (Ἐμοὶ δ' ἀνάγκαν γὰρ ἀμφίπτολιν....) Le chœur dit qu'il est contraint de louer les plus forts et de cacher son aversion, mais qu'il pleure dans son âme.

Vers 79. (Δακρύω δ' ὑφ' εἱμάτων.) Je pleure sous cape.

Vers 82. (Δμωαὶ γυναῖκες....) Cette scène est très-belle. Electra demande au chœur ce qu'elle doit dire en répandant les libations que sa mère envoie à son père.

Vers 91 et 92. (Ἦ τοῦτο φάσκω τοὖπος....) Le prierai-je, selon la coutume, d'envoyer des biens à ma mère pour les maux qu'elle lui a faits?

Vers 93. (Δόσιν τε τῶν κακῶν ἐπαξίαν.) Il fait une surprise, au lieu de καλῶν.

Vers 94. (Ἦ σῖγ' ἀτίμως....) Ou plutôt jetterai-je ce vase par terre en détournant les yeux ailleurs, comme ceux qui jettent des ordures?

Vers 98 et 99. (Τῆς δ' ἔστε βουλῆς, ὦ φίλαι, μεταίτιαι· Κοινὸν γὰρ ἔχθος.... Conseillez-moi, car nous avons une haine commune.

Vers 122. (Ἑρμῆ χθόνιε, κηρύξας ἐμοὶ....) Prière d'Electra en faisant les libations sur le tombeau de son père.

Vers 125 et 126. (Καί Γαῖαν αὐτὴν....) Terre qui produit, qui nourrit tout, et qui le reprend ensuite.

Vers 137 et 138. (Καὶ σὺ κλῦθί μου, πάτερ, Αὐτῇ τέ μοι δὸς....) Écoutez-moi, mon père, donnez-moi d'être plus chaste que ma mère, et d'avoir les mains plus saintes que les siennes.

Vers 144. (Τήνδε τὴν κακὴν ἀράν....) Imprécation en suite de la prière.

Vers 148 et 149. (Ὑμᾶς δὲ κωκυτοῖς....) Elle fait les effusions, et exhorte le chœur à les accompagner de gémissements.

Vers 323. (Πυρὸς ἡ μαλερὰ γνάθος.) *Sicut devorat stipulam lingua ignis.* Isaïe, cap. v (*verset 24.*)

NOTES

SUR QUELQUES TRAGÉDIES DE SOPHOCLE

Recueillies en marge d'un volume intitulé *Sophoclis tragœdiæ septem cum commentariis,* — imprimé *Venetiis, in Aldi Romani academia,* 1502, in-8, et conservé à la Bibliothèque nationale.

SOPHOCLE.   201

SUR *AJAX*.

Vers 55. (Ἔνθ' εἰσπεσὼν....) Fureur d'Ajax.

Vers 77. (Ἐγὼ γὰρ ὀμμάτων ἀποστρόφους....) Pallas empêche Ajax de voir Ulysse.

Vers 79. (Οὐκοῦν γέλως ἥδιστος....) Il est doux de rire aux dépens de ses ennemis.

Vers 121. (Ἐποικτείρω δέ νιν....) Ulysse a pitié d'Ajax.

Vers 137. (Σὲ δ' ὅταν πληγὴ Διός....) Il (*le chœur*) se plaint des bruits qu'Ulysse fait courir contre Ajax.

Vers 155. (Τῶν γὰρ μεγάλων ψυχῶν....) La médisance ne s'attache qu'aux grands hommes.

Vers 284. (Κεῖνος γὰρ ἄκρας νυκτὸς....) Récit de la folie d'Ajax.

Vers 342. (.... Ἐγὼ δ' ἀπόλλυμαι.) Ajax déplore sa folie.

Vers 429. (Νῦν γὰρ πάρεστι καὶ δὶς αἰάζειν ἐμοί.) Jeu sur son nom d'Ajax.

Vers 482. (Ὦ δέσποτ' Αἴας...) Tecmesse veut consoler Ajax.

Vers 547 et 548. (Ὦ παῖ, γένοιο....) *Disce, puer, virtutem ex me*[1], etc.

Vers 644. (Κοὐκ ἔστ' ἄελπτον οὐδέν....) Ajax trompe le chœur et feint de vouloir vivre.

Vers 654. (Κρύψω τόδ' ἔγχος τοὐμόν....) Il dit que son épée lui porte malheur, et qu'il va la cacher; mais c'est à dessein de se tuer.

Vers 691. (Ὦ Πάν, Πάν....) Il (*le chœur*) se réjouit du changement d'Ajax.

Vers 714. (Ἄνδρες φίλοι....) Teucer envoie un homme pour empêcher Ajax de sortir, étant retenu lui-même par les Grecs.

Vers 715. (Τεῦκρος πάρεστιν....) Un messager annonce le retour de Teucer et la prophétie de Calchas sur Ajax.

Vers 799. (Καὶ σπεύσαθ' οἱ μὲν Τεῦκρον....) Ils se séparent pour aller chercher Ajax.

Vers 810. (Ὁ μὲν σφαγεὺς ἕστηκεν....) Ajax seul. Il se vient tuer.

Vers 814. (Πέπηγε δ' ἐν γῇ....) Son épée est appuyée contre terre.

Vers 859. (Ὕστατον θροεῖ.) Il se tue.

Vers 861. (Πόνος πόνῳ πόνον....) Le chœur partagé en deux bandes.

Vers 864. (Κοὐδεὶς ἐπίσταται....) Il revient, n'ayant point trouvé Ajax.

Vers 891. (Αἴας ὅδ' ἡμῖν....) Tecmesse découvre Ajax.

Vers 956. (Θανόντ' ἂν οἰμώξειαν....) On regrette un grand homme après sa mort.

Vers 982. (Οὐχ ὅσον τάχος....) Teucer demande le fils d'Ajax.

---

1. Virgile, *Énéide*, livre XII, vers 435 et 436.

SUR ÉLECTRE.

Vers 1, acte I, scène I. Le Pédagogue explique le lieu de la scène, le temps et le sujet même.

Vers 10. (Δῶμα Πελοπιδῶν τόδε.) La scène est devant la porte du palais d'Agamemnon.

Vers 16. (Πυλάδη.) Pylade est présent.

Vers 18. ('Εῷα κινεῖ φθέγματ' ὀρνίθων σαφῆ.) Lever du soleil.

Vers 25. ("Ωσπερ γὰρ ἵππος εὐγενής....) Vieux cheval qui a du courage.

Vers 29. (Τοίγαρ τὰ μὲν δόξαντα δηλώσω.) Oreste explique tout le sujet qui le fait venir.

Vers 36. ("Ασκευον αὐτόν....) Oracle. — Oreste rapporte le commandement de l'oracle pour préparer le spectateur à n'avoir pas tant d'horreur de tout ce qu'il vient faire.

Vers 45. (Φωκεὺς, παρ' ἀνδρὸς Φανοτέως....) Nœud de la fable.

Vers 77. ('Ιώ μοί μοι δύστηνος....) Scène II. Electra vient seule, et ils s'en vont pour n'être point vus. — Il introduit dans Electra une femme affligée, constante dans son affliction, qui aime son frère Oreste, qui est intrépide, et qui se résout de venger elle-même la mort de son père, quand elle croit que son frère est mort.

Vers 88. (Πολλὰς μὲν θρήνων ᾠδάς.) Pleurs continuels.

Vers 108. ('Επὶ κωκυτῷ...) Elle rend raison pourquoi elle vient pleurer hors du logis.

Vers 112. (Σεμναί τε Θεῶν παῖδες....) Elle invoque les Furies.

Vers 120. ('Ιὼ παῖ, παῖ....) Scène III. Chœur de filles qui viennent pour la consoler. — Le Chœur est de filles d'Argos, qui approuvent la douleur d'Electra, qui détestent comme elle le crime de sa mère, mais qui sont plus timides qu'elle, et qui n'osent parler librement.

Vers 137. ('Αλλ' οὔ τοι τόν γ' ἐξ' Ἀΐδα.) Les larmes ne font point revivre les morts.

Vers 146. ('Αλλ' ἐμέ γ' ἁ στονόεσσ' ἄραρε....) Exemples de celles qui pleurent toujours.

Vers 156. (Οἷς ὁμόθεν εἶ....) Exemples de ses sœurs, qui pleurent moins.

Vers 164. ("Ον ἔγωγ' ἀκάματα προσμένουσ'....) Elle se plaint de ce qu'Oreste ne vient pas.

Vers 176. ('Ω τὸν ὑπεραλγῆ χόλον νέμουσα.) Laisser à Dieu sa vengeance.

Vers 188 ("Ας φίλος οὔτις ἀνὴρ ὑπερίσταται.) Elle dit qu'elle est seule et abandonnée de tout le monde.

Vers 213. (Φράζου μὴ πόρσω φωνεῖν.) Le Chœur l'avertit de dissimuler sa douleur.

Vers 223. ('Αλλ' ἐν γὰρ δεινοῖς οὐ σχήσω.) Elle s'excuse de sa douleur.

Vers 241 et 242. ('Εκτίμους ἴσχουσα πτέρυγας 'Οξυτόνων γόων.) Arrêter les ailes de ses soupirs.

Vers 246. ("Ερροι τ' ἂν αἰδὼς....) Adieu la piété, si Agamemnon n'est pas vengé.

Vers 251. (Αἰσχύνομαι μὲν, ὦ γυναῖκες...) Description de sa misère et de l'état de sa famille.

Vers 298. ("Ιδω δὲ τούτων....) Belle image de l'état où est la maison d'Agamemnon.

Vers 305 et 306. ('Αλλ' ἐν τοῖς κακοῖς Πολλή γ' ἀνάγκη....) Le mal porte au mal.

Vers 307. (Φέρ' εἰπὲ, πότερον....) Le Chœur timide se demande si Égisthe est absent.

Vers 317. (Φιλεῖ γὰρ ὀκνεῖν....) Les grandes choses demandent du temps.

Vers 325. (Τίν' αὖ σὺ....) Scène IV. Chrysothemis vient. — Chrysothemis est la sœur d'Electra ; mais plus foible qu'elle, elle s'accommode au temps, et garde des mesures avec sa mère, vivant pourtant honnêtement avec sa sœur. — Elle sort pour aller porter des offrandes au tombeau d'Agamemnon.

Vers 341. (Κείνης διδακτά....) Vous ne dites rien de vous-même, c'est de votre mère.

Vers 349. ('Επεὶ δίδαξον....) Raisons pourquoi elle (Electra) veut toujours pleurer.

Vers 358 et 359. (Σοὶ δὲ πλουσία Τράπεζα....) Elle reproche à sa sœur qu'elle est dans l'abondance.

Vers 362. (Νῦν δ' ἐξὸν πατρὸς....) Qu'au lieu d'être la fille de son père, elle veut l'être de sa mère.

Vers 366 et 367. ('Ως τοῖς λόγοις Ἔνεστιν ἀμφοῖν κέρδος....) S'entendre l'un l'autre.

Vers 376. (Μέλλουσι γάρ....) Supplice que l'on prépare à Electra.

Vers 384. ('Αλλ' ἐξίκοιτο....) Elle le souhaite.

Vers 387. ("Οπως πάθῃς τί χρῆμα ;...) Dispute des deux sœurs.

Vers 412. (Πολλά τοι σμικροὶ λόγοι....) Une parole fait bien du mal ou du bien.

Vers 414. (Λόγος τις αὐτήν ἐστιν....) Songe de Clytemnestre. — Ce songe de Clytemnestre vient bien au sujet, pour envoyer Chrysothemis au tombeau d'Agamemnon, où elle trouve des cheveux d'Oreste, qui y a été aussi : ce qui fait un fort bel incident.

Vers 425. (Πρός νυν Θεῶν σε λίσσομαι[1]....) Electra détourne sa sœur de porter les offrandes de sa mère.

Vers 446. (Τεμοῦσα κρατὸς βοστρύχων....) Elle coupe de ses cheveux pour les envoyer au tombeau.

Vers 451-455. ('Ημῖν ἀρωγὸν αὐτὸν....) Elle prie son père.

Vers 463. (Δράσω.) Chrysothemis se rend.

Vers 466. (Σιγὴ παρ' ὑμῶν....) Elle demande le silence.

Vers 467. ('Ως εἰ τάδ' ἡ τεκοῦσα....) Caractère timide.

Vers 469. Chœur tout seul. — Il semble pourtant qu'il adresse sa parole à Electra, qui ne rentre point dans la maison durant toute la prière ; et il y a apparence qu'elle se promène devant la porte, sans s'en éloigner, comme on peut voir par le premier vers de Clytemnestre (vers 511). — Il (le Chœur) raisonne sur le songe de Clytemnestre.

Vers 484. ("Ηξει καὶ πολύπους....) Vengeance divine.

Vers 511 ('Ανειμενη μὲν....) Acte II. Clytemnestre vient. C'est une femme qui, dans sa bonne fortune, craint toujours dans le cœur et n'est point en repos. Elle souffre avec chagrin les plaintes d'Electra.

Vers 512. (Οὐ γὰρ πάρεστ' Αἴγισθος....) L'absence d'Égisthe est ce qui donne à Electra la liberté de venir se plaindre dans la place qui est devant le palais.

Vers 526. (Τὴν σὴν ὅμαιμον....) Elle accuse Agamemnon pour se justifier.

Vers 529. (Εἶεν, δίδαξον δή με....) Elle cherche de mauvaises raisons pour s'excuser à elle-même.

Vers 537. ("Η τῶν ἐμῶν Ἅδης....) La mort demandoit-elle plutôt mes enfants que ceux d'Hélène ?

Vers 549. ('Αλλ' ἥν ἐφῆς μοι....) Electra lui demande la permission de parler.

Vers 553. (Καὶ δὴ λέγω σοι....) Elle justifie son père. Belle réponse d'Electra.

Vers 577. (Εἰ γὰρ κτενοῦμεν ἄλλον ἀντ' ἄλλου....) Si vous avez dû tuer mon père, on vous doit tuer.

Vers 582. ("Ητις ξυνεύδεις τῷ παλαμναίῳ....) Est-ce pour venger ma sœur que vous couchez avec Egisthe ?

Vers 592. (Καὶ σ' ἔγωγε δεσπότιν....) Vous êtes moins ma mère que ma maîtresse.

Vers 599. (Καὶ τόδ' εἴπερ ἔσθενον....) Sa colère s'augmente.

Vers 603. (Εἰ γὰρ πέφυκα....) Si je suis méchante, je ne dégénère point de vous.

---

[1]. L'édition de 1502, sur laquelle Racine écrivait ces notes, met ce passage dans la bouche d'Electra ; dans d'autres éditions, c'est Chrysothemis qui parle.

Vers 605. ('Ορῶ μένος πνέουσαν....) Le Chœur feint d'être neutre.

Vers 609. (Καὶ ταῦτα τηλικοῦτος....) Que seroit-ce si elle étoit plus puissante?

Vers 611. (Εὖ νυν ἐπίστω τῶνδέ μ' αἰσχύνην ἔχειν.) Electra dit qu'elle en a honte elle-même, mais qu'elle y est forcée. — Caractère honnête d'Electra au milieu de son emportement. Elle s'en excuse sur son malheur.

Vers 620. (Τὰ δ' ἔργα τοὺς λόγους εὑρίσκεται.) C'est vos actions qui parlent en moi.

Vers 623. ('Ορᾷς; πρὸς ὀργὴν ἐκφέρῃ....) Vous vous fâchez, après m'avoir permis de parler.

Vers 625. (Οὔκουν ἐάσεις....) Clytemnestre lui dit de la laisser sacrifier en paix.

Vers 627 et 628. (Ἐῶ, κελεύω, θῦε....) Electra lui dit qu'elle ne parlera plus.

Vers 633. (Κεκρυμμένην μου βάξιν....) *A parte.* Prière secrète de Clytemnestre.

Vers 647. (Φίλοισί τε ξυνοῦσαν....) Elle n'ose nommer Égisthe.

Vers 648. (Καὶ τέκνων ὅσων ἐμοὶ....) Elle exclut Electra.

Vers 652. (Τὰ δ' ἄλλα πάντα καὶ σιωπώσης ἐμοῦ....) Le reste, ô Dieu, vous le savez sans que je vous le dise.

Vers 655. (Ξέναι γυναῖκες....) Scène II. *Pédagogue.* — Le gouverneur d'Oreste vient faire un faux récit de sa mort, pour surprendre Égisthe et Clytemnestre, et pour découvrir en même temps ce qui se passe.

Vers 669. (Οἲ 'γὼ τάλαιν'....) Electra s'écrie.

Vers 676. (Κεῖνος γὰρ ἐλθών....) Il fait ce récit long et dans le détail, pour mieux persuader.

Vers 702. ('Αθηνῶν τῶν θεοδμήτων ἄπο.) Pour plaire aux Athéniens[1].

Vers 725. (Ναυαγίων.... ἱππικῶν.... Naufrage de chevaux.

Vers 738. ('Έπειτα, λύων ἡνίαν...,) Chute feinte d'Oreste.

vers 746. (Οἳ ἔργα δράσας.,..) Mort d'un grand homme.

Vers 754. (Φέρουσιν ἄνδρες....) Ces hommes-là sont Oreste et Pylade.

Vers 761. (Ὦ Ζεῦ, τί ταῦτα....) Clytemnestre doute si elle doit s'affliger ou se réjouir.

Vers 765 et 766. (Δεινὸν τὸ τίκτειν ἐστίν..,.) Mère.

Vers 770 et suivants. ("Οστις τῆς ἐμῆς ψυχῆς γεγὼς....) Enfin elle s'en réjouit.

Vers 781. (Ψυχῆς ἄκρατον αἷμα....) Electra boit le plus pur de son sang, c'est-à-dire la désespère.

1. C'est-à-dire, Sophocle a mis ce vers dans sa pièce pour plaire aux Athéniens.

Vers 786. (Οὔ τοι σύ....) Clytemnestre insulte à sa fille, ne craignant plus Oreste.

Vers 791. (Οὐχ ὅπως σε παύσομεν.) Elle entend parler de sa conscience.

Vers 794. (Οὐκοῦν ἀποστείχοιμ' ἄν....) Il (le Pédagogue) feint de s'en vouloir aller, afin qu'on le retienne.

Vers 797. ('Ἀλλ' εἴσιθ' εἴσω....) Elle le fait entrer.

Vers 799. Scène III. Electra demeure avec le Chœur.

Vers 800. (Δεινῶς δακρῦσαι...) Raillerie amère.

Vers 803. ('Ὀρέστα φίλταθ' ὥς....) Electra pleure Oreste.

Vers 812. ('Ἀλλ' οὔτι μὴν ἔγωγε....) Elle veut mourir.

Vers 818. (Ποῦ ποτε κεραυνοὶ....) Où est le tonnerre, si ces crimes ne sont pas punis?

Vers 822. ('Ὦ παῖ, τί δακρύεις;) Pleurs bien passionnés.

Vers 832. (Οἶδα γὰρ ἄνακτ' Ἀμφιάρεων....) Qui mourut aussi par l'infidélité de sa femme Ériphile.

Vers 837. ("Ε ἒ, ἰώ.) Elle l'interrompt.

Vers 838. (Πάμψυχος ἀνάσσει.) Mort glorieux.

Vers 843. (Οἶδ' οἶδ'· ἐφάνη γὰρ....) Il eut un vengeur. Ce fut son fils Alcméon.

Vers 858-861. (Πᾶσι θνατοῖς....) CH. Tous les hommes meurent. EL. Et meurent-ils dans des courses de chariots?

Vers 868. ('Υφ' ἡδονῆς τοι...) Acte III, scène I. Elle (Chrysothemis) vient en courant. — Au milieu de la douleur d'Electra et des regrets qu'elle fait sur la mort d'Oreste, Chrysothemis vient lui dire qu'il est venu. Cela fait un fort bel effet; car les regrets d'Electra sont interrompus, et sa douleur n'en devient que plus violente. Ainsi la pitié va toujours en s'augmentant.

Vers 885. (Θάλπῃ τῷδ' ἀνηκέστῳ πυρί.) Joie excessive.

Vers 895. (Μή πού τις ἡμῖν ἐγγὺς....) La timidité de Chrysothemis est toujours exprimée.

Vers 898. (Νεωρῆ βόστρυχον τετμημένον.) Elle a vu des cheveux d'Oreste.

Vers 906. (Τῷ γὰρ προσήκει...;) Elle prouve qu'ils sont d'Oreste.

Vers 908. (Οὐδ' αὖ σύ· πῶς γάρ;...) Electra ne peut pas s'éloigner de la maison.

Vers 913 et 914. (Τοῖς αὐτοῖσι τοι....) La Fortune n'afflige pas toujours les mêmes.

Vers 917. (Φεῦ, τῆς ἀνοίας,...) Electra a pitié de sa sœur.

Vers 931. ('Ὦ δυστυχής....) Chrysothemis pleure Oreste.

Vers 940. (Τλῆναι σε....) Electra lui propose de l'aider à tuer Égisthe.

Vers 942. ("Ὁρα, πόνου τοι χωρὶς....) Elle l'y prépare.

Vers 944. ("Ἄκουε δή νυν....) Beau discours d'Electra à sa sœur.

Vers 948. (Ἐγὼ δ' ἕως μὲν τὸν κασίγνητον....) Elle n'en a point parlé (*de tuer Égisthe*), tant que son frère a vécu.

Vers 960. (Καὶ τῶνδε μέντοι....) Égisthe se gardera bien de nous marier.

Vers 972. (Τίς γάρ ποτ' ἀστῶν ἢ ξένον....) Tout le monde nous admirera.

Vers 983-986. (Ἀλλ', ὦ φίλη, πείσθητι....) Conclusion pathétique.

Vers 987. (Ἐν τοῖς τοιούτοις....) Le Chœur est toujours craintif.

Vers 992. (Ποῖ γάρ ποτ' ἐμβλέψασα....) Chrysothemis la veut détourner.

Vers 994. (Γυνὴ μὲν οὐδ' ἀνὴρ ἔφυς.) Nous sommes des femmes.

Vers 996. (Δαίμων δὲ τοῖς μὲν εὐτυχής....) Ils sont heureux.

Vers 1004 et 1005. (Οὐ γὰρ θανεῖν....) Nous ne mourrons pas quand nous voudrons.

Vers 1009. (Ἄρρητ' ἐγώ σοι....) Elle lui promet le secret.

Vers 1012. (Πείθου....) Le Chœur est de son avis.

Vers 1016. (Ἀλλ' αὐτόχειρί μοι....) Electra dit qu'elle l'entreprendra elle seule.

Vers 1018-1054. Dispute des deux sœurs. — Leur caractère paroît bien ici. L'une est intrépide et fière, l'autre timide, mais honnête, et sans perdre le respect.

Vers 1024. (Ζηλῶ σε τοῦ νοῦ....) J'aime votre esprit, mais je hais votre timidité.

Vers 1030. (Ἐλθοῦσα, μητρὶ....) Allez tout redire à votre mère.

Vers 1031.(Οὐδ' αὖ τοσοῦτον ἔχθος....) Je ne vous veux pas tant de mal.

Vers 1049. (Ἀλλ' εἰσιθ'....) Electra lui dit de rentrer.

Vers 1055. (Τί τοὺς ἄνωθεν....) Scène II. Chœur. Electra. — Le Chœur parle seul. — Le Chœur déplore le désordre de la maison de ses rois, la dissension des deux sœurs, et admire Electra.

Vers 1062. (Δαρὸν οὐκ ἀπόνητοι.) Il n'ose nommer personne.

Vers 1077. (Διδύμαν ἑλοῦσ' Ἐρινύν....) Il y a apparence qu'Electra est dans un coin du théâtre, ne prenant point de part à ce que dit le Chœur.

Vers 1084. (Τὸ μὴ καλὸν καθοπλίσασα....) Vous armant contre ce qui n'est pas honnête.

Vers 1087. (Ζώης μοι....) Vœux pour Electra.

Vers 1095. (Ἆρ', ὦ γυναῖκες....) Acte IV. Oreste. Electra. Le Chœur. — Oreste vient lui-même, apportant le vase où il dit que sa cendre est enfermée. Il s'adresse à Electra. C'est le dernier période de sa douleur (*de la douleur d'Electra*), et où le poëte s'est épuisé pour faire pitié. Il n'y a rien de plus beau sur le théâtre que de voir Electra pleurer son frère mort en sa présence, qui, en étant lui-même attendri, est obligé de se découvrir.

Vers 1120. (Δόθ' ἥτις ἐστὶ προσφέροντες....) Il parle à Pylade.

Vers 1123. (Ὦ φιλτάτου μνημεῖον....) Electra prend la cendre d'Oreste. — Belles plaintes d'Electra sur Oreste.

Vers 1140. (Οἴμοι τάλαινα τῆς ἐμῆς....) Elle raconte devant Oreste tout ce qu'elle a fait autrefois pour lui.

Vers 1146-1150. (Νῦν δ' ἐκλέλοιπε....) Plainte bien passionnée.

Vers 1162. (Τοίγαρ σὺ δέξαι,....) Elle veut mourir avec lui.

Vers 1167. (Τοὺς γὰρ θανόντας....) Les morts ne sont point malheureux.

Vers 1168. (Θνητοῦ πέφυκας πατρὸς, Ἠλέκτρα....) Le Chœur nomme Electra pour la faire connoître.

Vers 1171 et suivants. Oreste attendri. — Oreste plaint sa sœur. Beaux mouvements.

Vers 1197. (Μόνος βροτῶν....) Vous êtes le premier qui m'ayez plainte.

Vers 1188 et suivants. Reconnoissance d'Oreste. Cette reconnoissance est merveilleusement pathétique et bien amenée de parole en parole, en se répondant tous deux fort naturellement et tendrement.

Vers 1200 (Ἐγὼ φράσαιμ' ἄν....) Il demande s'il peut s'assurer sur le Chœur.

Vers 1202 et 1203. (Μέθες τόδ' ἄγγος νῦν....) Il lui veut faire quitter cette urne, et elle ne veut point.

Vers 1224. (Σφραγῖδα πατρὸς....) Il lui montre l'anneau de son père.

Vers 1227. (Ὢ φθέγμ', ἀφίκου....) O voix de mon frère !

Vers 1229. (Ἔχω σε χερσίν;...) Joie d'Electra.

Vers 1239. (Ἀλλὰ σῖγ' ἔχουσα πρόσμενε.) Oreste veut lui imposer silence.

Vers 1243-1252. (Τόδε μὲν οὔ ποτ' ἀξιώσω....) Beaux mouvements. — EL. Je ne crains point des femmes. OR. Cependant elles sont à craindre. — Il la fait ressouvenir de la mort de son père. — Il (Sophocle) représente dans Electra une joie aussi immodérée que sa douleur étoit excessive. Elle ne craint personne, elle s'abandonne à ses transports avec la même intrépidité qu'elle s'abandonnoit à son affliction.

Vers 1253-1257. (Ἀλλ' ὅταν παρουσία....) OR. Nous y songerons une autre fois. EL. J'y veux songer à toute heure.

Vers 1262. (Τίς οὖν ἂν ἀξίαν....) Et qui pourroit se taire en vous voyant si inopinément ?

Vers 1275-1281. (Ἰὼ χρόνῳ μακρῷ....) Elle le prie de ne la point empêcher de se réjouir.

Vers 1286 et 1287. (Ἔσχον ὀργὰν ἄναυδον....) Je crois qu'elle veut dire qu'on ne lui permettoit pas de crier en apprenant la mort de son frère, et qu'elle en étoit au désespoir, mais que maintenant elle est libre.

Vers 1291. (Τὰ μὲν περισσεύοντα....) Oreste songe à ne perdre point de temps.

Vers 1297. (Σήμαιν' ὅπου φανέντες....) Il lui demande où il se placera.

Vers 1301. (Ἀλλ' ὡς ἐπ' ἄτῃ....) Il lui commande de paroître toujours affligée.

Vers 1305 et 1306. (Ἐπεὶ τὰς ἡδονὰς....) Amitié d'Electra.

Vers 1312-1316). (Ἢν σὺ μὴ δείσῃς ποθ' ὡς….) Ne craignez point que ma mère me voie joyeuse ; je la hais trop. Et je pleurerai encore de joie.

Vers 1327. (Εἴσιτ', ὦ ξένοι.) Elle les traite d'étrangers, parce qu'elle entend sortir quelqu'un.

Vers 1330. (Ὦ πλεῖστα μῶροι….) Scène II. Le gouverneur d'Oreste leur reproche leur imprudence, et leur dit qu'on les auroit surpris sans lui. — Sophocle a voulu marquer l'imprudence des jeunes gens, qui ne peuvent se contenir dans leurs passions, et afin que le spectateur ne trouve point étrange qu'on ne les a point entendus de la maison, il fait que ce vieillard, plus sage qu'eux, a fait sentinelle à la porte.

Vers 1336. (Πάλαι φυλάσσων….) Ainsi il sauve toutes les apparences.

Vers 1346. (Εἷς τῶν ἐν Ἅδου….) Chacun vous croit mort.

Vers 1348. (Τελουμένων εἴποιμ' ἄν….) Il ne veut point s'amuser.

Vers 1353. (Οὐκ' οἶσθ' ὅτῳ….) Oreste fait reconnoître son gouverneur à Electra.

Vers 1360. (Ὦ φίλτατον φῶς….) Reconnoissance d'Electra envers lui.

Vers 1368. (Ἴσθι δ' ὡς μάλιστα….) Vous êtes l'homme du monde que j'ai le plus haï et aimé en un même jour.

Vers 1374. (Νῦν καιρὸς ἔρδειν….) Le Gouverneur les avertit qu'il est temps de commencer.

Vers 1380. (Πατρῷα προσκύσανθ' ἕδη.) Oreste adore en passant les dieux de la porte de son père.

Vers 1382. (Ἄναξ Ἄπολλον….) Prière passionnée d'Electra.

Vers 1390. (Ἴδεθ' ὅπου….) Electra entre un moment dans la maison pour les introduire.

Vers 1393. (Μετάδρομοι κακῶν….) Furies qui courent derrière les crimes.

Vers 1404. (Ὦ φίλταται γυναῖκες….) Acte V, scène I. Electra sort pour n'être pas présente à la mort de sa mère. — Elle dit ce que l'on fait en dedans.

Vers 1407 et 1408. (Ἡ μὲν ἐς τάφον Λέβητα κοσμεῖ….) Raison pourquoi Clytemnestre est dans la maison. Elle prépare ce qu'il faut pour les funérailles d'Oreste.

Vers 1410 et 1411. (Φρουρήσουσ' ὅπως….) Il rend raison pourquoi Electra sort. — Pour empêcher qu'Égisthe ne les surprenne.

Vers 1414. (Βοᾷ τις ἔνδον….) Cris de Clytemnestre qu'on tue. — Il fait entendre les cris de Clytemnestre afin que, sans voir cette mort, le spectateur ne laisse pas d'y être comme présent, et pour épargner un récit.

Vers 1415 et 1416. (Ἤκουσ' ἀνήκουστα….) Le Chœur frémit de l'entendre tuer.

Vers 1426. (Παῖσον, εἰ σθένεις, διπλῆν.) Ce vers est un peu cruel pour une fille ; mais c'est une fille depuis longtemps enragée contre sa mère.

Vers 1433. (Φοινία δὲ χείρ….) Mains sanglantes.

Vers 1435. ('Ορέστα, πῶς κυρεῖ;) Scène II. Oreste et les autres reviennent.

Vers 1437. (Ἀπολλον εἰ καλῶς ἐθέσπισεν.) Il se justifie en rejetant tout sur Apollon.

Vers 1440-1442. (Παύσασθε, λεύσσω γὰρ....) Le Chœur aperçoit de loin Égisthe. — Electra les fait cacher derrière la porte.

Vers 1448. (Τάδ' ὡς πάλιν....) Il n'achève pas son discours, pour marquer la diligence de l'action. — Ils se cachent.

Vers 1453. (Δι' ὠτος ἂν παῦρα....) Electra veut tromper Égisthe en lui parlant plus doucement que de coutume.

Vers 1458. (Τίς οἶδεν ὑλῶν....) Scène III. Égisthe revient, ayant su l'arrivée de ces étrangers qui ont annoncé la mort d'Oreste.

Vers 1461. (Σέ τοι, σέ κρίνω....) Il s'adresse à Electra, comme y ayant plus d'intérêt.

Vers 1464. (Ἔξοιδα. Πῶς γὰρ οὐχί;...) Electra parle toujours à double sens.

Vers 1474-1487. (Σιγᾶν ἄνωγα....) Égisthe commande qu'on ouvre les portes. — Les portes s'ouvrent, et on voit le corps enveloppé. — Oreste veut qu'il le découvre lui-même, pour se jeter en même temps sur lui. — Ce commandement d'Égisthe (vers 1474-1479) marque un homme insolent qui ne craint plus rien et qui veut que tout lui obéisse; et en même temps cela prépare aux spectateurs le plaisir de la surprise d'Égisthe, qui, au lieu du corps d'Oreste, découvre le corps de sa femme.

Vers 1491 (Οἴμοι, τί λεύσσω;...) Égisthe se voit perdu.

Vers 1496. (Ζῶν τοῖς θανοῦσιν....) Oreste se fait connoître à lui.

Vers 1500 et 1501. (Ἀλλά μοι πάρες,...) Égisthe veut encore parler pour mourir le plus tard qu'il pourra.

Vers 1504. (Τί γὰρ βροτῶν....) Que gaigne un homme qui doit mourir, de différer sa mort d'un moment?

Vers 1507. (Ταφεῦσιν....) Je crois qu'elle entend parler des chiens.

Vers 1510. (Χωροῖς ἂν εἴσω....) Oreste le fait rentrer pour ne le pas tuer sur la scène.

Vers 1514. (Χώρει δ' ἔνθαπερ κατέκτανες....) Il en rend la raison en même temps, qui est de le tuer où son père est mort.

Vers 1519. (Ἀλλ' οὐ πατρῴαν....) Égisthe parle et dispute le plus qu'il peut pour tirer en longueur. — Toutes ces disputes d'Égisthe marquent le caractère d'un poltron qui veut toujours différer sa mort.

Vers 1527. (Χρῆν δ' εὐθὺς εἶναι....) Punir les violences.

SOPHOCLE.

SUR *OEDIPE ROI*.

Vers 1. (Ὦ τέκνα, Κάδμου....) acte I, scène I. — Cette ouverture de la scène est magnifique : tous ces prêtres suppliants qui viennent implorer le secours d'OEdipe.

Vers 15. ('Ορᾷς μὲν ἡμᾶς....) Belle image de l'état funeste de la ville.

Vers 26. (Φθίνουσα δ' ἀγέλαις....) Peste.

Vers 33. (Ἀνδρῶν δὲ πρῶτον....) En louant OEdipe, ils le font connoître.

Vers 46. ('Ἴθ', ὦ βροτῶν ἄριστ'....) Ils le supplient tendrement de les sauver encore une fois.

Vers 58. (Ὦ παῖδες οἰκτροί....) Il représente en OEdipe un prince qui aime ses peuples, afin qu'il fasse plus de pitié.

Vers 70. (Κρέοντ' ἐμαυτοῦ γαμβρόν ...) Il attend le retour de Créon, qu'il a envoyé à l'oracle.

Vers 79. (Κρέοντα προστείχοντα....) Scène II. Créon arrive.

Vers 97. (Μίασμα χώρας....) L'oracle a commandé que la mort de Laïus soit expiée.

Vers 112. (Πότερα δ' ἐν οἴκοις....) OEdipe se fait conter cette mort.

Vers 130. (Ἡ ποικιλῳδὸς Σφὶγξ....) Raison pourquoi on ne la vengea point dans le temps.

Vers 138. (Ἀλλ' αὐτὸς αὑτοῦ....) Les rois se vengent en vengeant leurs pareils.

Vers 221. (Αἰτεῖς....) Scène I [*de l'acte II*].

Vers 229. (Ὅστις ποθ' ὑμῶν Λάϊον....) OEdipe commande au peuple qu'on déclare le meurtrier de Laïus.

Vers 241. (Τὸν ἄνδρ' ἀπαυδῶ τοῦτον....) Imprécations d'OEdipe contre le meurtrier de Laïus. — Bel artifice du poëte, qui fait qu'OEdipe s'engage lui-même dans d'effroyables imprécations.

Vere 264 et 265. (Ἔχων μὲν ἀρχὰς....) Double raison de le venger. Il a succédé à son empire et à son lit.

Vers 266. (Εἰ κείνῳ γένος....) Les autres enfants de Laïus étoient morts.

Vers 290 (Μάλιστα Φοίβῳ Τειρεσίαν....) Le Chœur lui conseille de consulter Tirésie.

Vers 293. (Ἔπεμψα γὰρ Κρέοντος εἰπόντος....) OEdipe dit qu'il l'a mandé par le conseil de Créon. Il prépare les soupçons qu'il doit avoir contre Créon.

Vers 305. (Ὦ πάντα νωμῶν....) Scène II. Tirésie vient.

Vers 309. (Σωτῆρά τ', ὦ'ναξ,...) OEdipe prie Tirésie, avec beaucoup d'humilité, de sauver la ville en déclarant le meurtrier de Laïus.

Vers 325. (Ἄφες μ' ἐς οἴκους....) Tirésie le prie de le renvoyer.

Vers 327. (Οὐτ' ἔννομ' εἴπας....) OEdipe s'irrite peu à peu du refus de Tirésie.

Vers 339. (Οὐκ, ὦ κακῶν κάκιστε....) OEdipe l'injurie. — OEdipe, en querellant Tirésie, l'engage à lui dire des vérités qu'il prend pour des calomnies. — Bel artifice d'instruire le spectateur, sans éclaircir l'acteur. — Dispute violente d'OEdipe et de Tirésie, et néanmoins toujours pleine de majesté.

Vers 364 (Ποῖον λόγον; λέγ' αὖθις....) OEdipe se le fait redire pour avoir plus de sujet de quereller.

Vers 376 (Τυφλὸς τά τ' ὦτα....) OEdipe lui reproche son aveuglement.

Vers 377. (Σὺ δ' ἄθλιος γε...) Vous serez plus aveugle que moi.

Vers 383. (Κρέοντος, ἢ σοῦ....) Jalousie qui prend à OEdipe contre Créon. Il croit que c'est lui qui fait parler Tirésie, pour se faire roi, après l'avoir fait chasser. — Cette mauvaise humeur d'OEdipe ne le rend point odieux, parce que l'intérêt public le fait parler; mais elle le rend digne de compassion, parce qu'il veut forcer un homme à lui dire des choses qui doivent retomber sur lui.

Vers 387. (Ὅσος παρ' ὑμῖν ὁ φθόνος....) Grandeurs enviées.

Vers 392 (Ὑφεὶς μάγον τοιόνδε....) Créon m'a envoyé cet imposteur, ce misérable, qui ne voit clair que pour gaigner.

Vers 396. (Πῶς οὐχ, ὅθ' ἡ ῥαψῳδὸς....) Où étois-tu quand je sauvai la ville du Sphynx?

Vers 413. (Εἰ καὶ τυραννεῖς....) Tout roi que vous êtes, je prétends vous pouvoir répondre; car je suis au dieu Apollon, et non pas à vous. — Privilége de la prêtrise.

Vers 420 (Ἆρ' οἶσθ' ἀφ' ὧν εἶ;...) Tirésie lui prédit obscurément tous ses malheurs.

Vers 435-442. (Οὐκ εἰς ὄλεθρον;...) OEd. Ne t'en iras-tu pas au plus vite? — Tirés. Je ne serois pas venu, si vous ne m'eussiez appelé. — OEd. Je ne prévoyois pas que tu me dirois des folies. — Tirés. Je vous parois fou; mais votre père m'a trouvé sage. — OEd. Quel père? arrête. — Cette inquiétude d'OEdipe est admirable; Tirésie le laisse sans l'éclaircir.

Vers 452-467. (Εἰπὼν, ἄπειμ' ὧν οὕνεκ' ἦλθον....) Tirés. Je m'en vais, mais je vous avertis que celui que vous cherchez est ici, etc. Si je mens, croyez que je n'entends rien dans les prédictions.

Vers 517. (Ἄνδρες πολῖται....) Acte III, scène I. Créon se vient plaindre des soupçons d'OEdipe.

Vers 536. (Οὗτος σὺ, πῶς δεῦρ' ἦλθες;...) Scène II. OEdipe le vient trouver.

Vers 540. (Φέρ', εἰπὲ πρὸς Θεῶν....) M'avez-vous cru si stupide que de ne pas reconnoître que c'est vous qui faites parler Tirésie?

Vers 548. (Ἴσ' ἀντάκουσον....) Créon le prie de l'entendre.

Vers 552. (Τοῦτ' αὐτὸ μή μοι φράζ'....) OEdipe ne veut point écouter. Belle image d'un homme en colère.

Vers 559. ('Επειθες, ἢ οὐκ ἔπειθες;...) C'est vous qui m'avez fait mander Tirésie.

Vers 566 et 567. (Τότ' οὖν ὁ μάντις....) Pourquoi Tirésie ne parla-t-il point de moi dans le temps que Laïus fut tué?

Vers 596. (Πῶς δῆτ' ἐμοὶ τυραννίς....) Créon lui montre honnêtement qu'il est plus heureux d'être son beau-frère que d'être roi.

Vers 600. (Νῦν πᾶσι χαίρω....) Tout le monde m'aime, tout le monde a besoin de moi.

Vers 615. (Φίλον γὰρ ἐσθλὸν ἐκβαλεῖν....) Il vaut autant renoncer à la vie qu'à un bon ami.

Vers 618 et 619. (Χρόνος δίκαιον ἄνδρα....) Le temps seul fait connoître un homme de bien; mais il ne faut qu'un jour pour découvrir un méchant homme.

Vers 622 et 623. ("Οταν ταχύς τις....) Il faut une prompte résistance contre une prompte conspiration.

Les notes suivantes de Racine sur le même auteur ont été recueillies à la marge d'un volume intitulé : Σοφοκλέους τραγῳδίαι.... *typis regiis, Parisiis, 1553, apud Ad. Turnebum,* in-4, et conservé à la Bibliothèque nationale.

Sommaire de la vie de Sophocle, qui est en tête du volume :

Sophocle. — Plus jeune de dix-sept ans qu'Eschyle, plus âgé qu'Euripide de vingt-quatre ans. — Il fut le premier qui ne joua point lui-même ses tragédies, à cause de sa voix trop foible. — Il fit le chœur de quinze, au lieu qu'il n'étoit que de douze. — Il étoit de mœurs douces et se faisoit aimer de tout le monde. — Il ne voulut jamais quitter Athènes, quoique appelé par plusieurs rois. — Il étoit dévot. — Sa mort. — Ou d'un grain de raisin qu'un comédien lui avoit envoyé. — Ou d'une période d'*Antigone* qu'il voulut dire tout d'une haleine. — Ou de joie d'avoir été déclaré vainqueur. — Admirable dans les caractères, et seul imitateur d'Homère. — Qualités de ses tragédies : parler à propos, élégance, hardiesse, diversité — Il peint un caractère par un demi-vers.

ANNOTATIONS.

SUR *AJAX*.

Vers 1. Prologue. C'est Minerve invisible qui parle à Ulysse, qui entre en cherchant. — Il introduit Minerve, qui éclaircit le sujet, parce qu'il n'y a qu'elle qui puisse savoir et redire l'intention d'Ajax, qui est sorti tout seul la nuit, et qui alloit tuer Agamemnon, etc., si Minerve elle-même ne lui eût troublé l'esprit.

Vers 3. (Καὶ νῦν ἐπὶ σκηναῖς....) Il établit d'abord le lieu de la scène auprès des tentes d'Ajax, qui sont les dernières du camp des Grecs.

Vers 14. (Ὦ φθέγμ' Ἀθάνας....) Il marque que Minerve est invisible.

Vers 69. (Ἐγὼ γὰρ ὀμμάτων....) Elle promet à Ulysse de troubler la vue d'Ajax, afin qu'il ne le reconnoisse point.

Vers 74. (Τί δρᾷς, Ἀθάνα ;...) Le poëte représente Ulysse peut-être un peu trop timide ; mais c'est pour relever Ajax, en le rendant plus terrible.

Vers 79. (Οὐκοῦν γέλως ἥδιστος...) C'est un rire agréable que de rire de ses ennemis.

Vers 118. (Ὁρᾷς, Ὀδυσσεῦ, τὴν Θεῶν...) Vous voyez, Ulysse, ce que c'est que l'homme quand il plaît aux dieux.

Vers 119. (Τούτου τίς ἄν τοι....) Minerve loue Ajax, afin de prévenir le spectateur en sa faveur.

Vers 121. (Ἐγὼ μὲν οὐδὲν οἶδ', ἐποικτείρω δέ νιν.) Sentiment honnête d'Ulysse, qui a compassion d'Ajax. — Ce caractère d'Ulysse est soutenu jusqu'à la fin ; car c'est lui qui fait accorder la sépulture à Ajax, quoiqu'il fût celui qu'Ajax haïssoit le plus.

Vers 125. (Ὁρῶ γὰρ ἡμᾶς οὐδὲν....) Nous ne sommes que des ombres.

Vers 127-133. (Τοιαῦτα τοίνυν....) Piété envers les dieux.

Vers 134. (Τελαμώνιε παῖ....) Le Chœur est de vieillards de Salamine, soldats d'Ajax.

Vers 154. (Τῶν γὰρ μεγάλων ψυχῶν ἱείς.) La médisance est mieux reçue contre les grands.

Vers 201. (Ναὸς ἀρωγοί....) Tecmesse sort, et conte tout ce qui se passe, et tout ce qui s'est passé.

Vers 210. (Παῖ τοῦ Φρυγίου....) Tecmesse, fille du Troyen Téleutante, captive et femme d'Ajax.

Vers 260. (Τὸ γὰρ ἐσλεύσσειν οἰκεῖα πάθη....) Douleur d'Ajax de se voir cause de ses malheurs.

Vers 284. (Ἅπαν μαθήσῃ τοὖργον....) Récit de la fureur d'Ajax.

Vers 317. Ὁ δ' εὐθὺς ἐξῴμωξεν....) Gémissements d'Ajax.

Vers 328. (Ἀλλ', ὦ φίλοι· τούτων γάρ....) Raison pourquoi elle est sorti sur la scène.

Vers 333. (Ἰώ μοί μοι.) Ajax crie de dedans sa tente.

Vers 340. (Ὦ μοι τάλαιν', Εὐρύσακες....) Elle craint pour son fils Eurysace.

Vers 346. (Ἰδοὺ, διοίγω....) On ouvre sa tente.

Vers 367. (Οἴμοι γέλωτος....) Il songe à la joie de ses ennemis.

Vers 369. (Οὐκ ἐκτός;...) N[a]. Le malheur le rend plus sévère.

Vers 382. (Ἦ που πολὺν γέλωθ'....) Ah! qu'Ulysse se réjouit bien à l'heure qu'il est!

Vers 383. (Ξὺν τῷ Θεῷ πᾶς....) L'on pleure, l'on rit, quand il plaît aux dieux.

Vers 384. (Ἴδοιμι δή νιν....) Que plût aux dieux que je le pusse voir, tout malheureux que je suis!

Vers 389. (Ἰὼ Ζεῦ, προγόνων πάτερ....) O Jupiter, auteur de ma race, que ne puis-je exterminer ce méchant fourbe que je hais! que ne puis-je percer le cœur de deux injustes rois, et me tuer moi-même après eux! — Il s'adresse à tout dans la passion, à Jupiter, aux enfers, aux campagnes de Troie.

Vers 394. (Ἰὼ σκότος....) Belle apostrophe aux enfers.

Vers 412. (Πόροι ἁλίρροθοι....) Apostrophe aux campagnes de Troie.

Vers 485. (Ὦ δέσποτ' Αἴας....) Tendre discours de Tecmesse pour le fléchir.

Vers 489. (Νῦν δ' εἰμὶ δούλη....) Maintenant je suis esclave, puisqu'il a plu aux dieux, et surtout à votre valeur.

Vers 501. (Λόγοις ἰάπτων, ἴδετε....) Tout ceci est imité des paroles d'Andromaque dans Homère, *Iliad.*, Z.

Vers 527. (Καὶ κάρτ' ἐπαίνου τεύξεται....) N[a]. Il ne daigne pas caresser ou approuver Tecmesse, dans la douleur où il est.

Vers 530-534. (Κόμιξε νύν μοι παῖδα....) Il demande son fils. — A. Apportez-moi mon fils, que je le voie. — T. Je l'ai caché, dans la frayeur où j'étois. — A. Que craigniez-vous? Que voulez-vous dire? — T. J'ai craint que le pauvre enfant ne tombât et ne mourût entre vos mains.. — A. Cela étoit digne du malheur qui me poursuit.

Vers 544. (Καὶ δὴ κομίζει....) On apporte son fils sur la scène.

Vers 545-547. (Αἴρ' αὐτόν, αἶρε δεῦρο....) Apportez-le, apportez-le ici. Tout ce sang, tout ce carnage ne l'effrayera point, s'il est véritablement mon fils.

Vers 550 et 551. (Ὦ παῖ, γένοιο....)

> O mon fils, sois un jour plus heureux que ton père :
> Du reste avec honneur tu peux lui ressembler.

Vers 554. (Ἐν τῷ φρονεῖν γὰρ μηδέν....) Il envie le peu de sentiment de son fils.

Vers 563. (Τοῖον πυλωρὸν φύλακα....) Il se confie à Teucer. Voy. *Iliad.* Θ[1] l'amitié d'Ajax pour Teucer.

Vers 568-570. (Κείνῳ τ' ἐμὴν ἀγγείλατ' ἐντολήν....) Il prie les soldats de sa suite de dire ses dernières volontés à Teucer. — Afin qu'il montre son fils à son père et à sa mère.

Vers 573-578. (Καὶ τἀμὰ τεύχη....) En mémoire de l'affront qu'on lui a fait. Il laisse son bouclier à son fils, et ne veut point que ses armes soient disputées.

Vers 582 et 583. (Πύκαζε θᾶσσον· οὐ πρὸς ἰατροῦ....) Il fait retirer Tecmesse. — Ce n'est pas au médecin à écouter les plaintes quand la plaie demande le fer.

Vers 588-591. (Οἴμ' ὡς ἀθυμῶ....) TECM. Au nom des dieux, ne nous abandonnez point. — AJAX. Ne savez-vous pas que je n'ai point d'obligation aux dieux?

Vers 599 et suivants. (Ὦ κλεινὰ Σαλαμίς....) Le Chœur déplore la malheureuse fortune d'Ajax.

Vers 623. (Ἦ που παλαιᾷ μέν....) Le Chœur déplore le malheur de la mère d'Ajax, quand elle apprendra cette nouvelle.

Vers 651. (Ἅπανθ' ὁ μακρός....) Ajax revient sur la scène, et, pour tromper le Chœur et Tecmesse, il feint de s'être rendu à ses prières.

Vers 655. (Κἀγὼ γὰρ, ὅς τὰ δείν'....) Il n'y a rien de si dur que le temps n'amollisse.

Vers 659. (Ἀλλ' εἶμι πρός τε λουτρά....) Il feint de s'aller purifier sur le bord de la mer.

Vers 663. (Κρύψω τόδ' ἔγχος....) Et d'aller enterrer l'épée d'Hector : c'est pour prétexter sa sortie avec une épée. Apparemment les anciens ne marchoient point, sans quelque besoin, l'épée au côté. C'est ainsi qu'Achille, dans l'*Iphigénie* d'Eurip[ide], lui dit qu'il va cacher son épée sous l'autel, afin que, si elle ne veut point mourir, il ait des armes pour la défendre [2].

Vers 670. (Ἐχθρῶν ἄδωρα δῶρα....) Présents des ennemis.

Vers 672 et 673. (Εἴκειν, μαθησόμεσθα δ' Ἀτρείδας σέβειν.... Τί μή;) Il di qu'il apprendra à respecter les Atrides. Le poëte lui donne des paroles forcées. Τί μή, pour marquer même la violence qu'il se fait en dissimulant.

Vers 681. (Ὅτ' ἐχθρὸς ἥμην....) Aimer comme si l'on devoit haïr, haïr comme si l'on devoit aimer.

Vers 688. (Ἄπιστός ἐσθ' ἑταιρίας λιμήν.) Amitié infidèle.

---

1. *Iliade,* livre VIII, vers 267-272, 330 et 331.
2. Racine a eu en vue les vers 1427 et 1432 d'*Iphigénie en Aulide.* Le sens qu'il a donné, dans ces vers, à l'expression τὰ ὅπλα n'est pas celui qu'adoptent les meilleurs interprètes. Achille, cela ne paraît pas douteux, parle de placer *près de l'autel* ses *soldats armés.* (P. M.)

Vers 691. (Εὔχου τελεῖσθαι....) Il fait rentrer Tecmesse.

Vers 692-697. (Ὑμεῖς θ' ἑταῖροι,...) Il donne ordre au Chœur de dire ses dernières volontés à Teucer. — Paroles équivoques qu'il tient au Chœur.

Vers 698. (Ἔφριξ' ἐν ἔρωτι....) Le Chœur danse et exprime sa joie sur le changement d'Ajax.

Vers 703. (Θεῶν χοροποί' ἄναξ....) Pan qui dresse les danses des dieux. — Il appelle Pan qui dresse les danses des dieux, et le prie de lui inspirer une danse sur-le-champ.

Vers 705. (Ὀρχήματα αὐτοδαῆ....) Pour excuser la danse d'un chœur de soldats qui ne doit point avoir appris à danser.

Vers 726. (Ἄνδρες φίλοι....) Voici un messager qui vient troubler la joie du Chœur, et qui leur apprend que Calchas a dit [à] Teucer qu'on prenne bien garde à Ajax, et qu'il est menacé de périr ce jour-là. Teucer ne vient pas lui-même, parce qu'il ne sauroit se défaire des Grecs qui l'environnent, et se veulent prendre à lui de la fureur d'Ajax.

Vers 740. (Ἀλλ' ἡμῖν Αἴας ποῦ 'στιν....) Le Messager demande où est Ajax.

Vers 745-753. (Βραδεῖαν ἡμᾶς....) Le Mess. Oh! que je crains bien qu'on ne m'ait envoyé trop tard. — Le Chœur. Pourquoi? — Le Mess. Teucer recommandoit qu'on ne laissât point sortir Ajax jusqu'à son retour. — Le Chœur. Ajax est allé apaiser les dieux. — Le Mess. Ces paroles-là sont bien suspectes, si Calchas dit vrai.

Vers 763. (Ἐλᾷ γὰρ αὐτὸν....) Pallas le poursuit aujourd'hui sans miséricorde.

Vers 767-782. (Ἔφασχ' ὁ μέν τις....) Raisons de la colère des dieux contre Ajax. — Son orgueil, sa confiance sur lui seul, et le mépris de leur secours.

Vers 774. (Πάτερ, Θεοῖς μέν....) Paroles d'Ajax à son père, qui lui disoit de se confier aux dieux.

Vers 781. (Ἄνασσα, τοῖς ἄλλοισιν....) Paroles d'Ajax à Pallas : *Allez secourir les autres, et ne vous mettez point en peine de moi.*

Vers 791. (Ὦ δαΐα Τέκμησσα....) Le Chœur appelle Tecmesse, et lui apprend la nouvelle que le Messager apporte.

Vers 812. (Οἱ δ' ἑσπέρους ἀγκῶνας....) Tecmesse exhorte le Chœur à chercher Ajax, les uns à droite, les autres à gauche.

Vers 814. (Ἔγνωκα γὰρ δή....) Je vois bien qu'il ne se confie plus à moi, et que j'ai perdu ses bonnes grâces.

Vers 818. (Χωρῶμεν....) Elle sort, et tout le monde sort comme elle. Le Chœur se sépare en deux bandes; et ainsi le théâtre demeure vide, afin qu'Ajax s'y puisse tuer aux yeux des spectateurs, sans que personne l'en puisse empêcher. — Il n'y a point de changement de scène, je veux dire du lieu de la scène. — Voilà le seul endroit des tragédies grecques où le Chœur sort de la scène, depuis qu'il y est entré; et c'est un bel artifice du poète, car les dernières paroles d'Ajax étoient trop considérables pour les cacher au spectateur.

Vers 822. (Ὁ μὲν σφαγεὺς ἕστηκεν....) Il plante son épée à terre pour se jeter dessus.

Vers 831. (Σὺ πρῶτος, ὦ Ζεῦ....) Il commence ses invocations par Jupiter.

Vers 832-834. (Αἰτήσομαι δέ σ' οὐ μακρὸν....) Je ne demande pas une grande grâce. Fais si bien seulement que la nouvelle de ma mort soit bientôt portée à Teucer.

Vers 839-841. (Πομπαῖον Ἑρμῆν....) Il prie Mercure de lui accorder une mort prompte et sans beaucoup languir.

Vers 844-849. (Σεμνὰς Ἐρινῦς....) Il prie les Furies de venger sa mort sur les Atrides. Et comme je meurs par mes propres mains, qu'ils meurent par les mains qui leur seront les plus chères.

Vers 853-856. (Ἥλιε, πατρῴαν....) Il prie le soleil d'annoncer sa mort à son père et à sa mère.

Vers 857 et 858. (Ἦ που τάλαινα....) Ah! que cette malheureuse poussera de longs gémissements lorsqu'elle apprendra cette nouvelle!

Vers 861. (Ὦ θάνατε, θάνατε....) Il s'adresse à la mort.

Vers 866. (Ὦ φέγγος, ὦ γῆς....) Il s'adresse à tout, et prend congé de tout.

Vers 871 et 872. (Τοῦθ' ὑμῖν Αἴας....) Voilà ce qu'Ajax vous dit pour la dernière fois. Le reste, je le dirai là-bas.

Vers 873. (Πόνος πόνῳ....) Le Chœur revient de deux côtés différents, et ils se racontent qu'ils n'ont rien trouvé.

Vers 898. (Τίνος βοὴ....) Le Chœur entend Tecmesse qui s'écrie.

Vers 904. (Αἴας ὅδ' ἡμῖν....) Elle leur montre Ajax qui s'est tué.

Vers 923-925. (Οὔ τοι θεατὸς....) Tecmesse le couvre d'un manteau, parce qu'il n'y a personne qui ait le cœur de le voir en cet état. Artifice pour cacher le sang au spectateur.

Vers 929. (Ποῖ Τεῦκρος....) Elle souhaite le retour de Teucer pour défendre Ajax après sa mort.

Vers 931. (Ὦ δύσμορ' Αἴας, οἷος ὢν οἵως ἔχεις....) Beau vers.

Vers 953 et 954. (Οἴμοι, τέκνον....) Elle craint pour elle et pour son fils.

Vers 966. (Ὁ πολύτλας ἀνὴρ....) Joie d'Ulysse.

Vers 974. (Θανόντ' ἂν οἰμώξειαν....) Peut-être le pleureront-ils mort, après l'avoir haï vivant.

Vers 978 et 979. (Ὧν γὰρ ἠράσθη τυχεῖν....) Comment se moqueront-ils de lui? Il a ce qu'il souhaitoit : il est mort.

Vers 985. (Ἰώ μοί μοι.) Arrivée de Teucer.

Vers 997 et 998. (Δῆτ' αὐτὸν ἄξεις δεῦρο....) Teucer envoie querir le fils d'Ajax, de peur qu'on ne l'enlève comme le faon d'une lionne. Iliad. Σ. (Livre XVIII, vers 318 et 319.)

.... Ὥσπερ λῖς ἠϋγένειος
Ὧ ῥά θ' ὑπὸ σκύμνους ἐλαφηβόλος ἁρπάσῃ ἀνήρ.

Vers 1007 et 1008. (Ὦ φίλτατ' Αἶας....) Pourquoi il n'est pas arrivé plus tôt : c'est qu'il a cherché partout Ajax.

Vers 1010. (Διῆλθ' Ἀχαιοὺς πάντας....) Le bruit de sa mort a couru bien vite.

Vers 1016. (Ὅσας ἀνίας μοι....) Teucer déplore sa malheureuse condition.

Vers 1019. (Ἦ που Τελαμὼν...) Que dira ton père et le mien ?

Vers 1025-1027. (Τὸν δειλίᾳ προδόντα....) Il croira que je t'ai abandonné, que je t'ai peut-être trahi, pour m'emparer de tes biens.

Vers 1028. (Τοιαῦτ' ἀνὴρ δύσοργος....) Vieillard colère.

Vers 1033. (Πολλοὶ μὲν ἐχθροὶ....) Irai-je à Troie, où je trouverai beaucoup d'ennemis et peu d'amis?

Vers 1040-1046. (Ἕκτωρ μὲν....) Réflexions sur l'épée d'Hector, dont Ajax s'est tué, et sur le baudrier d'Ajax, dont Hector a été traîné. — Les Furies ont forgé cette épée, et l'enfer ce baudrier.

Vers 1053. (Βλέπω γὰρ ἐχθρὸν φῶτα....) Le Chœur est effrayé de voir venir Ménélas.

Vers 1058. (Οὗτος, σὲ φωνῶ....) Ménélas commande à Teucer de ne point ensevelir Ajax.

Vers 1060. (Τίνος χάριν....) Fierté de Teucer.

Vers 1063. (Ὅθ' οὕνεκ' αὐτὸν....) Raisons de Ménélas.

Vers 1078. (Εἰ γὰρ βλέποντος....) Si nous n'avons pu venir à bout d'Ajax vivant, nous voulons en être les maîtres après sa mort.

Vers 1084. (Οὐ γάρ ποτ' οὔτ' ἂν ἐν πόλει....) Obéissance aux magistrats et aux chefs.

Vers 1092-1094. (Ὅπου δ' ὑβρίζειν....) Ville où règne la licence, est bientôt abîmée.

Vers 1099. (Αἴθων ὑβριστής....) Il étoit insolent, et moi je prétends lui insulter maintenant. V. (voyez) la harangue d'Alcibiade dans Thucydide.

Vers 1104. (Οὐκ ἄν ποτ' ἄνδρες....) Réponse généreuse de Teucer.

Vers 1118. (Ἀλλ' ὧν περ ἄρχεις, ἄρχε....) Commandez dans Sparte ou à vos sujets. Ajax commandoit aux siens et ne dépendoit point de vous.

Vers 1121. (Θήσω δικαίως....) Je l'ensevelirai malgré vous et malgré votre frère.

Vers 1126. (Σοῦ δ' οὐδὲν....) Il n'étoit point venu ici pour vous; car il n'honoroit point les gens sans mérite.

Vers 1132 et suivants. (Οὐ γὰρ βάναυσον....) Réponses vives de Teucer à Ménélas.

Vers 1153. (Ἤδη ποτ' εἶδον....) J'ai vu un homme fier lorsqu'il étoit loin de l'orage. Dès que la tempête venoit, il se laissoit fouler aux pieds des matelots.

Vers 1161. (Ἐγὼ δέ γ' ἄνδρ' ὄπωπα....) J'ai vu un homme qui vouloit insulter aux malheureux, et un autre homme, tel que moi, qui lui commandoit d'être sage.

Vers 1170. (Ἄπειμι....) Ménélas s'en va pour revenir avec main forte.

Vers 1175. (Ἀλλ' ὡς δύνασαι, Τεῦκρε....) Le Chœur recommande à Teucer de se hâter d'enterrer Ajax.

Vers 1178. (Καὶ μὴν ἐς αὐτὸν καιρὸν....) Tecmesse et son fils arrivent.

Vers 1182. (Ὦ παῖ, πρόσελθε....) Ceci est fort tendre et fort noble.

Vers 1184 et 1185. (Θάκει δὲ προστρόπαιος....) Teucer met le fils d'Ajax auprès de son père. Il met dans les mains de cet enfant et ses cheveux, et ceux de Tecmesse, et ceux de l'enfant lui-même.

Vers 1188. (Κακὸς κακῶς ἄθαπτος....) Belles imprécations qu'il fait en se coupant les cheveux.

Vers 1194. (Παρέστατ' ἀλλ' ἀρήγεθ'....) Il recommande au Chœur de le bien défendre, tandis qu'il va chercher ce qu'il faut pour l'enterrer.

Vers 1203. (Ὄφελε πρότερον....) Le Chœur déteste celui qui le premier a inventé les armes parmi les Grecs.

Vers 1210-1215. (Κεῖνος οὔτε στεφάνων.) Le Commentaire dit que Sophocle se jette ici dans ce qui est le plus de son génie, c'est-à-dire dans l'agréable. — Plaisirs dont on est privé par la guerre.

Vers 1224. (Νῦν δ' οὗτος ἀνεῖται....) Maintenant qu'Ajax est mort, quelle consolation nous reste ici?

Vers 1227. (Ἵν' ὑλῶεν ἔπεστι....) Plût aux dieux que je revoie bientôt Athènes!

Vers 1235. (Σὲ δὴ τὰ δεινὰ....) Discours superbe d'Agamemnon.

Vers 1237. (Σέ τοι τὸν ἐκ τῆς αἰχμαλώτιδος....) Il lui reproche qu'il est fils d'une captive.

Vers 1246. (Ποῖ βάντος....) Qu'a fait Ajax que je n'en aie fait autant que lui?

Vers 1269. (Οὐδ' εὐρύνωτοι....) Les gens à larges épaules ne sont pas les plus nécessaires, mais les gens sensés.

Vers 1269. (Ἄλλον τιν' ἄξεις ἄνδρα....) Ne m'amènerez-vous pas ici quelque homme libre qui parle pour vous? car je n'entends pas la langue des barbares.

Vers 1275. (Φεῦ· τοῦ θανόντος....) Teucer répond courageusement, mais pourtant avec un peu plus de respect qu'à Ménélas. — Ah! qu'on oublie aisément les bienfaits d'un homme après sa mort!

Vers 1282. (Οὐ μνημονεύεις....) Il lui remet devant les yeux ce qu'Ajax a fait pour les Grecs.

Vers 1292. (Χὤτ' αὖθις αὐτὸς....) Quand il fallut se battre contre Hector, Ajax mit son nom pour être tiré au sort.

Vers 1294. (Οὐ δραπέτην τὸν κλῆρον....) Il ne chercha point à tromper le sort, *i. (c'est-à-dire)* comme on l'a trompé lorsqu'on a donné les voix dans le jugement des armes d'Achille.

Vers 1300-1312. (Οὐκ οἶσθα σοῦ πατρὸς....) Vous me reprochez que je suis fils d'une barbare. Et quel étoit Pélops, votre aïeul ? N'étoit-il pas Phrygien ? Et qu'y a-t-il de plus barbare que votre père Atrée, qui a fait manger à son frère ses propres enfants ? Votre mère n'étoit-elle pas de Crète ? Votre père la surprit avec un adultère, et la fit jeter dans la mer. Et vous me reprochez la honte de ma naissance, à moi qui suis fils de Télamon, le plus vaillant des Grecs, et d'une mère princesse, fille de Laomédon, qu'Hercule donna lui-même à mon père, pour le récompenser de sa valeur.

Vers 1317-1322. (Εὖ νυν τόδ' ἴσθι....) Si vous faites jeter Ajax, faites votre compte qu'il faudra que vous nous jetiez tous trois avec lui ; car j'aime bien mieux mourir pour lui que pour votre femme ou pour votre frère. Mais prenez garde qu'en nous voulant outrager, vous ne vous repentiez de votre entreprise.

Vers 1318. (Τρεῖς ὁμοῦ συγκειμένους.) Le Commentaire dit que ces trois ce sont Teucer, Agamemnon et Ménélas ; mais je crois que c'est Teucer, Eurysace et Tecmesse.

Vers 1325. (Ἄναξ Ὀδυσσεῦ..,.) Arrivée d'Ulysse. Le Chœur prie Ulysse en faveur de Teucer. — Ulysse vient faire l'action d'un honnête homme : il détourne Agamemnon de l'outrage qu'il veut faire à la mémoire d'Ajax, et lui dit qu'il faut que leur haine meure avec lui.

Vers 1337. (Ἔξεστιν οὖν εἰπόντι....) Ulysse le prie de l'écouter favorablement.

Vers 1347. (Ἀλλ' αὐτὸν ἔμπας....) Mon inimitié ne m'empêchera point de dire qu'Ajax étoit le plus vaillant des Grecs après Achille.

Vers 1356. (Ἔγωγ'· ἐμίσουν δ' ἡνίκ' ἦν....) Je l'ai haï, tant que j'ai pu le haïr avec honneur.

Vers 1379. (Ἀλλ' εὖ γε μέντοι....) Agamemnon s'en va, cédant à Ulysse, mais se déclarant toujours ennemi d'Ajax.

Vers 1383. (Ὅστις σ', Ὀδυσσεῦ....) Le Chœur loue Ulysse.

Vers 1387. (Καὶ τὸν θανόντα τόνδε....) Ulysse s'offre à Teucer de lui aider à enterrer Ajax.

Vers 1390. (Ἄριστ' Ὀδυσσεῦ....) Teucer loue Ulysse de sa générosité.

Vers 1398. (Τοιγάρ σφ' Ὀλύμπου....) Imprécations de Teucer contre les Atrides.

Vers 1403-1408. (Τάφου μὲν ὀκνῶ....) Mais je n'ose, ô Ulysse, consentir que vous touchiez le corps d'Ajax, de peur que cela ne soit trop odieux à ses mânes ; mais du reste vous et vos amis vous pouvez faire toutes choses pour honorer sa sépulture. — Ulysse s'en va.

Vers 1412. (Ἀλλ' οἱ μὲν κοίλην....) Teucer donne les ordres pour la fosse d'Ajax, et pour le bain nécessaire à le laver.

Vers 1418. (Σὺ δὲ, παῖ τοῦ πατρὸς....) Il lève son corps pour le transporter, et se fait aider par son fils.

SUR *ÉLECTRE*.

Vers 1-4. Il explique dès les quatre premiers vers et le nom du principal acteur et le lieu de la scène.

Vers 2. (Ἀγαμέμνονος παῖ, νῦν ἐκεῖν'...) Voilà, ô fils d'Agamemnon, ces mêmes lieux que vous avez tant désiré de voir. — Sophocle a un soin merveilleux d'établir d'abord le lieu de la scène. Il se sert ici pour cela d'un artifice très-agréable, en introduisant un vieillard qui montre les environs du palais d'Argos à Oreste, qui en avoit été enlevé tout jeune. Le *Philoctète* commence à peu près de même : c'est Ulysse qui montre à Pyrrhus tout jeune l'île de Lemnos, où ils sont, et par où l'armée avoit passé. L'*OEdipe Colonéen* s'ouvre par OEdipe aveugle qui se fait décrire par Antigone le lieu où il est. Ces trois ouvertures, quoique un peu semblables, ne laissent pas d'avoir une très-agréable diversité et des couleurs merveilleuses.

SUR *OEDIPE A COLONE*.

Vers 570 et suivants. (Ὦ φίλτατ' Αἰγέως παῖ....) OEdipe prédit à Thésée qu'un jour Athènes et Thèbes se brouilleront.

Vers 572-575. (Τὰ δ' ἄλλα συγχεῖ....) Tour admirable qu'il donne à sa pensée.

Vers 584 et 585. (Ἵν' οὑμὸς εὕδων....) Un jour mes cendres froides boiront leur sang chaud.

SUR *LES TRACHINIENNES*.

Vers 1. (Λόγος μὲν....) Acte I, scène I. Déjanire explique le sujet par un monologue. Il semble pourtant que l'esclave qui lui parle ensuite a été présente à son discours.

Vers 9. (Μνηστὴρ γὰρ ἦν μοι....) Acheloüs demandoit Déjanire en mariage.

Vers 22. (Οὐκ ἂν διείποιμ'....) Artifice pour ne lui point faire perdre le temps à décrire le combat d'Hercule et d'Acheloüs.

Vers 28. (Ἀεί τιν' ἐκ φόβου φόβον τρέφω.) Crainte continuelle.

Vers 31-33. (Κἄφυσα μὲν δὴ παῖδας....) Hercule ne voyoit jamais ses enfants : comme un laboureur qui a un champ éloigné qu'il ne voit qu'au temps qu'il le sème et qu'il le moissonne.

Vers 34. (Τοιοῦτος αἰών....) Travaux continuels d'Hercule.

Vers 39. (Ἡμεῖς μὲν ἐν Τραχῖνι....) Raison pourquoi la scène est à Trachine : parce qu'Hercule, ayant tué Iphitus, avoit été obligé de se retirer.

SOPHOCLE.

Vers 44. Χρόνον γὰρ οὐχὶ βαιὸν....) Il y a quinze mois qu'Hercule est absent.

Vers 47. (Δέλτον λιπὼν....) Il avoit laissé en partant un écrit qui contenoit ses dernières volontés.

Vers 50. (Κατεῖδον ἤδη....) Je vous vois pleurer à toute heure.

Vers 52. (Νῦν δ' εἰ δίκαιον....) Si une esclave ose se mêler de donner des conseils.

Vers 56. (Μάλιστα δ' ὅνπερ εἰκός....) Comment n'envoyez[-vous] point Hyllus pour chercher son père?

Vers 58. (Ἐγγὺς δ' ὅδ' αὐτός....) Mais le voici qui vient à propos.

Vers 61-63. (Ὦ τέκνον, ὦ παῖ....) Scène II. Hyllus, Déjanire, l'esclave. — Un esclave peut quelquefois parler à propos.

Vers 65. (Σὲ πατρὸς οὕτω δαρὸν....) Déjanire dit à Hyllus qu'il y a quelque honte à lui de ne se point mettre en peine de son père.

Vers 67. (Ἀλλ' οἶδα....) Hyllus dit qu'il croit savoir où il est.

Vers 70. (Λυδῇ γυναικί....) Il a servi l'année passée sous une Lydienne.

Vers 74. (Εὐβοῖδα χώραν....) Et maintenant il assiége ou il a pris la ville d'OEchalie en Euboæ (sic).

Vers 79. (Ὡς ἦ τελευτὴν τοῦ βίου....) Hercule avoit eu un oracle qui lui prédisoit que s'il survivoit à cette expédition, il vivroit heureux tout le reste de sa vie.

Vers 82. (Ἐν οὖν ῥοπῇ τοιᾷδε....) Déjanire excite son fils à aller chercher Hercule dans une nécessité si importante.

Vers 86-89. (Ἀλλ' εἶμι, μῆτερ..,.) HYLL. Si j'avois su cet oracle, il y a longtemps que je serois parti; mais la fortune ordinaire de mon père me défendoit de craindre pour lui.

Vers 92. (Καὶ γὰρ ὑστέρῳ....) Il vaut mieux tard que jamais.

Vers 94 et 95. (Ὃν αἰόλα νύξ....) Le Chœur est de jeunes filles trachiniennes : O toi que la nuit enfante et éteint.

Vers 96. (Ἅλιον Ἅλιον....) Elles s'adressent au Soleil pour lui demander où est Hercule.

Vers 104-113. (Ποθουμένᾳ γὰρ φρενὶ....) Raison pourquoi le Chœur vient. Elles ont appris l'affliction de Déjanire. Elles plaignent l'inquiétude continuelle de Déjanire. Elle pleure toujours.

Vers 114. (Πολλὰ γὰρ ὥστ' ἀκάμαντος....) La vie d'Hercule est dans une continuelle agitation.

Vers 121. (Ἀλλά τις Θεῶν....) Mais toujours quelqu'un des dieux l'arrache à la mort; c'est pourquoi, ô Déjanire, je condamne votre crainte, et vous conseille d'espérer.

Vers 128. (Ἀνάλγητα γὰρ....) Car il n'y a personne exempt de douleur.

Vers 131. (Ἀλλ' ἐπὶ πῆμα καὶ χαρὰ....) La vie roule sur la joie et sur l'affliction, comme le chariot de l'Ourse roule toujours.

Vers 134. (Μένει γὰρ οὔτ' αἰόλα νύξ....) Rien n'est stable au monde.

Vers 142. (Τίς ὧδε τέκνοισι....) Qui croira que Jupiter n'ait point de soin de ses enfants ?

Vers 144. (Πεπυσμένη μὲν....) Acte II, scène I. Déjanire. Le Chœur[1].

Vers 148. (Χώροισιν αὐτοῦ....) *I. (c'est-à-dire)* car la jeunesse ne se soucie guère des affaires des autres, et ne songe qu'à elle. *Métaph[ore]* : *Pascitur in suis campis.*

Vers 149. (Οὐδ' ὄμβρος....) Bonheur des jeunes filles bien exprimé.

Vers 152. (Λάθη τ' ἐν νυκτὶ....) Une nuit change tout.

Vers 158. ('Οδὸν γὰρ ἦμος....) Elle dit qu'Hercule lui a laissé dans des tablettes ses dernières volontés, et qu'il a fait son testament, ce qu'il n'avoit jamais fait en partant pour tous ses autres travaux.

Vers 167. (Κρόνον προτάξας....) Il lui a dit que s'il ne revenoit dans quinze mois, il ne le falloit plus attendre; mais que s'il revenoit, il vivroit heureux tout le reste de ses jours.

Vers 175. (Δωδῶνι, δισσῶν....) Les deux colombes de Dodone. Voyez *Hérodote*, livre II (*chapitres* LV-LVII) : il (*Hérodote*) dit que c'étoit deux Égyptiennes.

Vers 176. (Καὶ τῶνδε ναμέρτεια....) Voici le terme qu'il a prescrit arrivé.

Vers 183. (Δέσποινα Δηιάνειρα...) Scène II. Un messager annonce à Déjanire qu'Hercule est vivant, victorieux et de retour.

Vers 191-194. ('Εν βουθερεῖ λειμῶνι....) Il dit qu'il l'a appris de Lichas, et qu'il a couru devant pour gaigner les bonnes grâces de Déjanire par cette bonne nouvelle.

Vers 197. (Κύκλῳ γὰρ αὐτὸν....) Il dit qu'Hercule est arrêté par le peuple, qui est ravi de le voir.

Vers 205. (Φωνήσατ', ὦ γυναῖκες....) Déjanire exhorte tout le Chœur à chanter des actions de grâce, et demeure pourtant sur la scène.

Vers 229. 'Ορῶ, φίλαι γυναῖκες....) Scène III. Lichas, héraut d'Hercule, amène les captives, et entre autres Iolé, dont Hercule est amoureux. Lichas trompe Déjanire par un faux récit, et lui cache les amours d'Hercule.

Vers 236. ('Ω φίλτατ' ἀνδρῶν....) L'amour de Déjanire et son impatience.

Vers 239. (Καὶ ξῶντα καὶ θάλλοντα....) Hercule vit et se porte bien.

Vers 246. (Τοῦ ποτ' εἰσὶ καὶ τίνες.) Leur nom, leur père, leur pays.

Vers 252. (Οὐκ, ἀλλὰ τὸν μὲν πλεῖστον....) Faux récit de Lichas. — Il y a déjà dans l'*Electra* un récit qui est faux tout entier, et qui néanmoins est raconté avec beaucoup de soin, et plus au long que celui[-ci]. Je ne sais si

---

1. Racine a souligné les vers suivants, 145 et 146 :

.... Ὡς δ' ἐγὼ θυμοφθορῶ
Μήτ' ἐκμάθοις παθοῦσα, νῦν δ' ἄπειρος εἶ.

ces narrations si longues sont assez dignes de la tragédie, quand elles ne sont pas sincères.

Vers 285. (Κεῖνοι δ' ὑπερχλιδῶντες....) Railleurs punis.

Vers 307. (Ὦ Ζεῦ τροπαῖε....) O Jupiter, que je ne voie jamais mes enfants en cet état.

Vers 311. (Ὦ δυστάλαινα....) Déjanire s'adresse à Iol ,et la plaint beaucoup plus que toutes les autres, sans savoir que [c'est] sa rivale.

Vers 324-332. (Εἴπ', ὦ τάλαιν'....) Déjanire interroge Iolé ; mais Lichas lui dit qu'elle ne veut point parler, et qu'elle ne fait que pleurer depuis que sa patrie est ruinée. — Lichas, par cette interruption, empêche Iolé d'instruire Déjanire de la vérité.

Vers 333. (Ἡ δ' οὖν ἐάσθω....) Déjanire les fait entrer, et est arrêtée par ce premier messager.

Vers 339. (Αὐτοῦ γε πρῶτον....) Scène IV. Le Messager qui étoit demeuré sur la scène, découvre à Déjanire tout le mystère qu'il avoit appris de Lichas lui-même en présence de plusieurs personnes.

Vers 357. (Ταύτης ἕκατι κεῖνος....) Récit véritable de l'amour d'Hercule pour Iolé.

Vers 364. (Τὴν παῖδα δοῦναι, κρύφιον ὡς ἔχοι λέχος.) Hercule ruina OEchalie parce qu'Euryte, père de Iolé, ne lui voulut pas permettre de coucher avec elle (κρύφιον λέχος). — Cette injustice d'Hercule et son infidélité envers Déjanire sont cause de sa perte, et l'en rendent digne.

Vers 379. (Οἴμοι τάλαινα....) Jalousie de Déjanire.

Vers 397-411. (Τί χρή, γύναι....) Scène V. Lichas sort, et veut s'en retourner vers son maître. Déjanire le retient, et dissimule son inquiétude. Ce sens froid qu'elle affecte et ses interrogations sont très-belles. Lichas continue à déguiser la vérité. — Ami, regardez-moi un peu. A qui pensez-vous parler? — Je parle à Déjanire, l'épouse d'Hercule et ma maîtresse.

Vers 414. (Τί δῆτα; ποίαν ἀξιοῖς....) Et si vous offensez votre maîtresse, de quelle peine vous jugez-vous digne?

Vers 418 et 420. (Ἄπειμι· μῶρος δ' ἦν.... Λέγ' εἴ τι χρῄζεις....) Ces deux réponses de Lichas ne sont pas assez respectueuses [1].

Vers 421-431 (Τὴν αἰχμάλωτον....) Elle le presse, il dénie.

Vers 439 et 440. (Ἄνθρωπος, ὦ δέσποιν', ἐπιστήτω....) Ceci sort encore un peu du respect. — Un homme sage ne doit point s'amuser à un homme qui n'est pas dans son bon sens.

Vers 442-465. (Μὴ, πρός σε....) Déjanire en vient aux prières. Discours

---

1. Il faut faire remarquer que, dans l'édition de Turnèbe, Lichas adresse ces réponses à Déjanire, tandis que les éditions plus récentes ont mis avec raison les vers 406, 408, 412-415, 417, 419, dans la bouche du Messager.

admirable d'une jalouse qui veut apprendre son malheur. — Vous parlez à une femme qui sait excuser les foiblesses des hommes. C'est en vain qu'on veut lutter et s'élever contre l'amour. Je serois une folle si je voulois du mal à mon époux ou à cette pauvre fille d'une chose si peu volontaire. Si vous mentez une fois, on ne vous croira plus quand vous voudrez être sincère. Le mensonge est indigne d'un homme libre. Mille autres me diront la vérité. Le mal n'est rien pourvu qu'on ne veuille point me le cacher. Hercule n'en a-t-il pas aimé beaucoup d'autres?

Vers 466. (Κοὔπω τις αὐτῶν....) Jamais je n'ai dit une parole fâcheuse à aucune de mes rivales.

Vers 469. (Ὤκτειρα δὴ μάλιστα....) Elle feint d'avoir beaucoup de compassion pour sa rivale.

Vers 477. (Ἀλλ', ὦ φίλη δέσποιν'....) Lichas avoue la vérité.

Vers 478. (Θνητὴν φρονοῦσαν θνητά....) Mortelle vous pensez des choses mortelles, *i. (c'est-à-dire)* vous vous accommodez à votre fortune.

Vers 486. (Ἀλλ' αὐτὸς, ὦ δέσποινα....) J'ai déguisé la vérité, non point par l'ordre d'Hercule, mais de moi-même, pour vous épargner de l'affliction.

Vers 493 et 494. (Ὡς τἀλλ' ἐκεῖνος....) Hercule, invincible en toute autre chose, vaincu par l'amour.

Vers 496. (Κοὔτοι νόσον....) Je ne veux point m'attirer un nouveau malheur en m'opposant au destin.

Vers 497. (Θεοῖσι δυσμαχοῦντες....) Ne point résister aux dieux, *i. (c'est-à-dire)* à l'amour.

Vers 500 et 501. (Κενὸν γὰρ οὐ δίκαιά σε....) Cela est dit avec une raillerie amère.

Vers 502. (Μέγα τι σθένος....) Déjanire rentre, et le Chœur demeure seul. Elle rentre pour charger Lichas et de ses ordres, et de ses présents pour Hercule. Le Chœur chante la puissance de Vénus, qui est invincible, à propos d'Hercule vaincu par l'amour.

Vers 513. (Ὁ μὲν ἦν ποταμοῦ σθένος....) Combat d'Acheloüs et d'Hercule.

Vers 522. (Εὔλεκτρος ἐν μέσῳ Κύπρις....) Vénus étoit au milieu de la carrière, qui jugeoit du combat.

Vers 524-529. (Τότ' ἦν χερὸς....) Belle description du combat.

Vers 528. (Κλίμακες....) Κλίμαξ étoit une espèce de lutte où l'on s'embrassoit l'un l'autre; et les bras enlacés représentoient une échelle.

Vers 530. (Ἁ δ' εὐῶπις....) Déjanire étoit sur la rive, attendant à qui elle devoit être.

Vers 533. (Ἐγὼ δὲ μάτηρ....) J'en parle avec affection, comme si j'étois sa mère.

Vers 536. (Κἀπὸ ματρὸς ἄφαρ....) Enfin elle fut emmenée d'auprès de sa mère, comme une jeune génisse.

Vers 538. (Ἦμος, φίλαι....) Acte III, scène 1. Déjanire sort, et prend le temps que Lichas parle en secret aux captives. Elle vient déplorer son malheur en présence du Chœur, et en même temps elle lui confie le dessein qu'elle a pris d'envoyer une robe à Hercule.

Vers 544. (Προσδέδεγμαι, φόρτον ὥστε....) Je reçois cette jeune captive, comme un matelot reçoit malgré lui une marchandise, une charge dangereuse.

Vers 547-549. (Τοιάδ' Ἡρακλῆς....) Voilà la récompense que je reçois d'Hercule pour avoir demeuré seule dans sa maison, que j'ai gardée si longtemps avec fidélité.

Vers 554-556. (Ὁρῶ γὰρ ἥβην....) Je vois que ma rivale est en âge de croître en beauté, et moi en âge de décroître. L'œil des hommes court à l'une et fuit l'autre.

Vers 557 et 558. (Ταῦτ' οὖν φοβοῦμαι μὴ πόσις μὲν Ἡρακλῆς Ἐμὸς καλῆται, τῆς νεωτέρας δ'ἀνήρ.) Je crains bien qu'Hercule ne soit à la vérité mon époux, mais qu'il ne soit le mari de l'autre, i. (c'est-à-dire) son petit mari. Πόσις, mari, quand même il seroit séparé de sa femme; ἀνήρ, quand il demeure avec elle. Ce dernier est tendre, l'autre est un titre seulement. Andromaque dit dans Homère (Iliade, liv. XXIV, vers 725), en prenant la tête d'Hector : Ἄνερ, ἀπ' αἰῶνος νέος ὤλεο.

Vers 605. (Τί χρὴ ποιεῖν;...) Scène II. Lichas sort, pour s'en retourner auprès d'Hercule.

Vers 640. (Ὦ ναύλοχα καὶ πετραῖα....) Le Chœur demeure seul[1].

NOTES

SUR QUELQUES TRAGÉDIES D'EURIPIDE

Recueillies à la marge d'un Euripide grec, édition d'Alde, *Venetiis apud Aldum*, 1503, deux tomes in-8°, conservés à la Bibliothèque nationale.

SUR *MÉDÉE*.

Vers 1-45. La nourrice de Médée fait le Prologue. Elle le fait avec passion et explique l'état des affaires.

[1]. Le *Philoctète* a cette note unique, écrite en tête de la pièce : « Belle manière d'expliquer le lieu de la scène dès le premier vers. — Cela ressemble un peu à l'ouverture de l'*Electra*. »

ANNOTATIONS.

Vers 1. (Εἴθ' ὤφελ.' Ἀργοῦς....) Cicéron cite souvent ce vers :

Utinam ne in nemore Pelio...., etc.

Vers 20. (Μήδεια δ' ἡ δύστηνος....) Description de la douleur de Médée.

Vers 36. (Στυγεῖ δὲ παῖδας....) Il (*Euripide*) prépare le meurtre de ses enfants.

Vers 44. (Δεινὴ γάρ....) Il est dangereux d'offenser Médée.

Vers 49. (Παλαιὸν οἴκων κτῆμα....) Scène I. Le gouverneur des enfants de Médée les amène sur la scène. — Ainsi tout le sujet est expliqué par une nourrice qui s'entretient avec un pédagogue. Ils s'en acquittent bien et par de beaux vers ; mais je doute que Sophocle eût voulu commencer une tragédie par de tels personnages.

Vers 57. (Ὣσθ' ἵμερός μ.' ὑπῆλθε....) Elle rend raison pourquoi elle est venue sur la scène.

Vers 68. (Πεσσοὺς προσελθών....) (*Étant venu*) aux lieux où l'on joue aux dés.

Vers 79. (Νέον παλαιῷ, πρὶν τόδ' ἐξηντληκέναι.) Malheur nouveau avant que de s'être fait au premier.

Vers 83. (Ὄλοιτο μὲν μή....) Plainte modeste d'un domestique.

Vers 86. (Ὡς πᾶς τις αὑτὸν τοῦ πέλας μᾶλλον φιλεῖ.) Amour-propre.

Vers 91. (Καὶ μὴ πέλαζε μητρί....) Cachez ces enfants à leur mère.

Vers 92. (Ἤδη γὰρ εἶδον ὄμμα....) Préparation de leur mort.

Vers 96. (Δύστανος ἐγώ....) Scène II. Médée parle derrière la scène. Elle parle en s'écriant dans la douleur.

Vers 105. (Ἴτε νῦν, χωρεῖθ'....) La nourrice fait rentrer les enfants.

Vers 109. (Μεγαλόσπλαγχνος, δυσκατάπαυστος.) Beaux mots pour décrire une femme implacable.

Vers 112 et 114. (Παῖδες, ὄλοισθε....) Médée souhaite que tout périsse.

Vers 119-121. (Δεινὰ τυράννων λήματα....) Les rois font de grandes fautes, ils savent mal obéir, et peuvent tout. Leurs colères sont affreuses.

Vers 123. (Ἐμοίγ' οὖν, εἰ μὴ μεγάλως....) Louanges de la vie médiocre.

Vers 131. (Ἔκλυον φωνάν....) Le Chœur est de femmes corinthiennes. Elles viennent plaindre Médée quoique étrangère, parce que son époux lui manque de foi ; et sa cause est la cause commune de tout le sexe.

Vers 144. (Αἶ αἶ διά μου κεφαλᾶς....) Médée souhaite la mort.

Vers 160. (Ὦ μεγάλα Θέμι....) Médée invoque et Thémis et Diane, qui est la même qu'Hécate.

Vers 173. (Πῶς ἂν ἐς ὄψιν....) Le Chœur demande à voir Médée pour essayer de la consoler.

Vers 187. (Καίτοι τοκάδος δέργμα λεαίνης....) Chagrin bien exprimé. — Médée est inaccessible à tous ses domestiques dans son chagrin.

Vers 192-197. Οἵτινες ὕμνους....) On a inventé la musique pour les festins, où il n'y a déjà que trop de joie, et on n'a point songé à en inventer pour calmer les afflictions. — Cette moralité est agréable, mais peu tragique.

Vers 209. (Τὰν Ζηνὸς ὁρκίαν Θέμιν....) Thémis a amené Médée dans la Grèce, parce qu'elle s'est fiée aux serments.

Vers 214. (Κορίνθιαι γυναῖκες....) Scène I (*de l'acte II*). Médée sort.

Vers 215-217. (Οἶδα γὰρ πολλοὺς βροτῶν....) Pourquoi cette moralité, au lieu de dire simplement : *Je sors, puisque vous avez souhaité de me voir; et je ne veux pas passer dans votre esprit pour une femme superbe.* — On trouve superbes et ceux qui se cachent, et ceux qui se montrent.

Vers 220. (Ὅστις πρὶν ἀνδρὸς σπλάγχνον....) On hait des hommes sur leur physionomie.

Vers 231. (Γυναῖκές ἐσμεν ἀθλιώτατον φυτόν.) Malheurs des femmes.

Vers 233. (Πόσιν πρίασθαι....) Nous achetons un maître bien cher.

Vers 238-251. (Ἐς καινὰ δ' ἤθη....) Tout cela est plus comique que tragique, quoique beau et bien exprimé.

Vers 244-247. (Ἀνὴρ δ' ὅταν τοῖς ἔνδον....) Quand un homme est chagrin chez soi, il n'a qu'à sortir, ce que nous ne pouvons pas.

Vers 251. (Θέλοιμ' ἂν μᾶλλον ἢ τεκεῖν ἅπαξ.) Péril de l'accouchement

Vers 252-259. (Ἀλλ' οὐ γὰρ αὐτὸς....) Médée rentre dans le sujet.

Vers 263. (Σιγᾶν....) Médée prie les Corinthiennes de garder le silence, si elle forme quelques desseins contre la vie de leur roi et de leur princesse. Quelle apparence? Euripide justifie cela le mieux qu'il peut par l'intérêt commun des femmes, qui sont toutes offensées en Médée.

Vers 263-266. (Γυνὴ γὰρ τἄλλα μὲν φόβου πλέα.) La femme est craintive, et n'ose souffrir la lueur d'une épée; mais rien n'est plus terrible quand elle se croit offensée dans les droits de sa couche.

Vers 267. (Δράσω τάδε....) Le Chœur lui promet de se taire.

SUR *HIPPOLYTE*.

Vers 1. Vénus fait le Prologue. Elle déclare sa colère contre Hippolyte, qui la méprise, et dit qu'elle le va perdre.

Vers 11. (Ἁγνοῦ Πιτθέως παιδεύματα.) Hippolyte avoit été élevé chez le sage Pitthée, père d'Æthra, mère de Thésée.

Vers 12. (Τῆς δὲ γῆς Τροιζηνίας....) La scène est à Troëzène.

Vers 15. (Φοίβου δ' ἀδελφὴν....) Hippolyte ne sert que Diane.

Vers 27. (Ἰδοῦσα Φαίδρα....) Phèdre l'a vu à Athènes, aux sacrés mystères.

Vers 28. (Τοῖς ἐμοῖς βουλεύμασι.) Vénus, pour excuser Phèdre, dit qu'elle l'a fait devenir amoureuse.

Vers 34-36. (Ἐπεὶ δὲ Θησεὺς....) Thésée fuit Athènes pour le meurtre des Pallantides. — Il amène avec lui Phèdre à Troëzène.

Vers 42-48. (Δείξω δὲ Θησεῖ....) Vénus prédit le dénoûmen.

Vers 45. (Ἄναξ Ποσειδῶν....) Promesse de Neptune à Thésée.

Vers 48-50. (Τὸ γὰρ τῆς δ' οὐ προτιμήσω καλόν....) Vénus sacrifie Phèdre pour se venger de son ennemi.

Vers 58. (Ἕπεσθ' ἀείδοντες....) Hippolyte entre avec un chœur de chasseurs.

Vers 274. (Πῶς δ' οὔ; τριταίαν....) Phèdre se veut laisser mourir de faim.

Vers 284. (Ἔκδημος ὢν γὰρ....) Thésée absent.

Vers 308-312. (Εἰ θανῇ προδοῦσα σοὺς....) Vous laisserez vos enfants esclaves d'Hippolyte.

SUR *LES BACCHANTES*.

Vers 1 et suivants. Bacchus dit qu'après avoir parcouru toute l'Asie, il vient en Grèce et commence par Thèbes, son pays, pour y faire reconnoître sa divinité, laquelle est niée par Penthée, le neveu de sa mère, et par les deux sœurs de sa mère, Ino et Agave, et presque par tous les Thébains. Il a pris pour cela la figure d'un jeune homme.

Vers 8. (Ἔτι ζῶσαν φλόγα.) Les fondements de la maison de Sémélé brûloient encore.

Vers 14. (Ἡλιοβλήτους πλάκας....) Champs exposés au soleil.

Vers 23 et 24. (Νεβρίδ' ἐξάψας χροὸς, Θύρσον τε δοὺς ἐς χεῖρα....) Peau de faon de cerf. — *Thyrse*, javelot fait de bois de lierre.

Vers 27. (Σεμέλην δὲ νυμφευθεῖσαν....) Calomnies contre Sémélé.

Vers 35 et 36. (Καὶ πᾶν τὸ θῆλυ....) Bacchus a fait autant de Bacchantes de toutes les Thébaines.

Vers 43-45. (Κάδμος μὲν οὖν....) Cadmus a abandonné l'empire à Penthée, fils de sa fille, ennemi de Bacchus.

Vers 50-52. (Ἣν δὲ Θηβαίων πόλις....) Bacchus dit que si les Thébains s'arment contre lui, il leur opposera une armée de Bacchantes.

Vers 64. (Ἀσίας ἀπὸ γᾶς....) Le Chœur est de Bacchantes de Lydie, qui suivent Bacchus partout où il va.

Vers 72-74. (Ὦ μάκαρ, ὅστις....) Heureux qui est admis aux mystères des dieux, et qui mène une vie pure.

Vers 101-104. (Ταυρόκερων θεὸν....) Bacchus avoit des cornes de taureau et étoit couronné de dragons. De là vient que les Bacchantes se couronnent de même.

Vers 109-113. (Καὶ καταβακχιοῦσθε....) Habillement des Bacchantes.

Vers 118. (Ἀφ' ἱστῶν παρὰ....) Les femmes quittoient la quenouille.

Vers 121. (Ζάθεοί τε Κρῆτες....) Divins Crétois.

Vers 126-129. (Ἀνὰ δὲ βάκχια συντόνῳ....) Instruments des Bacchantes et des hommes pleins de Bacchus. Le tambour de Cybèle, les flûtes et la voix.

Vers 139. (Αἷμα τραγοκτόνον....) Bacchus aimoit le sang des boucs.

Vors 143 et 144. (Ῥέει δὲ γάλακτι πέδον....) Partout où il va, la terre coule de vin, de lait, de miel, et l'encens fume.

Vers 145-150. (Ὁ Βακχεὺς δ' ἔχων....) Bacchus porte un flambeau allumé, et inspire sa fureur par des chants et par des danses, abandonnant ses cheveux au vent.

Vers 149. (Ἰαχαῖς τ' ἀναπάλλων....) Chant de Bacchus pour exciter les Bacchantes.

Vers 156. (Βαρυβρόμων ὑπὸ τυμπάνων....) Tambours de grand bruit.

Vers 160. (Λωτὸς ὅταν εὐκέλαδος....) La flûte donne le signal de la danse.

Vers 170. (Τίς ἐν πύλαισιν....) Acte I, scène I. Tirésias vient appeler Cadmus pour aller de compagnie sur la montagne de Cithéron se mêler aux Bacchantes.

Vers 177. (Στεφανοῦν τε κρᾶτα....) Ils se couronnoient de lierre.

Vers 186. (Γέρων γέροντα....) Vieillard qui en instruit un autre.

Vers 201 et 202. (Πατρὸς παραδοχὰς..., οὐδεὶς αὐτὰ καταβάλλει λόγος.) Il s'en faut tenir à la religion de ses pères.

Vers 206-209. (Οὐ γὰρ διήρηχ' ὁ Θεός....) Dieu n'accepte point les personnes[1].

Vers 215. (Ἔκδημος ὤν....) Scène II. Penthée sort. Il est superbe et impie, sous prétexte de défendre les bonnes mœurs.

Vers 217-228. Penthée se plaint que toutes les femmes ont abandonné leurs maisons. Il dit que sous prétexte de célébrer les mystères de Bacchus elles s'abandonnent à Vénus. Il en a fait enfermer une partie et veut faire arrêter le reste.

Vers 234-236. Il dit qu'il est arrivé un jeune homme enchanteur, beau et ayant toutes les grâces de Vénus (*dans les yeux, ὅσσοις*), *i.* (*c'est-à-dire*) les yeux noirs.

Vers 237. (Ὃς ἡμέρας τε κεὐφρόνας....) Il croit que Bacchus débauche les femmes.

Vers 240. (Παύσω....) Il menace de le faire mourir.

Vers 242. (Ἐκεῖνος εἶναί φησι....) Il ne croit point qu'il soit fils de Jupiter.

Vers 249 et 250. (Τειρεσίαν ὁρῶ Πατέρα τε μητρὸς τῆς ἐμῆς....) Il se moque de Cadmus, son grand-père, et de Tirésias.

---

1. Racine a voulu rapprocher des vers d'Euripide le *Non est personarum acceptor Deus* de l'Écriture : voyez les *Actes des Apôtres*, chapitre x, verset 34.

Vers 268. (Σὺ δ' εὔτροχον μὲν γλῶσσαν....) Grand parleur.

Vers 288-295. ('Επεί νιν ἥρπασ'....) Tirésias justifie Bacchus et sa naissance. — Explication de la naissance de Bacchus et de la cuisse de Jupiter, qui n'est autre chose qu'un endroit de l'air où Jupiter le fit nourrir.

Vers 296 et 297. ("Ονομα μεταστήσαντες....) Cela est bien tiré par les cheveux[1].

Vers 298 et 299. ('Ο δαίμων ὅδε· τὸ γὰρ βακρεύσιμον Καὶ τὸ μανιῶδες....) N[a]. Façons de parler platoniciennes[2].

Vers 301-305. (Λέγειν τὸ μέλλον....) Qualités de Bacchus. Devin. Guerrier. Furieux.

Vers 311 et 312. (Μηδ', ἢν δοκῆς μὲν....) Mauvaises opinions d'un savant.)

Vers 313. (Καὶ σπένδε καὶ βάκχευε....) Tirésias veut persuader Penthée d'honorer Bacchus.

Vers 314-318. (Οὐχ ὁ Διόνυσος....) Il justifie la chasteté des Bacchantes.

Vers 331. (Οἴκει μεθ' ἡμῶν...) Cadmus prie Penthée de se rendre.

Vers 337. (Ὁρᾷς τὸν Ἀκταίωνος ἄθλιον μόρον;) Actéon étoit cousin germain de Penthée.

Vers 341. (Δεῦρό σου στέψω κάρα....) Il veut couronner Penthée, qui le repousse.

Vers 350. (Καὶ στέμματ' ἀνέμοις....) Il (Penthée) fait renverser les couronnes et la chaire de Tirésias.

Vers 355. (Κἄνπερ λάθητε....) Penthée donne ordre qu'on arrête Bacchus.

Vers 360. (Κἀξαιτώμεθα....) Tirésias exhorte Cadmus à prier Bacchus pour son petit-fils.

Vers 365. (Γέροντε δ' αἰσχρὸν δύο πεσεῖν....) Deux vieillards qui tombent.

Vers 370-372. ('Οσία, πότνα Θεῶν....) O sainte et vénérable Thémis qui voles sur la terre avec des ailes d'or. — Le Chœur demande justice à Thémis des paroles injurieuses de Penthée contre Bacchus.

Vers 376. (Τὸν παρὰ καλλιστεφάνοις εὐφροσύναις....) Louanges de Bacchus, le père de la joie.

Vers 385. (Ἀχαλίνων στομάτων....) Bouches sans frein.

Vers 388-391. ('Ο δὲ τᾶς ἡσυχίας....) Beati mites[3].

Vers 393. (Τὸ σοφὸν δ' οὐ σοφία....) N[a]. Ce n'est pas être sage que d'être si fin.

---

1. Cette remarque s'applique au rapprochement de μηρῷ et de ὠμήρευσε.
2. Racine a souligné les mots δαίμων, βακχεύσιμον et μανιῶδες.
3. Racine cite les paroles de l'*Évangile de saint Matthieu,* chapitre v, verset 4.

EURIPIDE.

Les notes suivantes de Racine sur le même auteur se trouvent à la marge d'un volume intitulé : Ευριπιδου τραγωδιων όσαι σωζονται. *Euripidis tragœdiæ quæ extant Cum latina Gulielmi Canteri interpretatione... Excudebat Paulus Stephanus. Ann.* 1602, *Coloniæ Allobrogum,* 2 tomes in-4° en un volume, conservé à la Bibliothèque de Toulouse.

SUR *LES PHÉNICIENNES.*

Vers 88. (῏Ω κλεινὸν οἴκοις...) Il (*le Pédagogue*) rend raison de sa sortie (*de la sortie d'Antigone*) sur la scène.

Vers 95 et 96. (Πάντα δ' ἐξειδὼς, φράσω "Α τ' εἶδον....) Il rend raison pourquoi il connoît tout dans l'armée.

Vers 120. (Τίς οὗτος ὁ λευκολόφας....) Tout ceci n'est point de l'action ; mais le poëte a voulu imiter une chose qui est belle dans Homère, l'entretien d'Hélène et de Priam sur les murs de Troie[1].

Vers 179 et 180. (῏Ω λιπαροζώνου θύγατερ Ἀελίου, Σελαναία....) La lune fille du Soleil.

Vers 199. (῏Ω Διὸς ἔρνος, Ἄρτεμι.) Diane, fille de Jupiter.

Vers 201-205. (῏Ω τέκνον....) Raison pourquoi Antigone rentre.

Vers 206-208. (Φιλόψογον γὰρ χρῆμα....) Les femmes aiment à parler.

Vers 210 et suivants. (Τύριον οἶδμα λιποῦσ', ἔβαν....) Le Chœur explique qui il est, et pourquoi il est encore à Thèbes[2].

Vers 218 et 219. (Ἀκαρπίστων Πεδίων Σικελίας....) Petite île qu'il appelle stérile, pour la distinguer de la grande.

Vers 268. (Τὰ μὲν πυλωρῶν κλεῖθρά μ' εἰσέδεξατο.) Polynice vient tout seul, s'assurant sur la parole qu'on lui a donnée.

Vers 272. (Ὧν οὕνεκ' ὄμμα πανταχῇ διοιστέον.) Il exprime son inquiétude.

Vers 311 et 312. (Ἰὼ, τέκνον, χρόνῳ Σὸν ὄμμά μυρίαις τ' ἐν ἁμέραις Προσεῖδον.) Affection d'Iocaste en voyant son fils.

Vers 328. (Ἄπεπλος φαρέων λευκῶν....) Elle est habillée de deuil.

Vers 334. (Ἐπ' αὐτόχειρά τε σφαγάν....) Elle lui apprend l'état où est Œdipe.

Vers 346. (Ἐγὼ δ' οὔτε σοι πυρὸς ἀνῆψα φῶς....) Elle se plaint qu'elle n'a point été présente à ses noces.

---

1. Voyez l'*Iliade,* livre III, vers 161-242.
2. A la marge de la scolie sur le vers 210, Racine a écrit : « Raison pourquoi le Chœur est de femmes étrangères. »

Vers 358. (Δεινόν γυναιξὶν αἱ δι' ὠδίνων γοναί.) *1. (c'est-à-dire)* que les douleurs de l'enfantement redoublent l'amour pour les enfants.

Vers 360. (Μᾶτερ, φρονῶν εὖ κοὐ φρονῶν ἀφικόμαν.) Polynice confesse lui-même son imprudence de venir parmi ses ennemis.

Vers 369 et 370. (Πολύδακρυς δ' ἀφικόμην Χρόνιος ἰδὼν μέλαθρα....) Tendresse pour les lieux où l'on est né.

Vers 377. (Ὡς δεινὸν ἐχθρὰ, μᾶτερ, οἰκείων φίλων.) Haine de parents.

Vers 380 et 381. (Τί δὲ κασίγνητοι δύο ; Ἦ που στένουσι...;) Il demande des nouvelles de ses deux sœurs. M'ont-elles pleuré?

Vers 390 et 391. (Καὶ δὴ σ' ἐρωτῶ πρῶτον....) Ces interrogations ne sont point nécessaires au sujet; mais elles sont tendres et du caractère d'une mère.

Vers 394. (Ἓν μὲν μέγιστον, οὐκ' ἔχει παῤῥησίαν.) Misères de l'exil.

Vers 402. (Ἔχουσιν Ἀφροδίτην τιν' ἡδεῖαν θεόν.) Les espérances ont une Vénus.

Vers 406. (Τὰ φίλων δ' οὐδὲν, ἤν τις δυστυχῇ.) Amis inutiles aux malheureux.

Vers 408. (Τὸ γένος οὐκ ἔβοσκέ με....) Noblesse inutile.

Vers 411. (Πῶς δ' ἦλθες Ἄργος;...) Ceci est un peu plus du sujet.

Vers 418 et suivants. (Νὺξ ἦν....) Mariages de Polynice et de Tydée.

Vers 434. (Πάρεισι, λυπρὰν χάριν....) Il donne de l'honnêteté à Polynice, en exprimant sa douleur.

Vers 446. (Καὶ μὴν Ἐτεοκλῆς,...) Il donne plus de violence à Étéocle.

Vers 450. (Τί χρὴ δρᾶν; ἀρχέτω δή τις λόγου.) Il ne veut pas nommer son frère.

Vers 451 et 452. (Ὡς ἀμφὶ τείχη....) Il marque qu'il a donné ses ordres pour cette entrevue.

Vers 455. (Ἐπίσχες· οὔτι τὸ ταχὺ τὴν δίκην ἔχει.) Les discours si prompts ne produisent rien de bon.

Vers 458. (Οὐ γὰρ τὸ λαιμότμητον εἰσορᾷς κάρα.) Aversion d'Étéocle contre son frère très-bien marquée. Ils ne veulent point [se] regarder.

Vers 467. (Κακῶν δὲ τῶν πρὶν μηδενὸς μνείαν ἔχειν.) Moyen de se réconcilier : c'est d'oublier le passé.

Vers 472 et 473. (Ἁπλοῦς ὁ μῦθος τῆς ἀληθείας ἔφυ, Κοὺ ποικίλων δεῖτ'.... La raison n'a pas besoin de longs discours.

Vers 480. (Δοὺς τῷδ' ἀνάσσειν πατρίδος ἐνιαυτοῦ κύκλον.) Il ne veut point non plus nommer son frère.

Vers 502 et 503. (Εἰ πᾶσι ταὐτὸ καλὸν ἔφυ....) Si tout le monde pensoi les mêmes choses, il n'y auroit point de disputes.

Vers 507. (Ἄστρων ἀνέλθοιμ' ἡλίου πρὸς ἀνατολὰς....) Envie de régner.

Vers 524. (Πρὸς ταῦτ' ἴτω μοι πῦρ, ἴτω δὲ φάσγανα....) Fureur de régner.

Vers 531. (Ὦ τέκνον, οὐχ ἅπαντα τῷ γήρᾳ κακά....) Discours d'Iocaste bien convenable à une mère.

Vers 534. (Τί τῆς κακίστης δαιμόνων...;) A Étéocle [1]. — Contre l'ambition.

Vers 546 et 547. (Νυκτός τ' ἀφεγγὲς βλέφαρον, ἡλίου τε φῶς Ἴσον βαδίζειν....) Égalité.

Vers 558 et 559. (Οὔ τοι τὰ χρήματ' ἴδια....) Les biens sont des dépôts que les dieux retirent quand ils veulent.

Vers 575. (Τροπαῖα πῶς ἀναστήσεις δορός;) Où dresserez-vous vos trophées?

Vers 591. (Μᾶτερ, οὐ λόγων ἔστ' ἀγών....) Violence d'Étéocle.

Vers 599. (Ἐγγὺς, οὐ πρόσω βέβηκας. Εἰς χέρας λεύσσεις ἐμάς;) Ceci est extrêmement vif.

Vers 618-620. (Πατέρα δέ μοι δὸς ἰδεῖν.... Ὦ κασίγνηται....) Ceci est fort tendre.

Vers 624. (Ποῦ ποτε στήσῃ πρὸ πύργων;...) Haine, appel.

Vers 697. (Χωρει σύ....) Cette scène est languissante, et n'est point nécessaire au sujet.

Vers 841. (Ἡγοῦ προπάροιθε....) Cette scène de Tirésias n'est point assez nécessaire pour intéresser.

Vers 949-955. (Σὺ δ' ἐνθάδ' ἡμῖν λοιπὸς εἶ....) Causes trop recherchées pour faire mourir Ménécée. Ce peu de nécessité rend froide une action très-belle.

Vers 965 et 966. (Φοῖβον ἀνθρώποις μόνον Χρῆν θεσπιῳδεῖν....) Il n'appartient qu'aux dieux de dire la vérité.

Vers 999 et 1000. (Γυναῖκες, ὡς εὖ πατρός ἐξεῖλον φόβον Κλέψας λόγοισιν....) Cette action de Ménécée est trop grande pour être faite comme en passant. Cela devroit être préparé avec bien plus d'éclat. — Κλέψας λόγοισιν, cette feinte est belle.

Vers 1026. (Ἔβας, ἔβας....) Le Commentaire marque fort bien que le Chœur s'amuse mal à propos à parler de la Sphinx, lorsqu'il devoit parler de Ménécée.

Vers 1097. (Ἐπεὶ Κρέοντος παῖς....) Cette mort méritoit d'être racontée plus au long, au lieu de décrire des boucliers.

Vers 1188. (Βάλλει κεραυνῷ Ζεύς νιν....) Description de Capanée foudroyé.

Vers 1215. (Ἔα τὰ λοιπά· δεῦρ' ἀεὶ γὰρ εὐτυχεῖς.) Ceci rentre dans le sujet.

Vers 1265. (Ἀλλ' εἴ τιν' ἀλκὴν....) Pourquoi donc avoir fait un si long récit dans un péril si pressant?

---

1. Un peu plus bas, Racine a aussi marqué que le vers 571 : Σοὶ μὲν τάδ' αὐδῶ..., est adressé à Polynice.

Vers 1270. (Ὦ τέκνον, ἔξελθ', Ἀντιγόνη, δόμων πάρος.) Cette petite scène est du sujet, et elle est tendre.

Vers 1290. (Αἲ, αἲ, αἲ, αἴ· τρομερὰν φρίκαν.) Ce Chœur est plus du sujet que les autres.

Vers 1323. (Ἐμός τε γὰρ παῖς γῆς ὄλωλ' ὑπερθανών....) Fils qui meurt généreusement.

Vers 1365. (Τὰ μὲν πρὸ πύργων εὐτυχήματα χθονὸς....) Ce récit est fort beau.

Vers 1378. (Αἴσχιστον αἰτῶ στέφανον, ὁμογενῆ κτανεῖν.) Polynice est toujours honnête.

Vers 1437 et suivants. (Ἐπεὶ τέκνω πεσόντ' ἐλειπέτην βίον....) Ceci est pathétique.

Vers 1460. (Ξυνάρμοσον δὲ βλέφαρά μου τῇ σῇ χερί....) Cela est fort tendre.

Vers 1493. (Οὐ προκαλυπτομένα βοστρυχώδης....) Le reste de la pièce est inutile et même languissant.

Vers 1583. (Οὔκουν σ' ἐάσω τήνδε γῆν οἰκεῖν ἔτι.) Créon est méchant inutilement, lui qui ne l'est point dans le reste de la pièce.

SUR *HIPPOLYTE*.

Vers 307. (Μὰ τὴν ἄνασσαν ἱππείαν Ἀμαζόνα....) On jure quelquefois par ses ennemis pour leur insulter. *J'en jure par sa poltronnerie*, etc.

Vers 634 et 635. (Ἔχει δ' ἀνάγκην, ὥστε κηδεύσας καλοῖς Γαμβροῖσι, χαίρων σώζεται πικρὸν λέχος.) Comique.

SUR *IPHIGÉNIE A AULIS*.

Vers 1532 et 1533. (Ὦ Τυνδαρεία παῖ, Κλυταιμνήστρα, δόμων Ἔξω πέρασον....) Cela est bien brusque.

SUR *ION*.

Vers 758. (Εἴπωμεν ἢ σιγῶμεν;...) Le Chœur trahit le secret qu'on lui a confié.

Vers 989-995. (Ἐνταῦθα Γοργόν' ἔτεκε Γῆ....) L'Égide; sa description.

Vers 1125. (Ξοῦθος μὲν ᾤχετ', ἔνθα πῦρ πηδᾷ Θεοῦ....) Quelle apparence que Xuthus ne soit pas du festin où il a dit lui-même qu'il vouloit assister avec son fils?

Vers 1146-1158. (Ἐνῆν δ' ὑφανταὶ γράμμασιν τοιαίδ' ὑφαί.) Belle tapisserie.

Vers 1175. (Σμύρνης ἱδρῶτα....) La sueur de la myrrhe.
Vers 1257 et 1258. (Καὶ μὴν οἵδ' ἀγωνισταὶ πικροὶ Δεῦρ' ἐπείγονται ξιφήρεις....) Que deviennent ces satellites dans la suite? Entendent-ils tout ce qui se dit?

SUR *ÉLECTRE*.

Vers 921-924. (Ἴστω δ', ὅταν τις διολέσας δάμαρτά του.) Beaux vers à contre-temps.
Vers 1177-1180. (Ἰὼ Γᾶ καὶ Ζεῦ.) Repentir trop prompt.
Vers 1213-1215. (Βοὰν δ' ἔ)ασκε τάνδε πρὸς γένυν ἐμὰν Τιθεῖσα χέρας· τέκος ἐμόν, λιταίνω.) Horrible.
Vers 1283. (Εἴδωλον Ἑλένης ἐξέπεμψ' εἰς Ἴλιον.) Simulacre d'Hélène.

NOTES

SUR LA POÉTIQUE D'ARISTOTE

Recueillies par M. P. Mesnard à la marge d'un volume intitulé *Dan. Heinsii de Tragœdiæ constitutione liber... cui et Aristotis de Poetica libellus... accedit. Lugd. Batav. Ex officina Elseviriana.* 1643, in-12.

Chapitre III, page 239. (Οὗτοι μὲν γὰρ κώμας κ. τ. λ.) Nom de la comédie.
Chapitre IV, même page. (Ἐοίκασι δὲ γεννῆσαι μὲν ὅλως τὴν ποιητικὴν κ. τ. λ.) Origine de la poésie.
Ibidem, page 240. (Τῷ χαίρειν τοῖς μιμήμασι πάντας.) L'homme aime l'imitation.
Ibidem, page 241. (Διεσπάσθη δὲ κατὰ τὰ οἰκεῖα ἤθη ἡ ποίησις.) Chacun a choisi le genre de poésie qui convenoit à son naturel.
Ibidem. (Ψόγους ποιοῦντες.... Τῶν μὲν οὖν πρὸ Ὁμήρου κ. τ. λ.) Satires. Homère a commencé. — Il avoit fait *Margités*, qui avoit du rapport avec la comédie.
Ibidem, page 242. (Τὰ τῆς κωμῳδίας σχήματα πρῶτος ὑπέδειξεν....) On doit à Homère le genre de la comédie.
Ibidem, page 243. (Καὶ πολλὰς μεταβολὰς μεταβαλοῦσα ἡ τραγῳδία.... σκηνογραφίαν Σοφοκλῆς.) Naissance et accroissement de la tragédie. —Sophocle a inventé la décoration.

Chapitre iv, page 244. (Μάλιστα γὰρ λεκτικὸν τῶν μέτρων τὸ ἰαμβεῖόν ἐστι. Vers ïambe est propre à la conversation.

Chapitre v, page 244. ('Η δὲ κωμῳδία ἐστὶν.... ἀλλὰ τοῦ αἰσχροῦ ἐστι τὸ γελοῖον μόριον.) Comédie ; imitation de choses basses et vicieuses. Ridicule.

Ibidem, page 245. (Τὸ μὲν οὖν ἐξ ἀρχῆς ἐκ Σικελίας ἦλθε.) Naissance de la comédie.

Ibidem, page 246. ('Η μὲν καὶ ὅτι μάλιστα πειρᾶται ὑπὸ μίαν περίοδον ἡλίου εἶναι κ. τ. λ..) Temps de la tragédie et du poëme épique. — Tour d'un soleil.

Chapitre vi, page 247. ("Εστιν οὖν τραγῳδία μίμησις κ. τ. λ.) Définition de la tragédie.

Ibidem, page 248. ('Ανάγκη οὖν πάσης τραγῳδίας μέρη εἶναι ἕξ.) Six parties de la tragédie.

Ibidem, page 249. (Μέγιστον δὲ τούτων ἐστὶν ἡ τῶν πραγμάτων σύστασις.... ἄνευ δὲ ἠθῶν γένοιτ' ἄν.) La fable est la principale partie. L'action n'est pas pour les mœurs. — La tragédie peut être sans mœurs et non pas sans action.

Ibidem, page 250. ("Ετι ἐάν τις ἐφεξῆς θῇ ῥήσεις ἠθικὰς.... δεύτερον δὲ τὰ ἤθη.) La constitution est plus difficile que l'exécution. — Péripétie. *Agnitio*. — Fable est l'âme de la trag[édie] ; après, les mœurs.

Ibidem, page 251. (Εἰ γὰρ τις ἐναλείψειε τοῖς καλλίστοις φαρμάκοις χύδην κ. τ. λ.) Comp[araison] d'un tableau.

Ibidem, même page. (Οἱ μὲν γὰρ ἀρχαῖοι πολιτικῶς κ. τ. λ.) Les anciens faisoient parler politiquement, et les modernes rhétoriquement.

Ibidem, page 252. (Τῶν δὲ λοιπῶν πέντε ἡ μελοποιΐα.... ἄνευ ἀγῶνος καὶ ὑποκριτῶν.) Représentation. — Musique. — La tragédie peut être sans acteurs.

Chapitre xvii, page 280. Quatre espèces de tragédie. *Implexa. Pathetica. Morata*[1].

Chapitre xviii, pages 282 et 283. (Περὶ δὲ τὰ ἤθη τέτταρά ἐστιν κ. τ. λ.) Quatre chpses à observer dans les mœurs. *Boni, convenientes, similes, æquales.*

Ibidem, page 284. ('Η τὸ ἀναγκαῖον, ἢ τὸ εἰκός.... ἀλλὰ μηχανῇ χρηστέον ἐπὶ τὰ ἔξω τοῦ δράματος, ἢ ὅσα πρὸ τοῦ γέγονεν κ. τ. λ.) Vraisemblable ou nécessaire. — Le dénoûment doit sortir du sein de la fable. On peut se servir de machine dans ce qui précède l'action.

Ibidem, pages 284 et 285. (Μίμησίς ἐστιν ἡ τραγῳδία βελτιόνων κ. τ. λ.) Il faut rendre meilleurs en rendant semblables.

---

1. Racine a omis la dernière, *fabulosa,* suivant l'expression employée dans la traduction d'Heinsius.

NOTES

SUR LA PRATIQUE DU THÉATRE DE L'ABBÉ D'AUBIGNAC.

L'exemplaire de l'ouvrage de l'abbé d'Aubignac (Paris, chez Ant. de Sommeville, 1657, un vol. in-4°) est à la bibliothèque de Toulouse. Ces notes, recueillies par M Félix Ravaisson, ont été publiées d'abord dans la *Nouvelle Revue encyclopédique,* novembre 1846.

Page 145. « J'ai su d'un homme très-savant aux belles choses, et qui avoit assisté à la représentation du *Pastor fido,* en Italie... que ce poëme, dont la lecture ravit parce qu'on peut la quitter quand on veut, n'avoit donné que des dégoûts insupportables... Nous voyons que les tragédies (*des anciens*) n'étoient environ que de mille vers, et encore de vers bien plus courts que nos héroïques. » — Comment peut-il dire que la lecture du *Pastor fido* ravit? Il dit dans cette page que les tragédies des anciens n'étoient environ que de mille vers, et, dans la page suivante, il dit, avec bien plus de raison, qu'elles ont été jusqu'à seize cents vers. L'*OEdipe colonéen* de Sophocle en marque jusqu'à dix-huit cent soixante.

Pages 167 et 168. « Il (*Corneille*) fait mourir Cléopâtre par un poison si prompt, que Rhodogune en découvre l'effet, auparavant qu'Antiochus ait prononcé dix vers. Véritablement que Cléopâtre ait été assez enragée pour s'empoisonner elle-même..., cela est assez préparé dans tous les actes précédents...; mais que l'effet du poison soit si prompt que, dans un espace de temps qui suffit à peine pour prononcer dix vers, on l'ait pu reconnoître, c'est, à mon avis, ce qui n'est pas assez préparé, parce que, la chose étant fort rare, il falloit que Cléopâtre elle-même, quand elle espère que le poison la délivrera d'Antiochus et de Rhodogune, expliquât la force de ce poison, et qu'elle en conçût de la joie : vu que par ce moyen elle eût préparé l'événement sans le prévenir, etc. » — L'embarras ne seroit pas moindre. Car quelle apparence que cette Cléopâtre, après avoir dit que ce poison fera mourir sur-le-champ celui qui le prendra, se puisse résoudre à en prendre elle-même la moitié, afin de porter son fils et Rhodogune à prendre le reste? Elle aura lieu de supposer qu'elle mourra avant qu'ils aient le temps de boire le reste de son poison. Ainsi on ne pourra plus dire ce vers :

Pour vous perdre après elle, elle a voulu périr[1];

---

1. *Rodogune*, acte V, scène IV, vers 1809.

et elle mourra bien plus légèrement qu'elle ne fait. C'est bien assez qu'elle se fasse mourir de gaieté de cœur, sans y être forcée (comme elle l'est dans l'histoire avec bien plus de vraisemblance), elle qui se doit fier sur l'amitié de son fils, et réserver sa vengeance à une autre occasion.

Page 186. « Cette espèce de poëme (*le poëme dramatique nommé* satyre) ne fut point reçu des Latins. »

Silvis deducti caveant, me judice, Fauni [1], etc.

Ne semble-t-il pas, par ce vers et les suivants, que les Latins avoient quelques poëmes semblables à la *satyre* ou *pastorale* des Grecs.

Page 224. « Sophocle, qui naquit dix ou douze après la mort d'Eschyle. » — Comment peut-il dire que Sophocle est né dix ou douze ans après la mort d'Eschyle ? Sophocle tout jeune a remporté le prix sur Eschyle, qui étoit déjà vieux ; et ce fut pour cela qu'Eschyle sortit d'Athènes. Il a pu lire que Sophocle étoit plus jeune de dix ou douze ans.

1. Horace, *Art poétique*, vers 244.

FIN DES ANNOTATIONS.

DISCOURS ACADÉMIQUES

DISCOURS ACADÉMIQUES

I

DISCOURS

PRONONCÉ LE 31 OCTOBRE 1678, PAR M. L'ABBÉ COLBERT, LORSQU'IL FUT REÇU A L'ACADÉMIE A LA PLACE DE M. L'ABBÉ ESPRIT.

MESSIEURS,

Quelque grande que soit la joie que je dois avoir de l'honneur que je reçois aujourd'hui, elle ne laisse pas d'être accompagnée de beaucoup de crainte et d'une juste confusion de me trouver à votre illustre compagnie. Cette confusion seroit encore plus grande si je ne pénétrois les raisons que vous avez eues de me donner une place qui m'est si glorieuse ; car je n'ai pas la présomption de croire que vous avez jeté les yeux sur moi pour contribuer à ces grands ouvrages que vous avez entrepris, et qui porteront la gloire de notre nation et de notre langue dans les siècles les plus éloignés. Si vous n'aviez pas eu d'autres vues en me choisissant on auroit droit de vous reprocher que vous avez mal rempli la place du savant homme que vous avez perdu, et qui par la politesse de ses écrits a si bien soutenu l'honneur qu'il avoit d'être un des membres de cette savante Académie ; mais, Messieurs, on ne sauroit blâmer votre choix sans injustice, c'est un effet de votre sagesse ordinaire et du zèle que vous avez toujours eu de maintenir cette compagnie dans l'éclat où nous la voyons. Vous ne vous contentez pas de lui donner une réputation immortelle en perfectionnant la langue françoise, et en la rendant la plus accomplie de toutes les langues vivantes ; vous voulez qu'elle soutienne dans la suite cette réputation en perfectionnant des ouvriers, qui puissent toujours continuer avec vous le travail que vous avez si utilement commencé, et je me trouve assez heureux pour être le premier que vous avez cru capable de profiter de vos instructions. Jusqu'à présent vous n'avez choisi que de grands maîtres ; leur profond savoir les mettoit en état de concourir avec vous à ces grands projets que vous avez formés. Vous n'avez plus besoin que de disciples, et je puis vous assurer que j'en ai les qualités ; c'est-à-dire une grande docilité et une parfaite soumission ; et certes, Messieurs, il me semble que je la fais assez paroître aujourd'hui, puisque pour satisfaire aux lois j'ose surmonter la crainte que me doit inspirer cette Assemblée composée de ce qu'il y a de plus illustre dans tous les ordres de l'État. Que ces lois me seroient favorables si elles m'obligeoient à ne vous parler qu'après vous avoir écoutés longtemps ! Je serois animé par vos exemples, je me servirois des pensées nobles et élevées que vous m'auriez fournies. Ce seroit alors que mon remercîment pourroit répondre à la place que vous m'avez accordée ; ce seroit alors que je pourrois parler dignement de notre auguste Monarque. En effet, Messieurs, ce lieu ne doit retentir que du nom de Louis le Grand, de Louis le Conquérant, de l'Invincible Louis, qui à tous les titres augustes qu'il s'est acquis a voulu joindre celui de protecteur de l'Académie françoise. Ce n'est plus le temps de s'étendre sur les louanges de vos premiers protecteurs. Ils me fourniroient à la vérité la matière de plusieurs éloges. J'admirerois le génie de cet illustre cardinal, qui dans le temps même qu'il se servoit avantageusement de la confiance de son maître, qu'il formoit le glorieux dessein d'abattre l'hérésie sans craindre les désordres qui auroient suivi une longue minorité ; dans le temps même qu'il ôtoit aux hérétiques leurs forces et leurs places de sûreté, et qu'il se servoit des heureux succès des armes de la France presque toujours victorieuses, pour ruiner les prétentions injustes de la maison d'Autriche, employoit ses heures de loisir à l'étude des belles-lettres, se délassoit de ce qui fait notre travail, et de ce qui est l'objet de nos plus sérieuses occupations.

Que ne dirois-je pas de Monsieur le chancelier Séguier, qui, par sa profonde capacité et par la parfaite connoissance qu'il avoit des fondements de la justice, s'est fait admirer dans toute l'Europe pendant l'espace de trente-trois années, qu'il a employées si utilement au bien de la France, dans l'exercice d'une des plus importantes charges de l'État.

Que si, Messieurs, vous vous êtes acquis une si grande réputation sous ces illustres protecteurs, que ne devons-nous pas attendre de vous à présent que vous êtes sous la protection de notre auguste Monarque? Il ne vous pouvoit arriver rien de plus avantageux; mais j'ose assurer que ce prince invincible avoit aussi quelque intérêt de faire cet honneur à l'Académie françoise. Il protége une Compagnie qui contribuera à donner à ses grandes actions l'immortalité qu'elles ont si justement méritée. Mais je me trompe, Messieurs, ce sont les exploits de Louis le Grand, c'est cet assemblage de vertus militaires et politiques qui donnera l'immortalité à vos ouvrages. La dernière postérité, après avoir été prévenue par la renommée, les recherchera avec soin pour y trouver les récits véritables de la vie du plus grand Roi du monde. Que ces récits seront éloquents s'ils sont simples, et qu'il y aura d'art à ne point employer tout l'artifice qui soutient l'éloquence dans les autres matières! Tirez seulement, si vous le pouvez, des images fidèles des actions de ce grand Monarque : il vous a fourni des miracles et des prodiges qui feront naître dans votre esprit des pensées et des expressions extraordinaires. Et c'est ainsi que vous porterez l'éloquence françoise au-dessus de la grecque et de la romaine, moins soutenues par la dignité de leur sujet que par l'esprit des orateurs qui étoient souvent obligés de louer dans leurs héros des vertus qu'ils leur souhaitoient, plutôt que celles qu'ils y voyoient. Ils faisoient sous des noms empruntés des modèles fabuleux où tous les princes pouvoient apprendre l'art de régner; mais quelque belles que fussent leurs idées, elles seront surpassées par la vérité de vos écrits. Les Rois les auront toujours entre les mains; ils y apprendront à se bien conduire dans la paix, à rétablir l'ordre dans la justice, et à réformer les lois, à procurer l'abondance par le commerce, à faire fleurir les arts, à réprimer fortement la licence, à récompenser libéralement le mérite. Ils y apprendront le dur métier de la guerre, à surmonter les obstacles des éléments, à dompter les nations les plus fières, à forcer les places qui paroissoient imprenables, à commander en grands capitaines, et à s'exposer même quelquefois en braves soldats; car enfin, Messieurs, à présent qu'à l'ombre des lauriers nous allons jouir d'une paix que notre prince victorieux va imposer à toute l'Europe, nous ne sommes plus retenus par la juste crainte qui nous empêchoit de donner à sa valeur les éloges qu'elle mérite. Nous n'osions, au milieu de la guerre et pendant le cours de ses victoires, vous faire connoître l'étonnement où étoit tout l'univers de voir réunies en sa personne toutes les vertus d'un grand conquérant. Nous devions plutôt appliquer nos soins à lui cacher l'éclat de sa gloire; il ne l'avoit que trop devant les yeux, elle ne l'emportoit que trop loin, et elle étoit pour nous une source trop féconde de craintes et d'inquiétudes; mais nous sommes à présent dans une pleine liberté. Publions hardiment la réputation qu'il s'est acquise en marchant lui-même à la tête de ses troupes, en soutenant lui seul la guerre contre toute l'Europe liguée. Faisons-le voir partant du milieu de la cour, la plus florissante de l'univers, dans la saison la plus fâcheuse, dans le temps destiné au repos, et jetant la terreur dans toutes les places ennemies, attaquant les mieux fortifiées, lors même que la seule puissance qui étoit demeurée neutre se disposait à se déclarer contre lui, et qu'elle prêtoit des forces à ses ennemis. Faisons-le voir ordonnant lui-même les travaux, les visitant jour et nuit dans les temps les plus incommodes, profitant souvent de l'ardeur que son exemple inspiroit à ses soldats, de la terreur de ses ennemis, pour passer par-dessus les formes ordinaires des sièges, et emporter en peu de jours des villes qui avoient occupé pendant plusieurs mois les armées les plus nombreuses.

Mais que fais-je, Messieurs? Dois-je entreprendre de parler devant vous de ce prince qui épuisera toutes vos savantes méditations? C'est à vous à nous faire le détail et à nous découvrir tout l'éclat de ses actions héroïques. C'est dans vos écrits pleins d'éloquence et de politesse que nous le verrons méditer, résoudre et exécuter l'attaque de quatre grandes places qu'il investit et emporte en même temps, après avoir traversé plus de cent lieues de pays étrangers qu'il laissoit entre lui et ses États. C'est là que nous le verrons sur les bords du Rhin animer par sa présence ses escadrons, qui sans se rompre se jettent dans ce grand fleuve, le passent à la nage, et forcent en même temps une armée ennemie, qui se croyoit en sûreté ayant un tel rempart devant elle. Vous le représenterez attaquant et enlevant aux ennemis dans la suite de cette même campagne trente de leurs plus fortes places, et les réduisant par la terreur de ses armes victorieuses à la nécessité d'appeler à leur secours le plus fier de tous les éléments, et d'abandonner tout ce qui leur reste de terres à ses ravages, par le renversement de ces digues prodigieuses que la nature, l'art et le travail de deux cents ans avoit élevées pour le contenir. Vous le ferez voir entreprenant les deux célèbres conquêtes de la Franche-Comté dans les plus rudes temps de l'hiver, emportant avec une rapidité incroyable toutes les places de cette province, dont une seule avoit arrêté longtemps le plus renommé de tous les capitaines romains.

Vous parlerez de l'entreprise étonnante de son régiment des gardes qui choisit l'heure de midi, pour escalader la citadelle de Besançon. Vous décrirez l'intrépidité de ses soldats, qui, se soutenant les uns les autres, s'attachent des pieds et des mains contre ce rocher inaccessible, forcent en peu d'heures toutes les défenses, et se rendent enfin les maîtres, nonobstant la résistance des meilleures troupes ennemies qui le défendent avec toute l'opiniâtreté imaginable. Vous retracerez l'image de ce fameux siége où, par un effet de sa clémence digne de toutes nos admirations et de toutes nos louanges, il a fait voir en garantissant du pillage une ville riche et abondante, exposée à l'insolence du soldat victorieux, qu'il ne sait pas moins se faire obéir par les siens que redouter par ses ennemis ; qu'il ne fait la guerre que pour rendre heureux les peuples en se les assujettissant, et qu'il a trouvé dans sa victoire quelque chose de plus glorieux que la victoire même. Enfin, après que vous aurez couronné ses exploits, et que vous aurez fait l'éloge de toutes ses qualités royales, vous achèverez son panégyrique en publiant cette grandeur d'âme qui lui fait oublier sa propre gloire, et qui l'arrête au milieu de ses conquêtes pour faire sentir pleinement à ses sujets la félicité de son règne dans les douceurs de la paix. Content d'avoir fait connoître qu'il peut tout vaincre par sa valeur, il veut faire voir aussi qu'il se peut surmonter lui-même; et ne craignez point de dire que cette paix qu'il donne à ses ennemis est un plus beau trophée que celui qu'il auroit élevé après les avoir entièrement subjugués. Mais, Messieurs, attendez que ce grand ouvrage soit achevé; il ne faut rien d'imparfait dans l'éloge d'un monarque que le ciel a fait naître pour accomplir le bonheur de toute la terre, d'un monarque inimitable dans la guerre, inimitable dans la paix, lui seul comparable à lui-même. Pour moi, Messieurs, je tâcherai de me former sur vos exemples, je profiterai de l'avantage que j'ai d'entrer dans votre savante Compagnie: trop heureux si je puis me rendre capable de publier un jour avec vous les louanges de notre fameux conquérant.

II

DISCOURS

PRONONCÉ A L'ACADÉMIE FRANÇOISE A LA RÉCEPTION
DE M. L'ABBÉ COLBERT.

Monsieur,

Il m'est sans doute très-honorable de me voir à la tête de cette célèbre compagnie, et je dois beaucoup au hasard de m'avoir mis dans une place où le mérite ne m'auroit jamais élevé. Mais cet honneur si grand par lui-même, me devient, je l'avoue, encore plus considérable, quand je songe que la première fonction que j'ai à faire dans la place où je suis, c'est de vous expliquer les sentiments que l'Académie a pour vous.

Vous croyez lui devoir des remerciements pour l'honneur que vous dites qu'elle vous a fait; mais elle a aussi des graces à vous rendre; elle vous est obligée, non-seulement de l'honneur que vous lui faites, mais encore de celui que vous avez déjà fait à toute la république des lettres.

Oui, monsieur, nous savons combien elles vous sont redevables. Il y a longtemps que l'Académie a les yeux sur vous; aucune de vos démarches ne lui a été inconnue; vous portez un nom que trop de raisons ont rendu sacré pour les gens de lettres : tout ce qui regarde votre illustre maison ne leur sauroit plus être ni inconnu ni indifférent.

Nous avons considéré avec attention les progrès que vous avez faits dans les sciences; mais si vous aviez excité d'abord notre curiosité, vous n'avez guère tardé à exciter notre admiration. Et quels applaudissements n'a-t-on point donnés à cette excellente philosophie que vous avez publiquement enseignée? Au lieu de quelques termes barbares, de quelques frivoles questions que l'on avoit accoutumé d'entendre dans les écoles, vous y avez fait entendre de solides vérités, les plus beaux secrets de la nature, les plus importants principes de la métaphysique. Non, monsieur, vous ne vous êtes point borné à suivre une route ordinaire, vous ne vous êtes point contenté de l'écorce de la philosophie, vous en avez approfondi tous les secrets; vous avez rassemblé ce que les anciens et les modernes avoient de solide et d'ingénieux; vous avez parcouru tous les siècles pour nous en rapporter les découvertes : l'oserai-dire? vous avez fait connoître, dans les écoles, Aristote même, dont on n'y voit souvent que le fantôme.

Cependant cette savante philosophie n'a été pour vous qu'un passage pour vous élever à une plus noble science, je veux dire à la science de la religion. Et quel progrès n'avez-vous point fait dans cette étude sacrée? Avec quelles marques d'estime la plus fameuse Faculté de l'univers vous a-t-elle adopté, vous a-t-elle associé dans son corps! L'Académie a pris part à tous vos honneurs; elle applaudissoit à vos célèbres actions[1]; mais, monsieur, depuis qu'elle vous a vu monter en chaire, qu'elle vous a entendu prêcher les vérités de l'Évangile, non-seulement avec toute la force de l'éloquence, mais même avec toute la justesse et toute la politesse de notre langue, alors l'Académie ne s'est plus contentée de vous admirer; elle a jugé que vous lui étiez nécessaire. Elle vous a choisi, elle vous a nommé pour remplir la première place qu'elle a pu donner. Oui, monsieur, elle vous a choisi; car (nous voulons bien qu'on le sache) ce n'est point la brigue, ce ne sont point les sollicitations qui ouvrent les portes de l'Académie; elle va elle-même au-devant du mérite; elle lui épargne l'embarras de se venir offrir; elle cherche les sujets qui lui sont propres. Et qui pouvoit lui être plus propre que vous? Qui pouvoit mieux nous seconder dans le dessein que nous nous sommes tous proposé de travailler à immortaliser les grandes actions de notre auguste protecteur? Qui pouvoit mieux nous aider à célébrer ce prodigieux nombre d'exploits dont la grandeur nous accable pour ainsi dire, et nous met dans l'impuissance de les exprimer? Il nous faut des années entières pour écrire dignement une seule de ses actions.

Cependant chaque année, chaque mois, chaque jour-

---

[1]. *Actions* est ici pris dans le sens de discours publics.

née même, nous présente une foule de nouveaux miracles. Étonnés de tant de triomphes, nous pensions que la guerre avoit porté sa gloire au plus haut point où elle pouvoit monter. En effet, après tant de provinces si rapidement conquises, tant de batailles gagnées, les places emportées d'assaut, les villes sauvées du pillage, et toutes ces grandes actions dont vous nous avez fait une si vive peinture, auroit-on pu s'imaginer que cette gloire dût encore croître? La paix qu'il vient de donner à l'Europe nous présente quelque chose de plus grand encore que tout ce qu'il a fait dans la guerre. Je n'ai garde d'entreprendre ici de faire l'éloge de ce héros, après l'éloquent discours que vous venez de nous faire entendre. Non-seulement nous y avons reconnu l'élévation de votre esprit, la sublimité de vos pensées, mais on y voit briller surtout ce zèle pour votre prince, et cette ardente passion pour sa gloire, qui est la marque si particulière à laquelle on reconnoît toute votre illustre famille. Tandis que le chef de la maison, rempli de ce noble zèle, ne donne point de relâche à son infatigable génie, tandis qu'il jette un œil pénétrant jusque dans les moindres besoins de l'État, avec quelle ardeur, quelle vigilance ses enfants, ses frères, ses neveux, tout ce qui lui appartient, s'empresse-t-il à le soulager, à le seconder! L'un travaille heureusement à soutenir la gloire de la navigation; l'autre se signale dans les premiers emplois de la guerre; l'autre donne tous ses soins à la paix, et renverse tous les obstacles que quelques désespérés vouloient apporter à ce grand ouvrage [1]. Je ne finirois point si je vous met-

---

[1]. Jean-Baptiste Colbert, marquis de Seignelay, secrétaire d'État en survivance, chargé du détail de la marine. C'était le frère aîné du récipiendaire. — Édouard-François Colbert, comte de Maulevrier, lieutenant

tois devant les yeux tout ce qu'il y a d'illustre dans votre maison. Vous entrez, monsieur, dans une compagnie que vous trouverez pleine de ce même esprit, de ce même zèle; car, je le répète encore, nous sommes tous rivaux dans la passion de contribuer quelque chose à la gloire d'un si grand prince : chacun y emploie les différents talents que la nature lui a donnés; et ce travail même qui nous est commun, ce dictionnaire qui de soi-même semble une occupation si sèche et si épineuse, nous y travaillons avec plaisir : tous les mots de la langue, toutes les syllabes nous paroissent précieuses, parce que nous les regardons comme autant d'instruments qui doivent servir à la gloire de notre auguste protecteur[1].

III

DISCOURS

PRONONCÉ LE 2 JANVIER 1685, PAR M. THOMAS CORNEILLE LORSQU'IL FUT REÇU A LA PLACE DE M. P. CORNEILLE SON FRÈRE.

MESSIEURS,

J'ai souhaité avec tant d'ardeur l'honneur que je reçois aujourd'hui, et mes empressements à le demander vous l'ont marqué

général des armées depuis 1676. — Charles Colbert, marquis de Croissy, l'un des plénipotentiaires pour la paix de Nimègue. Ces deux derniers étaient frères du ministre.

1. Il est à remarquer que cette phrase, qui a paru à quelques modernes d'une courtisanerie excessive, ne fait que répéter ce que le ministre Colbert

en tant de rencontres, que vous ne pouvez douter que je ne le regarde comme une chose qui, en remplissant tous mes désirs, me met en état de n'en plus former. En effet, messieurs, jusqu'où pourroit aller mon ambition, si elle n'étoit pas entièrement satisfaite ? M'accorder une place parmi vous, c'est me la donner dans la plus illustre Compagnie, où les belles-lettres aient jamais ouvert l'entrée.

Pour bien concevoir de quel prix elle est, je n'ai qu'à jeter les yeux sur tant de grands hommes qui, élevés aux premières dignités de l'Église et de la robe, comblés des honneurs du ministère, distingués par une naissance qui leur fait tenir les plus hauts rangs à la cour, se sont empressés d'être de votre corps. Ces dignités éminentes, ces honneurs du ministère, la splendeur de la naissance, l'élévation du rang, tout cela n'a pu leur persuader que rien ne manquoit à leur mérite. Ils en ont cherché l'accomplissement dans les avantages que l'esprit peut procurer à ceux en qui l'on voit les rares talents qui sont votre heureux partage ; et pour perfectionner ce qui les mettoit au-dessus de vous, ils ont fait gloire de vous demander des places qui vous égalent à eux. Mais, messieurs, il n'y a point lieu d'en être surpris. On aspire naturellement à s'acquérir l'immortalité ; et où peut-on plus sûrement l'acquérir que dans une compagnie où toutes les belles connoissances se trouvent ramassées pour communiquer à ceux qui ont l'honneur d'y entrer ce qu'elles ont de solide, de délicat et de digne d'être su ? Car dans les sciences mêmes il y a des choses qu'on peut négliger comme inutiles, et je ne sais si ce n'est point un défaut dans un savant homme que de l'être trop. Plusieurs de ceux à qui l'on donne ce nom ne doivent peut-être qu'au bonheur de leur mémoire ce qui les met au rang des savants. Ils ont beaucoup lu ils ont travaillé à s'imprimer fortement tout ce qu'ils ont lu, et chargés de l'indigeste et confus

---

avait dit le 4 janvier 1674 à l'Académie, pour la presser de finir le Dictionnaire. « Je n'ai eu aucune peine à obtenir du Roi votre privilége : il n'a fallu que le proposer, il a été aussitôt accordé ; ce qui vous doit faire juger de l'estime que Sa Majesté a pour votre compagnie, et ce qui la doit presser de finir ce grand ouvrage du Dictionnaire, qui est attendu avec tant d'impatience. *Comme le public en recevra plus d'instruction, plus de personnes seront capables de travailler à la gloire de ce grand roi.* »

amas de ce qu'ils ont retenu sur chaque matière ce sont des bibliothèques vivantes, prêtes à fournir diverses recherches sur tout ce qui peut tomber en dispute; mais ces richesses, semées dans un fond qui ne produit rien de soi, les laissent souvent dans l'indigence. Aucune lumière qui vienne d'eux ne débrouille ce chaos. Ils disent de grandes choses, qui ne leur coûtent que la peine de les dire, et avec tout leur savoir étranger, on pourroit avoir sujet de demander s'ils ont de l'esprit.

Ce n'est point, messieurs, ce qu'on trouve parmi vous. La plus profonde érudition s'y rencontre, mais dépouillée de ce qu'elle a ordinairement d'épineux et de sauvage. La philosophie, la théologie, l'éloquence, la poésie, l'histoire, et les autres connoissances qui font éclater les dons que l'esprit reçoit de la nature, vous les possédez dans ce qu'elles ont de plus sublime; tout vous en est familier; vous les maniez comme il vous plaît, mais en grands maîtres, toujours avec agrément, toujours avec politesse; et si dans les chefs-d'œuvre qui partent de vous, et qui sont les modèles les plus parfaits qu'on se puisse proposer dans toute sorte de genres d'écrire, vous tirez quelque utilité de vos lectures; si vous vous servez de quelques pensées des anciens pour mettre les vôtres dans un plus beau jour, ces pensées tiennent toujours plus de vous que de ceux qui vous les prêtent. Vous trouvez moyen de les embellir par le tour heureux que vous leur donnez. Ce sont à la vérité des diamants, mais vous les taillez, vous les enchâssez avec tant d'art, que la manière de les mettre en œuvre passe tout le prix qu'ils ont d'eux-mêmes.

Si des excellents ouvrages dont chacun de vous choisit la matière selon son génie particulier, je viens à ce grand et laborieux travail qui fait le sujet de vos assemblées, et pour lequel vous unissez tous les jours vos soins, quelles louanges, messieurs, ne doit-on pas vous donner pour cette constante application avec laquelle vous vous attachez à nous aider à développer ce qu'on peut dire qui fait en quelque façon l'essence de l'homme? L'homme n'est homme principalement que parce qu'il pense. Ce qu'il conçoit au dedans, il a besoin de le produire au dehors, et en travaillant à nous apprendre à quel usage chaque mot est destiné, vous cherchez à nous donner les moyens certains de montrer ce que nous sommes. Par ce secours, attendu de tout le monde avec tant d'impatience, ceux qui sont assez heureux pour penser juste, auront la même justesse à s'exprimer, et si le public doit tirer tant d'avantages de vos savantes et judicieuses décisions, que n'en doivent point attendre ceux, qui étant reçus dans ces conférences où vous répandez vos lumières si abondamment, peuvent les puiser jusque dans leur source?

Je me vois présentement de ce nombre heureux, et dans la possession de ce bonheur, j'ai peine à m'imaginer que je ne m'abuse pas. Je le répète, messieurs, une place parmi vous donne tant de gloire, et je la connois d'un si grand prix, que si le succès de quelques ouvrages, que le public a reçus de moi assez favorablement, m'a fait croire quelquefois que vous ne désapprouveriez pas l'ambitieux sentiment qui me portoit à la demander, j'ai désespéré de pouvoir jamais en être digne, quand les obstacles qui m'ont jusqu'ici empêché de l'obtenir, m'ont fait examiner avec plus d'attention quelles grandes qualités il faut avoir pour réussir dans une entreprise si relevée. Les illustres concurrents qui ont emporté vos suffrages toutes les fois que j'ai osé y prétendre, m'ont ouvert les yeux sur mes espérances trop présomptueuses. En me montrant ce mérite consommé qui les a fait recevoir si tôt qu'ils se sont offerts, ils m'ont fait voir ce que je devois tâcher d'acquérir pour être en état de leur ressembler. J'ai rendu justice à votre discernement, et, me la rendant en même temps à moi-même, j'ai employé tous les soins à ne me pas laisser inutiles les fameux exemples que vous m'avez proposés.

J'avoue, messieurs, que, quand, après tant d'épreuves, vous m'avez fait la grâce de jeter les yeux sur moi, vous m'auriez mis en péril de me permettre la vanité la plus condamnable, si je ne m'étois assez fortement étudié pour ne pas oublier ce que je suis. Je me serois peut-être flatté qu'enfin vous m'auriez trouvé les qualités que vous souhaitez dans des académiciens dignes de ce nom, d'un goût exquis, d'une pénétration entière, parfaitement éclairés, en un mot tels que vous êtes. Mais, messieurs, l'honneur qu'il vous a plu de me faire, quelque grand qu'il soit, ne m'aveugle point. Plus votre consentement à me l'accorder a été prompt, et si je l'ose dire, unanime, plus je vois par quel motif vous avez accompagné votre choix d'une distinction si peu ordinaire. Ce que mes défauts me défendoient d'espérer de vous,

vous l'avez donné à la mémoire d'un homme que vous regardiez comme un des principaux ornements de votre corps. L'estime particulière que vous avez toujours eue pour lui, m'attire celle dont vous me donnez des marques si obligeantes. Sa perte vous a touchés, et pour le faire revivre parmi vous autant qu'il vous est possible, vous avez voulu me faire remplir sa place, ne doutant point que la qualité de frère, qui l'a fait plus d'une fois vous solliciter en ma faveur, ne l'eût engagé à m'inspirer les sentiments d'admiration qu'il avoit pour toute votre illustre Compagnie. Ainsi, messieurs, vous l'avez cherché en moi, et n'y pouvant trouver son mérite, vous vous êtes contentés d'y trouver son nom.

Jamais une perte si considérable ne pouvoit être plus imparfaitement réparée, mais pour vous rendre l'inégalité du changement plus supportable, songez, messieurs, que lorsqu'un siècle a produit un homme aussi extraordinaire qu'il l'étoit, il arrive rarement que ce même siècle en produise d'autres capables de l'égaler. Il est vrai que celui où nous vivons est le siècle des miracles, et j'ai sans doute à rougir d'avoir si mal profité de tant de leçons que j'ai reçues de sa propre bouche par cette pratique continuelle que me donnoit avec lui la plus parfaite union qu'on ait jamais vue entre deux frères, quand d'heureux génies, qui ont été privés de cet avantage, se sont élevés avec tant de gloire, que tout ce qui a paru d'eux a été le charme de la cour et du public. Cependant, quand même l'on pourroit dire que quelqu'un l'eût surpassé, lui qu'on a mis tant de fois au-dessus des anciens, il seroit toujours très-vrai que le Théâtre-François lui doit tout l'éclat où nous le voyons. Je n'ose, messieurs, vous en dire rien de plus. Sa perte qui vous est sensible à tous, est si particulière pour moi, que j'ai peine à soutenir les tristes idées qu'elle me présente. J'ajouterai seulement qu'une des choses qui vous doit le plus faire chérir sa mémoire, c'est l'attachement que je lui ai toujours remarqué pour tout ce qui regardoit les intérêts de l'Académie. Il montroit par là combien il avoit d'estime pour tous les illustres qui la composent, et reconnoissoit en même temps les bienfaits dont il avoit été honoré par M. le cardinal de Richelieu qui en est le fondateur. Ce grand ministre, tout couvert de gloire qu'il étoit par le florissant état où il avoit mis la France, se répondit moins de l'éternelle durée de son nom pour avoir exécuté avec des succès presque incroyables les ordres reçus de Louis le Juste, que pour avoir établi la célèbre Compagnie dont vous soutenez l'honneur avec tant d'éclat. Il n'employa ni le bronze ni l'airain pour leur confier les différentes merveilles qui rendent fameux le temps de son Ministère. Il s'en reposa sur votre reconnoissance, et se tint plus assuré d'atteindre par vous jusqu'à la postérité la plus reculée, que par les desseins de l'hérésie renversée, et par l'orgueil si souvent humilié d'une maison, fière de la longue suite d'empereurs qu'il y a plus de deux siècles qu'elle donne à l'Allemagne. Sa mort vous fut un coup rude. Elle vous laissoit dans un état qui vous donnoit tout à craindre, mais vous étiez réservé à des honneurs éclatants, et en attendant que le temps en fut venu, un des plus grands chanceliers que la France ait eus prit soin de vous consoler de cette perte. L'amour qu'il avoit pour les belles-lettres lui inspira le dessein de vous attirer chez lui. Vous y reçûtes tous les adoucissements que vous pouviez espérer dans votre douleur d'un protecteur zélé pour vos avantages. Mais, messieurs, jusqu'où n'allèrent-ils point quand le roi lui-même vous logeant dans son palais, et vous approchant de sa personne sacrée, vous honora de ses grâces et de sa protection? Votre fortune est bien glorieuse, mais n'a-t-elle rien qui vous étonne? L'ardeur qui vous porte à reconnoître les bontés d'un si grand prince, quelque pressée qu'elle soit par les miracles continuels de sa vie, n'est-elle point arrêtée par l'impuissance de vous exprimer? Quoique notre langue abonde en paroles, et que toutes les richesses vous en soient connues, vous la trouvez sans doute stérile quand, voulant vous en servir pour expliquer ces miracles, vous portez votre imagination au delà de ce qu'elle peut vous fournir sur une si vaste matière. Si c'est un malheur pour vous de ne pouvoir satisfaire votre zèle par des expressions qui égalent ce que l'Envie elle-même ne peut se défendre d'admirer, au moins vous en pouvez être consolés par le plaisir de connoître que, quelque foibles que pussent être ces expressions, la gloire du roi n'y sauroit rien perdre. Ce n'est que pour relever les actions médiocres qu'on a besoin d'éloquence. Ses ornements, si nécessaires à celles qui ne brillent point par elles-mêmes, sont inutiles pour ces exploits surprenants qui approchent du prodige, et qui étant crus, parce qu'on en est témoin, ne laissent pas de nous paroître incroyables.

Quand vous diriez seulement, Louis le Grand *a soumis une province entière en huit jours, dans la plus forte rigueur de l'hiver. En vingt-quatre heures il s'est rendu maître de quatre villes assiégées tout à la fois. Il a pris soixante places en une seule campagne. Il a résisté lui seul aux puissances les plus redoutables de l'Europe liguées ensemble pour empêcher ses conquêtes. Il a rétabli ses alliés. Après avoir imposé la paix, faisant marcher la justice pour toutes armes, il s'est fait ouvrir en un même jour les portes de Strasbourg et de Casal, qui l'ont reconnu pour leur souverain.* Cela est tout simple, cela est uni ; mais cela remplit l'esprit de si grandes choses, qu'il embrasse incontinent tout ce qu'on n'explique pas, et je doute que ce grand panégyrique, qui a coûté tant de soins à Pline le Jeune, fasse autant pour la gloire de Trajan, que ce peu de mots, tout dénués qu'ils sont de ce fard qui embellit les objets, seroit capable de faire pour celle de notre auguste monarque.

Il est vrai, messieurs, qu'il n'en seroit pas de même si vous vouliez faire la peinture des rares vertus du roi. Où trouveriez-vous des termes pour représenter assez dignement cette grandeur d'âme qui, l'élevant au-dessus de tout ce qu'il y a de plus noble, de plus héroïque et de plus parfait, c'est-à-dire de lui-même, le fait renoncer à des avantages que d'autres que lui rechercheroient aux dépens de toutes choses ? Aucune entreprise ne lui a manqué. Pour se tenir assuré de réussir dans les conquêtes les plus importantes, il n'a qu'à vouloir tout ce qu'il peut. La Victoire, qui l'a suivi en tous lieux, est toujours prête à l'accompagner ; elle tâche de toucher son cœur par ses plus doux charmes. Il a tout vaincu, il veut la vaincre elle-même, et il se sert pour cela des armes d'une modération qui n'a point d'exemple. Il s'arrête au milieu de ses triomphes ; il offre la paix ; il en prescrit les conditions, et ces conditions se trouvent si justes, que ses ennemis sont obligés de les accepter. La jalousie où les met la gloire qu'il a d'être seul arbitre du destin du monde, leur fait chercher des difficultés pour troubler le calme qu'il a rétabli. On lui déclare de nouveau la guerre. Cette déclaration ne l'ébranle point. Il offre la paix encore une fois, et comme il sait que la trêve n'a aucunes suites qui en puissent autoriser la rupture, il laisse le choix de l'une ou de l'autre. Ses ennemis balancent longtemps sur la résolution qu'ils doivent prendre. Il voit que leur avantage est de consentir à ce qu'il leur offre. Pour les y forcer, il attaque Luxembourg. Cette place, imprenable pour tout autre, se rend en un mois, et auroit moins résisté, si, pour épargner le sang de ses officiers et de ses soldats, ce sage Monarque n'eût ordonné que l'on fît le siége dans toutes les formes. La Victoire, qui cherche toujours à l'éblouir, lui fait voir que cette prise lui répond de celle de toutes les places du Pays-Bas espagnol. Elle parle sans qu'elle puisse se faire écouter. Il persiste dans ses propositions de trêve, elle est enfin acceptée, et voilà l'Europe dans un plein repos.

Que de merveilles renferme cette grandeur d'âme, dont j'ai osé faire une foible ébauche! C'est à vous, messieurs, à traiter cette matière dans toute son étendue. Si notre langue ne vous prête point de quoi lui donner assez de poids et de force, vous suppléerez à cette stérilité par le talent merveilleux que vous avez de faire sentir plus que vous ne dites. Il faut de grands traits pour les grandes choses que le roi a faites, de ces traits qui montrent tout d'une seule vue, et qui offrent à l'imagination ce que les ombres du tableau nous cachent. Quand vous parlerez de sa vigilance exacte, et toujours active pour ce qui regarde le bien de ses peuples, la gloire de ses États et la majesté du trône; de ce zèle ardent et infatigable, qui lui fait donner ses plus grands soins à détruire entièrement l'hérésie, et à rétablir le culte de Dieu dans toute sa pureté; et enfin de tant d'autres qualités augustes, que le Ciel a voulu unir en lui pour le rendre le plus grand de tous les hommes, si vous trouvez la matière inépuisable, votre adresse à exécuter heureusement les plus hauts desseins vous fera choisir des expressions si vives qu'elles nous feront entrer tout d'un coup dans tout ce que vous voudrez nous faire entendre. Par l'ouverture qu'elles donneront à notre esprit, nos réflexions nous mèneront jusqu'où vous entreprendrez de les faire aller, et c'est ainsi que vous remplirez parfaitement toute la grandeur de votre sujet.

Quel bonheur pour moi, messieurs, de pouvoir m'instruire sous de si grands maîtres! Mes soins si assidus à me trouver dans vos assemblées pour y profiter de vos leçons, vous feront connoître que, si l'honneur que vous m'avez fait passe de beaucoup mon peu de mérite, du moins vous ne pouviez le répandre sur une personne qui le reçût avec des sentiments plus respectueux et plus remplis de reconnoissance.

IV

DISCOURS

PRONONCÉ LE MÊME JOUR 2 JANVIER 1685, PAR M. BERGERET LORSQU'IL FUT REÇU A LA PLACE DE M. DE CORDEMOI.

Messieurs,

La grâce que vous avez eu la bonté de m'accorder, me fait bien sentir dans ce moment ce que j'avois souvent pensé : que comme il n'est rien de plus avantageux pour un homme qui aime les lettres, que d'avoir une place dans votre illustre compagnie, il n'est rien aussi de plus difficile que de vous en remercier par un discours, et de parler publiquement devant ceux que toute la France écoute comme les oracles de notre langue.

J'ai déjà éprouvé plus d'une fois que, dès qu'on veut penser avec attention à l'Académie françoise, aussitôt l'imagination se trouve remplie et étonnée de tout ce qu'il y a de plus beau dans l'empire des lettres; dans ce vaste Empire qui n'est borné ni par les montagnes, ni par les mers; qui comprend toutes les nations et tous les siècles; dans lequel les plus grands princes du monde ont tenu à honneur d'avoir quelque place, et où, messieurs, vous avez l'avantage de posséder le premier rang.

J'avoue que si j'entreprenois de parler de toutes les sortes de mérites qui font la gloire de l'Académie françoise, je tomberois bientôt dans le désordre ; et il ne me serviroit de rien d'avoir quelque habitude de parler en public, et d'en avoir fait le ministère plusieurs années, en parlant pour le roi dans un des parlements de son royaume.

Mais je sais, messieurs, que, dans les occasions comme celle où je me trouve, vous n'aimez pas qu'on parle de vous en votre présence, et que pour suivre vos intentions, il faut, au lieu de vos louanges, ne vous faire entendre que les éloges des protecteurs de l'Académie, et de la personne à qui vous donnez un successeur. Et alors la considération que vous avez pour eux vous fait écouter favorablement tout ce qu'on en dit; quoique bien au-dessous de leur mérite, et de la manière éloquente dont vous le diriez vous-mêmes.

J'avois l'honneur de connoître l'illustre académicien dont j'occupe aujourd'hui la place; et je souhaiterois, messieurs, d'en avoir encore le mérite, et de pouvoir ainsi vous consoler de sa perte en la réparant. Il avoit joint toutes les vertus morales et chrétiennes aux plus riches talents de l'esprit. Il étoit savant dans la jurisprudence, dans la philosophie, dans l'histoire ; et ce qui étoit encore en lui au-dessus de toutes ces sciences qui s'acquièrent par le travail, c'étoit une certaine présence d'esprit qui ne s'acquiert point, et qui le rendoit capable de parler sans préparation, avec autant d'ordre et de netteté qu'on peut en avoir en écrivant avec le plus de loisir.

Mais je ne saurois rien dire qui lui fasse plus d'honneur que ce qu'il a écrit lui-même. Ces beaux et savants traités de Physique, cette belle et grande Histoire de nos rois, sont des monuments qui ne périront jamais. La mort ne lui a pas laissé achever ce dernier ouvrage ; mais quoi qu'il y manque pour être entier, il ne manquera rien à la réputation de l'auteur. On estimera toujours ce qu'il aura écrit, et on regrettera toujours ce qu'il n'aura pas eu le temps d'écrire.

Combien est-il glorieux à la mémoire du grand cardinal de Richelieu, que des hommes si illustres se soient, ou formés, ou achevés dans l'Académie françoise, qui est son dessein et son ouvrage ! Ce sera toujours pour lui un honneur tout particulier, et qui fera dire dans tous les temps que non-seulement il a fait les plus grandes choses pour la gloire de l'État, mais qu'il a fait aussi les plus grands hommes pour célébrer perpétuellement cette gloire ; car il est vrai que tous les académiciens lui appartiennent, par le titre même de la naissance de l'Académie ; et ils sont tous comme la postérité savante et spirituelle de cet incomparable génie, qui a tant contribué à tout ce qui s'est fait de plus grand et de plus heureux dans le dernier règne. La politique des Espagnols rendue inutile ; la ligue des Impériaux rompue; la flotte des Anglois arrêtée ; la fureur même de la mer enchaînée et retenue par cette digue prodigieuse qui étonnera tous les siècles; et dans le même temps la rébellion domptée, l'hérésie convaincue, l'honneur des autels réparé. Tous ces heureux événements sont les sages conseils de ce grand ministre d'État, qui a conçu, formé, élevé, protégé l'Académie françoise.

Le célèbre chancelier qui lui a succédé dans cette protection, aura toujours part à la même gloire ; et parmi toutes les vertus qui l'ont rendu digne d'être le chef de la justice, on relèvera toujours l'affection particulière qu'il a eue pour les lettres, et qui l'a obligé d'être simple académicien, longtemps avant qu'il devînt protecteur de l'Académie ; ce qui lui est d'autant plus glorieux que ces deux titres ne peuvent plus être réunis dans une personne privée, quelque éminente qu'elle soit en dignité ; le nom de protecteur de l'Académie, étant devenu comme un titre royal, par la bonté que le roi a eue de le prendre, et de vouloir bien, en faveur des lettres, que le vainqueur des rois, et l'arbitre de l'univers fût aussi appelé le protecteur de l'Académie françoise.

C'est ici, messieurs, où je devrois vous parler de cet auguste protecteur ; mais à peine ai-je voulu prononcer son nom, que je me suis trouvé tout ébloui de sa gloire. Comment donc oserois-je tenter de faire son éloge?

Il ne sert de rien pour cela d'avoir l'honneur de l'approcher quelquefois ; car comme il paroît encore plus grand à ceux qui le voient de plus près, il est aussi par cette raison plus difficile encore à louer pour eux que pour les autres.

On peut dire seulement que tout ce qu'il fait voir au monde n'est rien en comparaison de ce qu'il lui cache ; que tant de victoires, de conquêtes et d'événements prodigieux qui étonnent toute la terre, n'ont rien de comparable à la sagesse incompréhensible qui en est la cause. Et il est vrai que lorsqu'on peut voir quelque chose des conseils de cette sagesse plus qu'humaine, on se trouve, pour ainsi dire, dans une si haute région d'esprit, que l'on en perd la pensée, comme quand on est dans un air trop élevé et trop pur, on perd la respiration.

Mais cependant les grandes choses qu'il a faites, n'étant pas moins l'objet des yeux que l'étonnement de l'esprit ; il n'y a personne qui, à la vue de tant de merveilles également visibles et inconcevables, ne puisse au moins s'écrier et se taire.

C'est là, messieurs, tout ce que j'oserois entreprendre, et, me tenant renfermé dans les termes de l'admiration et du silence, je ne cesserai de me taire que pour nommer seulement les souveraines vertus que j'admire. Une prudence qui pénètre tout et qui est elle-même impénétrable ; une justice qui préfère l'intérêt du sujet à celui du prince ; une valeur qui prend toutes les villes qu'elle attaque, comme un torrent qui rompt tous les obstacles qu'il rencontre ; une modération qui a tant de fois arrêté ce torrent et suspendu cet orage ; une bonté qui par l'entière abolition des duels prend plus de soin de la vie des sujets qu'ils n'en prennent eux-mêmes ; un zèle pour la religion qui fait chaque jour de si grands et de si heureux projets. Mais ce qui est encore plus admirable dans toutes ces vertus si différentes, c'est de les voir agir toutes ensemble, et dans la paix, et dans la guerre, sans différence ni distinction de temps.

Qui ne sait que la paix a toujours été pour le roi un exercice continuel de toutes les vertus militaires ? N'ont-elles pas éclaté jusque dans ces jeux héroïques, dans ces campements, ces siéges, ces combats qui se faisoient au milieu de sa cour, où il accoutumoit ses soldats à la veille, au soleil, au feu, à la poussière ; et où il formoit lui-même ses guerriers intrépides avec lesquels il a pris toutes ces redoutables villes, qui avoient été la terreur des plus grandes armées ?

C'est principalement par la manière dont il a usé de la paix, qu'il s'est élevé au-dessus de la réputation des plus grands capitaines ; toujours agissant dans le repos public ; sachant prévenir le temps et ne le perdant jamais ; fortifiant les places qu'il avoit prises, et les rendant imprenables, exerçant régulièrement ses troupes, et les tenant toujours en haleine ; remplissant toutes les provinces de son royaume par ses soins et par ses ordres. Là se faisoient des magasins et des arsenaux, sources inépuisables de toutes sortes de munitions de guerre. Ici se formoient des académies militaires, établissements admirables, pour ne manquer jamais de soldats, ni d'officiers. Là se bâtissoient des ports d'une beauté et d'une grandeur extraordinaires. Ici se fabriquoient des vaisseaux dignes de la conquête du monde; et par tous ces paisibles exploits de sa sagesse, il répandoit parmi les nations une terreur de sa puissance, qui lui tenoit lieu d'une victoire perpétuelle.

Ainsi, quoiqu'il ait donné plusieurs fois la paix à l'Europe, et autant de fois que ses ennemis vaincus ont voulu la recevoir, jamais le repos, jamais le loisir ne lui ont rien fait perdre de la gloire ni de la vertu d'un prince guerrier et conquérant.

Pour lui la paix a toujours été non-seulement agissante, mais encore victorieuse; et par un bonheur incomparable, elle faisoit cesser nos craintes, et n'arrêtoit pas ses conquêtes; puisqu'il est vrai que les trois plus importantes villes du royaume, et pour sa gloire, et pour sa sûreté, Dunkerque, Strasbourg et Cazal, sont des conquêtes qu'il a faites au milieu de la paix; et ces trois villes, qui sont les clefs de trois États voisins, et dont la prise auroit signalé trois campagnes, ayant été conquises sans combat et sans armes, font bien voir que la sagesse du roi sait faire naître dans le plus grand calme de la paix, les plus heureux succès de la guerre, de même que dans les plus grandes fureurs de la guerre il fait régner toutes les vertus de la paix.

N'avons-nous pas vu l'Europe entière conjurée contre la France? Tout le royaume n'a-t-il pas été environné d'armées ennemies? Et cependant est-il jamais arrivé qu'un seul de tant de généraux étrangers ait pris seulement un quartier d'hiver sur nos frontières? Tous ces chefs ennemis se promettoient d'entrer dans nos provinces en vainqueurs et en conquérants; mais aucun d'eux ne les a vues que ceux qui ont été amenés prisonniers. Tous les autres sont demeurés autour du royaume, comme s'ils l'avoient gardé, sans troubler la tranquillité dont il jouissoit. Et c'est un prodige inouï que tant de nations jalouses de la gloire du roi, et qui s'étoient assemblées pour le combattre, n'aient pu faire autre chose que de l'admirer et d'entendre d'assez loin le bruit terrible de ses foudres qui renversoient les murs de quarante villes en moins de trente jours, et qui cependant par une espèce de miracle n'ont point empêché que la voix des lois n'ait toujours été entendue, toujours la justice également gardée, l'obéissance rendue, la discipline observée, le commerce maintenu, les arts florissants, les lettres cultivées, le mérite récompensé, tous les règlements de la police généralement exécutés; et non-seulement de la police civile, qui par les heureux changements qu'elle a faits, semble nous avoir donné un autre air et une autre ville; mais encore de la police militaire qui a civilisé les soldats et leur a inspiré un amour de la gloire et de la discipline, qui fait que les armées du roi sont en même temps la plus belle et la plus terrible chose du monde. N'est-ce pas là faire régner la paix jusque dans le sein de la guerre? Car enfin ces formidables armées de cent et de deux cent mille hommes ont passé et repassé dans les provinces, aussi paisiblement que si ce n'eût été qu'une seule famille. Point de rapine, point de violence, point d'insulte, le soldat payant comme le bourgeois, et l'argent se répandant par ce moyen dans toutes les parties du royaume; de sorte que des troupes si nombreuses et si réglées, étoient la richesse des pays par où elles passoient : semblables à ces heureux débordements du Nil, qui rendent fertiles toutes les campagnes sur lesquelles ils se répandent.

Quelle gloire pour un prince conquérant, que l'on puisse dire de lui qu'il a toujours eu un esprit de paix dans toutes les guerres qu'il a faites, depuis la première campagne jusqu'à la dernière; depuis la prise de Marsal jusqu'à celle de Luxembourg! Car enfin cette dernière et admirable conquête, qui, en assurant toutes les autres, vient heureusement de finir la guerre, fera dire encore plus que jamais que le roi est un héros, toujours vainqueur et toujours pacifique, puisque non-seulement il a pris cette place, une des plus fortes du monde, et qu'il l'a prise malgré tous les obstacles de la nature, malgré tous les efforts de l'art, malgré toute la résistance des ennemis; mais ce qui est encore plus, malgré lui-même, car il est vrai qu'il ne l'a attaquée qu'à regret, et après avoir pressé longtemps ses ennemis cent fois vaincus de vouloir accepter la paix qu'il leur offroit, et de ne le pas contraindre à se servir du droit des armes. De sorte que, par un événement tout singulier, cette fameuse ville sera toujours pour la gloire du roi un monument éternel, non-seulement de la plus grande valeur, mais aussi de la plus grande modération dont on ait jamais parlé. Et il faut avouer, messieurs, que de pouvoir ainsi exercer en même temps des vertus si opposées, c'est avoir une grandeur d'âme tout extraordinaire, et bien au-dessus de l'idée qu'Homère a voulu donner de la grandeur de ses dieux, quand il a dit que d'un seul pas ils franchissoient toute l'étendue des mers; cette grandeur étant encore trop bornée, pour bien représenter celle d'une âme héroïque, qui est en même temps dans l'extrémité de la valeur et dans l'extrémité de la clémence; deux termes plus éloignés l'un de l'autre que ne sont les deux rives de l'Océan.

Mais je ne puis soutenir plus longtemps la vue d'une si extrême grandeur de gloire et de vertu, ni en parler davantage; et je rentre encore plus avant dans un profond silence d'admiration, dont je ne suis pas même sorti; puisqu'il est vrai que tout ce que j'ai dit du roi n'est rien en comparaison de ce qui s'en peut dire, et de ce qu'en dira cette illustre et savante Académie, à laquelle je rends une infinité de grâces pour l'honneur qu'elle m'a fait, en lui protestant que j'aurai toujours pour elle une parfaite reconnoissance et une entière soumission.

V

DISCOURS

PRONONCÉ A L'ACADÉMIE FRANÇOISE, A LA RÉCEPTION
DE MM. DE CORNEILLE ET DE BERGERET,

Le 2 janvier 1685.

Messieurs,

Il n'est pas besoin de dire ici combien l'Académie a été sensible aux deux pertes considérables qu'elle a faites presque en même temps, et dont elle seroit inconsolable si, par le choix qu'elle a fait de vous, elle ne les voyoit aujourd'hui heureusement réparées.

Elle a regardé la mort de M. de Corneille comme un des plus rudes coups qui la pût frapper; car bien que, depuis un an, une longue maladie nous eût privés de sa présence, et que nous eussions perdu en quelque sorte l'espérance de le revoir jamais dans nos assemblées, toutefois il vivoit; et l'Académie, dont il était le doyen, avoit au moins la consolation de voir, dans la liste où sont les noms de tous ceux qui la composent, de voir, dis-je, immédiatement au-dessous du nom sacré de son auguste protecteur, le fameux nom de Corneille.

Et qui d'entre nous ne s'applaudissoit pas en lui-même, et ne ressentoit pas un secret plaisir d'avoir pour confrère un homme de ce mérite? Vous, monsieur, qui non-seulement étiez son frère, mais qui avez couru longtemps une même carrière avec lui, vous savez les obligations que lui a notre poésie; vous savez en quel état se trouvoit la scène françoise lorsqu'il commença à travailler. Quel désordre! quelle irrégularité! Nul goût, nulle connoissance des véritables beautés du théâtre. Les auteurs aussi ignorants que les spectateurs, la plupart des sujets extravagants et dénués de vraisemblance, point de mœurs, point de caractères; la diction encore plus vicieuse que l'action, et dont les pointes et de misérables jeux de mots faisoient le principal ornement; en un mot, toutes les règles de l'art, celles même de l'honnêteté et de la bienséance partout violées.

Dans cette enfance ou, pour mieux dire, dans ce chaos du poëme dramatique parmi nous, votre illustre frère, après avoir quelque temps cherché le bon chemin, et lutté, si j'ose ainsi dire, contre le mauvais goût de son siècle, enfin, inspiré d'un génie extraordinaire et aidé de la lecture des anciens, fit voir sur la scène la raison, mais la raison accompagnée de toute la pompe, de tous les ornements dont notre langue est capable; accorda heureusement le vraisemblable et le merveilleux, et laissa bien loin derrière lui tout ce qu'il avoit de rivaux, dont la plupart, désespérant de l'atteindre, et n'osant plus entreprendre de lui disputer le prix, se bornèrent à combattre la voix publique déclarée pour lui, et essayèrent en vain, par leurs discours et par leurs frivoles critiques, de rabaisser un mérite qu'ils ne pouvoient égaler.

La scène retentit encore des acclamations qu'excitèrent à leur naissance le *Cid, Horace, Cinna, Pompée,* tous ces chefs-d'œuvre représentés depuis sur tant de théâtres, traduits en tant de langues, et qui vivront à jamais dans la bouche des hommes. A dire le vrai, où trouvera-t-on un poëte qui ait possédé à la fois tant de grands talents, tant d'excellentes parties, l'art, la force, le jugement, l'esprit? Quelle noblesse, quelle économie dans les sujets! Quelle véhémence dans les passions! Quelle gravité dans les sentiments! Quelle dignité, et en même temps quelle prodigieuse variété dans les caractères! Combien de rois, de princes, de héros de toutes nations nous a-t-il représentés, toujours tels qu'ils doivent être, toujours uniformes avec eux-mêmes, et jamais ne se ressemblant les uns aux autres! Parmi tout cela, une magnificence d'expressions proportionnée aux maîtres du monde qu'il fait souvent parler, capable néanmoins de s'abaisser quand il veut, et de descendre jusqu'aux plus simples naïvetés du comique, où il est encore inimitable. Enfin ce qui lui est surtout particulier, une certaine force, une certaine élévation qui surprend, qui enlève, et qui rend jusqu'à ses défauts, si on lui en peut reprocher quelques-uns, plus estimables que les vertus des autres : personnage véritablement né pour la gloire de son pays ; comparable, je ne dis pas à tout ce que l'ancienne Rome a eu d'excellents tragiques, puisqu'elle confesse elle-même qu'en ce genre elle n'a pas été fort heureuse, mais aux Eschyle, aux Sophocle, aux Euripide, dont la fameuse Athènes ne s'honore pas moins que des Thémistocle, des Périclès, des Alcibiade, qui vivoient en même temps qu'eux.

Oui, monsieur, que l'ignorance rabaisse tant qu'elle voudra l'éloquence et la poésie, et traite les habiles écrivains de gens inutiles dans les États, nous ne craindrons point de le dire à l'avantage des lettres et de ce corps fameux dont vous faites maintenant partie : du moment que des esprits sublimes, passant de bien loin les bornes communes, se distinguent, s'immortalisent par des chefs-d'œuvre, comme ceux de monsieur votre frère, quelque étrange inégalité que, durant leur vie, la fortune mette entre eux et les plus grands héros, après leur mort cette différence cesse. La postérité, qui se plaît, qui s'instruit dans les ouvrages qu'ils lui ont laissés, ne fait point de difficulté de les égaler à tout ce qu'il y a de plus considérable parmi les hommes, fait marcher de pair l'excellent poëte et le grand capitaine. Le même siècle qui se glorifie aujourd'hui d'avoir produit Auguste ne se glorifie guère moins d'avoir produit Horace et Virgile. Ainsi, lorsque, dans les âges suivants, on parlera avec étonnement des victoires prodigieuses et de toutes les grandes choses qui rendront notre siècle l'admiration de tous les siècles à venir, Corneille, n'en doutons point, Corneille tiendra sa place parmi toutes ces merveilles. La France se souviendra avec plaisir que, sous le règne du plus grand de ses rois, a fleuri le plus célèbre de ses poëtes[1]. On croira même ajouter quelque chose à la gloire de notre auguste monarque lorsqu'on dira qu'il a estimé, qu'il a honoré de ses bienfaits cet excellent génie; que même, deux jours avant sa mort, et lorsqu'il ne lui restoit plus qu'un rayon de connoissance, il lui envoya encore des marques de sa libéralité[2], et qu'enfin les dernières paroles de Corneille ont été des remercîments pour Louis le Grand.

Voilà, monsieur, comme la postérité parlera de votre illustre frère; voilà une partie des excellentes qualités qui l'ont fait connoître à toute l'Europe. Il en avoit d'autres qui, bien que moins éclatantes aux yeux du public, ne sont peut-être pas moins dignes de nos louanges, je veux dire homme de probité et de piété, bon père de famille, bon parent, bon ami. Vous le savez, vous qui avez toujours été uni avec lui d'une amitié qu'aucun intérêt, non pas même aucune émulation pour la gloire, n'a pu altérer. Mais ce qui nous touche de plus près, c'est qu'il étoit encore un très-bon académicien; il aimoit, il cultivoit nos exercices; il y apportoit surtout cet esprit de douceur, d'égalité, de déférence même, si nécessaire pour entretenir l'union dans les compagnies. L'a-t-on jamais vu se préférer à aucun de ses confrères? L'a-t-on jamais vu vouloir tirer ici aucun avantage des applaudissements qu'il recevoit dans le public? Au contraire, après avoir paru en maître, et pour ainsi dire régné sur la scène, il venoit, dis-

---

1. Var. Le plus grand de ses poëtes (édit. 1697).
2. Le grand Corneille, dans ses derniers moments, manquait absolument d'argent. Boileau en fut instruit; il en parla avec chaleur à madame de Montespan, à Louvois, au roi même, qui envoya sur-le-champ deux cents louis d'or au malade. Cet argent fut porté par Bessé de La Chapelle, inspecteur des beaux-arts, ami particulier de Boileau et de Racine.

ciple docile, chercher à s'instruire dans nos assemblées, laissoit, pour me servir de ses propres termes, laissoit ses lauriers à la porte de l'Académie, toujours prêt à soumettre son opinion à l'avis d'autrui, et, de tous tant que nous sommes, le plus modeste à parler, à prononcer, je dis même sur des matières de poésie.

Vous auriez pu, bien mieux que moi, monsieur, lui rendre ici les justes honneurs qu'il mérite, si vous n'eussiez peut-être appréhendé avec raison qu'en faisant l'éloge d'un frère avec qui vous avez d'ailleurs tant de conformité, il ne semblât que vous faisiez votre propre éloge. C'est cette conformité que nous avons tous eue en vue lorsque, tout d'une voix, nous vous avons appelé pour remplir sa place, persuadés que nous sommes que nous retrouverons en vous, non-seulement son nom, son même esprit, son même enthousiasme, mais encore sa même modestie, sa même vertu, son même zèle pour l'Académie.

Je m'aperçois qu'en parlant de modestie, de vertu et des autres qualités propres pour l'Académie, tout le monde songe ici avec douleur à l'autre perte que nous avons faite, je veux dire à la mort du savant M. de Cordemoi, qui, avec tant d'autres talents, possédoit au souverain degré toutes les parties d'un véritable académicien; sage, exact et laborieux, et qui, si la mort ne l'eût point ravi au milieu de son travail, alloit peut-être porter l'histoire aussi loin que M. Corneille a porté la tragédie. Mais, après tout ce que vous avez dit sur son sujet, vous, monsieur[1], qui par l'éloquent discours que vous venez de faire, vous êtes

---

1. L'orateur s'adresse ici à Bergeret, qui était alors premier commis de M. de Croissy, frère du grand Colbert.

montré si digne de lui succéder, je n'ai garde de vouloir entreprendre un éloge qui, sans rien ajouter à sa louange, ne feroit qu'affoiblir l'idée que vous avez donnée de son mérite.

Nous avons perdu en lui un homme qui, après avoir donné au barreau une partie de sa vie, s'étoit depuis appliqué tout entier à l'étude de notre ancienne histoire. Nous lui avons choisi pour successeur un homme qui, après avoir été assez longtemps l'organe d'un parlement célèbre, a été appelé à un des plus importants emplois de l'État, et qui, avec une connoissance exacte et de l'histoire et de tous les bons livres, nous apporte encore quelque chose de bien plus utile et de bien plus considérable pour nous, je veux dire la connoissance parfaite de la merveilleuse histoire de notre protecteur.

Eh! qui pourra mieux que vous nous aider à parler de tant de grands événements, dont les motifs et les principaux ressorts ont été si souvent confiés à votre fidélité, à votre sagesse? Qui sait mieux à fond tout ce qui s'est passé de mémorable dans les cours étrangères, les traités, les alliances, et enfin toutes les importantes négociations qui, sous son règne, ont donné le branle à toute l'Europe?

Toutefois, disons la vérité, monsieur, la voie de la négociation est bien courte sous un prince qui, ayant toujours de son côté la puissance et la raison, n'a besoin, pour faire exécuter ses volontés, que de les déclarer. Autrefois la France, trop facile à se laisser surprendre par les artifices de ses voisins, autant qu'elle étoit heureuse et redoutable dans la guerre, autant passoit-elle pour être infortunée dans les accommodements. L'Espagne surtout, l'Espagne, son orgueilleuse ennemie, se vante de n'avoir jamais signé, même au plus fort de nos prospérités, que des traités avantageux, et de regagner souvent par un trait de plume ce qu'elle avoit perdu en plusieurs campagnes. Que lui sert maintenant cette adroite politique dont elle faisoit tant de vanité? Avec quel étonnement l'Europe a-t-elle vu, dès les premières démarches du roi, cette superbe nation contrainte de venir jusque dans le Louvre reconnoître publiquement son infériorité, et nous abandonner depuis, par des traités solennels, tant de places si fameuses, tant de grandes provinces, celles même dont ses rois empruntoient leurs plus glorieux titres! Comment s'est fait ce changement? Est-ce par une longue suite de négociations traînées? Est-ce par la dextérité de nos ministres dans les pays étrangers? Eux-mêmes confessent que le roi fait tout, voit tout dans les cours où il les envoie, et qu'ils n'ont tout au plus que l'embarras d'y faire entendre avec dignité ce qu'il leur a dicté avec sagesse.

Qui l'eût dit, au commencement de l'année dernière, et dans cette même saison où nous sommes, lorsqu'on voyoit de toutes parts tant de haines éclater, tant de ligues se former, et cet esprit de discorde et de défiance qui souffloit la guerre aux quatre coins de l'Europe; qui l'eût dit, qu'avant la fin du printemps tout seroit calme? Quelle apparence de pouvoir dissiper sitôt tant de ligues? Comment accorder tant d'intérêts si contraires? Comment calmer cette foule d'États et de princes, bien plus irrités de notre puissance que des mauvais traitements qu'ils prétendoient avoir reçus? N'eût-on pas cru que vingt années de conférences ne suffisoient pas pour terminer toutes ces querelles? La diète d'Allemagne, qui n'en devoit examiner qu'une partie, depuis trois ans qu'elle y étoit appliquée, n'en étoit encore qu'aux préliminaires. Le roi cependant, pour le bien de la chrétienté, avoit résolu, dans son cabinet, qu'il n'y eût plus de guerre. La veille qu'il doit partir pour se mettre à la tête d'une de ses armées, il trace six lignes, et les envoie à son ambassadeur à La Haye. Là-dessus les Provinces délibèrent, les ministres des Hauts Alliés s'assemblent; tout s'agite, tout se remue : les uns ne veulent rien céder de ce qu'on leur demande; les autres redemandent ce qu'on leur a pris; mais tous ont résolu de ne point poser les armes. Mais lui, qui sait bien ce qui en doit arriver, ne semble pas même prêter d'attention à leurs assemblées, et, comme le Jupiter d'Homère, après avoir envoyé la terreur parmi ses ennemis, tournant les yeux vers les autres endroits qui ont besoin de ses regards, d'un côté il fait prendre Luxembourg, de l'autre il s'avance lui-même aux portes de Mons; ici il envoie des généraux à ses alliés; là il fait foudroyer Gênes; il force Alger à lui demander pardon; il s'applique même à régler le dedans de son royaume, soulage ses peuples, et les fait jouir par avance des fruits de la paix; et enfin, comme il l'avoit prévu, voit ses ennemis, après bien des conférences, bien des projets, bien des plaintes inutiles, contraints d'accepter ces mêmes conditions qu'il leur a offertes, sans avoir pu en rien retrancher, y rien ajouter, ou, pour mieux dire, sans avoir pu, avec tous leurs efforts, s'écarter d'un seul pas du cercle étroit qu'il lui avoit plu de leur tracer [1].

Quel avantage pour tous tant que nous sommes, messieurs, qui, chacun selon nos différents talents, avons en-

---

1. Trêve de vingt ans, signée à Ratisbonne, au mois d'août 1684, entre la France, l'Espagne et l'Empire.

trepris de célébrer tant de grandes choses! Vous n'aurez point, pour les mettre en jour, à discuter, avec des fatigues incroyables, une foule d'intrigues difficiles à développer ; vous n'aurez pas même à fouiller dans le cabinet de ses ennemis. Leur mauvaise volonté, leur impuissance, leur douleur, est publique à toute la terre. Vous n'aurez point à craindre enfin tous ces longs détails de chicanes ennuyeuses qui sèchent l'esprit de l'écrivain, et qui jettent tant de langueur dans la plupart des histoires modernes, où le lecteur, qui cherchoit des faits, ne trouvant que des paroles, sent mourir à chaque pas son attention, et perd de vue le fil des événements. Dans l'histoire du roi, tout vit, tout marche, tout est en action ; il ne faut que le suivre si l'on peut, et le bien étudier lui seul. C'est un enchaînement continuel de faits merveilleux que lui-même commence, que lui-même achève, aussi clairs, aussi intelligibles quand ils sont exécutés, qu'impénétrables avant l'exécution. En un mot, le miracle suit de près un autre miracle : l'attention est toujours vive, l'admiration toujours tendue, et l'on n'est pas moins frappé de la grandeur et de la promptitude avec laquelle se fait la paix que de la rapidité avec laquelle se font les conquêtes.

Heureux ceux qui, comme vous, monsieur, ont l'honneur d'approcher de près ce grand prince, et qui, après l'avoir contemplé, avec le reste du monde, dans ces importantes occasions où il fait le destin de toute la terre, peuvent encore le contempler dans son particulier, et l'étudier dans les moindres actions de sa vie, non moins grand, non moins héros, non moins admirable, plein d'équité, plein d'humanité, toujours tranquille, toujours maître de lui, sans inégalité, sans foiblesse, et enfin le plus sage et le plus parfait de tous les hommes !

VI

DISCOURS

PRONONCÉ LE 27 JUIN 1699, PAR M. DE VALINCOURT, SECRÉTAIRE GÉNÉRAL DE LA MARINE ET DES COMMANDEMENTS DE MONSEIGNEUR LE COMTE DE TOULOUSE, LORSQU'IL FUT REÇU A LA PLACE DE M. RACINE.

Messieurs,

C'est la coutume de tous ceux qui ont l'honneur d'être reçus parmi vous, quelque distingués qu'ils soient par leur mérite, d'employer toujours une partie de leur discours à vous assurer qu'ils se reconnoissent très-indignes de la grâce que vous leur accordez.

Mais ce que tant d'hommes illustres n'ont fait avant moi que par modestie et pour obéir à l'usage, je sens bien que je devrois le faire aujourd'hui par la force de la vérité.

Je crois cependant, messieurs, qu'il vaut encore mieux que j'essaye autant qu'il me sera possible de justifier votre choix, et que c'est le meilleur moyen de vous témoigner ma reconnoissance.

Je le dirai donc, messieurs, et je le dirai avec confiance ; lorsque vous avez jeté les yeux sur moi, vous m'avez connu tel que je suis, dépourvu à la vérité des qualités nécessaires pour mériter d'être assis parmi vous ; mais fort touché de ce qui fait l'objet de vos exercices, et digne peut-être d'y être admis, par le désir sincère que j'ai toujours eu d'en profiter.

Le besoin que j'ai de vos instructions vous a fait croire que vous me les deviez, et qu'ayant l'honneur d'être associé à l'un de vos plus illustres écrivains dans l'emploi le plus noble qui puisse jamais occuper des gens de lettres, il étoit de votre zèle pour la gloire du roi de faire au moins tout ce qui dépendroit de vous pour me mettre en état de m'en acquitter dignement.

Ce n'est pas que j'ose me flatter de pouvoir jamais être utile à un si grand maître. Le roi, il est vrai, lui a accordé le secours qu'il a demandé, et tel qu'il l'a demandé lui-même ; mais ce grand prince pouvoit-il mieux marquer l'estime qu'il fait des forces de cet habile écrivain qu'en lui donnant un si foible secours.

Et comment pourroit-il retrouver en moi ce qu'il perd dans l'illustre compagnon de ses travaux. Vous-mêmes, messieurs, qui pour remplir la place de M. Racine à l'Académie pouviez choisir entre tout ce qu'il y a de plus excellents esprits dans le royaume, vous avez bien vu, quelque choix que vous fissiez, que vous ne pouviez réparer la perte que vous venez de faire, et désespérant avec raison de trouver jamais un homme capable de remplacer dignement un académicien de ce mérite, vous avez voulu du moins en choisir un qui, ayant été lié d'une étroite amitié avec lui durant sa vie, pût vous en renouveler continuellement la mémoire.

Je le ferai, messieurs, aussi longtemps et aussi souvent que vous me le permettrez, et si ce n'est avec des paroles dignes de vous et de lui, ce sera du moins avec le zèle et avec la fidélité d'un homme qui, ayant été près de vingt années son ami de toutes les heures, doit savoir et sentir mieux qu'un autre combien il mérite d'être regretté.

Jamais peut-être personne ne vint au monde avec un plus heureux génie pour les lettres, et cet heureux génie fut secondé par une excellente éducation.

Dès son enfance, charmé des beautés qu'il trouvoit dans les anciens, et qu'il a si bien imitées depuis, il s'enfonçoit tout seul dans les bois de la solitude où il étoit élevé ; il y passoit les journées entières avec Homère, Sophocle et Euripide dont la langue lui étoit déjà aussi familière que la sienne propre, et bientôt, mettant en pratique ce qu'il avoit appris de ces excellents maîtres, il produisit son premier chef-d'œuvre dans un âge où l'on compte encore pour un mérite de savoir seulement réciter les ouvrages des autres.

Le fameux Corneille étoit alors dans sa plus haute réputation. On traduisoit ses pièces en toutes les langues de l'Europe, on le représentoit sur tous les théâtres, ses vers étoient dans la bouche de tout le monde, et *cela est beau comme le Cid* étoit une louange qui avoit passé en proverbe.

La France, avant lui, n'avoit rien vu sur la scène de sublime, ni même pour ainsi dire de raisonnable, et transportée pour ses premiers ouvrages d'une admiration qui alloit pour ainsi dire jusqu'à l'idolâtrie, elle sembloit pour l'en récompenser s'être engagée en quelque façon à n'en jamais admirer d'autres que ceux qu'il produiroit à l'avenir.

Ainsi l'on regarda d'abord avec quelque sorte de chagrin l'audace d'un jeune homme qui entroit dans la même carrière, et qui osoit demander partage dans ces applaudissements dont un autre sembloit pour toujours avoir été mis en possession.

Mais M. Racine, conduit par son seul génie et sans s'amuser à suivre ni même à imiter un homme que tout le monde regardoit comme inimitable, ne songea qu'à se faire des routes nouvelles.

Et tandis que Corneille, peignant ses caractères d'après l'idée de cette grandeur romaine, qu'il a le premier mise en œuvre avec tant de succès, formoit ses figures plus grandes que le naturel, mais nobles, hardies, admirables dans toutes leurs proportions ; tandis que les spectateurs, entraînés hors d'eux-mêmes, sembloient n'avoir plus d'âme que pour admirer la richesse de ses expressions, la noblesse de ses sentiments et la manière impérieuse dont il manioit la raison humaine,

M. Racine entra, pour ainsi dire, dans leur cœur et s'en rendit le maître ; il y excita ce trouble agréable qui nous fait prendre un véritable intérêt à tous les événements d'une fable que l'on représente devant nous ; il les remplit de cette terreur et de cette pitié, qui, selon Aristote, sont les véritables passions que doit produire la tragédie ; il leur arracha ces larmes qui font le plaisir de ceux qui les répandent ; et, peignant la nature moins superbe peut-être et moins magnifique, mais aussi plus vraie et plus sensible, il leur apprit à plaindre leurs propres passions et leurs propres foiblesses dans celles des personnages qu'il fit paroître à leurs yeux.

Alors le public équitable, sans cesser d'admirer la grandeur majestueuse du fameux Corneille, commença d'admirer aussi les grâces sublimes et touchantes de l'illustre Racine.

Alors le théâtre françois se vit au comble de sa gloire, et n'eut plus de sujet de porter envie au fameux théâtre d'Athènes florissante : c'est ainsi que Sophocle et Euripide, tous deux incomparables et tous deux très-différents dans leur genre d'écrire, firent en leur temps l'honneur et l'admiration de la savante Grèce.

Quelle foule de spectateurs, quelles acclamations ne suivirent pas les représentations d'*Andromaque,* de *Mithridate,* de *Britannicus,* d'*Iphigénie* et de *Phèdre?* avec quel transport ne les revoit-on pas tous les jours, et combien ont-elles produit d'imitateurs, même fort estimables, mais qui, toujours fort inférieurs à leur original, en font encore mieux concevoir le mérite.

Mais lorsque, renonçant aux Muses profanes, il consacra ses vers à des objets plus dignes de lui, guidé par des conseils et par des ordres que la sagesse même avoueroit pour les siens, quels miracles ne produisit-il pas encore?

Quelle sublimité dans ses cantiques, quelle magnificence dans *Esther* et dans *Athalie,* pièces égales ou même supérieures à tout ce qu'il a fait de plus achevé, et dignes par tout, autant que des paroles humaines le peuvent être, de la majesté du Dieu dont il parle et dont il étoit si pénétré.

En effet, tous ceux qui l'ont connu savent qu'il avoit une piété très-solide et très-sincère, et c'étoit comme l'âme et le fondement de toutes les vertus civiles et morales que l'on remarquoit en lui, ami fidèle et officieux et le meilleur père de famille qui ait jamais été, mais surtout exact et rigide observateur des moindres devoirs du christianisme, justifiant en sa personne ce qu'a dit un excellent esprit de notre siècle : que si la religion chrétienne paroît admirable dans les hommes du commun par les grandes choses qu'elle leur donne le courage d'entreprendre, elle ne le paroît pas moins dans les plus grands personnages par les petites choses dont elle les empêche de rougir.

Mais il n'est pas étonnant qu'il fût si exact et si solide sur des devoirs aussi important que ceux de la religion ; il l'étoit de même sur toutes les choses auxquelles il s'appliquoit, et il n'y en avoit aucune à quoi il ne s'efforçât de donner toute la perfection dont elle étoit capable; de là vient qu'il travailloit tous ses ouvrages avec tant de soin.

Il les méditoit longtemps, il les retouchoit à diverses reprises toujours en garde contre cette prodigieuse abondance de pensées et d'expressions que lui fournissoit la nature : n'y ayant rien, disoit-il, qui fasse plus de mauvais écrivains, et surtout plus de méchants poëtes, que cette dangereuse fécondité qui se trouve souvent dans les esprits les plus vulgaires, et qui les remplissant d'une fausse confiance leur fait prendre pour génie une malheureuse facilité de produire des choses médiocres.

Avant que d'exposer au public ce qu'il avoit composé, il aimoit à le lire à ses amis pour en voir l'effet, recevant leurs sentiments avec docilité, mais habile surtout à prendre conseil jusque dans leurs yeux et dans leur contenance, et à y démêler les beautés ou les défauts dont ils avoient été frappés souvent sans s'en apercevoir eux-mêmes.

Mais rien ne l'assuroit davantage sur ses doutes que les lumières de cet excellent critique avec qui il étoit lié d'une amitié si célèbre, et je dois, pour l'honneur de l'un et de l'autre, rapporter ici ce qu'il m'a souvent dit lui-même, qu'il ne se croyoit pas plus redevable du succès de la plupart de ses pièces aux préceptes d'Horace et d'Aristote qu'aux sages et judicieux conseils d'un ami si éclairé.

Que n'aurois-je point à vous dire, messieurs, des charmes inexprimables de sa conversation, et de cette imagination brillante qui rendoit les choses les plus simples, si aimables, et même si admirables dans sa bouche ; mais ces grâces vives et légères, qui sont comme la fleur de l'esprit, se sentent mieux qu'elles ne s'expriment, semblables à ces parfums qui font en nous une impression si douce et si agréable, dont nous pouvons bien conserver le souvenir, mais qu'il ne nous est jamais possible de bien faire comprendre à ceux qui ne l'ont pas éprouvée.

Qui croiroit qu'un homme né comme lui avec un si prodigieux talent pour la poésie, eût pu être encore un excellent orateur ? On ne l'auroit pas cru dans Rome ni dans Athènes, mais l'Académie françoise nous en fournit tous les jours d'illustres exemples. Vous n'avez pas oublié, messieurs, avec quelle force et avec quelle grâce il parloit dans vos assemblées, et ce lieu retentit encore des applaudissements dont vous interrompîtes tant de fois le dernier discours qu'il y prononça. Que ne m'est-il permis, pour le louer dignement lui-même, d'emprunter ici ses propres termes, et de répandre aujourd'hui sur son tombeau les fleurs immortelles qu'il répandit à pleines mains sur celui de l'illustre Corneille.

Pourquoi faut-il qu'un homme si rare nous ait été enlevé dans le temps qu'il alloit porter l'histoire aussi loin qu'il avoit porté la tragédie, et surpasser peut-être ce fameux Romain qui, après avoir comme lui fait admirer ses vers sur la scène, laissa comme lui reposer la muse tragique, pour écrire l'histoire des grands événements de son siècle?

Pourquoi faut-il que le nôtre ait été si tôt privé d'un écrivain qui lui étoit si nécessaire? Car enfin, messieurs, je ne crains point de le dire, il n'y a peut-être rien de plus propre à faire comprendre toute la grandeur du règne du roi, que d'avoir vu deux hommes si capables d'employer pour sa gloire toute la magnificence de ce qu'on appelle le langage des dieux, renoncer à cet avantage pour transmettre à la postérité, d'un style simple et sans fard, cette histoire où la vérité toute pure sera encore plus merveilleuse que la fiction même soutenue de tous les ornements de la poésie.

En effet, messieurs, laissant là ce prodigieux nombre de merveilles qui ont précédé la dernière guerre, tous ces monstres inventés par la fable et par les poëtes, pour faire admirer la force d'Hercule, avoient-ils rien de plus terrible que cette ligue étonnante que nos voisins firent éclater au milieu de la profonde paix dont on jouissoit alors.

Combien de princes, que tant de raisons sembloient devoir diviser pour toujours, se trouvèrent unis en un moment, et se donnant, pour ainsi dire, la main des extrémités de l'Europe, s'entr'exhortoient à renverser jusque dans ses fondements un seul royaume qu'ils tenoient comme investi par mer et par terre!

Qui eût cru, messieurs, que la France eût pu jamais se soutenir contre un si effroyable déluge d'ennemis? L'eût-elle pu faire autrefois, je ne dis pas dans ses temps de foiblesse, je dis dans les temps de sa plus grande force, dans ces temps même où, soutenue des conseils du grand cardinal, à qui les lettres seront à jamais redevables de votre établissement, elle portoit déjà si haut l gloire et la réputation du nom françois?

Qu'auroit fait lui-même cet habile ministre contre tous les

souverains de l'Europe unis par la seule envie de nous détruire, et enivrés de l'espérance d'y réussir?

Ses yeux ne se fussent-ils point troublés au milieu d'une tempête qui ne laissoit plus aucun lieu ni à l'art ni à l'adresse du plus habile pilote?

Oui sans doute, messieurs, il eût avoué sa foiblesse; il n'appartenoit qu'à Louis le Grand de garantir la France d'un péril si terrible et en même temps si digne de son grand courage.

Il voit bien d'abord que contre un si grand nombre d'ennemis, il ne falloit pas simplement songer à se défendre, et qu'à moins de se mettre en état d'attaquer l'Europe entière, il couroit risque d'en être accablé.

Il donne ses ordres, fait marcher ses troupes, et bientôt le Rhin, la Meuse, les Pyrénées, les Alpes, d'où les ennemis s'attendoient à pénétrer jusque dans le cœur du royaume, deviennent le théâtre de ses victoires.

Que de villes prises! Que de batailles gagnées! La mer jusque sur ses bords les plus reculés couverte de nos vaisseaux, le commerce des ennemis interrompu, le royaume rempli de leurs dépouilles, la flotte d'Angleterre et celle de Hollande battues par la flotte de France seule. L'Europe entière est étonnée de se voir, si j'ose le dire, assiégée elle-même, et réduite à se tenir sur la défensive.

Le Roi anime tout, soutient tout par son courage et par sa prudence; tantôt tranquille au milieu de son royaume, il fait sentir sa force à ses ennemis sur toutes ses frontières et jusque dans leur propre pays; tantôt à la tête de ses armées, il s'expose à tous les dangers comme le moindre de ses soldats, et voit blesser à ses côtés un jeune prince qui, tout occupé d'un si grand exemple, ne s'aperçoit pas lui-même de sa blessure. Ainsi le fils de Jupiter étoit un héros dès le berceau.

Mais il falloit que le Roi eût encore à combattre, au milieu de ses États mêmes, un ennemi cent fois plus terrible que tous ceux dont il étoit environné. Une stérilité imprévue jette tout à coup la famine et la consternation dans tout le royaume. Alors tout le monde commence à trembler pour le salut de la patrie. Le roi seul demeure ferme au milieu de la frayeur publique, il rassure lui-même ses ministres justement étonnés d'un si grand péril, et ce n'est que par ses tendres soins et par les sages ordres qu'il donne partout pour en prévenir les suites, qu'on peut juger qu'il en est ému.

Qui de nous, durant ces temps fâcheux, a pu jamais remarquer le moindre trouble ou la moindre altération sur son visage? N'y a-t-on pas vu toujours, au milieu de la majesté dont il brille, cette tranquillité si difficile à conserver parmi tant de sujets d'inquiétudes, mais en même temps si nécessaire pour rassurer des peuples alarmés qui, n'étant pas capables de juger par eux-mêmes du véritable état des affaires, cherchent à lire dans les yeux de leur souverain ce qu'ils ont à espérer ou à craindre.

L'abondance revient bientôt après. Cependant il étoit temps de terminer une guerre ruineuse à toute l'Europe, et à la France même qui commençoit à acheter trop cher les avantages qu'elle remportoit tous les ans sur des ennemis aguerris par leurs propres défaites.

Mais en vain le roi pour épargner le sang de ses sujets avoit offert plus d'une fois de finir la guerre en renouvelant la paix de Nimègue. Les ennemis regardoient cette proposition comme un outrage : ils vouloient, disoient-ils, abolir tous les articles de cette paix superbe, et qui avoit été imposée comme un joug à toute l'Europe ; ils devoient ne poser les armes qu'après avoir rétabli les religionnaires dans le royaume. Les Espagnols surtout, se voyant soutenus de tant d'alliés, avoient pour un peu de temps repris leur ancienne audace ; nous n'avions plus, selon eux, d'autres conditions à espérer que celles de la paix de Vervins, trop heureux s'ils daignoient se relâcher jusqu'à celle des Pyrénées.

Le Roi entreprend donc, après une guerre de dix années soutenue contre toute l'Europe, de les forcer eux-mêmes à désirer cette paix qu'ils rejetoient avec tant de hauteur. Il fait attaquer Barcelone par mer et par terre, et avec Barcelone toutes les forces de l'Espagne, ou renfermées dans cette ville pour la défendre, ou campées à ses portes pour la soutenir.

L'ancienne jalousie de valeur, plus forte encore que la haine, se réveille entre les deux nations ; toute l'Europe suspendue attend avec frayeur le succès d'une si grande entreprise : la ville est emportée après la plus terrible et la plus opiniâtre résistance dont on ait jamais entendu parler.

Alors ceux qui nous redemandoient Lille et Tournai, tremblent pour Madrid et pour Tolède. Ils sont les premiers à presser nos plénipotentiaires; tous les alliés, changés en un instant, consentent à signer un traité, et que l'unique fondement de ce traité soit le renouvellement de la paix de Nimègue; le Roi cède les places qu'il avoit déjà offertes, et qu'il n'avoit jamais en effet regardées que comme des gages et des conditions certaines de cette paix qui devenoit si nécessaire à toute la terre; mais il oblige en même temps l'empire à lui faire une justice qu'on lui refusoit depuis tant d'années, et demeure pleinement maître de Strasbourg et de toute l'Alsace, c'est-à-dire d'une ville et d'une province qui valent seules un très-grand royaume.

C'est ainsi que toute la chrétienté voit succéder un calme heureux à cette guerre effroyable, dont les plus habiles politiques ne pouvoient prévoir la fin ; et c'est pour offrir à Dieu des fruits dignes d'une paix qui est elle-même le fruit de tant de miracles, que le Roi n'est occupé jour et nuit que du soin d'augmenter le culte des autels, de procurer le repos et l'abondance à ses peuples, et d'affermir de plus en plus la véritable religion dans son royaume, par son exemple et par son autorité.

Voilà, messieurs, une partie de ces merveilles, dont le plus simple récit étonnera la postérité; voilà ce qui fait l'objet de vos plus chères occupations dans ce sacré palais où le Roi vous a reçus depuis la mort de ce grand magistrat dont la mémoire vous est si précieuse, et où vous vous êtes engagés encore plus par admiration que par reconnoissance à célébrer les actions immortelles de votre auguste protecteur.

Heureux! si pendant que vous vous acquittez si dignement de ce glorieux emploi, je puis par mes soins et par mon application en vous imitant et en vous étudiant sans cesse, parvenir enfin à n'être pas tout à fait indigne de l'honneur que je reçois aujourd'hui.

VII

RÉPONSE

DE M. DE LA CHAPELLE, CONSEILLER DU ROI, RECEVEUR GÉNÉRAL DES FINANCES DE LA ROCHELLE, AU DISCOURS PRONONCÉ PAR M. DE VALINCOURT LE JOUR DE SA RÉCEPTION.

MONSIEUR,

Je vois déjà, je lis dans les yeux de ceux qui nous écoutent, qu'ils ne me demandent point raison du choix que nous avons fait de vous pour remplir dans ce tribunal des lettres la place qu'occupoit si dignement M. Racine.

Ce n'est pas qu'ils aient été séduits par le glorieux suffrage qui a précédé les nôtres en votre faveur : notre auguste protecteur, il est vrai, a daigné nous éclairer dans ces jours d'affliction, il vous a montré à nous; et en vous choisissant lui-même pour travailler à son histoire, il a semblé nous dire de vous choisir aussi pour travailler avec nous à ramasser et à polir les termes et les expressions dont cet ouvrage, l'abrégé de tant de merveilles, sera composé.

Ce nouveau titre éclatant avec lequel vous vous êtes présenté ici n'a été ignoré de personne; et vos auditeurs rendus plus attentifs en étoient aussi bien instruits que nous-mêmes.

Cependant, n'en doutez point, lorsqu'ils sont venus pour vous entendre, ils s'interrogeoient, ils se demandoient où on trouveroit un autre génie sublime comme celui que nous venons de perdre? un autre qui, comme lui, maître des esprits et des volontés par le charme de la parole et l'art d'écrire, sauroit produire ces enchantements, ces ravissements des âmes? sauroit émouvoir, séduire, agiter les cœurs? les remplir à son gré de terreur ou de compassion? et comme lui faire couler des pleurs véritables sur de feintes afflictions? Qui osera, disoient-ils, prendre sa place? et parler après lui à des hommes qu'il a tant de fois enlevés hors d'eux-mêmes pour les transporter dans les siècles et dans les pays les plus reculés de nous? Qui viendra avec les talents nécessaires, avec la douceur et l'élégance d'un Tite-Live, avec la force et la majesté d'un Thucydide, soutenir cette partie de l'important fardeau de l'histoire de Louis dont il étoit chargé?

Vous avez parlé, et leurs doutes se sont dissipés : au lieu du récit étendu de vos ouvrages et des raisons qui ont fixé nos vues sur vous, ils n'attendent plus de moi que des applaudissements, qui viennent se confondre et se mêler avec les leurs.

Oui, monsieur, l'éloge admirable que vous venez de faire de cet illustre mort, a convaincu, a persuadé tout le monde que vous étiez digne de lui succéder.

Votre modestie me désavoue, vous m'écoutez avec peine, et prêt à m'interrompre, s'il vous étoit permis, vous me diriez que la fortune a mis entre vos mains un trésor immense où vous avez puisé, que vous avez trouvé des richesses infinies, dont vous n'avez fait que vous parer, et dont peut-être un autre par un plus heureux arrangement se fût mieux paré que vous.

Mais ne vous enviez point à vous-même les louanges qui vous sont dues.

Ces grands, ces pompeux sujets, où l'on croit que l'art n'a rien à ajouter, accablent plutôt l'orateur qu'ils ne l'élèvent; ils embarrassent l'imagination en même temps qu'ils la remplissent d'une multitude d'idées brillantes; ils y laissent, s'il m'est permis de parler ainsi, une impression si lumineuse, qu'elle l'aveugle; qu'elle l'égare au lieu de la conduire. Ce sont des diamants qui doivent à la main de l'ouvrier qui les taille, à son travail long et pénible, ces feux vifs et éclatants dont ils frappent nos yeux, et qui, avant que d'être parfaits, demandent plus d'art et de peine qu'ils ne promettent de gloire.

L'éloge surtout des grands hommes avec qui nous avons vécu est d'autant plus difficile que nous avons moins eu le temps de nous accoutumer à les regarder avec ce respect que nous ne leur rendons qu'après leur mort.

Tant que ces héros, enfermés comme nous dans des corps mortels, nous ont paru comme nous sujets aux misères humaines, souvent nous nous sommes comparés à eux, souvent nous avons cru les égaler; quelquefois nous nous sommes flattés de les surpasser. La mort qui les enlève nous tire en même temps un voile de devant les yeux; alors ils se montrent tels qu'ils sont, ils nous étonnent, ils nous éblouissent. L'envie qui répandoit un nuage sur leurs vertus, et nous les cachoit, se dissipe et fait place à l'admiration.

Souffrez donc que je vous dise que c'est mériter de succéder au fameux Racine que de l'avoir su louer aussi éloquemment que vous avez fait. Vous l'avez dépeint avec de si vives et de si belles couleurs, que même en vous admirant, même en nous applaudissant de vous avoir acquis, nous avons senti un regret plus violent de l'avoir perdu.

Et en même temps ce nom célèbre auprès duquel vous avez placé le sien, a renouvelé dans nos cœurs une plaie que rien ne peut plus fermer.

Car enfin tant que Racine a vécu, tant que nous avons vu parmi nous le compagnon, le rival, le successeur de ce génie divin, qui né pour la gloire de sa nation, a disputé l'empire du théâtre aux Grecs et aux Romains, et l'a emporté sur tous les autres peuples de la terre, nous avons pensé le voir encore lui-même; celui que nous possédions nous consoloit de celui que nous n'avions plus; et ce n'est qu'en perdant Racine que nous croyons les perdre tous deux, et que nous commençons à pleurer le grand Corneille.

Je ne veux ni imiter ici, ni condamner ceux qui les ont comparés : si l'un a suivi de plus près la nature, et si l'autre l'a surpassée; si l'un a frappé davantage l'esprit, si l'autre a mieux touché le cœur, ou bien si tous deux ont su également saisir et enlever le cœur et l'esprit, les siècles à venir, encore mieux que nous, libres et affranchis de toutes préventions, en décideront; mais dans celui-ci la fortune met entre eux après leur mort une extrême différence.

Lorsque le grand Corneille mourut, l'illustre Racine, occupoit ici la place que je remplis aujourd'hui; et de même qu'après la mort d'Auguste, celui qui fut l'héritier de sa gloire et de sa puissance, fit dans Rome l'oraison funèbre du premier empereur du monde, Racine, cette autre lumière du théâtre françois, fut le panégyriste de celui que nous en regarderons toujours comme le fondateur et le maître ; ce fut lui qui recueillit, pour ainsi dire, qui enferma dans l'urne les cendres de Corneille. Il sembla à la fortune qu'il n'y avoit qu'un grand poëte tragique qui pût rendre dignement ce triste devoir au grand poëte tragique que nous perdions alors ; cette même fortune, trompée peut-être par quelque accueil favorable que le public a fait à des ouvrages que j'ai hasardés sur le théâtre, essaye aujourd'hui de faire en quelque sorte le même honneur à Racine ; mais qu'en cette occasion elle signale bien son aveuglement, et la différence qu'elle met entre ces deux illustres confrères !

Qu'il fut glorieux pour Corneille d'être loué par Racine ! qu'il est malheureux pour Racine qu'entre tant de poëtes et d'orateurs excellens, dont le nom eût fait honneur à sa mémoire, le sort ait choisi celui qui étoit le moins capable de célébrer tant de vertus !

Quelle grandeur ! quelle majesté ! quelle sublimité de pensées et de style éclatèrent dans cet éloge magnifique dont vous nous avez fait souvenir ! Il est tel que quand tous les ouvrages de ces deux auteurs incomparables seroient perdus, échappé de l'injure des temps, seul il pourroit rendre leurs deux noms immortels.

Si celui que je consacre aujourd'hui à la gloire d'un homme qui savoit si bien louer, et qui est si louable lui-même, n'est pas soutenu de toute cette pompe et de toute cette éloquence digne de la Compagnie au nom de qui je parle, j'espère au moins qu'il se fera distinguer par un sujet de douleur, le plus juste et le plus grand qui puisse affliger les lettres.

Car à présent que ces deux poëtes célèbres ne sont plus, la muse tragique, ne craignons point de le dire, la muse tragique est ensevelie elle-même sous la tombe qui les couvre.

Vous connoissez, monsieur, toute la grandeur de cette perte, vous qui savez que la tragédie, donnée aux hommes par les philosophes comme un remède salutaire contre leurs désordres, fut autrefois une école de vertu, où les esprits corrompus par les passions déréglées trouvoient un plaisir innocent, qui les retiroit des plus criminelles ; où détournés de leurs vices par un amusement noble et sérieux, ils devenoient peu à peu capables de goûter les plaisirs purs et solides de la sagesse ; enfin où les tyrans les plus barbares étoient contraints quelquefois de se détester eux-mêmes et de fuir un spectacle qui, en leur inspirant trop d'horreur de leur propre cruauté, les dégoûtoit de leur tyrannie.

Je ne parle point ici de cette tragédie lâche et efféminée, qui n'a d'autre art ni d'autre but que celui de peindre et d'inspirer les amoureuses foiblesses, fille de l'ignorance et de la verve indiscrète des jeunes écrivains qui, sans étude et sans reconnoissance, apportent sur nos théâtres les productions crues et indigestes d'un génie qu'ils n'ont pas nourri des principes et de la lecture des anciens.

Je parle de la tragédie digne des soins d'Aristote et de Platon, telle que M. Racine l'envisageoit, lorsqu'il ne désespéroit pas de la réconcilier avec ses illustres ennemis.[1]

Qui est-ce qui entreprendra désormais cette grande réconciliation? Qui est-ce qui aura la force? Qui est-ce qui aura le courage de guérir le goût corrompu des hommes, et de dépouiller cette reine des esprits, de ces ornements indignes, de ces passions frivoles qui la défigurent au lieu de la parer? Qui est-ce qui, pour parler la langue des poëtes, fera sortir des enfers les ombres des personnages héroïques et ranimera tantôt Mithridate, pour nous faire admirer une vertu féroce et barbare, mais pure et grande? Tantôt Phèdre même, pour faire entrer dans nos cœurs, avec la compassion de son malheur, l'horreur et la haine de son crime?

Je ne sais si mes préjugés m'aveuglent, et si mes craintes sont fausses; mais il me semble du moins que si je consulte l'histoire et l'exemple des siècles passés, elles ne sont que trop bien fondées.

On diroit qu'il y a une fatalité ou, pour parler mieux, un ordre saint de la Providence, qui fixe dans tous les arts, chez tous les peuples du monde, un point d'excellence qui ne s'avance ni ne s'étend jamais.

Ce même ordre immuable détermine un nombre certain d'hommes illustres, qui naissent, fleurissent, se trouvent ensemble dans un court espace de temps, où ils sont séparés du reste des hommes communs que les autres temps produisent, et comme

---

1. Dans sa préface de *Phèdre*.

enfermés dans un cercle, hors duquel il n'y a rien qui ne tienne, ou de l'imperfection de ce qui commence, ou de la corruption de ce qui vieillit.

Ainsi Eschyle, Sophocle et Euripide, qui portèrent la tragédie grecque à son plus haut degré de splendeur, furent presque contemporains, et n'eurent point de successeurs dignes d'eux; ainsi à Rome et dans Athènes toutes les autres sciences eurent une destinée semblable.

Que ne devons-nous donc point craindre à la fin d'un siècle si beau et si fertile en grands personnages, que nous avons presque tous perdus?

Mais aussi que ne devons-nous point espérer, lorsque nous considérons celui qui fait le plus digne et le plus noble ornement de ce beau temps de la monarchie françoise; ce roi, qui dans un règne déjà de plus d'un demi-siècle, compte plus de succès éclatants, et plus de victoires que d'années?

N'en doutons point, tant que le ciel, qui nous l'a donné, nous le conservera, il continuera pour lui ses miracles; et nous verrons renaître de tant de cendres précieuses, de nouveaux héros, de nouveaux Sophocles et de nouveaux Démosthènes.

Cependant vous, monsieur, qui êtes destiné à travailler sur l'histoire de toute cette suite de prodiges que sa vie a fait voir, donnez tous vos soins à cet ouvrage immortel que l'Europe entière attend, afin que tous les hommes de toutes sortes de conditions trouvent en un seul des exemples de vertus que chacun puisse imiter.

Dérobez néanmoins, s'il se peut, quelques moments à cette glorieuse occupation, et venez éclairer quelquefois de vos avis et de vos lumières une compagnie qui vous reçoit avec toute l'estime que l'on doit à la beauté de votre esprit, et avec toute l'amitié que l'on ne peut refuser à la douceur de vos mœurs.

FIN DES DISCOURS ACADÉMIQUES.

CORRESPONDANCE

LETTRES DE RACINE

A DIVERSES PERSONNES

ET

DE DIVERSES PERSONNES A RACINE.

I.

D'ANTOINE LE MAISTRE A RACINE.[1]

Ce 21 de mars [1656].[2]

Mon fils, je vous prie de m'envoyer au plus tôt l'*Apologie des saints Pères* qui est à moi, et qui est de la 1. impression. Elle est reliée en veau marbré, in-4. J'ai reçu les cinq volumes de mes *Conciles,* que vous aviez fort bien empaquetés. Je vous en remercie. Mandez-moi si tous mes livres sont au château,[3] bien arrangés sur des tablettes, et si tous mes onze volumes de *saint Chrys^e* (*Chrysostome*) y sont, et voyez-les de temps en temps pour les nettoyer. Il faudroit mettre de l'eau dans des écuelles

---

1. Cette lettre se trouve dans les Mémoires de Louis Racine sur la vie de son père, mais elle y est un peu altérée. L'éditeur de 1807 en a rétabli exactement le texte d'après le manuscrit autographe qui existe à la Bibliothèque nationale.
2. Louis Racine dit que le billet fut écrit de Bourg-Fontaine, où était une chartreuse voisine de la Ferté-Milon. Arnauld, Le Maistre et Nicole s'y seraient cachés, lorsque, en 1656, la Sorbonne préparait sa censure. Fontaine, dans ses *Mémoires,* dit qu'ils se retirèrent dans un logis en un quartier de Paris (chez M. Lejeune, au faubourg Saint-Marceau). Il est plus vraisemblable que ce fut de là qu'Antoine Le Maistre écrivit au jeune Racine.
3. De Vaumurier, près de Port-Royal-des-Champs.

de terre où ils sont, afin que les souris ne les rongent pas.[1] Faites mes recommandations à Mme Racine[2] et à votre bonne tante,[3] et suivez leurs conseils en tout. La jeunesse doit toujours se laisser conduire et tâcher de ne point s'émanciper. Peut-être que Dieu nous fera revenir où vous êtes. Cependant il faut tâcher de profiter de cette persécution, et de faire qu'elle nous serve à nous détacher du monde, qui nous paroît si ennemi de la piété. Bonjour, mon cher fils. Aimez toujours votre papa, comme il vous aime. Écrivez-moi de temps en temps. Envoyez-moi aussi mon *Tacite* in-folio.

Suscription : Pour le petit Racine, à Port-Royal.

II.[4]

DE RACINE A L'ABBÉ LE VASSEUR.

Ce jeudi au matin, [1659 ou 1660].

Je vous envoie mon sonnet.[5] C'est-à-dire un nouveau sonnet; car je l'ai tellement changé hier au soir, que

1. Racine, dans la lettre adressée de Fontainebleau à son fils, à la date du 4 octobre 1692, dit de même : « Faites souvenir votre mère qu'il faut entretenir un peu d'eau dans mon cabinet de peur que les souris ne ravagent mes livres. » C'était une tradition qui est perdue. On lit, à ce sujet, dans l'*Intermédiaire* de 1866, p. 632 : « On m'a plusieurs fois affirmé qu'en Allemagne, dans les grands dépôts de livres, on avait l'habitude de faire ce que recommandent Antoine Lemaistre et Racine. Les souris, à ce qu'il paraît, se soucient peu des livres lorsqu'elles ont à boire. Plus d'un bipède en fait autant. »
2. Marie de Moulins, veuve du grand-père de notre poëte, religieuse à Port-Royal.
3. Agnès Racine, qui avait fait profession en 1648, et avait prit le nom de sœur Sainte-Thècle.
4. Cette lettre est la deuxième dans le recueil de Louis Racine. Il la date du 8 septembre 1660. Mais, comme le fait observer M. Mesnard, le 8 septembre en 1660 fut un mercredi et non un jeudi. On peut seulement dire qu'elle est de la fin de 1659 ou du commencement de 1660. L'autographe existe à la Bibliothèque nationale.
5. On croit que ce sonnet avait pour objet de célébrer la paix des Pyrénées conclue par le cardinal Mazarin au mois de novembre 1659.

vous le méconnoîtrez. Mais je crois que vous ne l'en approuverez pas moins. En effet, ce qui le rend méconnoissable est ce qui vous le doit rendre plus agréable, puisque je ne l'ai si défiguré que pour le rendre plus beau et plus conforme aux règles que vous lui prescrivîtes hier, qui sont les règles mêmes du sonnet. Vous trouviez étrange que la fin fût une suite si différente du commencement. Cela me choquait de même que vous. Car les poëtes ont cela des hypocrites, qu'ils défendent toujours ce qu'ils font, mais que leur conscience ne les laisse jamais en repos. J'en étois de même. J'avois fort bien reconnu ce défaut, quoique je fisse tout mon possible pour montrer que ce n'en étoit pas un; mais la force de vos raisons étant ajoutée à celle de ma conscience a achevé de me convaincre. Je me suis rangé à la raison, et y ai aussi rangé mon sonnet. J'en ai changé la pointe, ce qui est de plus considérable dans ces ouvrages. J'ai fait comme un nouveau sonnet. Et, quoique si dissemblable à mon premier, j'aurois pourtant de la peine à le désavouer. Ma conscience ne me reproche plus rien, et j'en prends un assez bon augure. Je souhaite qu'il vous satisfasse de même : je vous l'envoie dans cette espérance. Si vous le jugez digne de la vue de Mlle Lucrèce, je serai heureux, et je ne le croirai plus indigne de celle de S. É.[1] Retournez aux champs le plus tard que vous pourrez. Vous voyez le bien que cause votre présence.

Suscription : Pour M. l'Abbé.

---

[1]. On peut conclure de ces mots que Louis Racine s'est trompé lorsqu'il prétend que ce sonnet est celui que son père composa à l'occasion de la naissance d'un enfant de Nicolas Vitart (Marie-Charlotte, née le 17 mai 1660).

III.[1]

DE RACINE A MARIE RACINE.[2]

A Paris, ce 4 mars [1660].

Ma très-chère sœur,

Je m'attends bien que, dans la colère où vous êtes contre moi, vous déchirerez cette lettre sans la lire. C'est pourquoi je ne m'excuse point d'avoir été deux mois sans vous écrire; car aussi bien vous ne verrez pas mes excuses; et quand vous les verriez, vous êtes assez entière pour ne les pas croire. Je ne vous dis donc point que j'ai été à la campagne et que j'ai été accablé d'affaires à Paris; car vous prendrez tout cela pour des contes. D'ailleurs vous ne devez pas, ce me semble, vous plaindre beaucoup : quand je vous aurois écrit, vous n'auriez pas eu le temps de lire mes lettres. Vous étiez aux noces, c'est assez. Je crois que vous vous serez bien divertie. Je suis ravi que ma cousine soit mariée; je voudrois que vous fussiez à la peine de l'être, mais cela viendra s'il plaît à Dieu. Ma tante Vitart m'a dit qu'elle vous avoit écrit pour votre manchon. Mon cousin Vitart a été cause que je n'en ai pas pris : il me fit revenir comme j'étois déjà dans la rue, en me disant que je ne m'y connoissois pas, et que je vous envoyerois quelque mauvaise marchandise, si bien qu'il dit qu'il falloit que ma tante l'achetât. Mais

---

1. Publiée par M. l'abbé Adrien de La Roque : *Lettres inédites de Jean Racine et de Louis Racine...* Paris, Hachette et Cie, 1862, p. 266.
2. La sœur de notre poëte était née le 24 janvier 1641. Mariée, le 30 juin 1676, à Antoine Rivière, contrôleur du grenier à sel et médecin à la Ferté-Milon, elle vécut jusqu'en 1734.

elle, voyant l'hiver fort avancé, crut qu'il valoit mieux vous demander si vous ne voudriez point quelque autre chose pour l'été. Mandez-lui donc ce que vous voulez qu'elle vous achète pour deux écus d'or, et vous l'aurez à l'heure même. Je vous écrirai après-demain, et je mettrai la lettre dans celle de mon oncle Sconin. Dites-lui, je vous prie, que j'ai été cinq ou six jours hors de Paris, et que je lui écrirai sans faute après-demain. Adieu : je suis à vous de tout mon cœur. Ma mère se recommande à vous, et ma tante aussi.

RACINE.

Je vous écrirai sans manquer.

Suscription : A Madame Madame Marie Racine, chez M. le Commissaire.[1]

IV.[2]

DE RACINE A L'ABBÉ LE VASSEUR.

A Paris, ce dimanche au soir, 5 sept. [1660].

Je vous envoie, Monsieur, une lettre que La Roque[3] vous écrit, qui vous apprendra assez l'état où sont nos affaires, et combien il seroit nécessaire que vous ne fussiez pas si éloignés[4] de nous. Cette lettre vous surprendra

---

1. Pierre Sconin, aïeul maternel de Racine, qu'on désignait ainsi, procureur du roi aux eaux, forêts et chasses du duché de Valois, commissaire enquêteur et conseiller examinateur au bailliage et châtellenie de la Ferté-Milon, et en même temps président du grenier à sel de cette ville. Marie Racine avait été confiée à ses soins.

2. L'autographe existe à la Bibliothèque nationale. L'ode de *la Nymphe de la Seine*, dont il est question dans cette lettre, en précise la date, puisque cette ode fut composée et publiée en 1660.

3. Comédien de la troupe du Marais.

4. Il y a le pluriel dans l'autographe.

peut-être ; mais elle nous devoit surprendre bien davantage, nous qui avons été témoins de la première réception qu'il a faite à la pièce. Il la trouvoit toute admirable, et il n'y avoit pas un vers dont il ne parût être charmé. Il la demanda après, pour en considérer le sujet plus à loisir. Et voilà le jugement qu'il vous en envoie. Car je vous regarde comme le principal conducteur de cette affaire. Je crois que Mlle Roste[1] sera bien plus surprise que nous, vu la satisfaction que la pièce lui avoit donnée. Nous en avons reçu d'elle tout autant que nous pouvions désirer. Et ce sera vous seul qui l'en pourrez bien remercier, comme c'est pour vous seul qu'elle a tout fait. Je ne sais pas à quel dessein La Roque montre ce changement. M. Vitart en donne plusieurs raisons, et ne désespère rien. Mais pour moi, j'ai bien peur que les comédiens n'aiment à présent que le galimatias, pourvu qu'il vienne d'un grand auteur ;[2] car je vous laisse à juger de la vérité de ce qu'il dit sur les vers de l'*Amasie*.

L'ode[3] est faite, et je l'ai donnée à M. Vitart pour la faire voir à M. Chapelain. S'il n'étoit point si tard, je vous en ferois présentement une autre copie, pour vous l'envoyer dès demain. Mais il est dix heures du soir, et j'ai reçu votre billet à huit. D'ailleurs je crains furieusement le chagrin où vous met votre maladie, et qui vous rendroit peut-être assez difficile pour ne rien trouver de bon dans mon ode. Cela m'embarrasseroit trop ; et l'autorité que vous avez sur moi pourroit produire en cette rencontre un aussi mauvais effet, qu'elle en produit de bons en toutes les autres. Néanmoins, comme il y a espérance

---

1. Actrice de la troupe du Marais.
2. Racine avait d'abord écrit : du grand auteur.
3. *La Nymphe de la Seine*.

que cette maladie ne durera pas, je prierai M. Houy, dès demain, d'en faire une copie, ou j'en ferai une moi-même pour vous l'envoyer. Ce qui est encore à craindre, c'est que vos notes ne reviennent tard : ce qui arrivera sans doute si elles sont dans le chemin autant que votre billet, lequel est daté du jeudi et ne m'a été donné qu'aujourd'hui au soir. Je vous en veux toujours envoyer par avance une stance et demie. Ce n'est pas que je les croie les plus belles, mais c'est qu'elles sont les dernières ou au moins les pénultièmes, et qu'elles sont sur l'entrée. Les voici :

> Qu'il vous faisoit beau voir, en ce superbe jour
> Où, sur un char conduit par la Paix et l'Amour,
> Votre illustre beauté triompha sur mes rives!
> Les Discords après vous se voyoient enchaînés.
>   Mais, hélas! que d'âmes captives
> Virent aussi leurs cœurs en triomphe menés!

>   Tout l'or dont se vante le Tage,
>   Tout ce que l'Inde sur ses bords
>   Vit jamais briller de trésors,
>   Sembloit être sur mon rivage.
> Qu'étoit-ce toutefois de ce grand appareil,
> Dès qu'on jetoit les yeux sur l'éclat nonpareil
> Dont vos seules beautés vous avoient entourée?
> Je sais bien que Junon parut moins belle aux dieux,
>   Et moins digne d'être adorée,
> Lorsqu'en nouvelle reine elle entra dans les cieux.

Si vous recevez celle-ci avant que de recevoir toutes les autres, vous m'obligerez toujours de m'en écrire votre sentiment. Peut-être en trouverez-vous qui ne vous paroîtront pas moins belles. Cependant il y en a dix toutes entières que vous n'avez pas vues, et c'est de quoi je suis fort marri. Je prierois Dieu volontiers qu'il vous ôtât vos frissons, mais qu'il vous envoyât des affaires en leur place. Vous n'y perdriez pas peut-être, et j'y gagnerois.

Je ne sais si vous aurez eu connoissance en votre solitude de quelques lettres qui font un étrange bruit. C'est de M. le C^{al} de R.¹ Je les ai vues, mais c'étoit en des mains dont je ne pouvois pas les tirer. Jamais on n'a rien vu de plus beau, à ce qu'on dit. On craint à Paris qu'il ne vienne quelque chose de plus fort, comme, par exemple, un interdit. Mais cela passe ma portée, et je ne doute pas que vous ne sachiez infiniment plus que moi de tout ce qui se passe dans le monde, tout solitaire que vous êtes. Mais au moins vous ne sauriez trouver de personne qui soit plus à vous que

RACINE.

V.²

DE RACINE A L'ABBÉ LE VASSEUR.

Ce lundi au matin, 13 septembre [1660].

Je crois que vous nous voulez abandonner tout à fait, et ne nous plus parler que par lettres. Est-ce point que vous vous imaginez que vous en aurez plus d'autorité sur nous, et que vous en conserverez mieux la majesté de l'Empire, *cui major ex longinquo reverentia?*³ Mais croyez-moi, Monsieur, il n'est pas besoin de cette politique. Vos raisons sont trop bonnes d'elles-mêmes sans que vous les appuiez⁴ par ces secours étrangers. Votre présence seroit beaucoup plus utile que votre absence en cette saison. Au moins elle l'auroit été ; car l'*ode* étant presque imprimée, vous arriveriez maintenant trop tard. Cependant je m'étois

---

1. Le cardinal de Retz.
2. L'autographe existe à la Bibliothèque nationale.
3. Tacite, liv. I, chap. XLVII.
4. Ce mot est écrit ainsi.

fié sur la lettre de M. Vitart, dans laquelle je croyois qu'il vous pressoit bien fort de revenir pour un jour ou deux. Au moins il m'avoit promis de le faire. Mais, à ce que je vois, il ne fait pas tout ce qu'il dit, ou bien vous ne faites pas tout ce qu'il vous demande. La raison de cette nécessité que nous avions de votre présence, c'est qu'il est bien vrai que l'ode a été revue ; mais comme on avoit marqué quelques changements à faire, je les ai faits, et j'étois le plus embarrassé du monde pour savoir si ces changements n'étoient point eux-mêmes à changer. Je ne savois à qui m'adresser. M. Vitart est rarement capable de donner son attention à quelque chose. M. l'Avocat n'en donne pas beaucoup non plus à ces sortes de choses. Il aime mieux, ce me semble, ne voir jamais une pièce, pour belle qu'elle soit, que de la voir une seconde fois. Si bien que j'étois près de consulter, comme Malherbe, une vieille servante qui est chez nous, pour assurer mon jugement, si je ne m'étois aperçu qu'elle étoit janséniste comme son maître,[1] et qu'elle pourroit me déceler : ce qui seroit ma ruine entière, vu que je reçois encore tous les jours lettres sur lettres, ou, pour mieux dire, excommunications sur excommunications, à cause de mon triste sonnet. Ainsi j'ai été obligé de me rapporter à moi seul de la bonté de mes vers. Voyez combien un jour de votre présence m'auroit fait de bien. Mais puisqu'il n'y a plus de remède pour l'avenir, il faut que je vous rende compte de tout ce qui s'est passé. Je ne sais seulement si je le devrois faire, puisque vous vous y êtes si peu intéressé. Mais en vérité je suis si accoutumé à vous faire part de mes

---

1. Le duc de Luynes. Racine, ainsi que son cousin Vitart, logeait à 'hôtel de Luynes à Paris.

fortunes, bonnes ou mauvaises, que je vous punirois moins que moi-même en vous les taisant.

M. Chapelain a donc revu l'ode avec la plus grande bonté du monde, tout malade qu'il étoit. Il l'a retenue trois jours durant, et en a fait des remarques par écrit, que j'ai fort bien suivies. M. Vitart ne se vit jamais si aise qu'après cette visite. Il me pensa confondre de reproches, à cause que je lui avois un peu reproché la longueur de M. Chapelain. Je voudrois que vous eussiez vu la chaleur et l'éloquence avec laquelle il me querella. Mais cela soit dit en passant. Au sortir de chez M. Chapelain, il alla voir M. Perrault,[1] contre notre dessein, comme vous savez. Il ne s'en put empêcher, et je n'en suis pas marri à présent. M. Perrault lui dit aussi de fort bonnes choses, que M. Vitart mit par écrit, et que j'ai encore toutes suivies, à une ou deux près, où je ne suivrois pas Apollon même, comme est la comparaison de Vénus et de Mars, qu'il récuse à cause que Vénus est une prostituée. Mais vous savez que quand les poëtes parlent des dieux, ils les traitent en divinités, et par conséquent comme des êtres parfaits, n'ayant même jamais parlé de leurs crimes comme s'ils eussent été des crimes ; car aucun ne s'est jamais avisé d'appeler Jupiter ni Vénus incestes ou adultères. Et si cela étoit, il ne faudroit plus introduire les dieux dans la poésie, vu qu'à regarder leurs actions, il n'y en a pas un qui ne méritât pour le moins d'être brûlé, si on leur fesoit bonne justice. Mais, en un mot, j'ai Malherbe, qui a comparé la reine Marie à Vénus, avec quatre vers aussi beaux qu'ils me sont avantageux, puisqu'ils renferment aussi la prostitution.

1. Charles Perrault.

> Telle n'est point la Cythérée
> Quand, d'un nouveau feu s'allumant,
> Elle sort pompeuse et parée
> Pour la conquête d'un amant[1].

Voilà ce qui regarde leur censure. Je ne vous dirai rien de leur approbation, sinon que M. Perrault a dit que l'ode valoit dix fois la comédie. Et voilà les paroles de M. Chapelain, que je vous rapporterai comme le texte de l'*Évangile*, sans y rien changer. Mais aussi *c'est M. Chapelain*, comme disoit à chaque mot M. Vitart. « L'ode est fort belle, fort poétique, et il y a beaucoup de stances qui ne se peuvent mieux. Si l'on repasse ce peu d'endroits marqués, on en fera une fort belle pièce. » Il a tant pressé M. Vitart de lui en nommer l'auteur, que M. Vitart veut me le faire voir à toute force. Cette vue nuira bien sans doute à l'estime qu'il en avoit déjà conçue. Ce qu'il y a eu de plus considérable à changer, ç'a été une stance entière qui est celle des Tritons. Il s'est trouvé que les Tritons n'avoient jamais logé dans les fleuves, mais seulement dans la mer. Je les ai souhaités bien des fois noyés, tous tant qu'ils sont, pour la peine qu'ils m'ont donnée. J'ai donc refait une autre stance. Mais

> *Poi che da tutti i lati ho pieno il foglio*[2].

VI.[3]

DE RACINE A L'ABBÉ LE VASSEUR.

A Babylone,[4] ce 26 janvier [1661].

Tout éloigné que je suis de Paris, je ne laisse pas de

---

1. Ode à Marie de Médicis sur sa bienvenue en France, strophe 4.
2. « Puisque j'ai rempli la feuille de tous les côtés. » *Orlando furioso*, chant 33, avant-dernier vers.
3. L'autographe existe à la Bibliothèque nationale.
4. Racine était au château de Chevreuse pour surveiller les construc-

savoir tout ce qui s'y passe. Je sais l'état qu'on y fait de moi, et en quelle posture je suis près des uns et des autres. Je sais que M. l'Avocat me voulut venir voir hier, et que Monsieur l'Abbé ne voulut pas seulement ouïr cette proposition. En effet, vous étiez en trop belle compagnie pour la quitter, et ce n'est pas votre humeur de quitter les dames pour aller voir des prisonniers. Monsieur, Dieu vous garde jamais de l'être! Je jure par toutes les divinités qui président aux prisons (je crois qu'il n'y en a point d'autres que la Justice, ou Thémis en termes de poëtes) : je jure donc par Thémis que je n'aurai jamais le moindre mouvement de pitié pour vous, et que je me changerai en pierre, comme M. le Marquis[1] et Niobé, afin d'être aussi dur pour vous que vous l'avez été pour moi. Vous m'accusiez d'avoir plus de correspondance avec M. l'Avocat qu'avec vous. Je vous fais juge vous-même de la différence que je dois mettre entre vous et lui. Aussi, après un témoignage d'amitié comme celui-là, je vous proteste que M. l'Avocat ne sera pas plus tôt dans un des plus noirs cachots de la Bastille (car un homme de sa conséquence ne sauroit jamais être prisonnier que d'État) : il n'y sera pas sitôt, en vérité, que je m'irai enfermer avec lui, et croyez que ma reconnoissance ira de pair avec mon ressentiment.

Vous vous attendez peut-être que je m'en vais vous dire que je m'ennuie beaucoup à Babylone, et que je vous dois réciter les lamentations que Jérémie y a autrefois composées. Mais je ne veux pas vous faire pitié, puisque vous m'en avez pas déjà eu pour moi. Je veux

---

tions et payer les ouvriers. Il se regardait là comme dans l'exil et la captivité, c'est pourquoi il date de Babylone (L. R.).

1. Le jeune marquis de Luynes.

vous braver au contraire, et vous montrer que je passe fort bien mon temps. Je vas au cabaret deux ou trois fois le jour. Je commande à des maçons, à des vitriers et à des menuisiers, qui m'obéissent assez exactement, et me demandent de quoi boire quand ils ont fait leur ouvrage. Je suis dans la chambre d'un duc et pair : voilà ce qui regarde le faste. Car dans un quartier comme celui-ci, où il n'y a que des gueux, c'est grandeur que d'aller au cabaret. Tout le monde n'y peut pas aller. Mais j'ai des divertissements plus solides, quoiqu'ils paroissent moins. Je goûte tous les plaisirs de la vie solitaire. Excepté cinq ou six heures du jour, je suis tout seul, et je n'entends pas le moindre bruit. Il est vrai que le vent en fait beaucoup, et même jusqu'à faire trembler la maison. Mais il y a un poëte qui dit :

O quam jucundum est recubantem audire susurros
Ventorum, et somnos, imbre juvante, sequi! [1]

Ainsi, si je voulois, je tirerois ce vent à mon avantage ; mais je vous assure que je ne m'y accoutume pas, et que ce vent-là m'empêche de dormir toute la nuit, tant il est horrible. Je crois que le poëte vouloit parler de ces Zéphirs flatteurs,

Che dibattendo l'ali
Lusingano il sonno de' mortali. [2]

Je lis des vers, je tâche d'en faire. Je lis les aventures d'Arioste, et je ne suis pas moi-même sans aventure. Une dame me prit hier pour un sergent. Je voudrois

---

1. « Qu'il est doux d'entendre de son lit le murmure des vents et de s'endormir au bruit de la pluie ! » Ce sont des vers de Tibulle, liv. I, élég. I, mais fort altérés.

2. « Qui, en battant des ailes, enchantent le sommeil des mortels. » *Gerusalemme liberata*, chant XIV, stance 1

qu'elle fût aussi belle que Doralice ; je lui aurois fait les offres que Mandricard fit à cette belle quand il congédia toute sa suite pour l'emmener :

> *Io mastro, io balia, io le sarò sergente*
> *In tutti i bisogni suoi.*[1]

Mais je ne me suis pas trouvé assez échauffé pour lui faire cette proposition. Voilà comme je passe mon temps à Babylone. Je ne vous prie plus d'y venir après cela. Il me semble que vous devez assez vous hâter pour prendre des divertissements de cette nature. Nous irons au cabaret ensemble. On vous prendra pour un commissaire, comme on me prend pour un sergent, et nous ferons trembler tout le quartier. Faites donc ce que vous voudrez ; au moins ne faites rien par pitié, car je ne vous en demande pas le moins du monde. Pour M. l'Avocat, c'est une autre affaire : je lui écrirai par le premier messager ; car voilà les maçons qui arrivent, et je suis obligé d'aller voir à ce qu'ils doivent faire. Je vous prie cependant de remercier M. l'Avocat, et de faire votre profit des reproches que je vous fais. S'il étoit de bonne grâce à un prisonnier de faire le galant, je vous supplierois de présenter à Mlle Lucrèce mes respects, et de lui témoigner que je suis son très-humble sergent et prisonnier. Elle le prendra en quel sens il lui plaira.

Suscription : A Monsieur Monsieur l'abbé Le Vasseur, à Paris.

---

1. « Dans tous les besoins, je serai son maître, sa nourrice, son sergent (c'est-à-dire son serviteur). » *Orlando furioso*, chant XIV, stance 54.

VII.[1]

DE RACINE A L'ABBÉ LE VASSEUR.

Ce jeudi. [février ou mars 1661.]

Je n'ai pu passer tantôt chez vous, comme je vous avois promis, à cause du mauvais temps. Ainsi je vous écris ce billet, afin de vous faire souvenir de la proposition que M. l'Avocat vous fit hier d'aller aux machines.[2] Je vous prie de me mander le jour que vous irez. M. Vitart se laissera peut-être débaucher pour y aller avec nous. Ainsi, si ma compagnie vous est indifférente, la sienne ne vous le sera pas peut-être. J'ai reçu aujourd'hui réponse de Daphnis, qui me fait de grands reproches à cause de son épitaphe, et qui me menace de me faire bientôt rétracter, et de me montrer que la croix ne fut jamais un partage qu'il voulût embrasser tout seul.

J'ai déjà lu toute la *Callipédie*,[3] et je l'ai admirée tout entière. Il me semble qu'il ne se peut pas faire de plus beaux vers latins. Balzac diroit qu'ils sentent tout à fait l'ancienne Rome et la cour d'Auguste, que le cardinal du Perronne[4] les auroit lus de fort bon cœur. Mais

---

1. L'autographe existe à la Bibliothèque nationale.
2. « Aller aux machines », il s'agit d'aller voir représenter *la Toison d'or*, de Pierre Corneille, tragédie en machines, comme on disait alors, qui fut représentée pour la première fois vers le 15 février 1661 sur le théâtre du Marais. La construction de la salle des machines aux Thuileries, dont on a cru que Racine voulait parler, n'eut lieu que plus tard. Cette salle fut inaugurée le 17 janvier 1671, par la *Psyché*, de Molière, Corneille, Quinault et Lulli.
3. *Calvidi Leti Callipædia...*, poëme de Cl. Quillet, paru en 1655.
4. Duperron.

moi, qui ne sais pas si bien quel étoit le goût de ce cardinal, et qui m'en soucie fort peu aussi, je me contente de vous en dire mon sentiment. Vous vous fâcherez peut-être de voir tant de ratures; mais vous les devez pardonner à un homme qui sort de table. Vous savez que ce n'est pas le temps le plus propre du monde pour concevoir les choses bien nettement, et je puis dire avec autant de raison que M. Quillet, qu'il ne se faut pas mettre à travailler sitôt après le repas :

> *Nimirum crudam si ad lœta cubilia portas*
> *Perdicem, incoctaque agitas genitalia cœna,*
> *Heu tenue effundes semen.*

Mais il ne m'importe de quelle façon je vous écrive, pourvu que j'aie le plaisir de vous entretenir : de même qu'il me seroit bien difficile d'attendre après la digestion de mon souper si je me trouvois à la première nuit de mes noces. Je ne suis pas assez patient pour observer tant de formalités. Cela est pitoyable de fonder un entretien sur trois ou quatre ratures, mais je ne suis pas le seul qui fais des lettres sur rien. Il y a bien des beaux esprits qui sont sujets à faire des lettres à quelque prix que ce soit, et à les remplir de bagatelles. Je ne prétends pas en être pour cela du nombre. Mais M. Vitart monte à cheval. Je vous écrirai plus au long quand j'aurai plus de choses à vous mander. *Vale et vive;* car le carême ne le défend pas.

RACINE.

Suscription : A Monsieur Monsieur l'abbé Le Vasseur.

VIII.[1]

DE RACINE A L'ABBÉ LE VASSEUR.

A Paris, le lendemain de l'Ascension [27 mai], 1661.

Vous avez beau dispenser vos faveurs le plus libéralement du monde, vous n'avez pas laissé de faire des malcontents. Mlles de la Croix, Lucrèce, Madelon, Thiennon, Marie-Claude et Vitart; MM. l'Avocat, d'Aigreville, du Binart, de Monvallet, Vitart, etc., se tiennent, à ce qu'on m'a dit, fort obligés à votre souvenir. Pour moi, je n'ai garde de m'en plaindre. Cependant cette grande foule de lettres ne vous a pas exempté des querelles que vous vouliez éviter en satisfaisant également tout le monde. En effet, il falloit pousser la galanterie jusqu'au bout, et contenter M. de la Charles aussi bien que les autres. Vous n'auriez pas sur les bras le plus dangereux ennemi du monde, ou plutôt nous-mêmes n'en serions pas accablés comme nous sommes. Il a été averti de tout ce qui se passoit, et commença hier une harangue qui ne finira qu'avec sa vie si vous n'y donnez ordre, et que vous ne lui fermiez la bouche par une grande lettre d'excuses, qui fasse le même effet que cette miche dont Énée ferma la triple gueule de Cerbère.

> ... *Ille fame rabida tria guttura pandens,*
> *Corripit*[2]...

Pour moi, dès que je le vis commencer, je n'attendis pas que l'exorde de la harangue fût fini. Je crus que le

---

1. L'autographe existe à la Bibliothèque nationale.
2. « Celui-ci affamé, ouvrant son triple gosier, saisit (le gâteau). » *Énéide*, VI, 421.

seul parti que je devois prendre, étoit de m'enfuir après m'être contenté de dire : « Monsieur a raison, » pour ne pas tomber dans cet inconvénient où me jeta autrefois le dur essai de sa meurtrière éloquence.

J'étois à l'hôtel de Babylone quand M. l'Avocat y apporta vos lettres, qui de part et d'autre furent reçues avec toute la joie possible. Néanmoins, pour ne vous rien cacher de tout ce qui s'y passa, il y eut deux endroits dans celle de Mlle Vitart[1] qui produisirent deux effets assez plaisants. Le premier fut que Mlle Vitart, lisant que vous alliez prendre les eaux, ne put s'empêcher de crier comme si vous étiez déjà mort, et de dire que cela vous tueroit infailliblement. Elle dit cela avec chaleur, et M. Vitart s'en aperçut bien. Mais quand elle vint à lire que c'étoit pour l'aborder plus librement, et pour vous guérir de cette secrète incommodité dont elle seule s'étoit aperçue,

S'attonito restasse e mal contento,[2]

vous n'en devez nullement douter. Il prit la lettre, et ayant cherché cet endroit, après s'être frotté les yeux,

Tre volte e quattro e sei lesse lo scritto,[3]

et ayant regardé ensuite Mlle Vitart, il lui demanda, *con il ciglio fieramente inarcaot,*[4] ce que tout cela vouloit dire. Ce fut à M. l'Avocat et à moi de nous taire cependant, car nous ne trouvions point là le mot pour rire.

---

1. La femme de Nicolas Vitart. Les femmes mariées de la bourgeoisie ou de la petite noblesse étaient qualifiées *demoiselles*.
2. « S'il resta étonné et mécontent. » *Orlando furioso*, chant XXVIII, stance 22.
3. « Trois, quatre et six fois il lut l'écrit. » *Ibid.*, chant XXIII, stance 111.
4. « Avec le sourcil froncé et menaçant. »

Mlle Vitart tâcha de détourner la chose. Enfin elle fut obligée de lui dire quelque chose à l'oreille, que nous n'entendîmes point. Cela le satisfit peut-être. Quoi qu'il en soit, il n'en dit plus mot, et se mit à parler d'autres choses. Nous fûmes promener ensuite tous trois le reste de l'après-dînée. J'avois eu le loisir d'entretenir Monsieur le Marquis une heure ou deux, comme j'ai fait encore dimanche, avec tous les témoignages de son amitié. Je vous en entretiendrai une autre fois; car je m'imagine bien que vous me voulez mal dans le cœur de laisser là votre lettre et votre poésie, pour vous entretenir de bagatelles qui ne vous touchent pas tant. J'ai tort, je l'avoue, et je devois considérer qu'étant devenu poëte, vous êtes sans doute devenu impatient, qui est une qualité inséparable des poëtes aussi bien que des amoureux, qui veulent qu'on laisse toutes choses pour ne leur parler que de leur passion et de leurs ouvrages. On croit ici que vous êtes l'un et l'autre; et c'est Mlle Lucrèce qui le croit, et, à ce qu'elle dit, pour de bonnes raisons. Mais consolez-vous. On peut être amant et poëte, sans renoncer à l'honnête homme. M. l'Avocat n'en sait rien. Cela suffit; car tous les autres ne vous seront pas si rigoureux que lui. Je ne vous parlerai point de votre amour. Un homme aussi délicat que vous ne sauroit manquer d'avoir fait un beau choix, et je suis persuadé que la belle mignonne de quatorze ans mérite les adorations de tous tant que nous sommes, puisque vous l'avez jugée digne des vôtres, jusqu'à devenir poëte pour elle. Cela me confirme de plus en plus que l'Amour est celui de tous les dieux qui sait mieux le chemin du Parnasse. Croyez-le, Monsieur, puisqu'il vous y a su si bien mener. Avec un si bon conducteur, vous n'avez garde de manquer d'y être bien reçu. D'ailleurs, les Muses vous connoissoient déjà assez de réputation, et, sachant que vous étiez si bien venu parmi toutes les autres dames, il ne faut point douter qu'elles ne vous aient fait le plus obligeant accueil du monde. On en peut juger par vos vers,

Utque viro Phœbi chorus assurrexerit omnis.[1]

Et ils en sont une belle marque. Ils ne sont pas seulement amoureux : la justesse y est tout entière. Néanmoins, si j'ose vous dire mes sentiments sur deux ou trois mots, celui de *radieux* est un peu trop antique pour un homme tout frais sorti du Parnasse; j'aurois tâché de mettre *impérieux* ou quelque autre mot. J'aurois aussi retranché ces deux vers : *Ainsi, si comme nous*, et le suivant, ou je leur aurois donné un sens; car il me semble qu'ils n'en ont point. Vous m'accuserez peut-être de trop d'inhumanité de traiter si rudement les fils aînés de votre Muse et de votre Amour : je ne veux pas dire les fils uniques; la Muse et l'Amour n'en demeureront pas là, s'il plaît à Dieu. Mais au moins cela vous doit faire voir réciproquement que je n'ai rien de caché pour vous, et que ce n'est point par flatterie que je vous loue, puisque je prends la liberté de vous censurer. *Scito eum pessime dicere, qui laudabitur maxime.*[2] En effet, quand une chose ne vaut rien du tout, c'est alors qu'on la loue démesurément, et qu'on n'y trouve rien à redire, parce que tout y est également à blâmer. Il n'en est pas de même de vos vers. Croyez, je vous prie, que, hormis ces

---

1. « Et comment toute la cour de Phébus se leva devant le poëte. » (Virgile, *Églog.*, VI, 66.)

2. « Sachez que celui que vous entendrez le plus louer sera celui qui parle le plus mal. » Pline le Jeune, liv. II, lettre 14.

deux petits défauts, je n'y en trouve point du tout. Ils sont aussi naturels qu'on le peut désirer, et vous ne devez point plaindre le sang qu'ils vous ont coûté. Ne vous amusez pas pourtant à vous en épuiser les veines pour continuer à faire des vers, si ce n'est qu'à l'exemple de la femme de Sénèque, vous ne vouliez témoigner la grandeur de votre amour, *ore ac membris in eum pallorem albentibus, ut ostentui esset multum vitalis spiritus egestum.*[1] Mais je ne crois pas que les beaux yeux qui vous ont blessé soient si sanguinaires, et que ces marques de votre amour leur fussent plus agréables qu'une santé forte et robuste, qui vous rendroit plus capable de la servir *in tutti i suoi bisogni,* comme le *gaillardo Mandricardo.* Croyez que si ce galant homme se fût amusé à perdre tout son sang pour Doralice, elle ne se fût pas levée le matin si gaie, et qu'elle n'eût pas remercié si fort ce bon berger

Che nel suo albergo le havea fatto honore,[2]

c'est-à-dire qui l'avoit logée avec Mandricard. Mais l'heure me presse, et je dois songer que ma lettre est peut-être la quinzième ou seizième de celles que vous en recevrez avec elle. Je suppose que vous aurez réponse de tous ceux à qui vous avez écrit. Je ne quittai hier au soir Mlle Lucrèce qu'après qu'elle se fut engagée de parole à le faire, et je lui exposai la commission que vous m'avez donnée d'y tenir la main. Elle voulut me gaigner afin

1. « La pâleur de son visage et la blancheur de ses membres montraient combien la force vitale s'était épuisée en elle. » Tacite, *Annales,* liv. XV, chap. LXIV.

2. « Qui dans son logis lui avait fait honneur. » *Orlando furioso,* chant XIV, stance 63.

que je ne lui fusse pas si sévère; mais je lui ai dit que j'étois trop ennemi des traîtres pour en devenir un, et qu'il falloit qu'elle vous écrivît ou qu'elle me vît toujours à ses talons pour la presser inexorablement de s'acquitter envers vous. Je me suis acquitté de même des autres commissions. M. du Chesne est votre serviteur, et M. d'Houy est ivre, tant je lui ai fait boire de santés, et moi je suis tout à vous.

Suscription : A Monsieur Monsieur l'abbé Le Vasseur à Bourbon.[1]

IX.[2]

DE RACINE A L'ABBÉ LE VASSEUR.

[A Paris, ce 2 ou 3 juin 1661.]

M. l'Avocat me vient d'apporter une de vos lettres, et il a bien voulu prendre cette peine; car il veut absolument que nous soyons réconciliés ensemble. Je gaigne trop à cette réunion pour m'y opposer. Aussi bien, comme les choses imparfaites recherchent naturellement de se joindre avec les plus parfaites, je ferois un monstre dans la nature si, étant creux comme je suis, je refusois de me joindre et de m'attacher au solide, tandis que ce même solide tâche d'attirer à lui ce même creux,

Quod quoniam per se nequeat constare, necesse est
Hærere.[2]

C'est de Lucrèce qu'est cette maxime, et c'est de lui que j'ai appris qu'il falloit me réunir avec M. l'Avocat; et il

---

1. Bourbon-les-Bains, près de Moulins.
2. L'autographe existe à la Bibliothèque nationale.
3. « Qui, parce qu'il ne peut avoir de consistance par lui-même, s'at-

faut bien que vous l'ayez lu aussi, car il me semble que la lettre que vous avez écrite à ce grand partisan du solide, est toute pleine des maximes de mon auteur. Il dit, comme vous, qu'il ne faut pas que tout soit tellement solide qu'il n'y ait un peu de creux parmi :

*Nec tamen undique corporea stipata tenentur
Omnia natura; namque est in rebus inane.*[1]

Mais sortons de cette matière, qui elle-même est trop solide, et mêlons-y un peu de notre creux.

Au moins vous reconnoîtrez bien de là que j'ai lu la lettre de M. l'Avocat et qu'il ne l'a pas déchirée, comme vous témoignez l'appréhender.

Au reste ne vous allez pas imaginer que je ne vous aurois pas écrit si je n'eusse reçu une lettre de vous, à cause que j'ai passé mardi sans le faire. Ce n'étoit point là du tout mon dessein. Je vous aurois écrit infailliblement aujourd'hui et je l'aurois fait mardi, n'eût été qu'il me fallut passer toute l'après-dînée à l'hôtel de Babylone. Je crois néanmoins que depuis votre lettre écrite vous en aurez déjà reçu une autre de moi. Vous ne devez donc pas vous en plaindre; mais encore bien moins de Mlle Lucrèce. Elle a fait pour vous tout ce qu'elle devoit en bonne justice. Car il ne faut point vous flatter; et je ne suis point traître comme vous savez. Elle vous a écrit la semaine passée, comme vous lui aviez écrit, une lettre pour une lettre. Elle ne vous en doit point davantage,

---

tache nécessairement à quelque chose. » Racine a un peu altéré ce vers pour le lier à sa phrase. Voici le vers de Lucrèce :

Quæ quoniam per se nequeunt constare, necesse est
Hærere...
(Liv. I, vers 608.)

1. « Et cependant tout ne se tient pas sans interstices, car il y a du vide dans la nature. » (*Lucr.*, liv. I, vers 330-331.)

tant que vous en demeurerez là. Mais il semble que vous vous soyez oublié, et au lieu de lui écrire à elle, et de laisser là tous les autres, vous vous amusez à vous plaindre d'elle dans toutes les lettres que vous écrivez aux autres, et [à] presser tout le monde, afin qu'on lui mette de force le papier à la main et qu'on l'oblige de vous écrire. Je m'attendois bien d'aller ce soir chez elle pour la conjurer de me donner une lettre pour vous; car je supposois que vous lui auriez écrit. Cependant vous n'en avez rien fait; car je m'en suis enquis à M. l'Avocat. Je n'oserois donc y aller. En effet, avec quel front lui demanderois-je qu'elle écrivît à une personne qui ne lui écrit qu'une lettre durant un voyage d'un mois? Voyez-vous? ce procédé n'est point du tout soutenable, et vous tenez un peu trop de l'humeur de ce gentilhomme qui, à ce que dit la reine Marguerite, ne se soucioit point de faire des querelles avec ses maîtresses, parce qu'il s'assuroit sur ses belles qualités qui le faisoient courir de tout le monde. Je veux bien qu'on vous coure comme lui, mais il ne faut pas lasser les gens en les laissant courir tout seuls : il est de la civilité d'aller au-devant d'eux. Je vous parle avec chaleur, comme vous voyez, et je vous fais des remontrances. Mais il y va de mon intérêt, aussi bien et plus encore que du vôtre. Car je ne subsiste que par vous auprès de Mlle Lucrèce, et je participerai assurément à vos disgrâces, au lieu qu'il m'est plus incertain si j'aurai part à votre faveur. Quoi qu'il en soit, je vous excuse dans le fond, et comme les lettres que vous écrivez à la charmante Parthénice sont des affaires d'importance pour vous, sans doute que vous n'oseriez vous y appliquer si souvent qu'aux autres, pour ne pas contrevenir aux ordres de vos médecins.

D'ailleurs je vois bien que votre Aurore ne vous a pas donné peu d'occupations ; vous vous en souvenez trop souvent pour ne me pas faire croire que vous êtes bien avant dans ses belles chaînes. Car quoique je ne ne sache pas précisément quelles elles sont, je sais assez qu'il n'y en eut jamais de laides. C'est un quolibet que je déguise. Il seroit pourtant à souhaiter que tous les quolibets fussent aussi beaux que celui-là. Il n'y aura point d'empêchement qui privât les quolibetiers du bénéfice du jubilé : ce que je puis dire des bagateliers, si toutes les bagatelles étoient aussi belles que les vôtres.

Pour revenir à vos amours, avouez, Monsieur, que vous êtes pris, et que vous laisserez bientôt votre pauvre cœur à Bourbon, puisque vous en devez si tôt partir, si vous n'en êtes déjà parti. Je vois bien que ces eaux ont la même force que ces fameuses eaux de Baie : c'est un lac célèbre dans l'Italie, quand il ne le seroit que par les louanges d'Horace et des autres poëtes latins. On y alloit en ce temps-là, et peut-être y va-t-on encore, comme vos semblables vont à Bourbon et à Forges. Ces eaux sont chaudes comme les vôtres, et il y a un auteur qui en rapporte une plaisante raison. Je voudrois, pour votre satisfaction, que cet auteur fût ou vénitien ou espagnol; mais la destinée a voulu encore que celui-ci fût latin. Il parle donc du lac de Baie, et voici ce qu'il en dit à peu près :[1]

C'est là qu'avec le dieu d'amour
Vénus se promenoit un jour.

---

1. Racine paraît avoir en vue une épigramme de Regianus ou Regilianus, ainsi conçue :

Ante bonam Venerem gelidæ per littora Baiæ.
Illa natare lacus cum lampade jussit Amorem.
Dum natat, algentes cecidit scintilla per undas.
Hinc vapor ussit aquas : quicunque natavit amavit.

> Enfin, se treuvant un peu lasse,
> Elle s'assit sur le gazon,
> Et voulut aussitôt faire seoir Cupidon ;
> Mais ce mauvais petit garçon,
> Qui ne peut se tenir en place,
> Lui répondit : « Çà, Votre Grâce,
> Je ne suis point las comme vous. »
> Vénus se mettant en courroux,
> Lui dit : « Petit fripon, vous aurez sur la joue » [1]
> Il fallut donc qu'il filât doux,
> Et vint s'asseoir à ses genoux.
> Cependant tous ses petits frères,
> Les Amours qu'on nomme vulgaires,
> Peuple qu'on ne sauroit nombrer,
> Passoient le temps à folâtrer.

Ce seroit le perdre à crédit que m'amuser à vous faire le détail de tous leurs jeux et de toutes leurs postures : vous vous imaginez bien quels peuvent être les passe-temps d'une troupe d'enfants qui sont abandonnés à leur caprice.

> Vous jugez bien aussi que les Jeux et les Ris,
> Dont Vénus fait ses favoris,
> Et qui gouvernent son empire,
> Ne manquoient pas de jouer et de rire. [2]

X.[3]

DE RACINE A L'ABBÉ LE VASSEUR.

[1661.]

. . . .

. . . . . . qu'elle ne peut pas faire faire la débauche à des paysans, fussent-ils de l'âge d'or ou de Normandie.

1. Vers sans rime correspondante.
2. Le récit poétique commencé par Racine est inachevé.
3. Fragment autographe existant à la Bibliothèque nationale.

> Le plus bel esprit du hameau
> Doute si le Duc est un homme.

Les Pyrrhoniens ont fait autrefois ce doute ; et c'étoit leur force d'esprit qui le leur faisoit faire ; mais d'en douter par bêtise, je ne crois pas qu'un homme le puisse jamais faire, si brute qu'il puisse être. Les deux derniers vers font passer ce prêtre plutôt pour un athée qui se pique d'esprit fort que pour un ignorant. Voilà de la matière si vous voulez exercer votre bel esprit ; car je crois qu'il y a bien à dire que mes sentiments ne soient les vôtres ; et je ne les prends aussi que pour des sentiments erronés, que vous détruirez au moindre souffle dont vous les voudrez attaquer.

J'avois vu l'épitaphe de *la bella Monbazon* dans le *Recueil des poésies choisies*,[1] et je vous l'avois même dit[2] par cœur, il y a longtemps, non pas en italien, mais en françois. Et pour le distique du statuaire (il y a le mot de *pictor* dans le latin), il mériteroit assurément une bonne place dans le *Recueil des épigrammes*, si on n'y avoit eu plus d'égard aux pointes qu'aux beaux sentiments. Voilà un billet d'une assez belle longueur, ce me semble. Si M. l'Avocat le voyoit, il ne pourroit jamais s'empêcher de se pendre, et la rage qu'il auroit de voir tant de creux le porteroit sans doute à quelque résolution violente. C'est pourquoi je lui veux épargner cette peine, en lui

---

1. Voici cette épitaphe :

> Sotto quel duro marmo,
> Dal velo mortal' sciolta,
> La bella Monbazon giace sepolta.
> Le donne festeggin', piangono gli amori,
> E liberi hogghi mai vadano i cuori.

Elle est dans la quatrième partie des *Poésies choisies*, publiées chez Ch. Sercy en 1658 ; elle porte la signature de l'abbé Butti.

2. Racine fait ici épitaphe du masculin.

épargnant celle de vous envoyer ma lettre. Aussi bien est-il chez M. de Villers.

XI.[1]

DE RACINE A L'ABBÉ LE VASSEUR.

[Juin 1661.]

. . . .
. . . cette langue que l'on conserve encore dans la Moscovie. Mais il ne songe pas que j'ai voulu pourvoir à son établissement sur toutes choses, que j'ai fait un beau plan de tout ce qu'il doit faire, et que ses actions étant bien réglées, il lui sera aisé après cela de dire de belles choses. Car M. l'Avocat me le disoit encore ce matin, en me donnant votre lettre : il faut du solide, et un honnête homme ne doit faire le métier de poëte que quand il a fait un bon fondement pour toute sa vie, et qu'il se peut dire honnête homme à juste titre. C'est donc l'avis que j'ai donné à Ovide, ou, pour parler plus humainement (car ce langage sent un peu trop le poëte), j'ai fait, refait et mis enfin dans sa dernière perfection tout mon dessein. J'y ai fait entrer tout ce que m'avoit marqué Mlle de Beauch.,[2] que j'appelle la seconde Julie d'Ovide, dans la lettre que je lui ai écrite hier par M. Armand, qui va à la cour; et quand vous verrez ce dessein, il vous sera malaisé de le reconnoître. Avec cela, j'ai lu et marqué tous les ouvrages de mon héros, et j'ai commencé même quelques vers. Voilà l'état où en est cette affaire. Au reste, je suis

1. Fragment autographe existant à la Bibliothèque nationale.
2. Mlle de Beauchâteau, comédienne de l'hôtel de Bourgogne.

si peu inquiété du temps que j'ai employé pour ce dessein, que je n'y aurois pas plaint encore quinze autres jours. M. Vitart, qui considère cette entreprise du même œil que celle de l'année passée, croit que le premier acte est fait pour le moins, et m'accuse d'être réservé avec lui; mais je crois que vous me serez plus juste. Il reçut ier une nouvelle qui lui est bien plus sensible que cette affaire, comme elle le doit être en effet, et comme elle me l'est à moi-même. C'est qu'il a appris que mon cousin son frère est à Hédin, frais et gaillard, portant le mousquet dans cette garnison aussi gaiement que le peut faire la Prairie et la Verdure. Je ne vous en puis mander d'autres particularités, parce que je ne sais cette nouvelle que par M. l'Avocat, qui l'apprit hier de M. Vitart; et vous savez que M. l'Avocat est toujours fort au-dessus des petites circonstances dont nous autres hommes sommes plus curieux : aussi avons-nous plus de pente pour le creux et la bagatelle. Je vous en instruirai plus au long dans ma première lettre, à moins que M. Vitart ne me prévienne. Je vas dès cette après-dînée en féliciter Madame sa sainte mère, qui se croyoit incapable d'aucune joie depuis la perte du saint père,[1] ou, comme disoit M. de Gomberville, de son futur époux. En effet, il n'est plus dessus le trône de saint Augustin, et il a évité, par une sage retraite, le déplaisir de recevoir une lettre de cachet par laquelle on l'envoyoit à Kimper. Le siége n'a pas été vacant bien longtemps. La cour, sans avoir consulté le saint Esprit, à ce qu'ils disent, y a élevé M. Baïl, sous-pénitentier et ancien confrère du Bailli dans la société des bourses des Cholets. Vous le connoissez sans doute,

---

1. Ce saint père est Antoine Singlin, directeur de Port-Royal-des-Champs.

et peut-être est-il de vos amis. Tout le consistoire a fait schisme à la création de ce nouveau pape, et ils se sont retirés de côté et d'autre, ne laissant pas de se gouverner toujours par les monitoires de M. Singlin, qui n'est plus considéré que comme un antipape. *Percutiam pastorem, et dispergentur oves gregis.* Cette prophétie n'a jamais été plus parfaitement accomplie, et de tout ce grand nombre de solitaires à peine reste-t-il M. Guays et maître Maurice.[1]

XII.[2]

DE RACINE A MARIE RACINE.

[1661.]

Ma très-chère sœur,

J'ai manqué jusques ici d'occasion pour vous écrire. En voici Dieu merci une assez belle, par le moyen de mon cousin du Chesne qui s'en va. Je n'en manquerai pas une de toutes celles qui se présenteront. Mon cousin Vitart doit aller encore bientôt à la Ferté : je lui donnerai aussi une lettre. Plût à Dieu que vous fussiez dans la même disposition que moi, et que vous me voulussiez écrire quand vous le pouvez! Mais on voit bien que vous manquez plus de bonne volonté que d'autre chose. Car je vous

---

1. Florent Guays était le pourvoyeur du monastère. Maître Maurice était ou le cuisinier ou quelque serviteur de la maison.

2. Publiée par l'abbé Adrien de La Roque : *Lettres inédites de Jean Racine, etc.*, p. 30 et 259. M. l'abbé donne à cette lettre la date de 1658 ou 1659, mais, comme le fait observer M. Mesnard, cette date ne peut être fixée avant 1661, juillet ou août, puisqu'il y est question du prochain accouchement de Mlle Vitart et de la canonisation prochaine aussi de M. de Sacy. Antoine de Sacy mourut le 18 août 1661. Mlle Vitart accoucha le 23 août.

ai déjà mandé mon adresse si je m'en souviens, et il est assez aisé de me faire tenir vos lettres. Au moins j'en espérois une de vous tous les mois. Mais je vois bien que vous êtes toujours en colère, et que vous me voulez punir de ce que je n'ai pas été, ce vous semble, assez diligent pour vous voir, tandis que j'étois à la Ferté. Je n'y veux plus retourner de ma vie. Car je n'y ai pas fait un voyage qui ne m'ait mis mal avec vous. Et en cela je suis le plus malheureux du monde, puisque c'étoit plus pour vous que j'y allois que pour quelque chose que ce fût.

Mais c'est temps perdu à moi de vous en parler : vous n'oubliez pas si aisément votre colère. Il n'y auroit rien pourtant que je ne fisse pour vous apaiser. Mandez-moi ce qu'il faut faire, et s'il ne faut que vous écrire tous les huit jours, et faire un serment que quand j'irai à la Ferté, ce qui ne sera pas de longtemps, je ne bougerai d'avec vous, je ferai tout cela du meilleur cœur du monde.

Je vous écris même avec du papier doré, tout exprès, afin que cela puisse faire ma paix ou aider à la faire. Pour vous, quand vous me devriez écrire du plus gros papier qui se vende chez M. de la Mare, je la recevrai aussi bien que si la lettre étoit écrite en lettres dorées.

Ma mère[1] s'est trouvée mal, et ne se porte pas encore fort bien. Vous passez ce temps-là plus à votre aise que moi. Quand vous m'écrirez, si vous le faites, mandez-moi comment je suis dans l'esprit de mon grand-père,[2] et si ce voyage-ci ne m'aura point nui autant que l'autre. Mlle Vitart accouchera bientôt, et on canonisera bientôt M. de Sacy. Je souhaite que vous vous divertissiez très-

---

1. Marie Desmoulins, sa grand'mère.
2. Pierre Sconin.

bien avec mon cousin du Chesne. Il a bonne intention de le faire. Je ne ferai pas cette lettre plus longue, afin de garder de quoi en faire bientôt une autre. Mais, au nom de Dieu, écrivez-moi, et adressez votre lettre à moi-même, à l'Image Saint-Louis, près de Sainte-Geneviève. Je vous le répète encore, afin que vous n'ayez point d'excuse. Je vous promets une entière exactitude de mon côté. Adieu : je vous donne le bonsoir; je puis bien vous le donner, car j'entends minuit qui sonne. Adieu donc, ma chère sœur, et pardonnez-moi toutes mes négligences, vous assurant que je serai à vous toute ma vie.

RACINE.

Je vous manderai tout ce que je ferai. Ne croyez rien de moi que je ne vous le mande.

Suscription : A Madame Madame Marie Racine, à la Ferté-Milon.

XIII.[1]

DE RACINE A LA FONTAINE.

A Usez, ce 11 novembre 1661.

J'AI bien vu du pays, et j'ai bien voyagé,
Depuis que de vos yeux les miens prirent congé.

Mais tout cela ne m'a pas empêché de songer toujours autant à vous que je faisois, lorsque nous nous voyions[2] tous les jours,

---

1. Imprimée pour la première fois dans les *OEuvres diverses de La Fontaine*, 1729, t. III, p. 322-326.
2. Dans l'édition de 1729, *voyons* sans *i*.

> Avant qu'une fièvre importune
> Nous fit courir même fortune,
> Et nous mît chacun en danger
> De ne plus jamais voyager.

Je ne sais pas sous quelle constellation je vous écris présentement ; mais je vous assure que je n'ai point fait encore tant de vers depuis ma maladie. Je croyois même en avoir tout à fait oublié le métier. Seroit-il possible que les Muses eussent plus d'empire en ce pays que sur les rives de la Seine? Nous le reconnoîtrons dans la suite. Cependant je commencerai à vous dire en prose que mon voyage a été plus heureux que je ne le pensois. Nous n'avons eu que deux heures de pluie depuis Paris jusqu'à Lyon. Notre compagnie étoit gaie et assez plaisante : il y avoit trois huguenots, un Anglois, deux Italiens, un conseiller du Châtelet, deux secrétaires du Roi et deux de ses mousquetaires ; enfin nous étions au nombre de neuf ou dix. Je ne manquois pas tous les soirs de prendre le galop devant les autres, pour aller retenir mon lit ; car j'avois fort bien retenu cela de M. Botreau, et je lui en suis infiniment obligé : ainsi j'ai toujours été bien couché, et quand je suis arrivé à Lyon, je ne me suis senti non plus fatigué que si du quartier de Sainte-Geneviève j'avois été à celui de la rue Galande [1].

A Lyon je ne suis resté que deux jours avec deux mousquetaires de notre troupe, qui étoient du Pont-Saint-Esprit. Nous nous embarquâmes, il y a aujourd'hui huit jours, dans un vaisseau tout neuf et bien couvert, que nous avions retenu exprès avec le meilleur patron du

---

1. Racine, en 1661, demeurait près de Sainte-Geneviève, à l'Image de Saint-Louis. Son ami Le Vasseur avait son logement rue Galande, chez Mlle de La Croix.

pays; car il n'y a pas trop de sûreté de se mettre sur le Rhône qu'à bonnes enseignes; néanmoins comme il n'avoit point plu du tout devers Lyon, le Rhône étoit fort bas, et avoit perdu beaucoup de sa rapidité ordinaire.

>On pouvoit, sans difficulté,
>Voir ses nayades toutes nues,
>Et qui, honteuses d'être vues,
>Pour mieux cacher leur nudité,
>Cherchoient des places inconnues.
>Ces nymphes sont de gros rochers,
>Auteurs de mainte sépulture,
>Et dont l'effroyable figure
>Fait changer de visage aux plus hardis nochers.

Nous fûmes deux jours sur le Rhône, et nous couchâmes à Vienne et à Valence. J'avois commencé dès à Lyon à ne plus guère entendre le langage du pays, et à n'être plus intelligible moi-même. Ce malheur s'accrut à Valence, et Dieu voulut qu'ayant demandé à une servante un pot de chambre, elle mit un réchaud sous mon lit. Vous pouvez vous imaginer les suites de cette maudite aventure, et ce qui peut arriver à un homme endormi qui se sert d'un réchaud dans ses nécessités de nuit. Mais c'est encore bien pis en ce pays. Je vous jure que j'ai autant besoin d'interprète, qu'un Moscovite en auroit besoin dans Paris. Néanmoins je commence à m'apercevoir que c'est un langage mêlé d'espagnol et d'italien; et comme j'entends assez bien ces deux langues, j'y ai quelquefois recours pour entendre les autres, et pour me faire entendre. Mais il arrive souvent que j'y perds toutes mes mesures, comme il arriva hier, qu'ayant besoin de petits clous à broquette pour ajuster ma chambre, j'envoyai le valet de mon oncle en ville, et lui dis de m'acheter deux ou trois cents de broquettes : il m'apporta incontinent trois bottes d'allumettes.¹ Jugez s'il y a sujet d'enrager en de semblables malentendus. Cela iroit à l'infini si je voulois vous dire tous les inconvénients qui arrivent aux nouveaux venus en ce pays comme moi. Au reste, pour la situation d'Usez, vous saurez qu'elle est sur une montagne fort haute, et cette montagne n'est qu'un rocher continuel : si bien qu'en quelque temps qu'il fasse, on peut aller à pied sec tout autour de la ville. Les campagnes qui l'environnent sont toutes couvertes d'oliviers, qui portent les plus belles olives du monde, mais bien trompeuses pourtant; car j'y ai été attrapé moi-même. Je voulus en cueillir quelques-unes au premier olivier que je rencontrai, et je les mis dans ma bouche avec le plus grand appétit qu'on puisse avoir; mais Dieu me préserve de sentir jamais une amertume pareille à celle que je sentis. J'en eus la bouche toute perdue plus de quatre heures durant, et l'on m'a appris de depuis qu'il falloit bien des lessives et des cérémonies pour rendre les olives douces comme on les mange. L'huile qu'on en tire sert ici de beurre, et j'appréhendois bien ce changement; mais j'en ai goûté aujourd'hui dans les sauces,² et sans mentir il n'y a rien de meilleur. On sent bien moins l'huile qu'on ne sentiroit le meilleur beurre de France. Mais c'est assez vous parler d'huile, et vous me pourrez reprocher, plus justement qu'on ne faisoit à un ancien orateur, que mes ouvrages sentent trop l'huile.³ Il faut vous entretenir d'autres choses, ou plutôt remettre cela à un autre voyage pour

---

1. *Brouketo*, allumette. — *Brouco*, broquette, petite espèce de clous. (*Dictionnaire languedocien-français*, par M. L. D. S., Nîmes, 1785.)

2. *Sausses* dans l'édition de 1729.

3. L'orateur Pythéas faisait ce reproche à Démosthène. Plutarque, *Préceptes d'administration publique*, chap. VI.

ne vous pas ennuyer. Je ne me saurois empêcher pourtant de vous dire un mot des beautés de cette province. On m'en avoit dit beaucoup de bien à Paris; mais sans mentir on ne m'en avoit encore rien dit au prix de ce qui en est, et pour le nombre et pour leur excellence. Il n'y a pas une villageoise, pas une savetière qui ne disputât de beauté avec les Fouilloux et les Mennevilles.[1] Si le pays de soi avoit un peu plus de délicatesse, et que les rochers y fussent un peu moins fréquents, on le prendroit pour un vrai pays de Cythère. Toutes les femmes y sont éclatantes, et s'y ajustent d'une façon qui leur est la plus naturelle du monde; et pour ce qui est de leur personne,

Color verus, corpus solidum et succi plenum.[2]

Mais comme c'est la première chose dont on m'a dit de me donner de garde, je ne veux pas en parler davantage : aussi bien ce seroit profaner une maison de bénéficier comme celle où je suis, que d'y faire de longs discours sur cette matière. *Domus mea domus orationis*[3]. C'est pourquoi vous devez vous attendre que je ne vous en parlerai plus du tout. On m'a dit : « Soyez aveugle. » Si je ne le puis être tout à fait, il faut du moins que je sois muet; car, voyez-vous, il faut être régulier avec les réguliers, comme j'ai été loup avec vous et avec les autres loups vos compères. *Adiousias*.

RACINE.

[1]. Mlle du Fouilloux (Bénigne de Meaux) et Mlle de Menneville étaient deux filles d'honneur de la reine, célèbres par leur beauté.
[2]. « Un coloris vrai, un corps ferme, la fleur de l'embonpoint et de la santé. » Térence, *Eunuq*, acte II, scène IV.
[3]. « Ma maison est une maison de prière. » *Saint Luc*, XIX, 46.

XIV.[1]

DE RACINE A M. VITART.

A Usez, ce 15 nov. [1661.]

Il y a aujourd'hui huit jours que je partis du Pont-Saint-Esprit, et que je vins à Usez, où je fus reçu de mon oncle[2] avec toute sorte d'amitié. Il ne m'attendoit que deux jours après, parce que mon oncle Sconin lui avoit mandé que je partirois plus tard que je n'ai fait. Sans cela il eût envoyé au Saint-Esprit son garçon et son cheval. Il m'a donné une chambre tout auprès de lui, et il prétend que je le soulagerai un peu dans le grand nombre de ses affaires; car je vous assure qu'il en a beaucoup. Non-seulement il fait toutes celles du diocèse, mais il a même l'administration de tous les revenus du chapitre, jusqu'à ce qu'il ait payé quatre-vingt mille livres de dettes où le chapitre s'est engagé. Il a pris pour cela un terme de six ans. Il s'y entend tout à fait, et il n'y a point de dom Cosme en son affaire. Avec tout cet embarras, il a encore celui de faire bâtir; car il fait achever une fort jolie maison qu'il a commencée, il y a un an ou deux, à un bénéfice qui est à lui, à une demi-lieue d'Usez. J'en reviens encore tout présentement. Elle est toute faite déjà; il n'y a plus que le jardin à défricher. C'est la plus régulière et même la plus agréable de tout Usez. Elle est tantôt toute meublée. Mais il lui en a coûté de l'argent pour la mettre en cet état : c'est pourquoi il ne faut pas demander

---

1. L'autographe existe à la Bibliothèque nationale.
2. Le R. P. Antoine Sconin, vicaire général à Uzès.

à quoi il a employé ses revenus. Il est fort fâché de ce que je n'ai point apporté de démissoire;[1] mais c'est la faute de M. Sconin. Je l'ai pressé le plus que j'ai pu pour cela, et lui-même lui en écrit, mais j'appréhende furieusement sa longueur.

Il m'auroit déjà mené à Avignon pour y prendre la tonsure; et la raison de cela est que le premier bénéfice qui viendra à vaquer dans le chapitre est à sa nomination. L'Évêque a nommé, et le Prévôt aussi; c'est maintenant son tour. Quand ce temps-là viendra, je vous en manderai des nouvelles. Cependant si vous pouviez me faire avoir un démissoire, vous m'obligeriez infiniment. Monsieur le prieur de la Ferté vous donnera aisément mon extrait baptistère, et vous n'auriez qu'à l'envoyer à quelqu'un de votre connoissance à Soissons : on auroit le démissoire aussitôt. Mais ce sera quand vous y pourrez songer sans vous détourner le moins du monde. Au reste, nous ne laisserons pas d'aller à Avignon quelqu'un de ces jours; car mon oncle veut m'acheter des livres, et il veut que j'étudie. Je ne demande pas mieux, et je vous assure que je n'ai pas eu encore la curiosité de voir la ville d'Usez, ni quelque personne que ce soit. Il est bien aise que j'apprenne un peu de théologie dans saint Thomas, et j'en suis tombé d'accord fort volontiers. Enfin, je m'accorde le plus aisément du monde à tout ce qu'il veut. Il est d'un naturel fort doux, et il me témoigne toutes les tendresses possibles. Il reconnoît bien que son affaire d'Anjou a été fort mal conduite, mais il espère que Monsieur d'Usez raccommodera tout. En effet, il lui a mandé qu'il le feroit. Il

---

1. Un *démissoire* ou *dimissoire* est une lettre par laquelle un évêque consent qu'un de ses diocésains soit consacré par un autre évêque.

me demande tous les jours mon *ode* de la Paix, car il a donné à Monsieur l'Évêque celle que je lui envoyai; et non-seulement lui, mais même tous les chanoines m'en demandent, et le Prévôt surtout. Ce prévôt est le doyen du chapitre; il est âgé de soixante-quinze ans, et le plus honnête homme du monde. Enfin c'est le seul que mon oncle m'a bien recommandé d'aller voir : ils sont grands amis. Son bénéfice vaut cinq mille livres de rente, il est des anciens, et il n'est pas réformé. Il a beaucoup d'esprit et d'étude. Ainsi, si vous avez encore quelque ode, je vous prie d'en faire bien couper toutes les marges, et de me l'envoyer; j'avois négligé d'en apporter. On me fait ici force caresses à cause de mon oncle. Il n'y a pas un curé ni un maître d'école qui ne m'ait fait le compliment gaillard, auquel je ne saurois répondre que par des révérences, car je n'entends pas le françois de ce pays, et on n'entend pas le mien : ainsi je tire le pied fort humblement; et je dis, quand tout est fait : *Adiousias*. Je suis marri de ne les point entendre pourtant; car si je continue davantage à ne leur pouvoir répondre, j'aurai bientôt la réputation d'un incivil ou d'un homme non lettré. Et je suis perdu si cela est; car en ce pays les civilités et les cérémonies sont encore plus en usage qu'en Italie. Je suis épouvanté tous les jours de voir des villageois, pieds nus ou ensabotés (ce mot doit bien passer, puisque *encapuchonné* a passé), qui font des révérences comme s'ils avoient appris à danser toute leur vie. Outre cela, ils causent des mieux, et pour moi j'espère que l'air du pays me va raffiner de moitié, pour peu que j'y demeure; car je vous assure qu'on y est fin et délié plus qu'en aucun lieu du monde. Pour les jours, ils y sont les plus beaux du monde. Tous les arbres sont encore aussi verts qu'au mois de juin, et aujourd'hui que je suis sorti à la campagne, je vous proteste que la chaleur m'a tout à fait incommodé : jugez ce que ce peut être en été. Je n'ai plus de papier que pour assurer Mlle Vitart de mes très-humbles respects, et [pour] souhaiter à vos deux infantes tout ce que les poëtes s'en vont prédire de bien au Dauphin.

J'oubliois à vous prier d'adresser mes lettres à M. Symil, chirurgien à Usez, et, au dedans, à mon illustre personne chez le R. P. Sconin, vicaire général et official de Monseigneur d'Usez. Je salue M. d'Houy de tout mon cœur, et le prie d'avoir quelque peu de soin de mes livres, dont je plains fort la destinée s'il ne s'en mêle un peu; car je serois honteux de vous en parler dans la multitude de vos affaires. Excusez même si j'ai fait cette lettre longue. J'ai cru qu'il falloit vous instruire une fois en gros de tout ce qui se passe ici; une autre fois j'abuserai moins de votre loisir.

XV.[1]

DE RACINE A L'ABBÉ LE VASSEUR.

[Usez, novembre 1661.]

... Si vous prenez la peine de m'écrire, je vous prie, ou de donner vos lettres à M. Vitart, ou de me les adresser chez le P. Sconin, vicaire général et official de monsieur d'Usez, avec une envelope adressante à M. Symil, chirurgien à Usez. On m'a dit d'user de ces précautions

---

1. L'autographe existe à la Bibliothèque nationale. Le commencement de cette lettre manque. Elle a été écrite le 14 ou le 15 novembre.

pour la sûreté des lettres qu'on m'envoyera de Paris. Je vous prie de me mander des nouvelles de nos anciennes connoissances, et de m'instruire un peu de ce qui se passe de beau dans Paris; et moi je prendrai le soin de vous mander ce qui se passera de beau dans le Languedoc. Nous savons la naissance du Dauphin : c'est pourquoi je vous exempte de me l'apprendre. J'aurois peut-être chanté quelque chose de nouveau sur cette matière si j'eusse été à Paris; mais ici je n'ai pu chanter rien que le *Te Deum*, qu'on chanta hier ici en grande cérémonie. Mandez-moi, s'il vous plaît, qui aura le mieux réussi de tous les chantres du Parnasse. Je ne doute pas qu'ils n'emploient tout le crédit qu'ils ont auprès des Muses, pour en recevoir de belles et magnifiques inspirations. Surtout si elles continuent à vous favoriser, comme elles avoient commencé à Bourbon, faites quelque chose, et envoyez-moi tout ce que vous aurez fait.

Incipe, si quid habes ; et te fecere poetam
Pierides [1].

Suscription : A Monsieur Monsieur l'abbé Le Vasseur, Paris.

XVI. [2]

DE RACINE A L'ABBÉ LE VASSEUR.

A Usez, ce 24 novembre [1661].

Je ne me plains pas encore de vous ; car je crois bien que c'est tout au plus si vous avez maintenant reçu ma

---

1. « Si tu te sens inspiré, mets-toi à l'ouvrage, et toi aussi les Muses t'ont fait poëte. » Virgile, *Eglog.*, IX, vers 32-33. Racine a mis *te* au lieu de *me*.

2. L'autographe existe à la Bibliothèque nationale.

première lettre; mais je ne vous réponds pas que dans huit jours je ne commence à gronder si je ne reçois point de vos nouvelles. Épargnez-moi donc cette peine, je vous supplie, et épargnez-vous à vous-même de grosses injures, que je pourrois bien vous dire dans ma mauvaise humeur :

Nam contemptus amor vires habet.[1]

Je vous aurois écrit mardi passé par l'ordinaire, n'étoit que j'étois allé faire un tour à Nîmes : ainsi je me sers aujourd'hui de l'extraordinaire qui part les vendredis. Mais puisque j'ai commencé à vous parler de ce voyage, il faut que je vous en entretienne un peu. Nîmes est à trois lieues d'ici, c'est-à-dire à sept ou huit bonnes lieues de France. Le chemin est plus diabolique mille fois que celui des diables à Nevers, et la rue d'Enfer, et tels autres chemins réprouvés; mais la ville est assurément aussi belle et aussi *polide*, comme on dit ici, qu'il y en ait dans le royaume. Il n'y a point de divertissements qui ne s'y treuvent :

Suoni, canti, vestir, giuochi, vivande,
Quanto quo cor pensar, può chieder bocca.[2]

On m'avoit dit tout cela devant que j'y allasse, mais je n'en voulois rien croire. Vous ne voudrez pas m'en croire aussi. Cependant je n'en dis pas la moitié de ce qu'on en pourroit dire. J'y allois pour voir le feu de joie qu'un homme de ma connoissance avoit entrepris. Il en a coûté deux mille francs à la ville. Il étoit fort beau sans

---

1. « Car l'amour méprisé a des forces. » Pétrone, *Satyri.*, chap. cviii, *in fine*.

2. « La musique, les chants, la toilette, les jeux, les festins, autant que l'esprit peut en imaginer, la bouche en demander. » *Orlando furioso*, chant IV, stance 32.

doute. Les jésuites avoient fourni les devises, qui ne valoient rien du tout : ôtez cela, tout alloit bien. Mais je n'y pris pas assez bien garde pour vous en faire le détail; j'étois détourné par d'autres spectacles : il y avoit tout autour de moi des visages qu'on voyoit à la lueur des fusées, et dont vous auriez bien eu autant de peine à vous défendre, que j'en avois. Il n'y en avoit pas une à qui vous n'eussiez bien voulu dire ce compliment d'un galant du temps de Néron : *Ne fastidias hominem peregrinum inter cultores tuos admittere : invenies religiosum, si te adorari permiseris.*[1] Mais pour moi, je n'avois garde d'y penser; je ne les regardois pas même en sûreté; j'étois en la compagnie d'un R. Père de ce chapitre, qui n'aimoit pas trop à rire ;

*E parea, più ch' alcun fosse mai stato,
Di conscienza scrupulosa e schiva.*[2]

Quoiqu'il en soit, il falloit être sage avec lui, ou du moins le faire. Voilà ce que vous auriez treuvé de beau dans Nîmes; mais j'y treuvai encore d'autres choses qui me plurent fort, surtout les Arènes. Vous en avez sans doute ouï parler. C'est un grand amphithéâtre, un peu en ovale, tout bâti de prodigieuses pierres, longues de deux toises, qui se tiennent là, depuis plus de seize cents ans, sans mortier et par leur seule pesanteur. Il est tout ouvert en dehors par de grandes arcades, et en dedans ce ne sont tout autour que de grands siéges de pierre, où tout le peuple s'asseyoit pour voir les combats des bêtes et des

---

1. « Ne dédaignez pas les hommages d'un étranger, vous le trouverez prêt à vous rendre un culte religieux, si vous lui permettez de vous adorer. » Pétrone, *Satyr.*, chap. cxxvii.

2. « Et paraissait, plus que qui que ce fût, d'une conscience scrupuleuse et timorée. » *Orlando furioso*, chant II, stance 13.

gladiateurs. Mais c'est assez vous parler de Nîmes et de ses raretés : peut-être même trouverez-vous que j'en ai trop dit. Mais de quoi voulez-vous que je vous entretienne? Il ne se passe rien en ce pays qui mérite qu'on le mande de si loin. Car de vous dire qu'il y fait le plus beau temps du monde et qu'il n'a fait ni froid ni pluie depuis que j'y suis, vous ne vous en mettez guère en peine. De vous dire tout de même qu'on doit cette semaine créer des consuls ou des *conses*, comme on dit, cela vous touche fort peu. Cependant c'est une belle chose de voir le compère cardeur et le menuisier gaillard avec la robe rouge, comme un président, donner des arrêts et aller les premiers à l'offrande. Vous ne voyez pas cela à Paris. A propos de consuls, il faut que je vous parle d'un échevin de Lyon, qui doit l'emporter sur les plus fameux quolibetiers du monde. Je l'allai voir avec un autre de notre troupe, quand nous voulûmes sortir de Lyon pour avoir un billet de sortie pour notre bateau ; car sans billet les chaînes du Rhône ne se lèvent point. Il nous fit nos dépêches fort gravement, et après, quittant un peu de cette gravité magistrale qu'on doit garder en donnant de telles ordonnances, il nous demanda : « *Quid novi?* Que dit-on de l'affaire d'Angleterre? » Nous lui dîmes qu'on ne savoit pas encore à quoi le Roi se résoudroit. « Le Roi, dit-il, fera la guerre assurément; car il n'est pas parent du P. Souffren.[1] » Nous lui fîmes lors la révérence et je fis bien paroître que je ne l'étois pas non plus ; car je le regardai avec un froid qui montroit bien la rage où j'étois de voir un si grand quolibetier impuni. Je n'ai pas voulu

---

1. Le P. Suffren, jésuite, confesseur de Louis XIII, dont le nom se prononçait comme *Souffrant*.

en enrager tout seul ; j'ai voulu que vous me tinssiez compagnie, et c'est pourquoi je vous fais part de cette marauderie. Enragez donc, et si vous ne trouvez point de termes assez forts pour faire des imprécations, dites avec l'emphasiste Brébeuf :

> A qui, dieux tout-puissants, qui gouvernez la terre,
> A qui réservez-vous les éclats du tonnerre?

Si vous ne vous hâtez de m'écrire, je vous ferai enrager tous les voyages par de semblables nouvelles. Écrivez-moi donc si vous m'en croyez, et faites de ma part à Mlle Lucrèce le compliment latin dont je vous ai parlé, mais que ce soit en beau françois.

Suscription : A Monsieur Monsieur l'abbé Le Vasseur, à Paris.

XVII.[1]

DE RACINE A L'ABBÉ LE VASSEUR.

A Usez, le 26 décembre 1661.

Dieu merci, voici une de vos lettres. Que vous en êtes devenu grand ménager ! J'ai vu que vous étiez plus libéral, et il ne se passoit guère de semaines, lorsque vous étiez à Bourbon, que vous ne m'écrivissiez une fois ou deux, et non-seulement à moi, mais à des gens mêmes à qui vous n'aviez presque jamais parlé, tant les lettres vous coûtoient peu. Maintenant elles sont plus clair-semées, et c'est beaucoup d'en recevoir une en deux mois. J'étois le

---

1. L'autographe existe à la Bibliothèque nationale.

plus en peine du monde d'où pouvoit venir ce changement. Je croyois que vous étiez retombé malade, ou du moins que vous nous aviez cassés aux gages. J'enrageois de voir qu'une si belle amitié se fût ainsi évanouie pour n'avoir été que deux mois hors de Paris. *En dextra fidesque!*[1] m'écriois-je, *e'l cor pien di sospir' parea un Mongibello*,[2] lorsque heureusement votre lettre m'est venue tirer de toutes ces inquiétudes, et m'a appris que la raison pourquoi vous ne m'écriviez pas, c'est que mes lettres étoient trop belles. Qu'à cela ne tienne, Monsieur : il me sera fort aisé d'y remédier; et il m'est si naturel de faire de méchantes lettres, que j'espère, avec la grâce de Dieu, venir bientôt à bout de n'en faire pas de trop belles. Vous n'aurez pas sujet de vous plaindre à l'avenir, et j'attends dès à présent des réponses par tous les ordinaires. Mais parlons plus sérieusement. Avouez que tout au contraire vous croyez les vôtres trop belles pour être si facilement communiquées à de pauvres provinciaux comme nous. Vous avez raison, sans doute, et c'est ce qui me fâche le plus; car il ne vous est pas aisé, comme à moi, de faire de mauvaises lettres, et ainsi je suis fort en danger de n'en guère recevoir. Après tout, si vous saviez la manière dont je les reçois, vous verriez qu'elles ne sont pas profanées pour tomber entre mes mains ; car, outre que je les reçois avec toute la vénération que méritent les belles choses, c'est qu'elles ne me demeurent pas longtemps, et elles ont le vice dont vous accusez les miennes injustement, qui est de courir un peu trop les rues, et vous

---

1. « Sont-ce là les serments et la foi jurée? » Virgile, *Énéide*, liv. IV, vers 597.

2. « Et mon cœur plein de soupirs paraissait un Etna. » Comparez *Orlando furioso*, chant I, st. 40.

diriez qu'en venant en Languedoc elles se veulent accommoder à l'air du pays. Elles se communiquent à tout le monde, et ne craignent point la médisance : aussi savent-elles bien qu'elles en sont [à] couvert; chacun les veut voir, et on ne les lit pas tant pour apprendre des nouvelles, que pour voir la façon dont vous les savez débiter. Continuez donc, s'il vous plaît, ou plutôt commencez tout de bon à m'écrire, quand ce ne seroit que par charité. Je suis en danger d'oublier bientôt le peu de françois que je sais; je le désapprends tous les jours, et je ne parle tantôt plus que le langage de ce pays, qui est aussi peu françois que le bas breton.

Ipse mihi videor jam dedidicisse latine;
Nam didici getice sarmatice que loqui. [1]

J'ai vu qu'Ovide vous faisoit pitié quand vous songiez qu'un si galand homme que lui étoit obligé à parler scythe lorsqu'il étoit relégué parmi ces barbares : cependant il s'en faut beaucoup qu'il fût si à plaindre que moi. Ovide possédoit si bien toute l'élégance romaine, qu'il ne la pouvoit jamais oublier; et quand il seroit revenu à Rome après un exil de vingt années, il auroit toujours fait taire les plus beaux esprits de la cour d'Auguste : au lieu que, n'ayant qu'une petite teinture du bon françois, je suis en danger de tout perdre en moins de six mois, et de n'être plus intelligible si je reviens jamais à Paris. Quel plaisir aurez-vous quand je serai devenu le plus grand paysan du monde? Vous ferez bien mieux de m'entretenir toujours un peu dans le langage qu'on parle à Paris. Vos lettres me tiendront lieu de livres et d'Académie.

1. « Il me semble que je ne sais plus le latin, depuis que j'ai appris le gète et le sarmate. » Ovide, *Trist.*, liv. V, élég. XII.

Mais à propos d'Académie, que le pauvre Pélisson est à plaindre, et que la Conciergerie est un méchant poste pour un bel esprit! Tous les beaux esprits du monde devroient-ils pas faire une solennelle députation au Roi pour demander sa grâce? Les Muses elles-mêmes devroient-elles pas se rendre visibles afin de solliciter pour lui?

> *Nec vos, Pierides, nec stirps Latonia, vestro*
> *Docta sacerdoti turba tulistis opem!* [1]

Mais on voit peu de gens que la protection des Muses ait sauvés des mains de la justice. Cependant il eût mieux valu pour lui qu'il ne se fût jamais mêlé que de belles choses, et la condition de roitelet, en laquelle il s'étoit métamorphosé, lui eût été bien plus avantageuse que celle de financier. Cela doit apprendre à M. l'Avocat que le solide n'est pas toujours le plus sûr, puisque M. Pélisson ne s'est perdu que pour l'avoir préféré au creux; et sans mentir, quoiqu'il fasse bien creux sur le Parnasse, on y est pourtant plus à son aise que dans la Conciergerie. Après tout, il n'y a point de plaisir d'avoir place dans les histoires tragiques, dussent-elles être écrites de la main de M. Pélisson lui-même.

Je baise les mains de tout mon cœur à M. l'Avocat, et je diffère encore ce voyage de lui écrire, afin de laisser un peu passer ce reste de mauvaise humeur que sa maladie lui a laissée, et qui lui feroit peut-être maltraiter les lettres que je lui envoyerois. Quoi qu'il en soit, il n'y a point de plaisir d'écrire à des gens qui sont encore dans les remèdes, et c'est trop exposer des lettres. Je salue

---

1. « Ni vous, Muses, ni vous, fils de Latone, vous n'avez, ô troupe savante, secouru votre prêtre. » Ovide, *Trist.*, liv. III, élég. II.

très-humblement toute votre maison, où est compris l'illustre M. Botreau ; *ipsa ante alias pulcherrima Dido :* [1] vous savez de qui j'entends parler.

J'écrierai à Mlle Vitart, et j'avois dessein de lui écrire bien devant que d'avoir reçu votre lettre. Je vous prie de me remettre dans ses bonnes grâces, si je suis si malheureux que de les avoir perdues ; sinon, je vous prie de m'y entretenir toujours, et de penser un peu à mes affaires en faisant les vôtres ; surtout *scribe et vale*.[2] Mandez-moi des nouvelles de tout, et entre autres d'un petit mémoire[3] que j'envoyai pour la *Gazette* il y a huit jours.

Suscription : A Monsieur Monsieur l'abbé Le Vasseur, à Paris.

1. « Et Didon même, de toutes la plus belle. » Comparez Virgile, *Énéide*, liv. IV, vers 60.
2. « Écrivez et portez-vous bien. »
3. C'était probablement un petit compte rendu, comme nous disons maintenant, d'un feu d'artifice tiré à Uzès pour la naissance du Dauphin. Il fut inséré dans la *Gazette* du 31 décembre 1661, p. 1372, mais sans doute abrégé, car la description n'a qu'une vingtaine de lignes. La voici :

« Outre les réjouissances qui se sont ici faites par l'ordre de notre évêque, pour la naissance de Monseigneur le Dauphin, nos consuls, voulant aussi en signaler leur joie, firent le 18 courant allumer un feu dont le succès répondit des mieux à la beauté du dessein. Après que la Renommée, qui étoit élevée sur un piédestal, eut fait sonner trois fois un cor chargé de pétards, qu'elle avoit en sa main, une colombe partit d'un autre côté, toute en feu, qui, tenant à son bec un rameau d'olive, vint allumer l'artifice. En même temps on ouït un grand bruit de bombes et de pétards, et l'air se couvrit d'une épaisse fumée, à laquelle succéda une grande clarté, qui découvrit un rocher fort élevé, vomissant des flammes de toutes parts, au sommet duquel paroissoit la Paix, avec une corne d'abondance en l'une de ses mains, et s'appuyant de l'autre sur un dauphin ; ayant à ses pieds les Vertus cardinales qui jetoient quantité de fusées, comme elle en épanchoit grand nombre, qui alloient semer en l'air une infinité d'étoiles : tellement que cette machine parut des plus industrieusement inventées. »

XVIII.[1]

DE RACINE A MADEMOISELLE VITART.

A Usez, le 26 décembre 1661.

Je pensois bien me donner l'honneur de vous écrire il y a huit jours, mais il me fut impossible de le faire : je ne sais pas même si j'en pourrai bien venir à bout aujourd'hui ; car vous saurez, s'il vous plaît, que ce n'est pas à présent une petite affaire pour moi que de vous écrire. Il a été un temps que je le faisois assez aisément, et il ne me falloit pas beaucoup de peine pour faire une lettre un peu passable. Mais ce temps-là est passé pour moi : il me faut suer sang et eau pour faire quelque chose qui mérite de vous l'adresser; encore sera-ce un grand hasard si j'y réussis. La raison de cela, c'est que je suis un peu plus éloigné de vous que je n'étois lors. Quand je songeois seulement que je n'étois qu'à quatorze ou quinze lieues de vous, cela me mettoit en train, et c'étoit bien autre chose quand je vous voyois en personne : c'étoit alors que les paroles ne me coûtoient rien, et que je causois d'assez bon cœur. Au lieu qu'aujourd'hui je ne vous vois qu'en idée ; et quoique je songe assez fortement à vous, je ne saurois pourtant empêcher qu'il n'y ait cent cinquante lieues entre vous et votre idée. Ainsi il m'est un peu plus difficile de m'échauffer ; et quand mes lettres seroient assez heureuses pour vous plaire, que me sert

---

1. L'autographe existe à la Bibliothèque nationale. Il est peut-être incomplet ; la suscription manque.

cela? J'aimerois mieux recevoir un soufflet ou un coup de poing de vous, comme cela m'étoit assez ordinaire, qu'un grand merci qui viendroit de si loin. Après tout, il vous faut écrire, et il en faut revenir là. Mais que vous mander? Sans mentir, je n'en sais rien pour le présent. Faites-moi une grâce, donnez-moi temps jusqu'au premier ordinaire pour y songer, et je vous promets de faire merveille. J'y travaillerai plutôt jour et nuit : aussi bien n'ai-je plus qu'un demi-quart d'heure à moi, et vous-même avez maintenant bien d'autres affaires. Vous n'avez pas à déloger seulement, comme on m'a mandé; mais vous avez même à préparer les logis au Saint-Esprit, [1] qui doit venir dans huit jours à l'hôtel de Luynes. Travaillez donc à le recevoir comme il mérite, et moi je travaillerai à vous entretenir comme vous méritez. Comme ce n'est pas une petite entreprise, vous treuverez bon que je m'y prépare avec un peu plus de loisir. Cependant je souhaite que tout le monde se porte bien chez vous, que vos deux infantes vous ressemblent, et que vous ne soyez point en colère contre moi de ce que j'ai tant tardé à m'acquitter de ce que je vous dois. C'est bien assez que je sois si loin de votre présence, sans me bannir encore de votre esprit. Ainsi soit-il.

Vous me permettrez d'assurer ici Monsieur le Marquis de mes très-humbles respects. Je gagerois qu'il recevra cette assurance de fort bon cœur, non pas en ma considération, mais pour la vôtre. Je n'écris pas à mon cousin, car on m'a mandé qu'il étoit à la campagne; et puis c'est lui écrire que de vous écrire.

---

1. Louis-Charles-Albert, duc de Luynes, avait été créé chevalier de l'ordre à la promotion de 1661.

XIX.[1]

DE RACINE A MARIE RACINE.

A Usez, le 3 janvier 1662.

Ma très-chère sœur,

Je reçus hier votre lettre avec beaucoup de joie; mais j'en aurois encore davantage, si vous m'écriviez un peu plus souvent. Vous n'avez qu'à donner librement vos lettres à mon oncle Sconin, comme je vous l'ai déjà mandé. Il prend la peine de m'écrire presque tous les quinze jours, et il prendra bien celle d'envoyer votre lettre avec les siennes. Mandez-moi tout ce qui se passe à la Ferté, comme vous avez commencé, mais faites-le un peu plus au long que vous n'avez fait. Quand on écrit de si loin, il ne faut pas écrire pour une page. J'ai vu que vous m'écriviez de si belles lettres quand j'étois à Paris : il ne se passoit rien à la Ferté que je ne susse par votre moyen. Assurez-vous que je ne saurois avoir plus de plaisir que lorsque vous vous donnerez cette peine pour moi. En récompense, lorsque je treuverai l'occasion de vous envoyer quelque chose de ce pays, je ne la laisserai pas passer. Mais il faut un peu attendre. Je ne fais encore qu'arriver, et je n'ai pas eu le loisir de reconnoître ce qu'il y a de beau. Ma mère m'écrivit, il y a huit jours; elle avoit en effet encore de la fièvre comme vous me mandez, mais elle espéroit d'en être bientôt dehors. Je reçois assez souvent des nouvelles de Paris; il n'y a que

---

1. Publiée par abbé Adrien de La Roque, *Lettres inédites de Jean Racine.* p. 268.

vous qui êtes une paresseuse. Vous direz peut-être que vous avez encore la fièvre; mais vous avez bien vu que quand je l'avois encore, je ne laissois pas de vous écrire. Après tout, je suis bien marri que vous l'ayez et que vous la gardiez si longtemps. J'en ai eu quelques accès la semaine passée; mais elle m'a quitté, Dieu merci.

Quant à ce que vous me mandez que ma cousine Parmentier est encore malade, je vous puis assurer que j'y prends grande part, et qu'elle me touche toujours d'aussi près qu'elle a fait. Je suis marri que mon cousin son frère ait rompu avec moi, comme il a fait à cause de mon voyage, et je vois bien qu'il n'est pas aussi bon ami que je le suis envers lui. Quand il seroit venu ici au lieu de moi, je ne lui en aurois pas voulu mal pour cela. Il ne sait pas les raisons qui m'ont obligé d'y venir. Cependant je sais assez que lui et mon oncle du Chesne ont fait bien du bruit pour cela, à cause que j'y étois venu sans lui, comme si cela dépendoit de moi. Quoi qu'il en soit, je suis marri d'être mal dans son esprit; mais je ne lui en ai pas donné de sujet. Il est vrai que je ne lui ai pas écrit depuis ma maladie, parce qu'étant encore à Paris, je ne pouvois presque écrire à personne, et depuis que je suis ici, je n'ai pas su par quelle voie lui écrire, aussi bien qu'à d'autres personnes qui peut-être m'en voudront mal. Je vous dis tout cela parce qu'il n'y a rien que je haïsse tant que d'être mal avec une personne comme lui, avec qui j'ai toujours été si bien. Si l'occasion s'en présente et qu'il vous parle de moi, dites-lui ces raisons, s'il vous plaît, et faites mes baisemains à ma cousine sa sœur. Je vous en prie de tout mon cœur. Vous savez combien je l'ai toujours honorée, et je l'honore toujours de même.

Après tout, il ne faut pas s'étonner si mon oncle Sconin s'est pas employé pour le faire venir, parce que vous savez bien la manière dont mon oncle du Chesne a vécu avec lui. Mais je n'en veux pas parler davantage. Ne montrez point ma lettre, et mandez-moi toutes choses comme elles se passent. C'est toute la prière que je vous fais, de m'écrire souvent et de vous souvenir de moi. N'oubliez pas aussi de faire vos recommandations à mon oncle quand vous m'écrirez. Je salue mon oncle Racine et ma cousine Cathau. Adieu, ma très-chère sœur.

Suscription : A Madame Madame Marie Racine, chez M. le Commissaire, à la Ferté-Milon.

XX.[1]

DE RACINE A M. VITART.

[A Usez,] du 17 janvier [1662.]

Je ne fais qu'arriver d'une lieue et demie d'ici, où j'étois allé promener; car il est impossible de demeurer longtemps dans la chambre par le beau temps qu'il fait en ce pays. Les plus beaux jours que vous donne le printemps ne valent pas ceux que l'hiver nous laisse, et jamais le mois de mai ne vous paroît si agréable, que l'est ici le mois de janvier.

> Le soleil est toujours riant,
> Depuis qu'il part de l'Orient
> Pour venir éclairer le monde,
> Jusqu'à ce que son char soit descendu dans l'onde.

1. Publiée par Louis Racine dans le recueil de 1747; revue par M. P. Mesnard sur une copie de Louis Racine communiquée par M. Aug. de Naurois.

> La vapeur des brouillards ne voile point les cieux ;
> Tous les matins, un vent officieux
> En écarte toutes les nues :
> Ainsi nos jours ne sont jamais couverts ;
> Et dans le plus fort des hivers,
> Nos campagnes sont revêtues
> De fleurs et d'arbres toujours verts.
>
> Les ruisseaux clairs et murmurants
> Ne grossissent point en torrents :
> Ils respectent toujours leurs rives,
> Et leurs nayades fugitives,
> Sans sortir de leur lit natal,
> Errent paisiblement, et ne sont point captives
> Sous une prison de cristal.
>
> Nos oiseaux ne sont point forcés,
> De se cacher ou de se taire,
> Et leurs becs n'étant pas glacés,
> Ils chantent à leur ordinaire,
> Et font l'amour en liberté
> Autant l'hiver comme l'été.
>
> Enfin, lorsque la nuit a déployé ses voiles,
> La lune, au visage changeant,
> Paroît sur un trône d'argent,
> Tenant cercle avec les étoiles :
> Le ciel est toujours clair tant que dure son cours,
> Et nous avons des nuits plus belles que vos jours.
>
> 24 janvier.

J'ai fait une assez longue pause en cet endroit, parce que, lorsque j'écrivois ces vers il y a huit jours, la chaleur de la poésie m'emporta si loin, que je ne m'aperçus pas que le temps se passoit et qu'il étoit trop tard pour porter mes lettres à l'ordinaire. Je recommence aujourd'hui, 24 de janvier, à vous écrire ; mais il est arrivé un assez plaisant changement ; car en lisant mes vers, je reconnois qu'il n'y en a pas un de vrai : il ne cesse de pleuvoir depuis trois jours, et l'on diroit que le temps a juré de me faire mentir. J'aurois autant de sujet de faire une description du mauvais temps, comme j'en ai fait une du beau; mais j'ai peur que je ne m'engage encore si avant, que je ne puisse achever cette lettre que dans huit jours, auquel temps peut-être le ciel se sera remis au beau : je n'aurois jamais fait. Cela m'apprend que cette maxime est fort vraie :

La vita al fin, il di loda la sera.[1]

Nous ne sommes qu'à quatre lieues de Marnas, et nous avons ici près un gentilhomme d'Avignon qui se fait fort d'être parent de M. de Luynes. Il s'appelle... Je viens de l'oublier : je vous le manderai une autre fois. C'est peut-être lui qui a profité de cette succession dont j'ai ouï parler autrefois; mais comme vous dites, il faut attendre que j'aie été à Avignon. J'irai ce carnaval. Je vous remercie de la peine que vous avez prise pour notre feu de joie. Messieurs d'Usez en sont fort glorieux et vous en remercient en corps. C'est bien la plus maudite ville du monde. Ils ne travaillent à autre chose qu'à se tuer tous tant qu'ils sont ou à se faire pendre les uns et les autres. Il y a toujours ici des commissaires : cela est cause que je n'y veux faire aucune connoissance, parce qu'en faisant un ami, je m'attirerois cent ennemis. Ce n'est pas qu'on ne m'en ait pressé plusieurs fois, et qu'on ne [me] soit venu solliciter, moi indigne, de venir dans les compagnies; car on a trouvé mon *ode* chez une dame de la ville, et on est venu me saluer comme auteur; mais tout cela ne sert de rien, *mens immota manet.*[2] Je n'aurois jamais cru être capable d'une si grande solitude,

---

1. « Pour louer la vie et la journée, attends la fin de l'une et le soir de l'autre » Pétrarque, *Rime*, parte I, canzone I, *Nel dolce tempo...*
2. « Mon âme reste inébranlable. » Virgile, *Énéide*, IV, 449.

et vous-même n'aviez jamais espéré cela de ma vertu.

Je passe tout le temps avec mon oncle, avec saint Thomas et avec Virgile; je fais force extraits de théologie, et quelques-uns de poésie : voilà comme je passe le temps, et ne m'ennuie pas, surtout quand j'ai reçu quelque lettre de vous : elle me sert de compagnie pendant deux jours.

Mon oncle a toute sorte de bons desseins pour moi; mais il n'en a point encore d'assuré, parce que les affaires du chapitre sont encore incertaines. J'attends toujours un démissoire. Cependant il m'a fait habiller de noir depuis les pieds jusqu'à la tête. La mode de ce pays est de porter un drap d'Espagne qui est fort beau, et qui coûte vingt-trois livres. Il m'en a fait faire un habit; j'ai maintenant la mine d'un des meilleurs bourgeois de la ville. Il attend toujours l'occasion de me pourvoir de quelque chose, et ce sera alors que je tâcherai de payer une partie de mes dettes si je puis; car je ne puis rien faire avant ce temps. Je me remets devant les yeux toutes les importunités que vous avez reçues de moi; j'en rougis à l'heure que je vous parle : *erubuit puer, salva res est.*[1] Mais mes affaires n'en vont pas mieux et cette sentence est bien fausse, si ce n'est que vous vouliez prendre cette rougeur pour reconnoissance de tout ce que je vous dois, dont je me souviendrai toute ma vie.

---

1. « L'enfant a rougi, tout est sauvé. » *Adelph.*, acte IV, scène v. Il y a dans Térence : *Erubuit, salva res est.*

XXI.[1]

DE RACINE A MADEMOISELLE VITART.

A Usez, le 24 janvier [1662.]

Ce billet n'est qu'une continuation de promesse et une nouvelle obligation. Je m'étois engagé l'autre jour de vous écrire une lettre raisonnable, et après quinze jours d'intervalle je suis si malheureux que de n'y pouvoir satisfaire encore aujourd'hui, et je suis obligé malgré moi de remettre à l'autre voyage. Mais toutes ces remises ne sont pour moi qu'un surcroît de dettes, dont il me sera fort difficile de m'acquitter; car vous vous attendez peut-être de recevoir quelque chose de beau, puisque je prends tant de temps pour m'y préparer. Vous me ferez charité de perdre cette opinion, et de vous attendre plutôt à être fort mal payée; car je vous ai déjà avertie que je suis devenu un très-mauvais payeur. Quand je n'étois pas si loin de vous, je vous payois assez bien, ou du moins je le pouvois faire; car vous me fournissiez assez libéralement de quoi m'acquitter envers vous. J'entends de paroles; car vous êtes trop riche, et moi trop pauvre pour vous pouvoir payer d'autre chose. Quoi qu'il en soit, cela veut dire

> Que j'ai perdu tout mon caquet,
> Moi qui savois fort bien écrire
> Et jaser comme un perroquet.

Mais quand je saurois encore jaser des mieux, il faut que je me taise à présent. Le messager va partir, et on m'ar-

[1]. L'autographe existe à la Bibliothèque nationale.

rache la plume des mains. Vous me permettrez donc de finir. Il ne faut pas faire attendre un messager de grande ville comme est Usez. Pardonnez donc, et attendez encore huit jours.

Suscription : A Mademoiselle Mademoiselle Vitart.

XXII.[1]

DE RACINE A MADEMOISELLE VITART.

A Usez, le 31 janvier 1662.

Que votre colère est charmante,
Belle et généreuse Amaranthe!
Qu'il vous sied bien d'être en courroux!
Si les Grâces jamais se mettoient en colère,
Le pourroient-elles faire
De meilleure grâce que vous?

Je confesse sincèrement
Que je vous avois offensée;
Et cette cruelle pensée
M'étoit un horrible tourment.
Mais depuis que vous-même en avez pris vengeance,
Un si glorieux châtiment
Me paroit une récompense.

Les reproches mêmes sont doux
Venant d'une bouche si chère;
Mais si je méritois d'être loué de vous,
Et que je fusse un jour capable de vous plaire,
Combien ferois-je de jaloux?

Je m'en vas donc faire tout mon possible pour venir à bout d'un si grand dessein. Je serai heureux si vous pouvez vous louer de moi avec autant de justice que vous

1. L'autographe existe à la Bibliothèque nationale.

vous en plaignez; et je ferois de mon côté un fort bel ouvrage si je savois dire vos vertus avec autant d'esprit que vous dites les miennes. Je ne vous accuserai point de me flatter : vous les représentez au naïf. S'il en est de même de la passion de Monsieur l'Abbé, je tiens qu'il n'est pas mal partagé. Et quand le portrait de Mlle Lucrèce auroit été fait par le plus habile peintre du monde, il ne sauroit sans doute égaler celui que vous faites d'un amoureux en sa personne.

>   Je me l'imagine en effet
>   Tout languissant et tout défait,
> Qui gémit et soupire aux pieds de cette image.
>   Il contemple son beau visage,
> Il admire ses mains, il adore ses yeux,
>   Il idolâtre tout l'ouvrage.
> Puis, comme si l'amour le rendoit furieux,
> Je l'entends s'écrier : « Que cette image est belle !
> Mais que la belle même est bien plus belle qu'elle !
>   Le peintre n'a bien imité
>   Que son insensibilité. »

Ainsi il ne faut pas s'étonner s'il a voulu donner une hydropique à M. d'Houy. Ce n'est pas qu'il ait aucune mauvaise volonté pour lui : il auroit grand tort. Mais il est si fortement possédé de l'idée de Mlle Lucrèce, que tout le reste des choses lui est entièrement indifférent. J'ai même de la peine à croire que vous ayez assez de puissance pour rompre ce charme, vous qui aviez accoutumé de le charmer lui-même autrefois, aussi bien que beaucoup d'autres. Ce n'est pas qu'il pourroit avoir eu une pensée qui l'obligeoit de procurer ce mariage. Il vouloit sans doute marier l'eau avec le vin, en mariant M. d'Houy à une hydropique. Mais je suis bien certain que M. d'Houy s'y sera fortement opposé; car, comme dit la chanson, ni le vin ni lui ne veulent point d'eau. Outre qu'il aime mieux soupirer toute sa vie auprès de vous [au] hasard d'en être quelquefois battu, et de faire tous les jours la prière.

On m'a mandé que ma tante Vitart étoit allée à Chevreuse pour Mlle Sellyer; mais je crois qu'elle n'y sera pas longtemps, et qu'elle sera bientôt nécessaire au faubourg Saint-Germain.[1] Elle ne manquera pas de pratique, s'il plaît à Dieu, et elle ne se reposera de longtemps si elle attend que vous vous reposiez toutes. Peut-être qu'autrefois je n'en aurois pas tant dit impunément, mais je suis à couvert des coups. Vous pouvez néanmoins vous adresser à mon lieutenant M. d'Houy : il ne tiendra pas cette qualité à déshonneur, puisqu'il a bien passé pour mon recors.

Vous m'avez mis en train, comme vous voyez, et vos lettres ont sur moi la force qu'avoit autrefois votre vue ; mais je suis encore obligé de finir plus tôt que je ne voudrois : j'ai quatre ou cinq lettres à écrire. Monsieur l'Abbé me mandoit un jour qu'il en avoit douze ou treize à faire, et qu'il n'avoit plus qu'une demi-heure de temps. Je crus en ce temps-là qu'il disoit vrai, et je le crois encore. Aussi j'espère que vous ne me refuserez pas la même grâce, et que vous me donnerez, en vertu de mes cinq lettres, la permission de finir et, en vertu de la soumission et du respect que j'ai pour vous, la permission de me dire votre passionné serviteur.

Vous m'excuserez si j'ai plus brouillé de papier à dire de méchantes choses, que vous n'en aviez employé à écrire les plus belles choses du monde.

Suscription : A Mademoiselle Mademoiselle Vitart, à Paris.

---

1. Mme Vitart (Claude des Moulins), d'après l'éditeur de 1807, exerçait les fonctions de sage-femme. Il est probable qu'elle le faisait par charité. Mlle Sellyer (femme de Pierre Sellyer, bailli de Chevreuse) était sa fille. Son ministère allait être bientôt nécessaire à Mlle Vitart, qui était enceinte.

XXIII.[1]

DE RACINE A L'ABBÉ LE VASSEUR.

A Uzès, le 3 février 1662.

Quoique vous ne soyez pas le plus diligent homme du monde quand il s'agit de répondre à une lettre, je m'assure que vous ne laisserez pas de vous formaliser beaucoup de ce que ma réponse ne vient que huit ou dix jours après votre lettre. Vous attribuerez sans doute ce retardement à un désir de vengeance : elle seroit juste après tout; mais je n'y ai pas pensé néanmoins. Je m'étois préparé à vous écrire les deux derniers voyages, et j'en ai été malheureusement détourné. Mais à quoi bon m'excuser pour un délai de huit jours? Vous ne faites pas tant de cérémonies quand vous avez été deux bons mois sans songer seulement si je suis au monde. C'est assez pour vous de dire froidement que vous avez perdu la moitié de votre esprit depuis que je ne suis plus en votre compagnie. Mais à d'autres! il faudroit que j'eusse perdu tout le mien si je recevois de telles galanteries en payement. Dieu merci, je sais à présent ce qui vous occupe si fort, et ce qui vous fait oublier de pauvres étrangers comme nous. *Amor non talia curat.*[2] Oui, c'est cela même qui vous occupe, et j'en sais des nouvelles.

Amor che solo i cor leggiadri invesca [3]

Et je ne m'étonne pas qu'un cœur si tendre que le vôtre,

---

1. L'autographe existe à la Bibliothèque nationale.
2. « L'amour ne s'occupe pas de pareilles choses. » Virgile, *Eglog.*, X, vers 28.
3. « L'amour qui seul charme les nobles cœurs. » Pétrarque, *Rime*, parte I, sonnet 131, *Come 'l candido piè.*

et si disposé à recevoir les douces impressions de l'amour, soit devenu amoureux d'une si charmante personne. Bien d'autres que vous auroient succombé à la tentation :

> Socrate s'y trouveroit pris,
> Et malgré sa philosophie,
> Il feroit ce qu'a fait Pâris,
> Et le feroit toute sa vie.

Vous l'aviez tous les jours devant vos yeux, et vous aviez tout le loisir de considérer ses belles qualités, *e le sue fattezze*,[1] comme disent les Italiens. Et ainsi, selon le passage que citoit hier notre prédicateur : *Mutuo conspectu mutui crescebant amores.*[2] Pour moi, loin d'y trouver à redire, je vous loue d'un si beau choix et d'aimer avec tant de discernement, s'il peut y avoir du discernement en amour. Il ne faut pas demander si c'est là l'espagnol qui vous tient ; l'amour est ce porteur d'eau dont vous aimez tant la compagnie, et qui vous apprend si bien à parler toutes sortes de langues : *Et mentem Venus ipsa dedit.*[3] Il ne me fait pas tant d'honneur, quoique j'aie assez besoin de compagnie en ce pays ; mais j'aime mieux être seul que d'avoir un hôte si dangereux. Ne m'accusez pas pour cela d'être un farouche et un insensible :

> Vous savez bien que les déesses
> Ne sont pas toutes des Vénus ;
> Et vous savez que les belles, non plus,
> Ne sont pas toutes des Lucrèces.

A propos de belles, j'avois déjà vu les vers du *Ballet des Saisons*,[4] et on me les avoit apportés lorsque j'étois

---

1. « Et ses belles formes. »
2. « Par une contemplation mutuelle, leur mutuel amour allait croissant. »
3. « Vénus elle-même vous a inspiré. »
4. Le *Ballet des Saisons*, dansé à Fontainebleau le 26 juillet 1661. Les

encore malade. Je suis ravi qu'il ne reste aucune apparence de blessure sur le beau front d'Angélique. Elle n'est pas la seule beauté qui ait souffert de si douloureuses aventures : *et Veneris violata est vulnere dextra*;[1] et peut-être bien que qui auroit considéré l'endroit où elle tomba, il y auroit vu naître des roses et des anémones pareilles à celles qui sortirent du sang de Vénus; mais il est trop tard pour y aller voir. Et quand il y seroit venu des roses, l'hiver les auroit fort maltraitées; elles auroient été plus en sûreté en ce pays, où nous voyons dès le mois de janvier

Schietti arboscelli e verdi frondi acerbe
Amorosette e pallide viole.[2]

On m'a assuré même qu'il y avoit un jardin tout plein de roses, mais de roses toutes fleuries, à une lieue d'ici, et cela ne passe pas même pour une rareté.

La nouvelle que vous me mandez sur la fin de votre lettre m'a d'abord surpris étrangement; mais je suis entré peu à peu dans vos sentiments, que cela n'étoit qu'un soulagement et un avantage pour M. Vitart. Je ne lui en ai rien témoigné pourtant, et je ne le ferai pas que je n'en sois informé de sa part ou de quelque autre que de vous. Mais que vous avez raison d'accuser l'autre d'une infidélité si noire ! Il est capable des plus lâches trahisons :

Ille horridus alter
Desidia, latamque trahens inglorius alvum[3].

vers sont de Benserade. Voyez les vers mis dans la bouche de Mlle de Montbazon (Anne de Rohan), qui devint quelques mois plus tard duchesse de Luynes.

1. « La main de Vénus elle-même ne fut-elle pas profanée par une blessure? » Comparez Virgile, *Énéide*, liv. XI, vers 272.

2. « De tendres arbustes, des feuillages verts, et d'amoureuses et pâles violettes. » Pétrarque, *Rime*, parte I, sonnet 128, *Lieti fiori...*

3. « L'autre est hideux dans sa paresse, traînant sans honneur son large ventre. » Virgile, *Géorgiques*, liv. IV, vers 93-94.

A votre avis, Virgile ne sait-il pas aussi bien faire le portrait d'un traître que d'un héros? Je n'ai pas peur que vous vous lassiez de voir tant de vers dans une seule lettre, *quoniam te amor nostri poetarum amantem reddidit.*[1] Pour vous, soit latin, soit espagnol, soit turc si vous le savez, écrivez-moi, je vous prie. Je suis confiné dans un pays qui a quelque chose de moins sociable que le Pont-Euxin : le sens commun y est rare, et la fidélité n'y est point du tout. On ne sait à qui se prendre. Il ne faut qu'un quart d'heure de conversation pour vous faire haïr un homme, tant les âmes de cette ville sont méchantes et intéressées : ce sont tous baillis. Aussi, quoiqu'ils me soient venus quérir cent fois pour aller en compagnie, je ne me suis point encore produit nulle part. Enfin il n'y a ici personne pour moi. *Non homo, sed littus, atque aer et solitudo mera.*[2] Jugez si vos lettres seroient bien reçues. Mais vous êtes attaché ailleurs.

Il cor preso ivi, come pesce a l'hamo.[3]

Adiousias : je salue tout le monde, et M. du May.

Suscription : A Monsieur Monsieur l'Abbé Le Vasseur.

---

1. « Puisque votre amour pour moi vous a fait aimer les poëtes. »
2. « Il n'y a point ici d'hommes pour moi ; c'est un rivage solitaire, c'est un asile sauvage, où je n'ai d'autre confident que l'air. » Cicéron, liv. I, *ad Atticum*, lettre 18.
3. « Le cœur est pris là comme un poisson à l'hameçon. » Pétrarque, *Rime, parte I*, sonnet 218, *In quel bel viso.*

XXIV.[1]

DE RACINE A L'ABBÉ LE VASSEUR.

[A Uzès, 21 mars 1662.]

.... Je dis à la françoise, car nous appelons ici la France tout le pays qui est au delà de la Loire; celui-ci passe comme une province étrangère. Aussi c'est à ce pays, ce me semble, que Furetière a laissé le galimatias en partage, en disant qu'il s'étoit relégué dans les pays de delà la Loire.[2] Cela n'empêche pas, comme je vous ai dit, qu'il n'y ait quelques esprits bien faits. Je n'explique pas non plus Cypassis, qui est digne de n'être fille de chambre que des déesses, *solas pectere digna Deas.* Je réserve à l'autre voyage de vous dire les sentiments qu'on a eus ici de l'*ode* de M. Perrault, et je vous dirai, pour finir par l'endroit qui m'a le plus réjoui de votre lettre, que je n'ai pas moins pris de part à la paix de votre famille que Monsieur le surintendant en prendroit au recouvrement de la bonne volonté du roi; et pour ne parler point par hyperbole, je vous assure que quand je serois réconcilié avec mon propre père si j'en avois encore un, je n'aurois pas été plus aise qu'en apprenant que vous étiez remis parfaitement avec M. Le Vass[eur], parce que je sais fort bien que vous vous en estimez parfaitement heureux. Adieu, Monsieur : je vous écrirai

---

1. Fragment autographe conservé à la Bibliothèque nationale.
2. Voyez la *Nouvelle allégorique, ou Histoire des derniers troubles arrivés au royaume d'Eloquence.* A Paris, chez Guillaume de Luynes, 1658 et 1659.

sans faute dans huit jours. Je vous prie aussi de vous souvenir de moi. M. Vitart m'a merveilleusement oublié. Vous ne l'imiterez pas, comme je crois.

Suscription : Monsieur Monsieur Le Vasseur.

XXV.[1]

DE RACINE A MADEMOISELLE VITART.

[A Uzès, mars 1662.]

.... Si vous vous offensez de cette façon de parler, vous en devez accuser le quolibet, qui ne s'est pas énoncé plus civilement. M. Vitart m'a mandé le retour de ma tante sa mère, et le succès de son voyage de Chevreuse, qui, pour vous dire vrai, m'a bien surpris. Je croyois qu'il se préparoit quelque chose de bien grand dans le château de Chevreuse : j'avois ouï autrefois toutes les grandes promesses de Monsieur le Bailly, et je croyois même que tout le monde étoit en haleine chez vous pour savoir ce qui en arriveroit, car depuis deux ou trois mois je n'ai pas reçu une lettre. Enfin je m'attendois qu'il sortiroit de ce château quelque géant, ou du moins un enfant aussi puissant que Joseph du Pin, et il n'est venu qu'une fille. Ce n'est pas qu'une fille soit peu de chose; mais M. Sellyer parloit bien plus haut que cela. Cela lui apprend à s'humilier ; car, voyez-vous? j'ai ouï dire à un bon prédicateur que Dieu changeroit plutôt un garçon en fille avant qu'il soit né, pour humilier un homme qui s'en fait accroire. Ce n'est

1. Fragment autographe conservé à la Bibliothèque nationale.

pas qu'il y ait eu du miracle en l'affaire de M. Sellyer, et je crois fort bonnement qu'il n'a eu que ce qu'il a fait.

Si je pouvois vous envoyer des roses nouvelles et des pois verts, je vous en envoyerois en abondance ; car nous en avons beaucoup ici. Le printemps est déjà fort avancé. Nous avons vu ici Mme de Luynes[1] dans le récit du *Ballet,* [2] et je ne doute point que vous ne l'y ayez vue paroître dans tout son éclat. Je crois que tout le monde se porte bien maintenant chez M. Le Mazier ; car mon cousin ne m'en mande plus de nouvelles, et j'aime mieux qu'il ne m'en mande point, que de m'en mander de fâcheuses. Je prendrai la liberté de les assurer tous ici de mes très-humbles obéissances, qui vous sont particulièrement dévouées, comme à la personne du monde que j'honore avec plus de passion.

Suscription : A Mademoiselle Mademoiselle Vitart, à Paris.

XXVI.[3]

DE RACINE A L'ABBÉ LE VASSEUR.

A Uzès, le 28 mars 1662.

Je ne veux pas manquer à la parole que je vous ai donnée de vous écrire aujourd'hui, mais aussi je ne vous entretiendrai pas longtemps. L'incertitude où je suis de la santé de M. l'Avocat fait que je ne sais de quelle façon

---

1. Anne de Rohan-Montbazon, seconde femme du duc de Luynes.
2. *Ballet royal d'Hercule amoureux,* dansé à Paris, 7 février 1662.
3. L'autographe existe à la Bibliothèque nationale.

vous parler ou comme à un homme triste, ou comme à un homme de bonne humeur ; et l'idée que j'ai toujours présente de la tristesse qui paroissoit dans votre dernière lettre m'empêche de vous en faire aucune qui soit tant soit peu enjouée. J'en ai reçu une de M. Vitart cette semaine, et je viens de lui écrire aussi. Il m'a envoyé une *Lettre* de M. de Luynes pour les Pairs, que nous avions déjà vue en ce pays, et je suis toujours des derniers à savoir les nouvelles, quoique j'aie une correspondance aussi bonne que la vôtre. On ne parle en cette ville que de la merveilleuse conduite du Roi, du grand ménage de Colbert, et du procès de M. Fouquet, qu'on dit avoir été interrogé par trois fois depuis peu de jours. Et cependant, vous qui êtes des premiers instruit des choses, ne m'en mandez rien du tout. Mais, pour vous dire le vrai, ce n'est pas cela qui m'inquiète : j'aime mieux que vous me mandiez de vos nouvelles particulières et de celles de nos connoissances. Vous serez le plus cruel homme du monde si vous ne m'en faites savoir au moins de M. l'Avocat, dans la maladie ou dans la santé duquel je m'intéresse sensiblement.

J'ai eu tout le loisir de lire l'*ode* de M. Perrault. Aussi l'ai-je relue plusieurs fois, et néanmoins j'ai eu bien de la peine à y reconnoître son style, et je ne croirois pas encore qu'elle fût de lui si vous et M. Vitart ne m'en assuriez. Il m'a semblé que je n'y trouvois point cette facilité naturelle qu'il avoit à s'exprimer ; je n'y ai point vu, ce me semble, aucune trace d'un esprit aussi net que le sien m'a toujours paru, et j'eusse gagé que cette ode avoit été taillée comme à coups de marteau par un homme qui n'avoit jamais fait que de méchants vers. Ç'a été le sentiment et les termes de quelques gens qui l'ont vue ici. Mais je crois que l'esprit de M. Perrault est toujours le même, et que le sujet seulement lui a manqué ; car, en effet, il y a longtemps que Cicéron a dit que c'étoit une matière bien stérile, que l'éloge d'un enfant en qui l'on ne peut louer que l'espérance ; et toutes ces espérances sont tellement vagues, qu'elles ne peuvent fournir de pensées solides. Mais je m'oublie ici, et je ne songe pas que je dis cela à un homme qui s'y entend mieux que moi. Vous me devez excuser de cette liberté que je prends. Je vous parle avec la même franchise que nous nous parlions dans votre cabinet ou le long des galeries de votre escalier, et si j'en juge mal et que mes pensées soient éloignées des vôtres, remettez cela sur la barbarie de ce pays et sur ma longue absence de Paris, qui, m'ayant séparé de vous, m'a peut-être entièrement privé de la bonne connoissance des choses.

Je vous dirai pourtant encore qu'il y a un endroit où j'ai reconnu M. Perrault : c'est lorsqu'il parle de Josué, et qu'il amène là l'Écriture sainte. Je lui dis une fois qu'il mettoit trop la *Bible* en jeu dans ses poésies ; mais il me dit qu'il la lisoit fort, et qu'il ne pouvoit s'empêcher d'en insérer quelque passage. Pour moi, je crus que la lecture en étoit fort bonne, mais que la citation étoit mieux séante à un prédicateur qu'à un poëte.

Vengez-vous, Monsieur, de toutes mes impertinences sur la pièce que je vous envoie. Ce n'est pas une pièce, ce semble, tout à fait nouvelle pour vous ; mais vous la trouverez pourtant toute nouvelle. Je l'avois mise en l'état qu'elle est huit jours devant ma maladie, et je l'avois même montrée à deux personnes seulement, dont l'un étoit fort grand poëte, et ils étoient tous deux amoureux du dessein et de la conduite de cette fable. Je vous la voulois donner, mais ma maladie survint, qui me fit perdre absolument toutes ces idées. Je n'y avois plus songé depuis ; mais il y a environ deux mois qu'en ayant dit quelques endroits à une personne de cette ville, il me conjura de lui dicter toute la pièce. Je le fis : il la montra à d'autres, et ils crurent qu'elle étoit fort belle. Je n'ose dire qu'elle l'est que vous ne me l'ayez mandé, et que vous ne m'en ayez envoyé l'approbation de Mlle Lucrèce et de quelques autres experts avec vous. Mais mandez-moi tout par le détail, ce que vous jugerez des Grâces, des Amours, et de la cour de Vénus qui y est dépeinte. Si le titre ne vous plaît, changez-le : ce n'est pas qu'il m'a paru le plus convenable. Si vous le donnez, ne dites point l'auteur : mon nom fait tort à tout ce que je fais. Mais montrez-moi en cette occasion ce que c'est qu'un ami, en me découvrant tout votre cœur. Je prends intérêt à cette pièce à cause qu'elle fut faite pour vous, et à cause de l'opinion que vous eûtes d'abord de ce dessein. Adieu : je salue tout le monde, et M. l'Avocat surtout. Si cette galanterie vous plaît, j'en pourrai faire d'autres : il y a assez de sujet en ce pays. Brûlez l'original, si vous l'avez encore, je vous en conjure.

Suscription : A Monsieur Monsieur l'abbé Le Vasseur.

XXVII.[1]

DE RACINE A L'ABBÉ LE VASSEUR.

A Uzès, le 30 avril 1662.

Je ne vous demandois pas des louanges quand je vous ai envoyé ce petit ouvrage des *Bains de Vénus;* mais je

---

1. L'autographe existe à la Bibliothèque nationale.

vous demandois votre sentiment au vrai, et celui de vos
amis. Cependant vous vous êtes contenté de dire, comme
ce flatteur d'Horace : *Pulchre, bene, recte ;* [1] et Horace dit
fort bien qu'on loue ainsi les méchants ouvrages, parce
qu'il y a tant de choses à reprendre, qu'on aime mieux
tout louer que d'examiner les beaux et les mauvais endroits. Vous m'avez traité de la sorte, Monsieur, et vous
me louez comme un vrai demi-auteur, qui a plus de bons
endroits que de mauvais. [2] Soyez un peu plus équitable,
je vous prie, ou plutôt ne soyez pas si paresseux ; car je
crois que c'est là ce qui vous tient. Vous auriez mille
bonnes choses à me dire ; mais vous avez peur de tirer
une lettre en longueur. Vous avez cent autres personnes
à satisfaire, tantôt le maître du luth, tantôt des chartreux,
tantôt des beaux esprits, et quelquefois aussi la belle Cypassis. N'êtes-vous pas admirable dans votre lettre sur le
sujet de cette Cypassis? Vous faites semblant de ne la
pas connoître, et vous m'allez jeter le chat aux jambes. [3]
Ce quolibet passera, mais pour n'y plus revenir. Je vous
en avois parlé en passant, sur ce que vous m'aviez mandé
que vous aviez lié quelque amitié avec une demoiselle
d'Angélique, et pour déguiser cette histoire j'avois pris
le nom de Cypassis, qui fut autrefois la demoiselle de
Corinne. Relisez ma lettre, si vous l'avez encore, et cela
vous sautera aux yeux. Mais n'en parlons plus, et croyez
au reste que, si j'avois reçu quelque blessure en ce
pays, je vous la découvrirois naïvement, et je ne pour-

---

1. « Beau, bien, parfait. »
2. Racine a écrit ainsi, mais il a voulu dire sans doute : « plus de mauvais endroits que de bons ».
3. C'est-à-dire : Vous cherchez à m'embarrasser, à me prendre en défaut.

rois pas même m'en empêcher. Vous savez que les blessures du cœur demandent toujours quelque confident à qui on puisse s'en plaindre, et si j'en avois une de cette nature, je ne m'en plaindrois jamais qu'à vous. Mais, Dieu merci, je suis libre encore, et si je quittois ce pays, je reporterois mon cœur aussi sain et aussi entier que je l'ai apporté. Je vous dirai pourtant une assez plaisante rencontre à ce sujet. Il y a ici une demoiselle fort bien faite et d'une taille fort avantageuse. Je ne l'avois guère vue que de cinq ou six pas, et je l'avois toujours treuvée fort belle. Son teint me paroissoit vif et éclatant, les yeux grands et d'un beau noir, la gorge et le reste de ce qui se découvre assez librement en ce pays, fort blanc. J'en avois toujours quelque idée assez tendre et assez approchante d'une inclination ; mais je ne la voyois qu'à l'église ; car, comme je vous ai mandé, je suis assez solitaire et plus que mon cousin ne me l'avoit recommandé. Enfin je voulus voir si je n'étois point trompé dans l'idée que j'avois d'elle, et j'en treuvai l'occasion fort honnête. Je m'approchai d'elle et lui parlai. Ce que je vous dis là m'est arrivé il n'y a pas un mois, et je n'avois point d'autre dessein que de voir quelle réponse elle me feroit. Je lui parlai donc indifféremment, mais sitôt que j'ouvris la bouche et que je l'envisageai, je pensai demeurer interdit. Je treuvai sur son visage de certaines bigarrures, comme si elle eût relevé de maladie, et cela me fit bien changer mes idées. Néanmoins je ne demeurai pas, et elle me répondit d'un air fort doux et fort obligeant ; et pour vous dire la vérité, il faut que je l'aie prise en quelqu'un de ces jours fâcheux et incommodes où le sexe est sujet ; car elle passe pour fort belle dans la ville, et je connois beaucoup de jeunes gens qui soupirent pour elle du fond de leur cœur ; elle passe même pour une des plus sages et des plus enjouées. Enfin je fus bien aise de cette rencontre, qui me servit du moins à me délivrer de quelque commencement d'inquiétude; car je m'étudie maintenant à vivre un peu plus raisonnablement, et à ne me laisser pas emporter à toute sorte d'objets. Je commence mon noviciat, mais je souhaiterois qu'on me le fît achever à Ouchie.[1] Je vois bien que vous êtes disposés, vous et mon cousin, à travailler pour moi de ce côté-là, et je passerai volontiers par-dessus toutes ces considérations d'habit noir et d'habit blanc qui m'inquiétoient autrefois, et dont vous me faisiez tous deux la guerre. Aussi il n'y a plus d'espérance en ces quartiers. On a reçu nouvelle aujourd'hui que l'accommodement étoit presque fait avec les Pères de Sainte-Geneviève. Ainsi je ne puis plus prétendre ici qu'à quelque chapelle de vingt ou vingt-cinq écus. Voyez si cela vaut la peine que je prends. Néanmoins je suis tout résolu de mener toujours le même train, et d'y demeurer jusqu'à ce que mon cousin m'en retire pour quelque meilleure espérance. Je gagnerai cela du moins que j'étudierai davantage, et que j'apprendrai à me contraindre, ce que je ne savois point du tout. Je vous prie de communiquer à mon cousin cette nouvelle, qui est certaine, et que Monsieur l'archev[êque] d'Arles a mandée aujourd'hui à Monsieur d'Usez; car ce sont eux deux qui ont fait ce beau dessein sans en parler à personne. Enfin, comme je mandois à M. Vitart, il semble que je gâte toutes les affaires où je suis intéressé. Je ne sais si mon malheur nuira encore à la négociation que mon cousin entreprend pour Ouchie. Quoi qu'il en soit, croyez que, s'il en vient à bout,

---

1. Oulchy ou Aulchy-le-Château, dans le Soissonnais.

urbem quam statuo, vestra est. Je pourrois être le seul titulaire ; mais nous serons bien quatre bénéficiers. Vous n'y serez point M. Thomas ; mais vous serez Monsieur l'Abbé ou Monsieur le Prieur ; car je crois que M. Vitart et M. Poignant vous en céderont bien facilement l'autorité. Écrivez-moi tout, je vous prie, et, fût-ce pour blâmer, ne soyez point du tout réservé. Conservez-moi quelque petite part dans les bonnes grâces de Mlle Lucrèce. Entretenez-moi auprès de M. l'Avocat, et soyez toujours le même à mon égard. L'été est fort avancé ici. Les roses sont tantôt passées, et les rossignols aussi. La moisson avance, et les grandes chaleurs se font sentir.

Suscription : A Monsieur, Monsieur l'abbé Le Vasseur, chez Mlle de La Croix, rue Galande, à Paris.

XXVIII.[1]

DE RACINE A MADEMOISELLE VITART.

A Uzès, le 15 mai 1662.

Encore n'avez-vous pas oublié mon nom : j'en avois bien peur pourtant, et je croyois être tout à fait disgracié auprès de vous, vu que, depuis plus de trois mois, vous n'avez pas donné la moindre marque que vous me connussiez seulement. Mais enfin Dieu a voulu que vous ayez écrit un dessus de lettre, et cela m'a un peu remis. Jugez quelle reconnoissance j'aurois pour une lettre tout entière ! Je ne sais pas ce qui me prive d'un si grand bien, et pour quelle raison votre bonne volonté s'est sitôt

---

1. L'autographe existe à la Bibliothèque nationale.

éteinte. Je fondois ma plus grande consolation sur les lettres que je pourrois quelquefois recevoir de vous, et une seule par mois auroit suffi pour me tenir toujours dans la meilleure humeur du monde; et dans cette belle humeur je vous aurois écrit mille belles choses. Les vers ne m'auroient rien coûté du tout, et vos lettres m'auroient inspiré un génie tout extraordinaire. C'est pourquoi, si je ne fais rien qui vaille, prenez-vous-en à vous-même, et croyez que je ne suis paresseux que parce que vous l'êtes toute la première : j'entends lorsqu'il s'agit d'écrire ; car en d'autres choses vous ne l'êtes pas, Dieu merci. Vous faites assez d'ouvrage, vous deux M. Vitart, et j'avois bien prédit que Mme Vitart treuveroit de l'occupation à son retour de Chevreuse. On m'a mandé que vous ne laisseriez pas pour cela de faire un tour à la Ferté, et que ce voyage qu'on médite depuis si longtemps s'accompliroit à la Pentecôte. J'enrage de n'y être pas, et vous n'en doutez pas, comme je crois, quoique vous ne vous en mettiez guère en peine, et peut-être ne songerez-vous pas une seule fois à la triste vie que je mène ici, pendant que toute votre compagnie se divertira fort à son aise. Il ne faut pas demander si Monsieur l'Abbé fait l'entendu à présent. Nous mènerons, dit-il, Mlle Vitart à la campagne avec M. et Mme Le Mazier. On voit bien que cela lui relève bien le cœur, et qu'il se prépare à passer les fêtes bien doucement. Je ne m'attends pas de les passer si à mon aise.

> J'irai parmi les oliviers,
> Les chênes verts et les figuiers,
> Chercher quelque remède à mon inquiétude :
> Je chercherai la solitude,
> Et, ne pouvant être avec vous,
> Les lieux les plus affreux me seront les plus doux.

Excusez si je ne vous écris pas davantage; car, en l'état où je suis, je ne vous saurois écrire que pour me plaindre de vous, et c'est un sujet qui ne vous plairoit pas peut-être. Donnez-moi lieu de vous remercier, et je m'étendrai plus volontiers sur cette matière. Aussi bien je ne vous demande pas des choses trop déraisonnables, ce me semble, en vous priant d'écrire une ou deux lignes par charité. Vous écrivez si bien et si facilement, quand vous le voulez. Il n'y a donc que la volonté qui vous manque, et tout iroit bien pour moi si vous me vouliez autant de bien que vous m'en pourriez faire : comme au contraire, je ne puis pas vous témoigner le respect que j'ai pour vous autant que je le voudrois bien.

Suscription : A Mademoiselle Mademoiselle Vitart, à Paris.

XXIX.[1]

DE RACINE A M. VITART.

A Uzés, le 16 mai 1662.

Vous aurez sans doute reçu mes lettres, qui étoient du même jour que votre dernière. Je vous suis infiniment obligé de la peine que vous avez prise de m'envoyer un démissoire. Je ne l'aurois jamais eu si je ne l'eusse reçu que de D. Cosme. Il y a deux mois qu'il ne nous a point écrit, ni à mon oncle ni à moi. Nous n'en savons pas le sujet, et nous ignorons tout de même à quoi en est le

---

[1]. L'autographe existe à la Bibliothèque nationale.

bénéfice d'Anjou. Mon oncle est tout prêt de vous l'abandonner, puisque aussi bien il n'en espère plus rien. Mais j'ai bien peur que D. Cosme ne veuille point lâcher les papiers qu'il a en main. Il n'y a que Blandin, le procureur, dont on puisse savoir l'état de l'affaire, et puis il ne faut qu'une lettre pitoyable de D. Cosme pour faire pitié à mon oncle, qui laissera perdre cette affaire entre ses mains. Comme la dernière fois qu'il m'écrivit, il me mandoit que son âme ne tenoit plus qu'à un filet, tant il avoit pris de peine, jugez si cela ne toucheroit pas son frère. Au reste, je vous prie très-humblement de m'acquitter d'un grand merci envers Monsieur le prieur de la Ferté et M. du Chesne. Je reconnois beaucoup la bonne volonté qu'ils ont tous deux témoignée pour moi. Si je savois où demeure M. du Chesne le fils, je lui écrirois; car je serois honteux de vous charger de tant de lettres. Je souhaite que votre second voyage de la Ferté vous soit aussi agréable que le premier, et qu'il me soit aussi utile, s'il ne peut pas l'être davantage. Je ne vous renouvelle point mes protestations d'être honnête homme et d'être reconnoissant : vous avez assez de bonté pour n'en douter plus. J'écris à M. Piolin, et je l'assure que sa dette lui est infaillible, mais qu'il me donne quelque temps pour le satisfaire; je l'entends néanmoins à raison d'une pistole par mois. Voici le mémoire de mes livres, que vous avez eu la bonté de me demander. J'ai reçu avant-hier une lettre de Monsieur l'Abbé, et je lui écrirai aujourd'hui. Il m'a mandé que Mlle Vitart étoit disposée d'aller à la Ferté, quelque empêchement que vous y ayez voulu mettre. Vous vous doutez bien quel est cet empêchement-là, et je m'en réjouis autant que du voyage même. Je tâcherai d'écrire cette après-dînée à ma tante Vitart et à ma tante la religieuse,[1] puisque vous vous en plaignez. Vous devez pourtant m'excuser si je ne l'ai pas fait, et elles aussi ; car que puis-je leur mander? C'est bien assez de faire ici l'hypocrite, sans le faire encore à Paris par lettres ; car j'appelle hypocrisie d'écrire des lettres où il ne faut parler que de dévotion, et ne faire autre chose que se recommander aux prières. Ce n'est pas que je n'en aie bon besoin ; mais je voudrois qu'on en fît pour moi sans être obligé d'en tant demander. Si Dieu veut que je sois prieur, j'en ferai pour les autres autant qu'on en aura fait pour moi.

Monsieur notre évêque est allé faire sa visite, et il attend bientôt Monsieur l'archev[êque] d'Arles, qui a mandé qu'on ne lui écrivît plus à Paris. Cela différera peut-être l'entière conclusion de leur accommodement ; mais c'est tout un, puisque la chose est faite, aux signatures près. Monsieur d'Usez treuvera plus d'obstacle qu'il ne pense. Il s'attend que le Prévôt et tout le monde signera son concordat, et il est fort trompé. Imaginez-vous si le Prévôt, qui a la collation de douze chanoinies de deux ou trois mille francs chacune, renoncera à ce droit-là pour complaire à Monsieur l'Évêque, dont il ne se soucie point du tout, à ce qu'on dit. Mais il ne reviendra de tout cela que des procès, et les réformés[2] feront rage.

On me vient voir ici fort souvent, et on tâche de me débaucher pour me mener en compagnie. Quoique j'aie la conscience fort tendre de ce côté-là, et que je n'aime pas à refuser, je me tiens pourtant sur la négative, et je

1. Agnès de Sainte-Thècle Racine.
2. Ceux des chanoines réguliers qui avaient embrassé la réforme établie dans cette congrégation par les soins du P. Faure, qui en fut le premier supérieur général. (*Édit.* 1807.)

ne sors point. Mon oncle m'en sait fort bon gré, et je m'en console avec mes livres. Comme on sait que je m'y plais, il y a bien des gens dans la ville qui m'en apportent tous les jours. Les uns m'en donnent des grecs, les autres d'espagnols, et de toutes les langues. Pour la composition, je ne puis m'y mettre. *Sic enim sum complexus otium ut ab eo divelli non queam. Itaque aut libris me delecto, quorum habeo festivam copiam, aut te cogito. A scribendo prorsus abhorret animus.*[1] Cicéron mandoit cela à Atticus; mais j'ai une raison particulière de ne point composer, qui est que je suis trop embarrassé du mauvais succès de mes affaires, et cette inquiétude sèche toutes les pensées de vers ou de galanterie que je pourrois avoir. Je ne sais même où j'en serois, n'étoit la confiance que j'ai en vous, puisque vous voulez bien que je l'aie. Je me réjouis que Mlle Manon soit si gaillarde, et je la voudrois bien voir en cet état, et je voudrois aussi voir ce beau garçon que vous avez fait depuis peu, aussi avancé qu'elle.[2]

J'espérois bientôt pouvoir écrire à ma tante Vitart; mais on m'a malheureusement détourné cette après-dînée, et je suis obligé de remettre cela au premier voyage. Je ne vous prie pas de vous souvenir de moi quand vous serez à Ouchie : vous y êtes assez porté; car vous serez toujours le plus généreux homme du monde, et je tâcherai de mon côté d'être parfaitement reconnoissant. Je salue

---

1. « Mais je me suis si bien livré à l'oisiveté, que je ne puis plus m'en arracher. Ainsi, tantôt je m'amuse avec mes livres, dont j'ai une assez grande quantité, tantôt je pense à vous; mais il m'est impossible de me mettre à écrire. » Cicéron, *ad Atticum*, liv. II, lettre 6.

2. C'est par manière de prophétie que Racine écrit ceci, l'enfant dont il parle ne devait naître qu'au mois d'octobre suivant; mais la prophétie se réalisa.

très-humblement toute votre famille et celle de M. Le Mazier. Je ne puis non plus écrire à ma mère,² et je remets cela au premier voyage.

XXX.²

DE RACINE A L'ABBÉ LE VASSEUR.

A Uzés, le 16 mai 1662.

Je vous écrivis par le dernier ordinaire,³ et ainsi ne faites pas tant valoir l'obligation que je vous ai de ce que vous m'avez écrit deux fois de suite; car, Dieu merci, aucune de vos lettres n'est demeurée sans réponse; et quand cela séroit arrivé cette fois-ci, je crois que je ne vous en devrois pas beaucoup de ce côté-là : vos lettres n'ont pas toujours suivi les miennes de si près. Après tout, je vous suis tout à fait obligé de toutes les nouvelles que vous m'avez mandées de la province qui est vers la Marne. Ce n'est pas que je sois si sot que de croire tout ce que vous dites à mon avantage. Vous me mettez sans doute en meilleure posture que je ne suis dans les esprits de ce pays-là. Quand je dis cela, je n'entends pas parler de M. Poignant; car après les marques qu'il a données de l'affection qu'il avoit pour moi, il ne me siéroit pas bien d'en douter. Vous m'en avez mandé des particularités trop assurées, et vous ne sauriez croire *con quanto contentamiento acabe de leer esta carta, y quantas vezes, en*

---

1. Sa grand'mère Mme Racine (Marie des Moulins).
2. L'autographe existe à la Bibliothèque nationale.
3. On n'a plus cette lettre.

aquella hora mesma, la bolvi a leer.[1] Je puis dire que ce témoignage de son amitié m'a touché plus que toutes les choses du monde. Vous croyez bien que ce n'étoit pas quelque intérêt bas qui me dominoit; mais cela m'a fait reconnoître qu'une belle amitié étoit en effet ce qu'il y avoit au monde de plus doux; et il me semble que cette connoissance que je suis aimé d'une personne me consoleroit dans toutes les plus cruelles disgrâces. Ce n'est pas que je souhaite le moins du monde qu'on en vienne à de si tristes effets, et je me flatte même que l'amitié que vous et M. Vitart avez pour moi, n'est pas moins forte que celle de M. Poignant,[2] parce que je sens bien en moi-même que je vous suis très-fortement attaché, et le quolibet m'assure de ce côté-là : *Si vis amari, ama.*[3] Je suis ravi que vous ayez fait une si belle connoissance avec lui, parce qu'il est bon que vous vous connoissiez l'un l'autre; et il n'en est pas des amis comme des maîtresses; car bien loin d'avoir la moindre jalousie, au contraire, ce m'est bien de la joie que vous soyez aussi bons amis l'un avec l'autre, comme je crois l'être avec vous deux.

Quoique je me plaise beaucoup de causer avec vous, je ne le puis pas faire néanmoins fort au long; car j'ai eu cette après-dînée une visite qui m'a fait perdre tout le temps que j'avois envie de vous donner. C'étoit un jeune homme de cette ville, fort bien fait, mais passionnément amoureux. Vous saurez qu'en ce pays-ci on ne voit guère

---

1. « Avec quel contentement j'achevai de lire cette lettre, et combien de fois, dans cette même heure, je recommençai à la lire. »

2. Poignant aimait beaucoup Racine et disait sans cesse qu'il lui laisserait tout son bien. Il le fit en effet son héritier. Mais à sa mort tout le bien se trouva mangé. Racine, par reconnaissance, acquitta les frais de la maladie et de l'enterrement. (*Édit.* 1807.)

3. « Si tu veux être aimé, aime. »

d'amours médiocres : toutes les passions y sont démesurées, et les esprits de cette ville, qui sont assez légers en d'autres choses, s'engagent plus fortement dans leurs inclinations qu'en aucun autre pays du monde. Cependant, ôtez trois ou quatre personnes qui sont belles assurément, on n'y voit presque que des beautés fort communes. La sienne est des premières, et il me l'a montrée tantôt à une fenêtre, comme nous revenions de la procession, car elle est huguenote et nous n'avons point de belle catholique. Il m'en est donc venu parler fort au long, et m'a montré des lettres, des discours, et même des vers, sans quoi ils croient que l'amour ne sauroit aller. Cependant j'aimerois mieux faire l'amour en bonne prose, que de le faire en méchants vers; mais ils ne peuvent s'y résoudre, et ils veulent être poëtes, à quelque prix que ce soit. Pour mon malheur, ils croient que j'en suis un, et ils me font juge de tous leurs ouvrages. Vous pouvez croire que je n'ai pas peu à souffrir; car le moyen d'avoir les oreilles battues de tant de méchantes choses, et d'être obligé de dire qu'elles sont bonnes? Encore je suis si heureux que j'ai un peu appris à me contraindre et à faire beaucoup de révérences et de compliments à la mode de ce pays-ci. Voilà donc à quoi mon après-dînée s'est passée. Il m'a mené à une de ses métairies proche d'ici; il m'y a fait goûter des premières cerises de cette année; car quoique nous en ayons depuis huit jours, je n'y avois pourtant pas songé encore; car c'est de bonne heure comme vous voyez. Mais tout est étrangement avancé en ce pays, et on fera la moisson devant un mois. Pour revenir à mon aventure, j'étois en danger de revenir plus tard; mais le ciel s'est heureusement couvert, et nous avons ouï des coups de tonnerre qui nous ont fait songer à éviter la pluie, et à revenir chez nous. Je n'ai eu temps, depuis cela, que de vous faire cette lettre et d'écrire deux mots à Mlle Vitart. Adieu donc : faites votre voyage de la Pentecôte aussi heureusement que celui de Pâques, et gardez-moi la même fidélité à m'en faire le récit. Je salue M. l'Avocat, et je vous prie d'assurer de mes respects Mlle Lucrèce, dont je trouve fort étrange que vous ne me parliez plus du tout, comme si je ne méritois pas d'en ouïr parler. Croyez que je la révère infiniment, et ménagez-moi toujours quelque petite place dans son souvenir. Soyez-moi encore fidèle de ce côté-là, et je vous garderai fidélité entière dans toutes les occasions qui pourroient jamais arriver, et, comme dit l'espagnol, *antes muerto que mudado*[1].

Suscription : A Monsieur Monsieur l'abbé Le Vasseur, à Paris.

XXXI.[2]

DE RACINE A M. VITART.

A Uzés, le 30 mai 1662.

Je crois que cette lettre vous trouvera de retour, si vous avez été à la Ferté; je ne la ferai pas bien longue, parce que je n'ai qu'un moment de loisir. Nous nous préparons à traiter Monsieur d'Usez après demain au matin, parce qu'il doit faire sa visite à un bénéfice qui dépend de la sacristie, et qui appartient par conséquent à mon oncle. C'est là où il a bâti un fort beau logis assurément,

---

1. « Plus tôt mort que changé. »
2. L'autographe existe à la Bibliothèque nationale.

et il veut traiter son évêque avec grand appareil. Il est allé cet après-dînée à Avignon, pour acheter ce qu'on ne pourroit treuver ici, et il m'a laissé la charge de pourvoir cependant à toutes choses. J'ai de fort beaux emplois, comme vous voyez, en ce pays-ci, et je sais quelque chose de plus que manger ma soupe, puisque je la sais bien faire apprêter. J'ai appris ce qu'il faut donner au premier, au second et au troisième service, les entremets qu'il y faut mêler, et encore quelque chose de plus ; car nous prétendons faire un festin à quatre services, sans compter le dessert. J'ai la tête si remplie de toutes ces belles choses-là, que je vous en pourrois faire un long entretien ; mais c'est une matière trop creuse sur le papier, outre que, n'étant pas tout à fait bien confirmé dans cette science, je pourrois bien faire quelque pas de clerc, si j'en parlois encore longtemps.

Je ne vous prie plus de m'envoyer des *Lettres provinciales :* on nous les a prêtées ici ; elles étoient entre les mains d'un officier de cette ville, qui est de la religion. Elles sont peu connues, mais beaucoup estimées de ceux qui les connoissent. Tous les autres écrits de cette nature sont venus pour la plupart en ce pays, jusques aux *Nouvelles méthodes*.[1] Tout le monde a les *Plaidoyers* de M. Le Maistre. Enfin on est plus curieux que je ne croyois pas. Ce ne sont pourtant que des huguenots ; car pour les catholiques, ôtez un ou deux de ma connoissance, ils sont dominés par les jésuites. Nos moines sont plus sots que pas un, et, qui plus est, de sots ignorants, car ils n'étudient point du tout. Aussi je ne les vois jamais, et j'ai conçu une certaine horreur pour cette vie fainéante de

---

1. De Lancelot.

moines, que je ne pourrois pas bien dissimuler. Pour le P. Sconin, il est, sans mentir, fort sage et fort habile homme, peu moine et grand théologien. Nous avons ici le P. Meynier, jésuite, qui passe pour un fort grand homme. On parle de lui dans la *Seizième lettre au provincial.* Il n'a pas mieux réussi à écrire contre les huguenots que contre M. Arnaud. Il y avoit ici un ministre assez habile qui le traita fort mal. M. le prince de Conti[1] se fie à lui, à ce qu'on dit, et il lui a donné charge d'examiner tous les prêches qui seroient depuis l'édit de Nantes, afin qu'on les démolît. Le P. Meynier a fait donner indiscrètement assignation à trois prêches de ce quartier ; et on nous dit hier que les commissaires avoient été obligés de donner arrêt de confirmation en faveur de ces prêches. Cela fait grand tort au P. Meynier et aux commissaires. Je vous conte tout cela, parce qu'on ne parle d'autre chose en cette ville. Il y a un évêque de cette province que les jésuites ne peuvent souffrir : c'est Monsieur d'Aleth,[2] que vous connoissez assez de réputation. Il est adoré dans le Languedoc, et Monsieur le Prince va faire toutes ses Pâques chez lui.

Je vous dirai une autre petite histoire, qui n'est pas si importante ; mais elle est assez étrange. Une jeune fille d'Usez, qui logeoit assez près de chez nous, s'empoisonna hier elle-même et prit une grosse poignée d'arsenic, pour se venger de son père, qui l'avoit querellée fort rudement. Elle eut le temps de se confesser, et ne mourut que deux heures après. On croyoit qu'elle étoit grosse, et que la honte l'avait portée à cette furieuse résolution.

---

1. Armand de Bourbon, prince de Conti, frère du grand Condé et de la duchesse de Longueville, était depuis un an gouverneur du Languedoc.
2. Nicolas Pavillon.

Mais on l'ouvrit tout entière, et jamais fille ne fut plus fille. Telle est l'humeur des gens de ce pays-ci, et ils portent les passions au dernier excès.

Je crois que vous aurez la bonté de me mander quelque chose de votre voyage, qui se sera sans doute passé encore plus doucement que le premier, puisque la compagnie devoit être si belle. Je ne sais si vous y aurez vu M. Sconin; il nous écrivit avant-hier de Paris. Dans ma lettre, il se plaignoit fort de vous et de M. du Chesne. Je dissimule tout cela à cause de son frère; mais s'il continue davantage sur cette matière, je ne pourrai pas toujours me tenir, et j'éclaterai. Ne lui en témoignez pourtant rien, je vous prie : cela est infiniment au-dessous de vous. Je salue très-humblement Mlle Vitart. J'écrirai, un autre voyage, à Monsieur l'Abbé; je suis trop occupé aujourd'hui.

> Je suis fort serviteur de la belle Manon
> Et de la petite Nanon,
> Car je crois que c'est là le nom
> Dont on nomma votre seconde;
> Et je salue aussi ce beau petit mignon
> Qui va bientôt venir au monde.

Suscription : A Monsieur Monsieur Vitart, à Paris.

XXXII.[1]

DE RACINE A M. VITART.

A Uzés, le 13 juin 1662.

Quoique je vous aie écrit par le dernier ordinaire, toutes vos lettres me sont trop précieuses pour en laisser

---

1. L'autographe existe à la Bibliothèque nationale.

une seule sans réponse. Croyez que c'est le plus grand soulagement que je reçoive en ce pays-ci, parmi tous les sujets de chagrin que j'y ai. Mon oncle est encore malade, et cela me touche sensiblement ; car je vois que ses maladies ne viennent que d'inquiétude et d'accablement : il a mille affaires, toutes embarrassantes ; il a payé plus de trente mille livres de dettes, depuis que je suis ici, et il s'en découvre tous les jours de nouvelles : vous diriez que nos moines avoient pris plaisir à se ruiner, tant ils sont endettés. Cependant, quoique mon oncle se tue pour eux, il reconnoît de plus en plus la mauvaise volonté qu'ils ont pour lui : il en reçoit tous les jours des avis, et avec tout cela il faut qu'il dissimule tout. Il traita splendidement Monsieur d'Usez la semaine passée, et Monsieur d'Usez témoigne toute sorte de confiance en lui ; mais il n'en attend rien. Il[1] a des gens affamés à qui il donne tout. Mon oncle est si lassé de tout cet embarras-là, qu'il me pressa beaucoup avant-hier pour recevoir son bénéfice par résignation. Cela me fit trembler, voyant l'état où sont les affaires, et je lui sus si bien représenter ce que c'étoit que de s'engager dans des procès, et au bout du compte demeurer moine sans titre et sans liberté, que lui-même est tout le premier à m'en détourner, outre que je n'ai pas l'âge, parce qu'il faut être prêtre ; car quoiqu'une dispense soit aisée, ce seroit nouvelle matière de procès ; et je serois traité de Turc à More par les réformés.[2] Enfin il en vint jusque-là qu'il voudroit trouver un bénéficier séculier qui voulût de son bénéfice à condition de me résigner celui qu'il auroit ; mais il est difficile qu'on en

---

1. Il (l'évêque).
2. Voyez page 371, note 2.

trouve. Vous voyez par là si je l'ai gagné, et s'il a de la bonne volonté pour moi. Il est résolu de me mener un de ces jours à Nîmes ou à Avignon, pour me faire tonsurer, afin qu'en tout cas, s'il vient quelque chapelle il la puisse impétrer; car dès que les réformés seront rétablis, vous êtes assuré qu'ils ne me verront pas volontiers avec lui; et son bénéfice se treuve malheureusement engagé pour trois ans, si bien qu'il n'en peut jouir, car il l'a engagé lui-même pour donner exemple aux autres. S'il venoit à vaquer quelque petite chose dans votre détroit, souvenez-vous de moi, sauf les droits de Monsieur l'Abbé, que je consens de bon cœur que vous préfériez aux miens. Je crois qu'on n'en murmureroit pas à P. R., puisqu'on voit bien que je suis ici dévoué à l'Église. Mon oncle est résolu d'écrire à son frère qu'il remette entre vos mains l'affaire d'Anjou; mais j'y prévois bien de la répugnance de la part de D. Cosme. Je voudrois savoir auparavant votre sentiment là-dessus. Il vous aura peut-être dépeint l'affaire plus difficile qu'elle n'est. Cependant croyez que l'aumônier de Monsieur d'Usez l'a consultée[1] à Paris, et que M. Couturier lui dit que c'étoit une bagatelle. Les provisions de mon oncle sont onze ou douze jours en date devant celles que sa partie a eues en cour de Rome. L'affaire étoit incontestable, et on ne l'a disputée que sur ce que, dans la copie des provisions, on avoit mis simplement *testibus nominatis*, sans y ajouter *signatis*. Cependant il est dans l'original, et j'en ai envoyé moi-même une autre copie collationnée par-devant notaire; et M. Couturier même prétendoit que quand cela auroit été oublié, il suffit que le collateur ait signé lui-même. Ce que M. Sconin nous

---

1. C'est-à-dire a pris conseil sur l'affaire.

oppose, c'est qu'il dit que toute la famille de Bernay sollicite contre nous. Je n'en sais rien; mais en tout cas vous connoissez ces Messieurs-là. Et par un admirable raisonnement, il me mandoit, il y a huit jours, que les blés sont gâtés en Anjou pour trois ans, et qu'il valoit mieux qu'il tirât son argent, et qu'il laissât le bénéfice. Au contraire, il me semble que les autres seront plus aises de s'accommoder, puisqu'ils n'ont rien à prendre de trois ans; et ils avoient déjà fait l'an passé porter parole qu'on les remboursât des frais, et qu'ils désisteroient.[1] Mais D. Cosme, à ce qu'il dit, fut bien fin, car il leur dit : « Remboursez-moi, et je vous laisse le titre. » Son frère est assez scandalisé de cette conduite. Excusez si je vous importune tant : vous y êtes assez accoutumé.

Je ne saurois écrire à personne aujourd'hui, j'ai l'esprit trop embarrassé, et je suis en état de ne parler que de procès. Cela scandaliseroit peut-être ceux à qui j'ai accoutumé d'écrire. Tout le monde n'a pas la patience que vous avez pour souffrir toutes mes folies : outre que mon oncle est au lit, et je lui suis fort assidu. Il vous baise les mains de tout son cœur, et vous remettroit tous ses intérêts plus sûrement et plus volontiers qu'entre les mains de son frère. Il est tout à fait bon, je vous assure, et je crois que c'est le seul de sa famille qui a l'âme tendre et généreuse; car ce sont tous de francs rustes[2], ôtez le père qui en tient pourtant sa part. Je n'en dirai pas tant n'étoit la colère où je suis du vilain tour qu'ils vous ont joué. Je n'en ai encore osé parler à mon oncle : cela viendra dans son temps. Acquittez-moi envers Mlle Vitart et toute

---

1. *Désister* était employé pour *se désister*.
2. Racine écrit *rustes* et non *rustres*.

votre famille et la sienne. Je lui écrirai, et à Monsieur l'Abbé, lorsque j'aurai quelque intervalle un peu plus enjoué. J'écrirai en même temps à ma mère : je vois bien qu'elle est tout à fait inquiétée de la pièce qu'on vous a faite à mon sujet ; j'en suis au désespoir sitôt que j'y songe ; et je vous puis protester que je ne suis pas ardent pour les bénéfices, mais que je n'en souhaite que pour payer au moins quelque méchante partie de tout ce que je vous dois. Je meurs d'envie de voir vos deux infantes ; et je salue M. Houy de tout mon cœur.

XXXIII.[1]

DE RACINE A M. VITART.

A Uzés, le 13 juin 1662.

J'attends avec empressement des nouvelles de votre voyage, et votre absence de Paris m'ennuie déjà autant que si j'étois à Paris même, à cause que je n'ai point reçu de vos lettres depuis que vous en êtes sorti. J'écrivis la semaine passée à D. Cosme pour le disposer à vous abandonner le bénéfice, ou à quelqu'un de vos amis qui lui fût moins suspect, puisqu'il a pour vous des sentiments si injustes ; et mon oncle approuva ma lettre par une apostille ; car il a tout de bon envie de me le donner, et m'a dit même de traiter avec l'aumônier de Monsieur d'Usez, qui a grande envie sur ce bénéfice, pour voir s'il me voudroit donner en échange un prieuré simple de cent écus qu'il a en ce pays. Je ne lui en ai point parlé,

---

1. L'autographe existe à la Bibliothèque nationale.

et j'attends de vos nouvelles. Il seroit fort disposé à cet échange pourvu que le bénéfice lui fût assuré; car il ira l'hiver prochain à Paris avec son maître, et ce bénéfice seroit fort à sa bienséance, parce que le fermier est le même [à] qui son maître a arrenté Saint-George. Mais il seroit du moins autant à ma bienséance qu'à la sienne, si vous pouviez être assuré du succès de l'affaire; car je n'aurois pas grande inclination de faire séjour en ce pays-ci. Conseillez-moi donc, et je verrai après en quelle disposition il sera. Il me parle toujours du bénéfice de mon oncle, et il enrage de l'avoir. Mais la méchante condition que d'avoir affaire à D. Cosme! Je crois que cet homme-là est né pour ruiner toutes mes affaires.

Je souhaite que vous ayez une aussi belle récolte à vos deux fermes, que nous avons en ce pays-ci. La moisson est déjà fort avancée, et elle se fait fort plaisamment ici au prix de la coutume de France; car on lie les gerbes à mesure qu'on les coupe; on ne laisse point sécher le blé sur la terre, car il n'est déjà que trop sec, et dès le même jour on le porte à l'aire où on le bat aussitôt. Ainsi le blé est aussitôt coupé, lié et battu. Vous verriez un tas de moissonneurs, rôtis du soleil, qui travaillent comme des démons, et quand ils sont hors d'haleine, il[s] se jette[nt] à terre au soleil même, dorment un *miserere* et se relèvent aussitôt. Pour moi, je ne vois cela que de nos fenêtres, car je ne pourrois pas être un moment dehors sans mourir : l'air est à peu près aussi chaud qu'un four allumé, et cette chaleur continue autant la nuit que le jour; enfin il faudroit se résoudre à fondre comme du beurre, n'étoit un petit vent frais qui a la charité de souffler de temps en temps; et pour m'achever, je suis tout le jour étourdi d'une infinité de cigales qui ne font que chanter de tous côtés, mais d'un chant le plus perçant et le plus importun du monde. Si j'avois autant d'autorité sur elles qu'en avoit le bon saint François, je ne leur dirois pas, comme il faisoit : « Chantez, ma sœur la cigale [1] », mais je les prierois bien fort de s'en aller faire un tour jusqu'à Paris ou à la Ferté, si vous y êtes encore, pour vous faire part d'une si belle harmonie.

Monsieur notre évêque ne se découvre encore à personne sur le beau projet de réforme qu'il a fait faire à Paris, et, pour vous dire ce qu'on en pense ici, il est plus irrésolu que jamais. Il appréhende furieusement d'aliéner tous les esprits de cette province. Sur le simple bruit qui courut que l'affaire étoit conclue, il se voit déjà désert, à ce qu'on dit, et cela le fâche; car il ne hait pas de voir le monde chez [lui], mais il reconnoît bien déjà qu'on ne fait la cour en ce pays-ci qu'à ceux dont on attend du bien. Il en a témoigné son étonnement il y a quelques jours, et ce n'est rien encore pourtant; car s'il établit une fois la réforme, on dit qu'il sera abandonné même de ses valets. Chacun avoit de belles prétentions

---

1. Cette histoire de saint François d'Assise et de la cigale se lit au folio XXXI de la *Légende* de saint François, imprimée en 1509 par Philippe Junta (in-8°) sous ce titre : *Aurea Legenda major beati Francisci, composita per sanctum Bonaventuram.* Voici le passage : *Apud sanctam Mariam de Portiuncula, juxta cellam viri Dei super ficum cicada residens et decantans, quum servum Domini qui etiam in parvis rebus magnificentiam Creatoris admirari didicerat, ad divinas laudes cantu suo frequentius excitaret, ab eodem quadam die vocata, velut edocta cœlitus, super manum volavit ipsius. Cui quum dixisset : « Canta, soror mea cicada, et Dominum creatorem tuo jubilo lauda; » sine mora obediens canere cœpit, nec destitit donec jussu Patris ad locum proprium revolavit. Mansit autem per octo dies ibidem, quolibet die veniendo..., ejus jussa perficiens. Tandem vir Dei ait ad socios : « Demus jam sorori nostræ cicadæ licentiam; satis nimirum nos suo cantu lœtificans ad laudes Dei octo dierum spatio excitavit. » Et statim ab eo licentiata recessit; nec ultra ibidem apparuit, ac si mandatum ipsius non auderet aliquatenus præterire.* (P. M.)

sur ce chapitre. Le mal est qu'on lui impute d'aimer beaucoup à dominer, et qu'il aime mieux avoir dans son Église des moines dont il prétend disposer, quoique peut-être il se trompe, que non pas des chanoines séculiers qui le portent un peu plus haut. Cependant ceux qui font les politiques en ces sortes d'affaires disent que les particuliers sont plus maniables qu'une communauté, et les moines n'ont pas toute sorte de déférence pour les évêques. Avant-hier, il arriva une chose par où il montra bien qu'il avoit envie d'être le maître. Nous avons un religieux qu'on dit être un janséniste couvert. Je connois le bon homme, et je puis dire, sans le flatter, qu'il ne sait pas encore seulement l'état de la question. Son sous-prieur le déféra à Monsieur l'Évêque, lequel appela mon oncle, et lui dit, avec beaucoup d'empressement, qu'il vouloit l'interroger, et en être le juge seul sans que le Prévôt ni le chapitre s'en mêlât. Mon oncle lui dit froidement qu'il l'interrogeât, mais que ce bon religieux ne savoit pas seulement, comme je vous ai dit, ce que c'étoit du jansénisme. Voilà toutes les nouvelles que je vous puis mander : il ne se passe rien de plus mémorable en ce pays-ci. Le blé est enchéri, quelque belle que soit la récolte, à cause qu'on en transporte en vos quartiers. Le beau blé qui ne valoit que quinze livres, en vaut vingt et une livres la salmée. On l'appelle ainsi, et cette mesure contient environ dix minots ou dix pichets, ou un peu plus. Pour le vin, on ne saura du tout qu'en faire. Le meilleur, c'est-à-dire le meilleur du royaume, se vend deux carolus le pot, mesure de Saint-Denis. J'aurai de quoi boire à votre santé à bon marché ; mais j'aimerois mieux l'aller boire là-bas avec du vin de la montagne de Reims.

Je baise très-humblement les mains à Mlle Vitart, à vos deux mignonnes, et universellement à toute la famille. Je m'avise toujours un peu tard d'écrire : cela est cause que je ne saurois presque écrire qu'à vous. J'ai pourtant écrit [à] ma mère, et je remets Monsieur l'Abbé à jeudi prochain ; il lui en coûtera un port de lettre de ce retardement, car je ne pourrai pas vous l'adresser comme les autres fois. Je voudrois qu'il m'en fît coûter plus souvent qu'il ne fait pas : il est grand ménager de ses lettres et de la bourse de mon oncle. Je suis tout à lui, et uniquement à vous.

Suscription : A Monsieur Monsieur Vitart, à Paris.

XXXIV.[1]

DE RACINE A L'ABBÉ LE VASSEUR.

A Uzés, le 4 juillet 1662.

Que vous tenez bien votre gravité espagnole ! Il paroît bien qu'en apprenant cette langue, vous avez pris un peu de l'humeur de la nation. Vous n'allez plus qu'à pas comptés, et vous écrivez une lettre en trois mois. Je ne vous ferai pas davantage de reproches, quoique j'eusse bien résolu ce matin de vous en accabler. J'avois étudié tout ce qu'il y a de plus rude et de plus injurieux dans les cinq langues que vous me donnez ; mais votre lettre est venue à midi, qui m'a fait perdre la moitié de ma colère. N'êtes-vous pas fort plaisant avec vos cinq langues ? Vous voudriez justement que mes lettres fussent des Calepins[2], et encore des lettres galantes. Je vous treuve,

---

1. L'autographe existe à la Bibliothèque nationale.
2. On appelait ainsi les dictionnaires en plusieurs langues.

sans mentir, de fort belle humeur. Il y a assez de pédants au monde sans que j'en augmente le nombre. Si Mlle Lucrèce a besoin de maîtres en ces cinq langues, j'en ai vu souvent trois ou quatre autour de vous. Donnez-lui celui-là qui avoit tant à démêler avec M. Lancelot : c'étoit une assez bonne figure. Aussi bien ne croyez pas que ma bibliothèque soit fort grosse en ce pays-ci : le nombre de mes livres est fort borné; encore ne sont-ce pas des livres à conter fleurettes : ce sont des sommes de théologie latines, méditations espagnoles, histoires italiennes, Pères grecs, et pas un françois. Voyez où je pourrois trouver quelque chose de revenant à Mlle Lucrèce. Tout ce que je pourrai faire sera de lui donner de mon françois, tel qu'il pourra être. Aussi bien il y a longtemps que j'avois envie de lui écrire, mais vous me mandiez toujours qu'elle étoit à la campagne, et je croyois que cela vouloit dire que vous n'aviez rien de bon à me dire de sa part et qu'elle me donnoit mon congé. Je n'avois pas envie de le prendre pour cela, et j'étois trop attaché à l'idée que j'ai toujours d'elle pour n'y plus songer. Croyez que vous m'avez mis bien au large par cette proposition que vous me faites, et que, si Dieu m'assiste, je lui ferai de belles et grandes lettres. Ce ne sera pas encore d'aujourd'hui; car j'ai reçu votre lettre trop tard. Cependant entretenez-la bien dans cette humeur de souffrir de mes lettres : car j'ai bien peur qu'elle ne retourne à la campagne, c'est-à-dire qu'elle ne me laisse là, sitôt qu'elle en aura vu une. *Porque mis razones no deven ser manjar para tan subtil entendimiento como el suyo.*[1] Donnez-lui toujours ce passage en attendant, et assurez-la de tous mes respects.

---

1. « Parce que mes raisonnements ne doivent pas être un aliment suffisant pour un esprit aussi pénétrant que le sien. »

Je savois déjà depuis longtemps que M. Poignant n'aimoit pas à écrire beaucoup, et lorsque je lui ai écrit, c'étoit sans espérance de réponse ; et c'est dans cette pensée que je lui écrirai toujours, quand j'aurai quelque chose de bon à lui mander.

M. de La Fontaine m'a écrit et me mande force nouvelles de poésies, et surtout de pièces de théâtre. Je m'étonne que vous ne m'en disiez pas un mot. N'est-ce point que ce charme étrange qui vous empêchoit d'écrire, vous empêchoit aussi d'aller à la comédie ? Quoi qu'il en soit, il me portoit à faire des vers. Je lui récris aujourd'hui et j'envoie sa lettre[1] décachetée à M. Vitart. S'il en fait retirer copie, ayez soin, je vous prie, que la lettre ne soit point souillonnée, et qu'on ne la retienne pas longtemps. Mandez-moi surtout ce qui vous en semble, et ne me payez pas d'exclamations : autrement je ne vous enverrai jamais rien. Je ne suis point content de ce que vous avez ainsi traité mes *Bains de Vénus*. Croyez-vous que je les envoyasse seulement pour vous divertir un quart d'heure ? Je prétends que vous me payiez[2] en raisons. Vous en avez tant de bonnes pour vous justifier d'un silence de trois mois. Faites des vers un peu pour voir, et vous verrez si je ne vous en manderai pas au long tout ce que j'en pourrai dire. Au moins ayez la bonté de donner ces *Bains* à quelqu'un pour les copier, afin que mon cousin les envoie à M. de La Fontaine.

Il ne se passe rien de nouveau en ce pays, et je ne vois pas que mes affaires s'y avancent beaucoup. Cela me fait désespérer. Je ne sais si M. Vitart ne songe plus du côté d'Ouchie.

1. La lettre que je lui écris, c'est-à-dire ma réponse.
2. Il y a *payez* dans l'original.

Je cherche quelque sujet de théâtre, et je serois assez disposé à y travailler ; mais j'ai trop de sujet d'être mélancolique en ce pays-ci, et il faut avoir l'esprit plus libre que je ne l'ai pas. Aussi bien ce me seroit une gêne de n'avoir pas ici une personne comme vous, à qui je pusse tout montrer à mesure que j'aurois fait quelque chose. Et s'il faut un passage latin pour vous mieux exprimer cela, je n'en saurois trouver un plus propre que celui-ci : *Nihil mihi nunc scito tam deesse quam hominem eum quicum omnia quæ me ad aliqua afficiunt una communicem, qui me amet, qui sapiat, quicum ego colloquar, nihil fingam, nihil dissimulem, nihil obtegam. Non homo, sed littus, atque aer, et solitudo mera. Tu autem qui sæpissime curam et angorem animi mei sermone et consilio levasti tuo, qui mihi in rebus omnibus conscius et omnium meorum sermonum et consiliorum particeps esse solebas, ubinam es?*[1] Quand Cicéron eût été à Uzès, comme j'y suis, et que vous eussiez été en la place d'Atticus son ami, eût-il pu parler autrement ?

Mais adieu : en voilà assez pour aujourd'hui. Écrivez-moi plus souvent, et ne me parlez plus de charme ni d'autres empêchements ; mais souvenez-vous toujours de

---

1. « Sachez que dans ce moment ce qui me manque le plus, c'est un homme à qui je puisse confier toutes mes inquiétudes, un homme qui m'aime, qui pense sagement, à qui je puisse ouvrir mon cœur sans réserve, sans déguisement et sans feinte... » Le texte ne suit pas ici : il y a dans Cicéron, immédiatement après *obtegam* : « *Abest enim frater,* αφελέστατος *et amantissimus : Metellus non homo* », et en français : « Je n'ai plus mon frère, dont le caractère est si franc et qui m'aime avec tant de tendresse ; car Metellus n'est pas un homme avec qui l'on puisse s'entretenir : c'est une solitude où l'on n'a pour compagnons que le ciel et les rochers. Mais, où êtes-vous maintenant, vous qui avez guéri si souvent par vos discours et vos conseils les douleurs et les amertumes de mon âme, vous qui avez coutume d'être le confident de tous mes desseins, de tous mes secrets, et de prendre part à toutes mes affaires ? » *Ad Atticum,* liv. I, lettre 18.

moi, et m'en donnez quelques marques. L'exemple de M. Poignant n'est pas bon pour tout le monde, et surtout pour ceux qui écrivent si facilement que vous.

Je salue M. l'Avocat de tout mon cœur.

Suscription : A Monsieur Monsieur l'abbé Le Vasseur, à Paris.

XXXV.[1]

DE RACINE A LA FONTAINE.

[A Uzès, le 4 juillet 1662.]

Votre lettre[2] m'a fait grand bien, et je passerois assez doucement mon temps, si j'en recevois souvent de pareilles. Je ne sache rien qui me puisse mieux consoler de mon éloignement de Paris : je m'imagine même être au beau milieu du Parnasse, tant vous décrivez agréablement tout ce qui s'y passe de plus mémorable; mais je m'en trouve fort éloigné, et c'est se moquer de moi que de me porter, comme vous faites, à y retourner. Je n'y ai pas fait assez de voyages pour en retenir le chemin : et ne m'en souvenant plus, qui pourroit m'y remettre en ce pays-ci? J'aurois beau invoquer les Muses : elles sont trop loin pour m'entendre; elles sont toujours occupées auprès de vous, Messieurs de Paris. Il arrive rarement qu'elles viennent dans les provinces : on dit même qu'elles ont fait serment de n'y plus revenir, depuis la violence que

---

1. Publiée par Louis Racine, revue par M. P. Mesnard sur la copie de Louis Racine appartenant à M. Aug. de Naurois. Il n'y a pas de suscription. C'est la lettre enfermée dans la précédente; elle doit avoir la même date.
2. Cette lettre de La Fontaine est malheureusement perdue.

leur voulut faire Pirénée. Je ne sais si vous vous souvenez de cette histoire :[1]

C'étoit un fameux homicide ;
Il avoit conquis la Phocide,
Et faisoit des courses, dit-on,
Jusques au pied de l'Hélicon.

Un jour, les neuf savantes sœurs
Qu'on adore en cette montagne,
S'amusant à cueillir des fleurs,
Se promenoient par la campagne.

Tout d'un coup le ciel se couvrit ;
Un épais nuage s'ouvrit :
Il plut à grands flots, et l'orage
Les mit en mauvais équipage.

Le barbare assez près de là
Avoit établi sa demeure ;
Il les vit, et les appela.
Elles y vinrent tout à l'heure.

Sitôt qu'elles furent dedans,
Il ferma la porte sur elles,
Et sans dissimuler longtemps :
« Je vous tiens, leur dit-il, mes belles. »

Il est à croire que les Muses
Eurent sujet d'être confuses.
Un si farouche compliment
Les étourdit étrangement.

« Hélas ! disoient-elles entre elles,
Nous ne serons donc plus pucelles ! »
Elles essayèrent d'abord
De lui donner horreur d'une action si noire,
Lui promettant que sa mémoire
Vivroit longtemps après sa mort.

« Je me moque de vos leçons,
Leur dit-il, et de vos chansons :
Je ne prétends pas avoir place
Dans les registres du Parnasse. »

---

1. Comparez Ovide, *Métamorphoses,* liv. V, vers 276-293.

Les Muses, qui jugeoient bien
Qu'elles n'obtiendroient jamais rien
Sur une âme si mal instruite,
Gagnèrent toutes au plus vite
Jusques au faîte du balcon
D'où l'on découvroit l'Hélicon ;

Et, choisissant plutôt un glorieux trépas
Que de se voir déshonorées,
Les pauvres Muses éplorées
S'alloient précipiter en bas.

Mais les dieux qui ne dormoient point,
Leur envoyèrent bien à point
A chacune une paire d'ailes,
Qui d'un si grand péril garantirent ces belles.

Leur persécuteur aveuglé
Prétendoit voler sur leurs traces ;
Mais son dos n'étant point ailé,
Sa chute punit son audace :
Les Muses cependant voloient sur le Parnasse.

Le mauvais temps étoit passé,
Et ce fut un bonheur pour elles ;
Car si l'orage n'eût cessé,
La pluie auroit gagné leurs ailes,
Et c'étoit fait des neuf pucelles.

Lorsqu'elles furent de retour,
Considérant le mauvais tour
Que leur avoit joué cet infidèle prince,
Elles firent serment que jamais en province
Elles ne feroient leur séjour.

En effet, se trouvant des ailes sur le dos,
Elles jugèrent à propos
De s'en aller, à la même heure,
Vers la ville où Pallas avoit fait[1] sa demeure.

---

1. Dans la copie, au lieu de *avoit fait*, que nous avons donné par conjecture, il y a *faisoit*. Le vers étant faux ainsi, il y a là un lapsus évident. Peut-être Racine a-t-il voulu écrire *faisoit lors*. Dans l'édition de Louis Racine, les deux derniers vers de la strophe sont :

> De s'en aller à la même heure,
> Où Pallas faisoit sa demeure. (P M.)

>   Elles y restèrent[1] longtemps;
> Mais lorsque les Romains devinrent éclatants,
>   Et qu'ils eurent conquis Athènes,
>   Les Muses se firent Romaines.
>
>   Enfin, lorsqu'il plut au Destin
>   Que Rome allât en décadence,
>   Les Muses au pays latin
>   Ne firent plus leur résidence.
>
>   Paris, le siége des amours,
> Devint aussi celui des filles de Mémoire;
>   Et l'on a grand sujet de croire
>   Qu'elles y logeront toujours.[2]

Quand je parle de Paris, j'y comprends tout le beau pays d'alentour; car quelque serment qu'elles aient fait de ne s'éloigner jamais des bonnes villes, cela n'empêche pas qu'elles n'en sortent de temps en temps pour prendre l'air de la campagne :

>   Tantôt Fontainebleau les voit
>   Le long de ses belles cascades;

---

1. Au lieu de *restèrent*, il y a *demeurèrent* dans la copie et dans l'édition de Louis Racine. C'est encore un vers faux et par conséquent une inadvertance de l'auteur ou du copiste. (P. M.)

2. Dès le douzième siècle, Chrétien de Troyes disait dans le roman de *Cligès* :

>   Or vous ert par ce livre apris
>   Que Gresse ot de chevalerie
>   Le premier los et de clergie;
>   Puis vint chevalerie à Rome
>   Et de la clergie la somme,
>   Qui ore est en France venue.
>   Diex doinst qu'ele i soit retenue
>   Et que li lius li abelisse
>   Tant que de France jamais n'isse
>   L'onor qui s'y est arestée!

« Il vous sera appris par ce livre que la Grèce eut le premier renom de chevalerie (dans le sens de civilisation) et de savoir. Savoir et chevalerie vinrent ensuite à Rome. Maintenant le savoir est venu en France. Dieu fasse qu'il y soit retenu, et que le lieu lui plaise tant que jamais de France ne sorte l'honneur qui s'y est arrêté! »

> Tantôt Vincennes les reçoit
> A l'ombre de ses palissades.
>
> Elles vont souvent sur les eaux,
> Ou de la Marne ou de la Seine ;
> Elles étoient toujours à Vaux,[1]
> Et ne l'ont pas quitté sans peine.

Ne croyez pas pour cela que les provinces manquent de poëtes; elles en ont en abondance; mais que ces Muses sont différentes des autres! Il est vrai qu'elles leur sont égales en nombre, elles se vantent même d'être presque aussi anciennes : au moins sont-elles depuis longtemps en possession des provinces. Vous êtes peut-être en peine de savoir qui elles sont. Vous n'avez qu'à vous souvenir des neuf filles de Piérus : leur histoire est connue au Parnasse,[2] d'autant que les Muses prirent leurs noms après les avoir vaincues, comme les fameux Romains prenoient les noms des pays qu'ils avoient conquis :

> Ces filles étoient savantes,
> Coquettes et bien disantes,
> Au reste fort suffisantes.
>
> Elles furent si hautaines
> Que de disputer le prix
> Aux Muses, qui sont les reines
> Des arts et des beaux esprits.
>
> Mais il leur coûta bien cher
> D'avoir été si hardies :
> Les filles de Jupiter
> Les firent devenir pies.

---

1. Vaux-le-Vicomte, bien plus connu par les vers de La Fontaine que par toutes les magnificences de Fouquet. Racine passe ici en revue les lieux que La Fontaine fréquentait le plus habituellement.
2. Voyez les *Métamorphoses* d'Ovide, liv. V, vers 300 jusqu'à la fin du livre.

Être agaces leur parut
Une fort vilaine chose,
Et pas une ne se plut
A cette métamorphose.

Toutefois cette figure
Avoit grande liaison
Avec leur démangeaison
De parler outre mesure.

Elles partirent de là,
Battant les ailes de rage,
Et craignant outre cela
Qu'on ne les retint en cage.

Ces oiseaux, plus importuns
Mille fois que les chouettes,
Sont cause que les poëtes
Se sont rendus si communs.

Dessus les bords des étangs
Moins de grenouilles s'amassent,
Et moins de corbeaux croassent
Présageant le mauvais temps.

Tous ces petits avortons
Jasent comme leurs maîtresses ;
Et la plupart sont larrons
Comme elles sont larronnesses.

Vous savez que toutes pies
Dérobent fort volontiers :
Celles-ci, comme harpies,
Pillent les livres entiers.

On dit même qu'à Paris
Ces fausses Muses font rage,
Et force menus esprits
Se font à leur badinage.

Pour réprimer leur audace,
Les Muses ont des chasseurs
Qui, sous les noms de censeurs,
Leur donnent souvent la chasse.

> Lorsqu'elles sont attrapées,
> Les ailes leur sont coupées,
> Et leurs larcins confisqués ;
>
> Et pour finir cette histoire,
> Tels oiseaux sont relégués
> Delà les rives de Loire.

C'est où Furetière relègue leur général Galimatias,[1] et il est bien juste qu'elles lui tiennent compagnie. Mais je ne songe pas que vous me condamnerez peut-être moi-même à cette peine et à y demeurer comme elles, puisque je m'y suis transporté. En effet, j'ai bien peur que ceci n'approche fort de leur style, et que vous n'y reconnoissiez plutôt le caquet importun des pies que l'agréable facilité des Muses. Je vous prie de me renvoyer cette bagatelle des *Bains de Vénus*; ayez la bonté de mander ce qu'il vous en semble ; jusque-là je suspends mon jugement : je n'ose rien croire bon ou mauvais que vous n'y ayez pensé auparavant. Je fais la même prière à votre Académie de Château-Thierry, surtout à Mlle de La Fontaine. Je ne lui demande aucune grâce pour mes ouvrages : qu'elle les traite rigoureusement, mais qu'elle me fasse au moins celle d'agréer mes respects et mes soumissions.

---

1. Dans la *Nouvelle allégorique...* dont il a été précédemment question (p. 358), Furetière raconte la grande guerre que le prince Galimatias déclara à la Rhétorique, reine de l'Éloquence, et qui finit par un traité de paix dont l'article V est ainsi conçu : « Que pareillement il seroit permis à Galimatias de courir les provinces et y faire telles conquêtes que bon lui sembleroit, particulièrement celles au delà de la Loire, qui étoient abandonnées à sa discrétion. »

XXXVI.[1]

DE RACINE A M. VITART.

A Uzés, le 25 juillet [1662.]

Depuis vous avoir adressé la lettre que j'écrivois à M. de La Fontaine, j'en ai reçu deux des vôtres, dont la dernière m'a extrêmement consolé, voyant que vous preniez quelque part à l'affliction où j'étois de la trahison de D. Cosme. Nous n'avons point encore reçu de ses nouvelles, au moins mon oncle; car pour moi, je n'en attends plus de lui, étant bien résolu de ne lui plus écrire de ma vie. Son silence étonne son frère, qui attendoit de merveilleux effets de sa conduite pour l'affaire d'Ouchie. Je lui montrai une partie de votre lettre, et il fut assez surpris de voir que M. Sconin eût tant fait de bruit pour rien. Néanmoins je n'ai pas encore osé lui reparler d'une résignation, parce que j'ai peur qu'il ne me croie interessé.[2] Cependant il devroit bien s'imaginer que je ne suis pas venu si loin pour ne rien gaigner; mais je lui ai tant témoigné jusqu'ici de soumission et d'ouverture de cœur, qu'il a cru que je voudrois vivre longtemps avec lui de la sorte sans avoir aucune intention sur son bénéfice, et je voudrois bien qu'il eût toujours cette opinion-là de moi. J'épie tous les jours les occasions de lui faire faire quelque chose en ma faveur. Pour Monsieur l'Évêque, il n'y a rien à faire

---

1. L'autographe existe à la Bibliothèque nationale.
2. Il avoue ingénument ses sentiments; il avait grande envie du bénéfice; la nécessité de se faire régulier l'effrayait. Cependant une plus grande nécessité l'eût fait consentir à tout; mais l'oncle était irrésolu. (L. R.)

auprès de lui : il donne à ses gens le peu de bénéfices qui vaquent ici, et mon oncle auroit de la peine à lui en demander le moindre. Depuis quelques semaines, le bruit avait couru en ce pays que Monsieur d'Uzès seroit archevêque de Paris, et j'ai vu une de ses lettres où il mandoit lui-même à mon oncle que le Roi avoit jeté la vue sur lui, et en avoit parlé en des termes fort obligeants ; mais nous avons su que c'étoit Monsieur de Rhodez.[1] On dit que le jansénisme est étrangement menacé.

Je suis fort alarmé de votre refroidissement avec Monsieur l'Abbé. Quoiqu'il ne m'en eût rien mandé dans ses lettres, j'avois pourtant bien reconnu quelque changement. Cela m'affligeroit au dernier point, si je ne savois bien que votre amitié est trop forte pour demeurer longtemps refroidie, et que vous êtes trop généreux l'un et l'autre pour ne pas passer par-dessus de petites choses qui pourroient avoir causé cette mésintelligence. Je souhaite ardemment que cet accord se fasse au plus tôt. Ayez la bonté de m'en mander la nouvelle, dès que vous le pourrez faire ; car je mourrois de déplaisir si vous rompiez tout à fait, et je pourrois bien dire comme Chimène.

La moitié de ma vie a mis l'autre au tombeau.

Mais vous n'en viendrez pas jusqu'à cette extrémité : vous êtes trop pacifiques tous deux.

Il m'a témoigné qu'il souhaitoit que j'écrivisse à Mlle Lucrèce, et qu'elle-même m'en sauroit quelque gré. D'abord, j'ai eu peur que vous ou Mlle Vitart m'en voulussiez mal dans ce méchant contre-temps ; mais comme

---

1. Hardouin de Beaumont de Péréfixe, nommé archevêque de Paris le 30 juin 1662.

je ne crois pas votre querelle de longue durée, je le satisferai au premier voyage. D'ailleurs, j'ai bien de la peine à croire que Mlle Vitart ait la moindre curiosité de voir quelque chose de moi, puisqu'elle ne m'en a rien témoigné depuis plus de six mois. Vous savez bien vous-même que les meilleurs esprits se trouveroient embarrassés, s'il leur falloit toujours écrire sans recevoir de réponse; car à la fin on manque de sujet.

Je vous aurois écrit les deux derniers voyages; mais j'ai toujours accompagné mon oncle, qui alloit voir faire la moisson dans toutes leurs terres.

Je me réjouis beaucoup que vous en ayez une si belle à Moloy; mais je m'attriste déjà de ce que vous y allez, dans l'appréhension où je suis de ne recevoir que bien rarement de vos nouvelles; car si je n'en recevois point, je languirois étrangement ici. Vos lettres me donnent courage et m'aident à pousser le temps par l'épaule, comme on dit en ce pays. La moisson a été belle, mais pas tant qu'on s'étoit imaginé. Le blé sera cher, c'est-à-dire qu'il vaudra environ trente-quatre ou trente-cinq [sous] le pichet. Nous en mangeons déjà du nouveau. Les raisins commencent à être mûrs, et on fera la vendange sur la fin du mois prochain. Les chaleurs sont grandes et difficiles à passer.

M. le prince de Conti est à trois lieues de cette ville, et se fait furieusement craindre dans la province. Il fait rechercher les vieux crimes, qui y sont en fort grand nombre. Il a fait emprisonner bon nombre de gentilshommes et en a écarté beaucoup d'autres. Une troupe de comédiens s'étoit venue établir dans une petite ville proche d'ici : il les a chassés, et ils ont passé le Rhône pour se retirer en Provence. On dit qu'il n'y a que des missionnaires et des archers à sa queue. Les gens de Languedoc ne sont pas accoutumés à telle réforme; mais il faut pourtant plier.

Je n'ai pas vu M. Arnaud[1]; et son maître n'est pas venu à Uzès. Monsieur d'Uzès l'a été recevoir à Grignan, où ils passeront l'été : ainsi je ne crois pas voir M. Arnaud de longtemps. Mais je n'espère plus rien des affaires du chapitre : je crois seulement qu'elles tireront en longueur, et au bout du compte la réforme subsistera.

Tachez de m'écrire de Moloy, je vous en prie, ou faites-moi écrire par quelqu'un. Souvenez-vous de me mettre en bonne posture dans l'esprit de mon oncle d'Ouchie. Je baise très-humblement les mains à Mlle Vitart, à vos petites, à M. Le Mazier et à tout le monde.

Suscription : A Monsieur Monsieur Vitart, à Paris.

XXXVII.[2]

DE RACINE A MARIE RACINE.

A Paris, le 23 juillet [1663].

Ma très-chère sœur,

Je suis infiniment obligé à la bonté de mon père[3], qui a pris la peine de m'écrire; je vous assure que je n'ai eu

---

1. On a cru qu'il s'agissait ici du grand Arnaud; mais cela paraît invraisemblable ; il est plus probable que cet Arnaud est un inconnu attaché à l'archevêque d'Arles.

2. Publiée pour la première fois par l'abbé Adrien de La Roque : *Lettres inédites de Jean Racine*, etc., p. 271. M. l'abbé de La Roque l'a datée de 1662, mais M. Mesnard, faisant observer que nous avons une lettre de Racine datée d'Uzès, 25 juillet 1662, assigne à la lettre à Marie Racine la date de 1663.

3. Son grand-père, Pierre Sconin.

jamais tant de joie au monde, et que je garde sa lettre comme un trésor. Je l'en remercierai au premier jour. Cependant je vous prie de le faire pour moi, et de lui dire que j'ai été voir ma tante Suzanne,[1] qui m'a reçu avec bien de l'amitié, et qui est assurément une fort bonne personne. J'irois la voir plus souvent n'étoit que son quartier est fort éloigné du nôtre, et qu'avec cela il a fait fort sale à Paris tous ces jours passés. Et puis, lorsque j'ai un moment de loisir, je vais à Port-Royal, où ma mère est maintenant. Elle est malade à l'extrémité, et il n'y a pas d'apparence qu'elle en revienne. Je ne vous saurois dire combien j'en suis affligé, et il faudroit que je fusse le plus ingrat du monde, si je n'aimois une mère qui m'a été si bonne, et qui a eu plus de soin de moi que de ses propres enfants. Elle n'a pas eu moins d'amitié pour vous, quoiqu'elle n'ait pas eu l'occasion de vous le témoigner.

On vous aura dit peut-être que le Roi m'a fait promettre[2] une pension; mais je voudrois bien qu'on n'en eût point parlé jusqu'à ce que je l'aie touchée. Je vous en manderai des nouvelles. Et cependant n'en parlez à personne; car ces choses-là ne sont bonnes à dire que quand elles sont toutes faites. Écrivez-moi, je vous prie; car vos lettres me sont les plus agréables du monde. Ma tante Vitart est bien aise aussi quand vous lui écrivez. Témoignez-lui que la maladie de ma mère vous met en peine; car je ne doute pas qu'elle ne vous en fasse en effet, et elle le lui redira. Adieu, ma chère sœur. Je vous ai

---

1. Suzanne Sconin, fille de Pierre Sconin.
2. Une pension de 600 livres fut accordée à Racine sur la liste du 22 août 1664.

envoyé ce que vous m'aviez demandé par mon cousin Fournier, et à mon cousin du Chesne aussi.

Suscription : A Madame Madame Marie Racine, chez M. le Commissaire.

XXXVIII.[1]

DE RACINE A MARIE RACINE.

A Paris, le 13 d'août [1663].

Ma très-chère sœur,

Tout affligé que je suis, je crois être obligé de vous mander la perte que vous avez faite avec moi de notre bonne mère.[2] Je ne doute point que vous n'en receviez beaucoup d'affliction, quoique vous ne l'eussiez vue depuis longtemps; car je vous assure qu'elle vous aimoit tendrement, et qu'elle vous auroit traitée comme ses propres enfants, si elle avoit pu faire quelque chose pour vous. Je vous prie de la recommander aux prières de mon grand-père[3]. Nous n'avons plus que lui maintenant, et il nous tient lieu de père et de mère tout ensemble. Nous devons bien prier Dieu qu'il nous le conserve. Je vous supplie de lui dire que je mets toute ma confiance et tout mon recours à lui, et que j'aurai toujours pour lui toute l'obéissance et l'affection que j'aurois pu avoir pour mon propre père. Je crois que vous savez bien qu'il vous

---

1. Publiée par l'abbé Adrien de La Roque : *Lettres inédites de Jean Racine,* etc., p. 273. Pour la date, même observation qu'à la lettre précédente.
2. Marie Desmoulins, veuve de Jean Racine, grand-père du poëte, morte le 12 août 1663.
3. Pierre Sconin, commissaire enquêteur, grand-père maternel.

faut faire habiller de deuil. Je suis bien marri de n'avoir point reçu encore l'argent qu'on m'avoit promis. J'aurois de tout mon cœur contribué à la dépense qu'il vous faudra faire. Je demanderai demain à ma tante Vitart ce qu'elle jugera à propos que vous fassiez. Mandez-moi vous-même toutes vos pensées là-dessus, et si vous vous adresserez à mon père pour cela. Adieu, ma chère sœur : j'ai trop de douleur pour songer à autre chose qu'à l'extrême perte que j'ai faite. Mon oncle Racine ne manquera pas sans doute de faire tout ce qu'il faudra pour le service de ma mère. Adieu donc : la mort de ma mère nous doit porter à nous aimer encore davantage, puisque nous n'avons plus tantôt personne. Vous devez espérer beaucoup d'assistance en la personne de ma chère tante Vitart : elle vous aime beaucoup, et elle nous servira de mère à l'un et à l'autre.

RACINE.

Suscription : A Madame Madame Marie Racine, chez Monsieur le Commissaire, à la Ferté-Milon.

XXXIX.[1]

DE RACINE A L'ABBÉ LE VASSEUR.

[A Paris, novembre 1663.]

Si M. Vitart étoit ici tandis que votre laquais y est, je lui ferois donner absolument ce bail que vous demandez ; car il ne me l'a point encore donné, et il s'obstine à le vouloir faire transcrire pour en donner la copie à M. de Villers. Je vous proteste que je l'en ai horriblement

1. L'autographe existe à la Bibliothèque nationale.

persécuté, et que je ferai tout mon possible pour faire donner demain au matin ce papier à votre laquais avant qu'il parte. Je n'aime pas à manquer de parole quand j'ai promis de m'employer pour quelqu'un : c'est ce qui fait que j'ai de grands reproches à vous faire pour cette sauvegarde que j'avois promis de faire obtenir par votre moyen, et je ne vais à l'hôtel de Liancour qu'en enrageant, quoique je sois obligé d'y aller presque tous les jours, parce que c'est là où sont mes plus grandes affaires. C'est pourquoi je vous conjure de faire tout votre possible pour mettre ma conscience en repos de ce côté-là, et de donner des ordres, du lieu où vous êtes, aux gens que vous m'avez promis d'employer auprès de Monsieur le Comte ; car je peste tous les jours contre vous, et je serois bien aise, quand je songe à vous, de n'y point songer avec ces sortes de scrupules.

Pour ce qui regarde *les Frères*[1], ils ne sont pas si avancés qu'à l'ordinaire. Le 4⁰ étoit fait dès samedi; mais malheureusement je ne goûtois point, ni les autres non plus, toutes les épées tirées : ainsi il a fallu les faire rengainer, et pour cela ôter plus de deux cents vers, ce qui est malaisé.

La Renommée[2] a été assez heureuse. M. le comte de Saint-Aignan[3] l'a trouvée fort belle. Il a demandé mes autres ouvrages, et m'a demandé moi-même. Je le dois aller saluer demain. Je ne l'ai pas treuvé aujourd'hui au lever du Roi; mais j'y ai treuvé Molière, à qui le Roi a

---

1. *Les Frères ennemis ou la Thébaïde,* qui fut jouée au mois de juin de l'année suivante.

2. Son ode : *la Renommée aux Muses.*

3. François de Beauvilliers. Il n'était encore que comte de Saint-Aignan, car ce ne fut que le 15 décembre suivant (1663) que ce comté fut érigé en duché-pairie. Il venait d'être reçu de l'Académie française.

donné assez de louanges, et j'en ai été bien aise pour lui : il a été bien aise aussi que j'y fusse présent.

Pour mon affaire de chez M. de Bourzeis,[1] elle est fort honnête et bien avancée; mais on m'a surtout recommandé le secret, et je vous le recommande.

M. de Bellefont est premier maître d'hôtel depuis aujourd'hui. Le Roi a été à Versailles. Les Suisses iront dimanche à Notre-Dame, et le Roi a demandé la comédie pour eux à Molière : sur quoi Monsieur le Duc[2] a dit qu'il suffisoit de leur donner *Gros-René* bien enfariné, parce qu'ils n'entendoient point le françois. Adieu. Vous voyez que je suis à demi courtisan; mais c'est à mon gré un métier assez ennuyant.

Suscription : A Monsieur Monsieur l'abbé Le Vasseur.

XL.[3]

DE RACINE A L'ABBÉ LE VASSEUR.

[A Paris, novembre ou décembre 1663.]

Le mauvais temps m'a empêché de sortir depuis quatre jours : c'est ce qui fait que je n'ai point été chez Mlle de La Croix pour y porter des lettres pour vous, et que je n'ai point été ailleurs non plus. Ainsi ne vous attendez

---

1. A cette époque, l'abbé de Bourzeis était chargé par Colbert de rechercher les gens de lettres propres à entrer dans la petite académie qui se tenait chez ce ministre, et qui depuis devint l'Académie des inscriptions et belles-lettres. Sans doute Racine espérait profiter de l'influence de cet abbé auprès de Colbert.

2. Henri-Jules de Bourbon, fils du grand Condé. Il était alors âgé de vingt ans.

3. L'autographe existe à la Bibliothèque nationale.

pas d'apprendre de moi aucunes nouvelles, sinon de ce qui s'est passé dans l'étendue de l'hôtel de Luynes; car quoique j'aie vu tout ce qui s'est passé à Notre-Dame avec Messieurs les Suisses, je n'ose pas usurper sur le gazetier l'honneur de vous en faire le récit. Je crois que M. Vitart vous envoie le bail que vous attendiez. Je n'ai pas encore été à l'hôtel de Liancour pour ôter à mon homme l'espérance que je lui avois donnée de sa sauvegarde, et je suis assez embarrassé comment je m'y prendrai. Je n'ai point vu l'*Impromptu*[1] ni son auteur depuis huit jours : j'irai tantôt. J'ai tantôt achevé ce que vous savez, et j'espère que j'aurai fait dimanche ou lundi. J'y ai mis des stances qui me satisfont assez. En voilà la première; car je n'ai guère de meilleure chose à vous écrire :

> Cruelle ambition, dont la noire malice
> Conduit tant de monde au trépas,
> Et qui, feignant d'ouvrir le trône sous nos pas,
> Ne nous ouvres qu'un précipice :
> Que tu causes d'égarements !
> Qu'en d'étranges malheurs tu plonges tes amants !
> Que leurs chutes sont déplorables !
> Mais que tu fais périr d'innocents avec eux !
> Et que tu fais de misérables
> En faisant un ambitieux [2] !

C'est un lieu commun qui vient bien à mon sujet ; mais ne le montrez à personne, je vous en prie, parce que, si on l'avoit vu, on s'en pourroit souvenir, et on seroit moins surpris quand on le récitera.

La déhanchée fait la jeune princesse. Vous savez bien,

1. L'*Impromptu de Versailles,* joué à la Cour le 14 octobre, et à Paris le 4 novembre.
2. Cette stance, qui était la première des stances récitées par Antigone, acte V, scène 1, de la *Thébaïde,* a été retranchée par Racine. (Voy. la lettre suivante.)

je crois, et qui est cette déhanchée,[1] et qui sera cette princesse. Adieu, je suis marri d'avoir si peu de bonnes choses à vous mander. Je souhaite que ma stance vous tienne lieu d'une bonne lettre. Le Bailli a été tous ces jours passés ici avec sa femme; ils s'en vont à l'heure que je vous parle, et je ne leur dis point adieu. Monfleury a fait une requête contre Molière, et l'a donnée au Roi. Il l'accuse d'avoir épousé la fille, et d'avoir autrefois couché avec la mère.[2] Mais Monfleury n'est point écouté à la cour. Adieu : ne laissez point, s'il vous plaît, revenir votre laquais sans m'écrire; vous avez plus de temps que moi.

Suscription : A Monsieur Monsieur l'abbé Le Vasseur.

XLI.[3]

DE RACINE A L'ABBÉ LE VASSEUR.

[A Paris, décembre 1663.]

Nous étions prêts à partir, lorsque M. Vitart s'aperçut qu'il n'avoit point de bottes, et qu'il les avoit prêtées. Cela fut d'abord capable d'ébranler sa résolution, et Mlle Vitart acheva ensuite de l'en détourner, en lui représentant qu'il auroit huit lieues de chemin à faire cette journée-là, qu'il seroit obligé de revenir fort tard, et qu'il étoit malheureux. Il demeura donc, et il fallut que je demeurasse avec lui, mais dans le dessein de m'en aller moi seul dans quatre ou cinq jours si vous êtes en-

---

1. Mlle de Beauchâteau, comédienne de l'hôtel de Bourgogne.
2. Louis Racine, pour corriger la crudité de l'expression, a singulièrement aggravé l'accusation; il a écrit : « Il l'accuse d'avoir épousé sa propre fille. » Les recherches des érudits ont fait justice de cette calomnie.
3. L'autographe existe à la Bibliothèque nationale. La date n'y est pas; elle a été suppléée avec vraisemblance par les éditeurs de 1807.

core à la campagne tant que cela. Je n'ai pas de grandes nouvelles à vous mander. Je n'ai fait que retoucher continuellement au cinquième acte, et il n'est tout achevé que d'hier. J'en ai changé toutes les stances avec quelque regret. Ceux qui me les avoient demandées s'avisèrent ensuite de me proposer quelque difficulté sur l'état où étoit ma princesse, peu convenable à s'étendre sur des lieux communs. J'ai donc tout réduit à 3 stances, et ôté celle de *l'ambition*, qui me servira peut-être ailleurs. On promet depuis hier *la Thébaïde* à l'Hôtel;[1] mais ils ne la promettent qu'après trois autres pièces. Je n'ai pas été depuis longtemps à l'hôtel de Liancour. On m'a envoyé redemander depuis quatre jours le papier qu'on m'avoit donné pour faire signer, et que je vous ai donné aussi. Tâchez de vous souvenir où il est. Je viens de parcourir votre belle et grande lettre, où j'ai trouvé assez de difficultés qui m'ont arrêté, et d'autres sur lesquelles il seroit aisé de vous regagner. Je suis pourtant fort obligé à l'auteur des remarques[2] et je l'estime infiniment. Je ne sais si il ne me sera point permis quelque jour de le connoître. Adieu, Monsieur : votre laquais attend, et il est cause que je ne lis pas plus posément votre lettre, et que je n'y réponds pas plus au long dans celle-ci.

Suscription : A Monsieur Monsieur l'abbé Le Vasseur, à Crosne.

1. Ainsi *la Thébaïde* dut être jouée d'abord à l'hôtel de Bourgogne. Ce ne fut que l'impatience de Racine, qui voyait trois autres pièces avant la sienne, qui la lui fit porter au Palais-Royal. Cela détruit tout ce qu'on a dit de la part que Molière aurait eue à cette tragédie.
2. Cet endroit est remarquable : il parle des critiques sur son ode de *la Renommée,* faites par Boileau, à qui M. Le Vasseur avait montré cette ode. Ces critiques lui inspirèrent de l'estime pour Boileau, et une grande envie de le connaître. M. Le Vasseur le mena chez Boileau, et dans cette première visite commença leur fameuse et constante amitié. (L. R.)

XLII.[1]

DE LA SOEUR AGNÈS DE SAINTE-THÈCLE A RACINE.

GLOIRE A J.-C., AU TRÈS-SAINT SACREMENT.

Ce 26 août.[2]

Ayant appris de Mlle... que vous aviez dessein de faire ici un voyage avec Monsieur son mari, j'étois dans le dessein de demander permission à notre Mère de vous voir, parce que quelques personnes nous avoient assuré que vous étiez dans la pensée de songer sérieusement à vous, et j'aurois été bien aise de l'apprendre par vous-même, afin de vous témoigner la joie que j'aurois s'il plaisoit à Dieu de vous toucher sensiblement; et je vous écris ceci dans l'amertume de mon cœur, et en versant des larmes que je voudrois pouvoir répandre en assez grande abondance devant Dieu pour obtenir de lui votre salut, qui est la chose du monde que je souhaite avec le plus d'ardeur. J'ai donc appris avec douleur que vous fréquentiez plus que jamais des gens dont le nom est abominable à toutes les personnes qui ont tant soit

---

1. Cette lettre a été publiée pour la première fois dans les Mémoires de la vie de Louis Racine sur la vie de son père. Il en existe à la Bibliothèque de Troyes une copie faite par Le Roy de Saint-Charles sur un manuscrit de Jean-Baptiste Racine. M. Mesnard a recueilli ce texte, un peu différent de celui de Louis Racine et évidemment plus exact, dans ses *Additions et Corrections,* t. VII, p. 442-443. C'est ce texte que nous reproduisons. Il est précédé de cette note de J.-B. Racine :

« Mon père avoit une tante religieuse à Port-Royal, qui avoit eu soin de son éducation, et qui l'aimoit comme son fils. Elle fut sensiblement affligée lorsqu'au sortir de ses études elle lui vit prendre le parti de la poésie et se jeter dans le monde à corps perdu ; elle cessa dès lors de le voir, et ne se souvint plus de lui que dans ses prières. Quand mon père songea à se retirer et à se marier, la première chose à laquelle il songea fut d'aller voir sa tante ; et là-dessus elle lui écrivit la lettre suivante, que j'ai cru n'être pas indigne de trouver ici place, comme étant peut-être le premier instrument dont Dieu a daigné se servir pour rappeler sa brebis égarée. »

2. La date est incertaine. Elle doit être antérieure à la querelle avec Nicole (1666).

peu de piété, et avec raison, puisqu'on leur interdit l'entrée de l'église et la communion des fidèles, même à la mort, à moins qu'ils ne se reconnoissent. Jugez donc, mon cher neveu, dans quelle angoisse je peux être, puisque vous n'ignorez pas la tendresse que j'ai toujours eue pour vous, et que je n'ai jamais rien désiré, sinon que vous fussiez tout à Dieu dans quelque emploi honnête. Je vous conjure donc, mon cher neveu, d'avoir pitié de votre âme, et de rentrer dans votre cœur, pour y considérer sérieusement dans quel abîme vous vous êtes jeté. Je demanderai à Dieu cette grâce pour vous. Je souhaite que ce qu'on m'a dit ne soit pas vrai ; mais si vous êtes assez malheureux pour n'avoir pas rompu un commerce qui vous déshonore devant Dieu et devant les hommes, vous ne devez pas penser à nous venir voir ; car vous savez bien que je ne pourrois pas vous parler, vous sachant dans un état si déplorable et si contraire au christianisme. Cependant je ne cesserai point de prier Dieu qu'il vous fasse miséricorde, et à moi en vous la faisant, puisque votre salut m'est si cher.

XLIII.[1]

DE RACINE A MARIE RACINE.

A Paris, le 9 janvier [1664].

Ma très-chère sœur,

J'étois à la campagne lorsque votre dernière lettre est venue, et ce voyage a été cause que j'ai été un peu longtemps sans vous écrire. Vous pouvez croire que je n'ai pas laissé de penser à vous durant tout ce temps-là. Je voudrois pouvoir vous le témoigner bien autrement que je ne le fais, et ne vous pas envoyer pour si peu

1. Cette lettre a été publiée par l'abbé Adrien de La Roque, *Lettres inédites de Jean Racine*, etc., p. 264. M. l'abbé de La Roque l'a datée de 1660, M. Mesnard de 1664, parce qu'elle a un cachet noir, ce qui prouverait que Racine était en deuil de sa grand'mère, morte en 1663.

de chose; mais il faut un peu attendre que mes affaires se fassent, comme j'espère qu'elles se feront tôt ou tard; et je n'aurai jamais de bonne fortune que vous ne vous en ressentiez, si je puis, aussi bien que moi. Je ne m'étonne pas que mon oncle ne vous ait rien dit de moi. Il s'en est allé fort en colère : non pas que je lui en aie donné du sujet, car je l'ai traité avec tout le respect possible; mais je ne crois pas qu'il ait beaucoup d'affection pour moi. Il me voulut reprocher que j'avois mangé tout son bien; je ne lui répondis rien, mais mon cousin le querella de belle manière, et le fit bien repentir de ce beau langage. J'en étois assez honteux pour lui. Et le lendemain il s'en alla sans nous dire adieu. Ne dites pas un mot de tout cela à personne; car cela est un peu de conséquence. Mon cousin lui remontra encore combien il s'abusoit pour notre compte. Je crois qu'on le terminera bientôt, et j'y ferai tout mon possible, quoiqu'il ne nous importe guère qu'il se termine si tôt. Mandez-moi, je vous prie, des nouvelles de ma cousine Hannequin; j'en suis fort en peine. Faites aussi mes baisemains à ma cousine sa sœur. Mlle Vitart vous baise les mains. J'écrirai demain au P. Adrien, qui m'a écrit une fort belle lettre et bien obligeante. Adieu, ma chère sœur : je ne vous dis point que vous me demandiez les choses dont vous aurez besoin; car je vous l'ai dit déjà plusieurs fois, et je crois que vous n'y manquerez pas. Écrivez-moi le plus tôt que vous pourrez.

Assurez, je vous prie, Monsieur le Procureur de mes très-humbles respects.

Suscription : A Madame Madame Marie Racine, chez M. le Commissaire.

XLIV.[1]

DE RACINE A MARIE RACINE.

Ce mercredi 19 août [1663].

Ma très-chère sœur,

J'ai vu ma cousine de Sacy, par qui j'ai appris de vos nouvelles ; car il n'y a pas moyen d'en apprendre autrement. Je ne sais pas ce que je vous ai fait pour vous dépiter de telle sorte contre moi. J'ai vu le temps que les lettres ne vous coûtoient pas si cher. Il ne vous coûteroit pas beaucoup de m'en écrire au moins une en trois mois ; cependant il y a bien cela que je n'en ai reçu aucune de vous. Mandez-moi pourquoi vous êtes fâchée contre moi, et je tâcherai de vous apaiser ; car vous êtes assez souvent d'humeur à croire les choses autrement qu'elles ne sont. Quoi que c'en soit, mandez-moi ce que vous avez contre moi.

J'ai quelques petites choses à vous envoyer ; mais j'attendrai que ma cousine du Chesne ou ma cousine de Sacy s'en aille. J'ai rendu au marchand la dentelle qu'elle vous avoit achetée, et elle vous en doit acheter d'autre. Si vous voulez la moindre chose, vous n'avez que me le mander sans faire de façons. Je n'ai pas si peu de crédit que je ne vous puisse contenter, quelque opinion que vous ayez de moi. Surtout écrivez-moi, je vous prie ; et je vous en

---

1. Publiée par l'abbé Adrien de La Roque, *Lettres inédites de Jean Racine*, etc., p. 262. M. l'abbé de La Roque la date de 1658 ou 1659. M. Mesnard, ayant constaté que de toutes les années où cette lettre peut avoir été écrite, il n'y a que 1665 où le 19 août soit un mercredi, la reporte à 1665.

écrirai moi-même plus souvent. J'ai su toutes les brouilleries de Logeois et de M⁰ Nanon, et celles de M. de Sacy et de Monsieur le Procureur. Faites-moi savoir de vos nouvelles, et aimez-moi toujours.

RACINE.

Suscription : A Madame Madame Marie Racine, à la Ferté-Milon.

XLV.[1]

DE RACINE AU P. BOUHOURS.

[1676.]

Je vous envoie les quatre premiers actes de ma tragédie, et je vous envoierai le cinquième dès que je l'aurai transcrit. Je vous supplie, mon Révérend Père, de prendre la peine de les lire, et de marquer les fautes que je puis avoir faites contre la langue, dont vous êtes un de nos plus excellents maîtres.

Si vous y trouvez quelques fautes d'une autre nature, je vous prie d'avoir la bonté de me les marquer sans indulgence. Je vous prie encore de faire part de cette

---

1. Lettre imprimée pour la première fois dans l'opuscule intitulé : « *Lettre à M. Racine sur le théâtre en général et sur les tragédies de son père en particulier.* par M. L. F. de P. (Le Franc de Pompignan). Nouvelle édition suivie d'une pièce de vers du même auteur et de trois lettres de J. Racine qui n'avaient point été imprimées. A Paris, chez de Hansy, 1773. » L'autographe existe, et appartient à M. Jules Boilly.

Cette lettre n'est pas datée. M. Mesnard l'assigne par conjecture à l'année 1676; il s'agirait par conséquent de *Phèdre* que Racine composait alors.

lecture au Révérend Père Rapin, s'il veut bien y donner quelques moments.

Je suis votre très-humble et très-obéissant serviteur,

RACINE.

XLVI.[1]

DE RACINE A***.

A Paris, le 28 [octobre 1678].

Je vous suis bien obligé, Monsieur, de la promptitude avec laquelle vous avez bien voulu me faire réponse. Je ne mets pas moins d'empressement moi-même à vous renvoyer le commencement de la réponse que je dois prononcer à la réception de M. l'abbé Colbert, dont la feuille s'est égarée. Je vous conjure de m'envoyer votre sentiment sur tout ceci. Je suis entièrement à vous.

RACINE.

XLVII.[2]

DE RACINE A MADEMOISELLE RIVIÈRE.[3]

A Paris, ce 10 septembre 1681.

Je vous envoie, ma très-chère sœur, une lettre de mon oncle Racine par laquelle il me prioit de donner quelque

---

1. Billet copié par M. P. Mesnard sur l'autographe appartenant à M. Boutron-Charlard, mais dont l'authenticité n'est pas bien certaine.

2. Publié pour la première fois par M. l'abbé de La Roque : *Lettres inédites de J. Racine,* etc., p. 276.

3. Mademoiselle Rivière n'est autre que Marie Racine, qui avait épousé Antoine Rivière, médecin à la Ferté-Milon, le 30 juin 1676.

argent à mon cousin son fils. Je lui ai donné trente-trois livres, comme vous verrez par le reçu de mon cousin. Je vous prie, à mesure que vous aurez besoin d'argent pour faire les petites charités dont vous avez bien voulu vous charger, d'en demander à mon oncle. Ne le pressez pas néanmoins. Dites-lui seulement l'intention qui vous obligera de lui en demander. J'en avancerai à mon cousin son fils, tant que mon oncle voudra, sur un simple mot d'écrit de lui. Je vous prie de lui faire beaucoup d'honnêtetés de ma part.

Vous avez eu tort de me vouloir du mal de ce que je n'ai point été vous voir à mon voyage de Brenne.[1] J'avois pris mes mesures pour repasser par la Ferté. Mais les baptême de M. de La Fontaine, auquel je ne m'attendois pas, nous obligea de revenir à Villers-Cotterets. Nous aurions grande envie, ma femme et moi, de vous aller voir, et peut-être irons-nous dès cette année. Je baise les mains à M. Rivière et à mon cousin et à ma cousine Vitart. Adieu, ma chère sœur : je suis tout à vous.

Je vous recommande toujours ma mère nourrice.

XLVIII.[2]

DE RACINE A ANTOINE RIVIÈRE.

A Paris, ce 27 octob. [1682].

Je vous suis fort obligé, Monsieur, de l'honneur que vous me faites de vouloir que je tienne votre enfant.[3] Je

1. Braine à quatre lieues de Soissons.
2. Publiée pour la première fois par M. l'abbé de La Roque, *Lettres inédites de J. Racine*, etc., p. 278.
3. Marie-Catherine, deuxième fille de M. Rivière, qui naquit le 21 novembre 1682.

me rendrai pour cela à la Ferté-Milon, dès que j'aurai su que ma sœur est accouchée. Je pars demain pour aller à Fontainebleau, où je ne serai que sept ou huit jours. Je vous prie de faire mes compliments à ma cousine Vitart, et de lui témoigner la joie que j'ai d'être son compère. Si le temps le permet le moins du monde, je mènerai ma femme, qui aussi bien a une grande envie de voir sa fille. Je suis bien obligé à mon cousin Regnaud de la bonté qu'il a d'avoir quelque égard pour notre nourrice dans les passages de gens de guerre. Je vous prie de lui dire que je la lui recommande de bon cœur, et que j'aurai une extrême reconnoissance de ce qu'il fera pour elle. Pour vous, si on vous incommodoit sur ce sujet, je vous prie de me le mander ; car je n'épargnerai ni mes pas ni mes soins pour vous exempter tout autant que je pourrai. Il y a des villes où le médecin est toujours exempt, en qualité de médecin de l'hôpital. Informez-vous tout doucement de cela, et sans en faire de bruit ; car peut-être je pourrois vous faire donner cette exemption pour toujours en cette qualité. Sachez comme on fait ou à Château-Thierry ou à Crespy. Adieu, Monsieur : je souhaite à ma sœur un heureux accouchement. Ma femme lui baise les mains, et à vous aussi. Elle mène demain ses enfants à Melun, où elle demeurera quatre ou cinq jours, tandis que je serai à Fontainebleau. Nos enfants vous remercient de vos alouettes. Ç'a été une grande réjouissance pour eux ; mais je voudrois que vous ne nous envoyassiez point tant de biens à la fois.

Je suis de tout mon cœur votre très-humble et très-obéissant serviteur,

RACINE.

Ma femme demande si ma sœur a songé à compter à la nourrice sa couverture de 3ᵗ 10ˢ.

Suscription : A Monsieur Monsieur Rivière, conseiller du Roi, contrôleur au grenier à sel, à la Ferté-Milon.

XLIX.[1]

DE RACINE A MADEMOISELLE RIVIÈRE.

Ce mardi, 28 septembre [1683].

Je vous écris ce mot, ma chère sœur, pour vous avertir que je me prépare à partir demain pour vous aller voir avec ma femme et mes enfants. Nous prétendons souper jeudi au soir avec vous. Je vous plains de l'embarras que nous vous allons donner, mais je ne vous pardonnerai point si vous faites la moindre façon pour nous. Commencez dès le premier jour à ne nous point faire de festin : nous sommes gens à qui il ne faut pas grand'chose pour faire bonne chère. J'espère coucher demain au soir à Nanteuil. Je vous donne le bon [jour], et à M. Rivière aussi. Nos enfants [sont] dans la plus grande joie du monde [de vous] aller voir. Racine couchera avec nous. Pour la petite, si vous lui pouvez trouver une manne ou un berceau, nous vous serons obligés. Pour nos gens, ne vous en mettez en aucune peine.

---

1. Publiée pour la première fois par M. l'abbé de La Roque, *Lettres inédites de Jean Racine,* etc., p. 275. M. l'abbé de La Roque a daté cette lettre de 1680. M. Mesnard, ayant constaté que le 28 septembre ne s'est trouvé être un mardi qu'en 1683, l'a reportée à cette année. Il remarque d'ailleurs qu'en 1680 les deux aînés de Racine n'avaient l'un que dix-huit mois, l'autre que quatre mois.

Suscription : A Mademoiselle Mademoiselle Rivière, à la Ferté-Milon.

L.[1]

DE M. DE GUILLERAGUES[2] A RACINE.

Au Palais de France, à Péra, le 9 de juin 1684.

J'ai été sensiblement attendri et flatté, Monsieur, de la lettre que vous m'avez fait l'honneur et le plaisir de m'écrire. Vos œuvres, plusieurs fois relues, ont justifié mon ancienne admiration. Éloigné de vous, Monsieur, et des représentations qui peuvent en imposer, dégoûté de ces pays fameux, vos tragédies m'en ont paru encore plus belles et plus durables. La vraisemblance y est merveilleusement observée, avec une profonde connoissance du cœur humain dans les différentes crises des passions. Vous avez suivi, soutenu et presque toujours enrichi les grandes idées que les anciens ont voulu nous donner, sans s'attacher à dire ce qui étoit. Dieu me préserve de traiter la respectable antiquité comme Saint-Amant a traité l'ancienne Rome[3]; mais vous savez mieux que moi que, dans tout ce qu'ont écrit les poëtes et les historiens, ils se sont plutôt abandonnés au charme de leur brillante imagination qu'ils n'ont été exacts observateurs de la vérité. Pour vous et M. Despréaux, historiens du plus grand roi du monde, la vérité vous fournit une matière tellement abondante que, pouvant même vous accabler et vous rendre peu croyables à la postérité, elle me laisse en doute si vous êtes, à cet égard, ou plus heureux, ou plus malheureux que les anciens.

La Scamandre et le Simoïs sont à sec dix mois de l'année :

---

1. Publiée incomplétement dans le recueil de Louis Racine; complétée par l'éditeur de 1807 d'après l'autographe qui appartenait à M. Jacobé de Naurois.
2. Gabriel-Joseph de Lavergne, comte de Guilleragues, ambassadeur de France à Constantinople en 1679, mort dans cette ville en 1685. Boileau lui a adressé sa V[e] épître.
3. Allusion au poëme de Saint-Amand : *Rome ridicule.*

leur lit n'est qu'un fossé. Cidaris et Barbisès portent très-peu d'eau dans le port de Constantinople. L'Hèbre est une rivière du quatrième ordre. Les vingt-deux royaumes de l'Anatolie, le royaume de Pont, la Nicomédie donnée aux Romains, l'Ithaque, présentement l'île de Céphalonie, la Macédoine, le terroir de Larisse et celui d'Athènes, ne peuvent jamais avoir fourni la quinzième partie des hommes dont les historiens font mention. Il est impossible que tous ces pays, cultivés avec tous les soins imaginables, aient été fort peuplés. Le terrain est presque partout pierreux, aride et sans rivières : on y voit des montagnes et des côtes pelées, plus anciennes assurément que les plus anciens écrivains. Le port d'Aulide, absolument gâté, peut avoir été très-bon ; mais il n'a jamais pu contenir un nombre approchant de deux mille vaisseaux ou simples barques. Sdile ou Délos est un misérable rocher ; Cerigue,[1] et Paphos, qui est dans l'île de Chypre, sont des lieux affreux. Cerigue est une petite île des Vénitiens, la plus désagréable et la plus infertile qui soit au monde. Il n'y a jamais eu d'air si corrompu que celui de Paphos, lieu absolument inhabité. Naxie ne vaut guère mieux. Les divinités ont été mal placées : il en faut demeurer d'accord. Je croirois volontiers que les historiens se sont imaginé qu'il étoit plus beau de faire combattre trois cent mille hommes que vingt mille, et vingt rois plutôt que vingt petits seigneurs. Les poëtes avoient des maîtresses dans les lieux où ils ont fait demeurer Vénus ; mais en vérité la beauté ravissante de leurs ouvrages justifie tout. Linières et tant d'autres ne pourroient pas aussi impunément consacrer Senlis ou la rue de la Huchette, quand même ils y seroient amoureux. Dans le fond, les grands auteurs, par la seule beauté de leur génie, ont pu donner des charmes éternels, et même l'être aux royaumes, la réputation aux nations, le nombre aux armées, et la force aux simples murailles. Ils ont laissé de grands exemples de vertu comme de style, fournissant ainsi leur postérité de tous ses besoins ; et si elle n'en a pas toujours su profiter, ce n'est pas leur faute. Il n'importe guère de quel pays soient les héros ; il n'importe guère aussi, ce me semble, si les historiens et les grands poëtes sont nés à Rome ou

---

1. Cerigue ou Cerigo, ancienne Cythère.

dans la cour du Palais, à Athènes, ou à la Ferté-Milon. Je vous observerai, Monsieur, avant de finir cet article, qu'il y a deux mille évêchés en Grèce seulement, nommés dans l'histoire ecclésiastique, qui ne peuvent avoir eu deux paroisses chacun.

J'ai appris avec un sensible déplaisir la mort de M. de Puymorin. Je l'ai tendrement regretté ; je remercie Dieu de tout mon cœur de lui avoir fait l'importante grâce de songer à son salut avant sa mort.

Les témoignages de votre souvenir, Monsieur, m'ont été et me seront toujours fort chers : j'eusse voulu que, vous souvenant aussi de l'attachement que j'ai pour tout ce qui vous touche, vous m'eussiez écrit quelque chose de votre famille et de vos affaires. Je crois le petit Racine bien vif, et il n'est pas impossible qu'à mon retour je ne l'interroge et je ne le tourmente sur son latin : peut-être m'embarrassera-t-il sur le grec littéral ; mais je saurai un peu mieux le grec vulgaire, langue aussi corrompue et aussi misérable que l'ancienne Grèce l'est devenue.

Adieu, mon cher Monsieur. Je vous conjure de penser quelquefois à notre ancienne amitié, de m'écrire encore, quand même vous devriez continuer à m'appeler *Monseigneur*, et d'être bien persuadé de l'extrême passion et de l'estime sincère et sérieuse avec laquelle je serai toujours votre très-humble et très-obéissant serviteur.

Je ne vous ai jamais rien appris, et vous m'avez appris mille choses : cependant vous êtes obligé de demeurer d'accord (vous qui me donnez libéralement quelque part à vos tragédies, quoique je n'y en aie jamais eu d'autre que celle de la première admiration) que je vous ai découvert qu'un trésorier général de France[1] prend le titre de chevalier, et qu'il a la satisfaction honorable d'être enterré avec des éperons dorés ; qu'ainsi il ne doit pas légèrement prodiguer le titre de *Monseigneur*.

Vous ne m'avez pas mandé si vous voyez souvent M. le marquis de Seignelay. Adieu, Monsieur.

Suscription : A M. Racine, trésorier général de France, à Paris.

---

1. Racine était trésorier de France en la généralité de Moulins, depuis 1674.

LI.[1]

DE RACINE AU P. BOUHOURS.

[1685].

Je vous envoie, mon Révérend Père, trois exemplaires de nos harangues académiques. Je vous prie de tout mon cœur d'en vouloir donner un au R. P. Rapin, et un au R. P. de La Baune. J'ai bien peur que vous ne trouviez sur le papier bien des fautes, que ma prononciation vous avoit déguisées; mais j'espère que vous les excuserez un peu, et que l'amitié que vous avez pour moi aidera peut-être autant à vous éblouir que ma déclamation l'a pu faire. Je suis de tout mon cœur.

Votre très-humble et très-obéissant serviteur,

RACINE.

LII.[2]

DE RACINE A MADEMOISELLE RIVIÈRE.

A Paris, ce 27 février [1685].

M. Rivière vous aura dit, ma chère sœur, tous les soins que je prends pour vous faire rétablir, et l'expé-

---

1. Lettre imprimée pour la première fois dans l'opuscule intitulé : *Lettre à M. Racine sur le théâtre en général,* etc. 1773. Voy. la note 1 de la lettre XLV. L'autographe existe; il appartenait naguère à M. Rathery.

Il n'y a point de date, mais il s'agit très-probablement des harangues prononcées le 2 janvier 1685 à la réception de Thomas Corneille et de Bergeret.

2. Publiée pour la première fois par M. Aimé Martin, dans sa cinquième édition des *OEuvres de Racine,* t. VI, p. 423.

M. Aimé Martin n'a pas essayé d'indiquer l'année où cette lettre fut écrite. M. Mesnard conjecture que ce fut en 1685.

dient qu'on m'avoit proposé pour lui, qui lui seroit bien plus avantageux que la charge qu'il avoit. J'ai reçu ce matin une lettre de Monsieur l'Intendant, qui est au désespoir de n'avoir pas seulement su que M. Rivière m'appartient le moins du monde. Il se trouve d'assez grandes difficultés pour la chose que j'ai entreprise, et je ne vous puis pas en dire les raisons, de peur que ma lettre ne soit vue de quelque autre que de vous. Cependant si cette affaire-là ne réussit pas, je vois de grandes apparences de faire rétablir M. Rivière à la Ferté-Milon. Monsieur l'Intendant en fait son affaire; car outre l'amitié qu'il a pour moi, il me mande que ce M. Gressier qu'on a fait contrôleur est un banqueroutier qui n'a payé ni prêt ni paulette, et qui n'a été ni reçu ni installé. Il me mande qu'il a su tout cela de M. Vitart et de M. Regnaud, et qu'il leur a ordonné de s'opposer à l'enregistrement. De là l'affaire sera portée au Conseil, et renvoyée à Monsieur l'Intendant, qui fera supprimer ce Gressier, et rétablir M. Rivière. J'aurai soin en ce cas que M. Rivière soit rétabli dans sa charge de grènetier. Monsieur l'Intendant me mande aussi que M. Rivière a été supprimé comme contrôleur alternatif, et qu'il a appris de moi qu'il étoit grènetier ancien. J'ai vite fait partir un laquais pour avertir de tout Monsieur le Contrôleur général, en attendant que je sois habillé de deuil pour y aller après-demain. Ainsi, ma chère sœur, je crois que vous pouvez avoir l'esprit en repos. Vos affaires, s'il plaît à Dieu, iront bien; du moins vous pouvez vous assurer que je n'ai jamais eu rien si fort à cœur. Il me paroît par la lettre de Monsieur l'Intendant que mon cousin Vitart n'a point tant de tort que je pensois, puisqu'il a été lui-même le trouver pour lui donner avis de tout cela. Ainsi ne vous brouillez point. Au contraire, que M. Rivière le père et M. Regnaud se hâtent de faire leur opposition à l'enregistrement, comme il leur a ordonné. Monsieur l'Intendant me mande qu'il a songé à me faire plaisir en faisant conserver mon oncle Racine. Jugez ce qu'il auroit fait pour vous. On ne peut pas avoir plus de torts que vous en avez, vous et M. Rivière, de ne m'avoir pas averti qu'on alloit à Monsieur l'Intendant. Cependant ayez soin de ne vous point chagriner et de n'avoir point de querelle avec personne surtout. J'aurai soin de vos intérêts. Que M. Rivière me mande tout ce qu'il sait. Adieu, ma chère sœur.

LIII.[1]

D'ANTOINE ARNAUD A RACINE.

Ce 7 avril [1685].

J'ai à vous remercier, Monsieur, du *Discours* qu'on m'a envoyé de votre part. Rien n'est assurément plus éloquent, et le héros que vous y louez en est d'autant plus digne de vos louanges, que l'on dit qu'il y a trouvé de l'excès. Mais il est bien difficile qu'il n'y en ait toujours un peu : les plus grands hommes sont hommes, et se sentent toujours par quelque endroit de l'infirmité humaine. On auroit bien des choses à se dire sur cela, si on se parloit; mais c'est ce qu'on ne voit pas lieu d'espérer de pouvoir faire. Il faudroit pour cela avoir dissipé un nuage, que j'ose dire être une tache dans ce soleil. Ce ne seroit pas une chose difficile, si ceux qui le pourroient faire avoient assez de générosité pour l'entreprendre; mais j'avoue qu'il y en a peu qui aient tous les

---

1. L'autographe existe à la Bibliothèque nationale. Louis Racine a daté cette lettre de 1678, croyant qu'elle avait été écrite à l'occasion de la réponse à la harangue de l'abbé Colbert, mais il s'agit plus probablement du discours prononcé à la réception de Thomas Corneille et de Bergeret, et la date vraisemblable est par conséquent 1685.

talents nécessaires pour cela, entre lesquels on doit compter celui que les pères appellent *talentum familiaritatis*. Cependant je vous assure que les pensées que j'ai sur cela ne sont point intéressées; que ce qui me peut regarder me touche fort peu, et que ce [que je] considère principalement, est les biens infinis que pourroit faire à l'Église un prince si accompli, si cet obstacle étoit levé.

Celui, Monsieur, qui vous rendra cette lettre est un ami qui demeure avec moi depuis quinze ans,[1] et qui a pour moi tant d'affection, que je ne puis pas que je ne lui en sois très-obligé. Il a un frère qui est fort honnête homme, et capable de s'acquitter d'un emploi, comme seroit d'avoir soin des affaires dans une grande maison, avec beaucoup d'application et de fidélité. Si vous pouviez, Monsieur, lui en procurer quelqu'un, je vous en aurois une grande obligation.

Je suis tout à vous et à votre incomparable ami.[2]

LIV.[3]

DE RACINE A MADEMOISELLE RIVIÈRE.

A Paris, ce 16 août [1685].

Je ne vous écris qu'un mot par Mme de Passy, pour vous prier, ma chère sœur, de ne me point envoyer d'argent pour le surtout de M. Rivière, que je lui enverrai la semaine prochaine. J'en ai besoin dans le pays où vous

---

1. François Guelphe. C'était un protégé de la duchesse de Longueville, qu'elle avait placé, comme copiste, auprès de Nicole et d'Arnaud. Lorsque ce dernier fut forcé de sortir de France, Guelphe le suivit, et s'attacha constamment à son sort. Ce fut lui qui se chargea d'apporter à Port-Royal le cœur de celui qui fut son maître et son ami.

2. Boileau.

3. Publiée pour la première fois par M. Aimé Martin dans sa cinquième édition des *Œuvres de Racine*, tome VI, p. 425, d'après un autographe communiqué par M. Feuillet de Conches.

êtes. Donnez quatre ou cinq pistoles, selon que vous le jugerez à propos, à cette des Fossés que vous dites fort âgée et fort incommodée avec son mari. Est-ce la fille qui fut mariée à Neuilly, il y a deux ans, qui est maintenant veuve? Mandez-le-moi; car si elle est dans le besoin, je tâcherai encore de l'assister. Je vous enverrai de l'argent tant que vous en jugerez à propos. Je me repose sur vous de tout cela. J'espère que les affaires du grenier à sel seront bientôt terminées. On dit que cela est au greffe du Conseil. Adieu, ma chère sœur : je suis tout à vous.

LV.[1]

DE RACINE A MADEMOISELLE RIVIÈRE.

A Paris, ce 4 septembre [1685].

Je donnai hier votre argent à M. de Sacy, et je vous envoie son reçu. Je suis bien en colère contre M. Rivière de ce qu'il s'est tant hâté de vendre son blé, malgré toutes les exhortations que je lui fis pour l'en empêcher. Je voudrois que vous en eussiez encore une grande quantité : vous seriez riche, et cela me feroit un fort grand plaisir. Vous avez bien fait de nous en acheter. Si vous trouvez occasion de nous en acheter encore à peu près au même prix, j'en serai fort aise; mais je ne crois pas qu'il y revienne de longtemps.

Pour ce qui est de l'argent que vous avez à nous, je vous prie de le garder pour les occasions, et surtout d'en

---

1. Publiée pour la première fois par l'abbé de La Roque, *Lettres inédites de J. Racine,* etc, p. 284.

assister tous ceux de nos pauvres parents que vous croirez en avoir besoin dans ce temps de cherté. Si vous connoissez même quelques autres pauvres qui vous paroissent en grand besoin, je vous prie de ne leur en point refuser. Je me repose sur vous de tout cela, et je ne vous accuserai point d'avoir trop donné.

La petite Nanette a été bien tourmentée de deux grosses dents qui lui sont percées; mais il me semble qu'elle commence à revenir. Elle a l'humeur bien jolie, et ne manque point d'esprit, quoiqu'elle ne parle pas plus que quand vous nous l'avez renvoyée.

Vous ne mandez point à ma femme des nouvelles de sa toile.[1] Elle vous salue, et M. Rivière aussi. Adieu, ma chère sœur : je suis tout à vous.

RACINE.

Je ne sais si je vous ai mandé que le Roi m'a remis ma taxe de trésorier en France, qui montoit à quatre ou cinq mille francs.

Suscription : A Mademoiselle Mademoiselle Rivière, à la Ferté-Milon.

LVI.[2]

DE LA FONTAINE A RACINE.

Du 6 juin 1686.

Poignan, à son retour de Paris, m'a dit que vous preniez mon silence en fort mauvaise part : d'autant plus qu'on vous avoit

---

1. La Ferté-Milon faisait alors un commerce considérable de toiles. Il y reste encore quelques vestiges de cette ancienne industrie. (A. de L. R.)

2. Publiée pour la première fois dans les *OEuvres diverses* de La Fontaine, édit. 1729, tome III, p. 317.

assuré que je travaillois sans cesse depuis que je suis à Château-Thierry, et qu'au lieu de m'appliquer à mes affaires, je n'avois que des vers en tête. Il n'y a de tout cela que la moitié de vrai : mes affaires m'occupent autant qu'elles en sont dignes, c'est-à-dire nullement ; mais le loisir qu'elles me laissent, ce n'est pas la poésie, c'est la paresse qui l'emporte. Je trouvai ici le lendemain de mon arrivée une lettre et un couplet d'une fille âgée seulement de huit ans ; j'y ai répondu : ç'a été ma plus forte occupation depuis mon arrivée. Voici donc le couplet, avec le billet qui l'accompagne :

Sur l'air de Joconde :

Quand je veux faire une chanson
Au parfait la Fontaine,
Je ne puis rien tirer de bon
De ma timide veine.
Elle est tremblante à ce moment,
Je n'en suis pas surprise.
Devant lui un foible talent [1]
Ne peut être de mise.

« Je crois, en vérité, que je ne serois jamais parvenue à faire une chanson pour vous, Monsieur, si je n'avois en vue de m'en attirer une des vôtres. Vous me l'avez promise, et vous avez affaire à une personne qui est vive sur ses intérêts. Songez que je vous assassinerai jusqu'à ce que vous m'ayez tenu votre parole. De grâce, Monsieur, ne négligez point une petite Muse qui pourroit parvenir si vous lui jetiez un regard favorable. »

Ce couplet et cette lettre, si ce qu'on me mande de Paris est bien vrai, n'ont pas coûté une demi-heure à la demoiselle, qui quelquefois met de l'amour dans ses chansons, sans savoir ce que c'est qu'amour. Comme j'ai vu qu'elle ne me laisseroit point en repos que je n'eusse écrit quelque chose pour elle, je lui ai envoyé les trois couplets suivants. Ils sont sur le même air.

Paule, vous faites joliment
Lettres et chansonnettes ;
Quelques grains d'amour seulement,
Elles seroient parfaites.

---

1. Quelques éditeurs, pour supprimer l'hiatus, ont remplacé *un* par *mon*.

Quand ses soins au cœur sont connus,
    Une Muse sait plaire.
Jeune Paule, trois ans de plus
    Font beaucoup à l'affaire.

Vous parlez quelquefois d'amour,
    Paule, sans le connoître;
Mais j'espère vous voir un jour
    Ce petit dieu pour maître.
Le doux langage des soupirs
    Est pour vous lettre close.
Paule, trois retours de zéphirs
    Font beaucoup à la chose.

Si cet enfant, dans vos chansons,
    A des grâces naïves,
Que sera-ce quand ses leçons
    Seront un peu plus vives?
Pour aider l'esprit en ces vers
    Le cœur est nécessaire.
Trois printemps sur autant d'hivers
    Font beaucoup à l'affaire.

Voyez, Monsieur, s'il y avoit là de quoi vous fâcher de ce que je ne vous envoie pas les belles choses que je produis. Il est vrai que j'ai promis une lettre au prince de Conti;[1] elle est à présent sur le métier : les vers suivants y trouveront leur place.

Un sot plein de savoir est plus sot qu'un autre homme:
    Je le fuirois jusques à Rome;
    Et j'aimerois mille fois mieux
    Un glaive aux mains d'un furieux,
    Que l'étude en certains génies.
    Ronsard est dur, sans goût, sans choix,
Arrangeant mal ses mots, gâtant par son françois
    Des Grecs et des Latins les grâces infinies.
Nos aïeux, bonnes gens, lui laissoient tout passer,
    Et d'éruditions ne se pouvoient lasser.
C'est un vice aujourd'hui : l'on oseroit à peine
    En user seulement une fois la semaine.
Quand il plaît au hasard de vous en envoyer,

---

1. François-Louis de Bourbon, prince de la Roche-sur-Yon, puis prince de Conti après la mort de son frère aîné, Louis-Armand de Bourbon (9 novembre 1685). Né le 30 avril 1664, il mourut le 21 février 1709.

Il faut les bien choisir, puis les bien employer,
Très-sûrs qu'avec ce soin l'on n'est pas sûr de plaire.
Cet auteur a, dit-on, besoin d'un commentaire.
On voit bien qu'il a lu ; mais ce n'est pas l'affaire :
Qu'il cache son savoir, et montre son esprit.
Racan ne savoit rien : comment a-t-il écrit?
Et mille autres raisons, non sans quelque apparence.
Malherbe de ces traits usoit plus fréquemment.
Sous lui la cour n'osoit encore ouvertement
Sacrifier à l'ignorance.

Puisque je vous envoie ces petits échantillons, vous en conclurez, s'il vous plaît, qu'il est faux que je fasse le mystérieux avec vous. Mais, je vous en prie, ne montrez ces derniers vers à personne; car Mme de La Sablière ne les a pas encore vus.

LVII.[1]

DE RACINE A MADEMOISELLE RIVIÈRE.

A Paris, ce 4 novembre [1686].

Je ne vous écris qu'un mot, ma très-chère sœur, pour vous dire que je n'ai point reçu de vos nouvelles depuis une lettre où vous me parliez du procès qu'on fait à la ville pour les reliques de saint Vulgis. Comme j'étois alors en Picardie, je ne vous fis point de réponse. Si j'avois été à Paris, j'aurois sollicité de bon cœur avec Monsieur le procureur du Roi. Depuis ce temps, j'ai été à Fontainebleau. Je suis maintenant de retour à Paris, et nous sommes logés dans une maison où apparemment nous demeurerons longtemps : c'est dans la rue des Maçons, près de la Sorbonne. Ainsi, lorsque vous m'écrirez, je vous prie de m'adresser vos lettres simplement dans

---

1. Publiée pour la première fois par M. l'abbé A. de la Roque, *Lettres inédites de J. Racine*, etc., p. 288.

la rue des Maçons. Vous ne m'avez point mandé si vous aviez reçu celle où je vous envoyois une promesse de cent francs de mon oncle Racine. Faites, je vous prie, nos baisemains à M. Rivière, et chez mon cousin Vitart, et mandez-nous de vos nouvelles. Ma femme croit accoucher vers la fin de ce mois.[1] Nous prendrons une nourrice à Paris, l'hiver n'étant pas une saison propre pour envoyer un enfant à la campagne. Nanette crève de graisse, et est la plus belle de nos enfants. Je vous donne le bonjour, ma chère sœur, et suis tout à vous.

RACINE.

Suscription : A Mademoiselle Mademoiselle Rivière, à la Ferté-Milon.

LVIII.[2]

DE RACINE A MADEMOISELLE RIVIÈRE.

A Paris, ce 12 novembre [1686].

Je vous remercie, ma chère sœur, des excellents fromages que vous nous avez envoyés : je n'en ai jamais vu de si bons. Il n'y a pas jusqu'à nos petits enfants qui les aiment mieux que tout autre dessert. Ma femme est dans l'embarras des nourrices. Elle a bien de la peine à en trouver une, à Paris, qui l'accommode. Si la saison n'étoit pas si rude, je me serois bien vite adressé à vous pour

---

1. Elle accoucha le 29 nov. 1686 de Jeanne-Nicole-Françoise; c'est le premier enfant de Racine baptisé à Saint-Séverin, paroisse de la rue des Maçons.

2. Publiée pour la première fois par M. l'abbé Adrien de La Roque, *Lettres inédites de J. Racine*, etc., p. 280; datée par lui de 1684, reportée avec plus de vraisemblance par M. Mesnard à 1686.

nous en trouver une ; car, à tout prendre, Nanette est celle de nos enfants que je crois qui a été le mieux nourrie.

Vous me parlez d'un fils de Mᵐᵉ d'Acy; mandez-moi, je vous prie, s'il est tout seul, quel âge il a, et s'il pourroit bientôt apprendre quelque métier ; car je crois que c'est ce qui vaut mieux pour ces gens-là qu'un bon métier, au lieu qu'en apprenant à lire et à écrire, ils se font tout au plus de misérables sergents et deviennent de fort grands fainéants : surtout tous les enfants de ce côté-là, dont il n'y en a pas eu qui se soit voulu tourner au bien. Je me chargerois volontiers de mettre celui-ci en métier, s'il est en âge de cela. Sinon, mandez-moi ce qu'on peut faire pour lui.

« Ma chère tante, je vous baise les mains et à mon oncle et à ma cousine.

« RACINE. »[1]

Racine vous a voulu faire ses baisemains, et vous a écrit sur mon genou ; car il écrit mieux que cela. Je suis bien aise que ma nièce se porte bien. C'est tenir des enfants bien jeune.[2] On est plus scrupuleux à Paris, et je crois qu'on a raison.

Adieu, ma chère sœur : faites, s'il vous plaît, nos baisemains à M. Rivière et à mon cousin Vitart.

Suscription : A Mademoiselle Mademoiselle Rivière, à la Ferté-Milon (avec le chiffre 2 au bas[3]).

1. Ces quelques mots sont de la main de Jean-Baptiste, fils aîné de Racine, âgé alors de huit ans.
2. C'est-à-dire c'est être marraine bien jeune.
3. Le chiffre 2 signifie sans doute que c'est la seconde lettre envoyée depuis peu de temps, la lettre précédente étant en effet du 4 novembre.

LIX.[1]

DE RACINE A MADEMOISELLE RIVIÈRE.

A Paris, ce 31 janvier [1687].

J'avois reçu, ma très-chère sœur, les lapins que M. Rivière a eu la bonté de nous envoyer, qui se sont trouvés excellents. Mais je ne vous ai point remerciés à cause d'un grand mal de gorge qui me tient depuis trois semaines et qui m'a extrêmement incommodé. Je vous prie donc de m'excuser, et de faire aussi mes excuses à mon cousin Regnaud, que je n'ai point encore remercié d'un panier de fromages qu'il m'a envoyé. J'attends à m'acquitter envers lui que je puisse lui aller choisir un baril d'olives pour son carême. Je voulois aussi envoyer quelque chose à mon cousin Vitart; mais votre lettre m'a donné bien du déplaisir en m'apprenant l'état fâcheux où il se trouve. Je vous prie, au nom de Dieu, de lui bien témoigner la part que je prends à sa maladie, et d'assurer aussi ma cousine, sa femme, qu'on ne peut pas s'intéresser plus que je fais à son déplaisir. Je voudrois de [tout] mon cœur être en état de les so[ulager] l'un et l'autre. Mandez-moi de ses nouvelles quand vous le pourrez.

J'approuve tout ce que vous faites à l'égard de ce petit Dassy,[2] et comme le temps est fort rude, je vous prie

---

1. Publiée pour la première fois par M. l'abbé Adrien de La Roque, *Lettres inédites de J. Racine,* etc., p. 282; datée par lui de 1685, mais reportée avec plus de vraisemblance par M. Mesnard à 1687.
2. C'est le même dont Racine, dans la lettre précédente, écrit le nom d'*Acy*.

de faire de mon argent toutes les charités que vous croirez nécessaires. Je vous écrirai, s'il plaît à Dieu, avant la fin de la semaine prochaine.

Mon mal de gorge est un peu diminué depuis hier. Ma femme et nos enfants vous saluent, et M. Rivière. Je suis de tout mon cœur, ma chère sœur,

Votre très-humble et très-obéissant serviteur,

RACINE.

Je vous prie de me mander le jour où mon père et ma mère moururent, afin que je fasse prier Dieu ces jours-là pour eux. Il me semble que c'est vers ce temps-ci que nous perdîmes feu ma mère.

Adieu, ma chère sœur : j'embrasse ma petite nièce, qu'on dit qui est la plus jolie du monde.

Suscription : A Mademoiselle Mademoiselle Rivière, à la Ferté-Milon.

LX.[1]

DE RACINE A MADEMOISELLE RIVIÈRE.

A Paris, ce 10 mai [1687].

Je pars ce matin, ma chère sœur, pour aller en Flandres. Mais ne soyez point en inquiétude pour votre commission. J'allai hier prendre congé de M. Lhuillier, qui est proprement celui de qui vous la tenez. Il m'a promis d'avoir soin de vos intérêts, et que tout iroit bien. Faites mes baisemains à M. Rivière. Je suis tout à vous.

---

1. Publiée pour la première fois par M. l'abbé Adrien de La Roque, *Lettres inédites de J. Racine*, etc., p. 292. La date 1687, qui est suppléée, n'est pas douteuse.

Dites à mon oncle Racine que j'ai parlé pour une dispense en faveur de M. Le Moine son gendre, et que je me suis adressé à M. de Harlay, conseiller d'État, gendre de Monsieur le Chancelier, auprès duquel il a tout pouvoir. Il a demandé la dispense ; mais elle lui a été refusée, parce que Monsieur le Chancelier s'est fait une loi de n'en point donner de cette nature, à cause des conséquences. Mais il m'a dit qu'on fermoit les yeux sur ces sortes de choses, quand il ne s'agit que de petites charges comme celle-là, et qu'on n'inquiétoit personne. Voilà tout ce que j'ai pu faire.

Suscription : A Mademoiselle Mademoiselle Rivière, à la Ferté-Milon.

LXI.[1]

DE RACINE AU P. RAPIN.

A Paris, ce 10 juin [1687].

Je me suis acquitté, mon Révérend Père, de la commission dont vous avez bien voulu me charger. J'ai lu moi-même votre ouvrage à Monseigneur le Prince.[2] Il m'a commandé de vous dire qu'il le trouvoit très-beau, et qu'il vous étoit fort obligé du zèle que vous témoigniez pour la mémoire de feu Monsieur son père. Vous trouverez à la marge plusieurs remarques qu'il a faites, et

---

1. Publiée pour la première fois par M. Mesnard, d'après l'autographe appartenant à M. Dubrunfaut.
2. L'ouvrage dont il est ici question a pour titre : *Le Magnanime, ou l'éloge du prince de Condé, premier prince du sang, par un père de la Compagnie de Jésus. A Paris, chez la veuve de Sébastien Mabre-Cramoisy*, 1687.

que j'ai écrites par son ordre. Si vous croyez qu'il soit besoin que je vous explique plus au long sa pensée sur ces remarques, vous n'avez qu'à prendre la peine de me mander le jour et l'heure où il vous plaira que je vous aille trouver. Pour moi, mon Révérend Père, je ne saurois assez vous remercier de cette marque si honorable que vous m'avez donnée de votre confiance. Vous ne pouviez assurément vous adresser à un homme qui eût plus de vénération pour votre mérite, et plus d'amour, si je l'ose dire, pour votre personne. Je vous demande pardon si vous n'avez pas eu plus tôt de mes nouvelles. Son Altesse Sérénissime m'a fait un peu attendre après l'audience que je lui demandois. Vous trouverez même votre livre un peu frippé, parce que j'ai été obligé de le porter plusieurs jours dans ma poche. Je suis de tout mon cœur,

Mon Révérend Père,

Votre très-humble et très-obéissant serviteur,

RACINE.

LXII.[1]

DE M. DE BONNAFAU[2] A RACINE.

A Luxembourg, ce 31 juillet [1687].

Monsieur,

Les voyages que Mgr de Louvois m'a fait faire en divers endroits de la frontière m'ont empêché de vous adresser plus tôt le plan de l'attaque de Luxembourg que je vous ai promis. Je

1. Publiée par M. Mesnard d'après l'autographe appartenant à M. Dubrunfaut.
2. M. de Bonnafau était un ingénieur attaché, dans les années antérieures à 1687, à la place de Longwy. (Note de M. Camille Rousset.)

vous l'aurois envoyé plus proprement dessiné, si je n'avois pas eu peur de vous faire trop attendre. Je souhaiterois, Monsieur, vous pouvoir être utile à quelque autre chose en ces quartiers, ayant beaucoup de passion de vous marquer que j'ai l'honneur d'être, Monsieur,

Votre très-humble et très-obéissant serviteur,

DE BONNAFAU.

LXIII.[1]

DE RACINE A M. RIVIÈRE.

A Paris, ce 28 juin [1688].

Je reçus hier votre lettre, et aussitôt j'allai chez M. Champion, qui loge dans mon quartier, pour demander où je trouverois M. Varlet. Mlle Champion me dit qu'il étoit presque toujours à Saint-Clou. Cependant, Monsieur, j'ai songé que je n'avois pas même besoin de son entremise. Je parlerai à M. de Noirmoustier ou à Mme de Bracciane, et conclurai aisément avec eux, s'ils veulent vendre, et que la chose soit comme vous le dites, c'est-à-dire que le fermier rende, toutes charges faites, 960 ᵗᵗ, et qu'on ait la ferme à moins de vingt mille francs, ce qui sera le denier vingt. Mais il y aura encore les droits de lods et ventes, qu'il faudra payer, je crois, à Messieurs de Sainte-Geneviève. Je vous prie de me mander au plus tôt ce qui en est, et de prendre la peine de voir vous-même la ferme, si elle est en bon état, si c'est un bon fermier, de combien elle est chargée de redevances envers le château.

---

1. Publiée pour la première fois par M. l'abbé de La Roque, *Lettres inédites de Jean Racine,* etc., p. 286. M. l'abbé de La Roque la date de 1686 ou 1687; M. Mesnard la reporte avec plus de vraisemblance à l'année 1688.

On m'avoit dit qu'elle étoit aussi chargée de plusieurs muids de grain envers Mesdames de Maubuisson.[1] Cela seroit de grande conséquence; et je n'en voudrois pour chose au monde, si ce[la] étoit. Je crains aussi qu'en considération de M. de Noirmoustier, le fermier soit médiocrement chargé de tailles, et que cela ne vînt à augmenter si la ferme étoit à un autre. Ainsi le revenu diminueroit à proportion. J'attends réponse de vous pour parler ou pour faire parler de cette affaire. Je vais dans une heure à Versailles, et je m'informerai chez Monsieur le contrôleur général s'il y a quelque nouveauté sur vos charges, et prendrai les devants, si cela est.

Ma femme est bien obligée à ma sœur des peines qu'elle prend et qu'elle s'offre de prendre pour nos enfants. Elle seroit d'avis qu'on ne sevrât Fanchon que vers la fin du mois d'août, et qu'on la laissât encore à la nourrice jusqu'à ce temps-là, parce que nos enfants ont accoutumé d'être fort délicats quand les dents leur viennent; et nous irions la querir vers la mi-septembre en vous allant voir. Néanmoins elle s'en rapporte entièrement à vous, et trouvera bon tout ce que vous ferez. Elle envoyera par le messager tout ce que ma sœur demande. Je suis pressé de partir. Adieu, mon cher Monsieur. Je remercie de tout mon cœur Monsieur le procureur du Roi, et je vous prie de lui faire mes compliments.

Suscription : A Monsieur Monsieur Rivière, conseiller du Roi et grènetier à la Ferté-Milon.

---

1. Maubuisson, abbaye fondée près de Pontoise par la reine Blanche, et où l'on voyait jadis son tombeau.

LXIV.[1]

DE RACINE A MADAME DE MAINTENON.

A Paris, le 3 [.... 1688].

Je vous suis bien reconnoissant de la promptitude et de la bonté avec lesquelles vous m'avez, Madame, fait l'honneur de me répondre. Mon *Esther* est maintenant terminée, et j'en ai revu l'ensemble d'après vos conseils, et j'ai fait de moi-même plusieurs changements qui donnent plus de vivacité à la marche de la pièce. Le tour que j'ai choisi pour la fin du prologue est conforme aux observations du Roi. M. Boileau Despréaux m'a beaucoup encouragé à laisser maintenant le dernier acte tel qu'il est. Pour moi, Madame, je ne regarderai l'*Esther* comme entièrement achevée que lorsque j'aurai eu votre sentiment définitif et votre critique. Je vous conjure de m'envoyer vos ordres pour un dernier récit. Je suis, Madame, avec un profond respect,

Votre très-humble et très-obéissant serviteur,
RACINE.

LXV.[2]

DE RACINE A MADEMOISELLE RIVIÈRE.

A Paris, ce 4 décembre [1688].

J'ai reçu, ma chère sœur, le mémoire que vous avez donné à mon cousin Parmentier, et je reçus encore hier

1. Publiée pour la première fois par M. Aimé Martin, dans l'édition de Racine de 1844.

2. Publiée pour la première fois par M. l'abbé de La Roque, *Lettres*

une lettre de vous, par laquelle je vois ce qui vous reste d'argent entre les mains. Je vous suis bien obligé du soin que vous voulez bien prendre de notre petite. Tout le monde nous en dit des merveilles, et plus encore de ma nièce votre fille. Je vous prie de nous renvoyer franchement la nôtre, pour peu qu'elle vous incommode. Ma femme est fort aise que vous soyez contente de ce qu'elle vous a acheté. Vous la désobligeriez si vous vous adressiez à d'autres qu'à elle. Vous nous avez envoyé les meilleurs fromages qui soient encore venus de la Ferté-Milon. Je vous en remercie de tout mon cœur. J'ai bien cru que, dans l'état présent des affaires, les officiers devoient s'attendre à faire des avances au Roi. Nous autres, trésoriers de France, y avons déjà passé. Nous prenons des augmentations de gages.[1] On m'a dit que pour vos cinq cents écus on vous en donnoit aussi. Encore est-ce une consolation. S'il y avoit eu quelque distinction ou quelque diminution à espérer, je vous assure que je me serois employé pour M. Rivière. Mais il n'y a rien à faire ni pour lui, ni pour moi, ni pour personne. Tout le monde prend des augmentations de gages ; et on n'est point trop fâché d'en prendre. Au cas que vous n'ayez point votre argent, et que vous ayez le moindre embarras, vous savez que je ne suis pas homme à vous laisser manquer tant que je serai en état de le faire. C'est pourquoi adressez-vous à moi avec toute confiance.

La cousine Fourrure peut compter sur les cent écus comme si elle les avoit dans son coffre. Je vous envoyerai

---

inédites de J. Racine, etc., p. 290. M. de La Roque la date de 1686, mais M. Mesnard la reporte avec vraisemblance à 1688.

1. « Le roi donne des augmentations de gages quand il fait quelques taxes sur les offices. » (Dictionnaire de Furetière, au mot *Augmentation*.)

ou l'argent, ou un billet, dès que vous me manderez ce que vous aimez le mieux. Je salue M. Rivière, et suis entièrement à vous.

J'aimerois mieux envoyer l'argent.

Suscription : A Mademoiselle Mademoiselle Rivière, à la Ferté-Milon.

LXVI.[1]

DE RACINE A MADEMOISELLE RIVIÈRE.

A Paris, ce 6 janvier [1689].

Nos enfants vous remercient de tout leur cœur des étrennes que vous leur avez envoyées. Ils vouloient aussi envoyer les leurs à leur cousine ; mais comme nous nous attendons de l'avoir ici à Pâques avec notre fille, ma femme a jugé à propos d'attendre à lui faire en ce temps-là les petits présents qu'elle lui destine. Cependant, ma chère sœur, j'ai donné à celui qui m'a rendu votre lettre dix louis d'or pour achever les trois cents livres que je donne à la cousine Fourrure. J'ai jugé à sa mine et à ses manières obligeantes que je lui pouvois confier cet argent, d'autant plus qu'il m'a dit que vous lui aviez confié de la vaisselle d'argent pour la changer. Je vous prie de me vouloir mander s'il vous a remis cette somme entre les mains. J'étois fâché de vous voir avancer de l'argent pour moi. Nous ne sommes point alarmés de la fièvre de Madelon, et nous savons que les enfants sont sujets à ces

---

1. Publiée pour la première fois par M. l'abbé de La Roque, *Lettres inédites de J. Racine*, etc., p. 293. M. l'abbé de La Roque la date de 1688; M. Mesnard la reporte avec vraisemblance à 1689.

sortes d'accidents, quand les dents leur percent. On nous dit mille biens d'elle, et je vois bien qu'elle ne manque pas de bons traitements chez vous. On dit que M. Rivière en fait tout son amusement, et qu'il l'aime comme sa propre fille. Je lui ai bien de l'obligation de tant de bontés. Nous tâcherons de rendre la pareille à ma nièce quand nous la tiendrons. Nous nous faisons par avance un grand plaisir de la réjouir avec nos enfants. Mme de Romanet enverra à sa tante, par la poste, un mémoire de ce qu'elle a dépensé pour elle. Adieu, ma chère sœur : je vous souhaite aussi une bonne année, et à votre famille, et suis tout à vous de tout mon cœur.

Votre *paulette*[1] est payée il y a longtemps.

Suscription : A Mademoiselle Mademoiselle Rivière, à la Ferté-Milon.

LXVII.[2]

DE RACINE ET DE BOILEAU AU MARÉCHAL DUC DE LUXEMBOURG.

Au milieu des louanges et des compliments que vous recevez de tous côtés pour le grand service que vous venez de rendre à la France,[3] trouvez bon, Monseigneur, qu'on vous remercie aussi du grand bien que vous avez fait à

---

1. La *paulette* était un droit annuel qu'on payait pour assurer l'hérédité d'une charge, faute de quoi la charge tombait aux parties casuelles.
(*A. de L. R.*)
2. Publiée pour la première fois et reproduite en *fac-simile* dans l'édition de Geoffroy (1808), d'après l'autographe appartenant à M. Jacobé de Naurois.
3. Par la victoire de Fleurus, remportée le 1er juillet 1690.

l'histoire et du soin que vous prenez de l'enrichir. Personne jusqu'ici n'y a travaillé avec plus de succès que vous, et la bataille que vous venez de gagner fera sans doute un de ses plus magnifiques ornements. Jamais il n'y en eut de si propre à être racontée, et tout s'y rencontre à la fois, la grandeur de la querelle, l'animosité des deux partis, l'audace et la multitude des combattants, une résistance de plus de six heures, un carnage horrible, et enfin une déroute entière des ennemis. Jugez donc quel agrément c'est pour des historiens d'avoir de telles choses à écrire, surtout quand ces historiens peuvent espérer d'en apprendre de votre bouche même le détail. C'est de quoi nous osons nous flatter; mais laissant là l'histoire à part, sérieusement, Monseigneur, il n'y a point de gens qui soient si véritablement touchés que nous de l'heureuse victoire que vous avez remportée. Car sans compter l'intérêt général que nous y prenons avec tout le royaume, figurez-vous quelle est notre joie d'entendre publier partout que nos affaires sont rétablies, toutes les mesures des ennemis rompues, la France, pour ainsi dire, sauvée; et de songer que le héros qui a fait tous ces miracles est ce même homme, d'un commerce si agréable, qui nous honore de son amitié, et qui nous donna à dîner le jour que le Roi lui donna le commandement de ses armées.

Nous sommes avec un profond respect, Monseigneur, vos très-humbles et très-obéissants serviteurs,

RACINE, DESPRÉAUX.

A Paris, 8 juillet [1690].

Suscription : A Monseigneur Monseigneur le maréchal duc de Luxembourg.

LXVIII.[1]

DE RACINE A M. LE PRINCE.[2]

Monseigneur,

C'est avec une extrême reconnoissance que j'ai reçu encore, au commencement de cette année, la grâce que Votre Altesse sérénissime m'accorde si libéralement tous les ans. Cette grâce m'est d'autant plus chère, que je la regarde comme une suite de la protection glorieuse dont vous m'avez honoré en tant de rencontres, et qui a toujours fait ma plus grande ambition. Aussi, en conservant précieusement les quittances du droit annuel dont vous avez bien voulu me gratifier, j'ai bien moins en vue d'assurer ma charge à mes enfants que de leur procurer un des plus beaux titres que je leur puisse laisser, je veux dire les marques de la protection de Votre Altesse sérénissime. Je n'ose en dire davantage; car j'ai éprouvé plus d'une fois que les remerciements vous fatiguent presque autant que les louanges.

Je suis, avec un profond respect, Monseigneur, de

1. L'autographe existe à la Bibliothèque nationale. La date est incertaine. Ce qui est sûr, c'est que cette lettre a été écrite après 1686, Henri-Jules de Bourbon n'étant devenu Monsieur le Prince qu'à la fin de cette année; il avait eu plusieurs fois l'occasion de donner quittance à Racine. On peut placer, par conséquent, cette lettre vers 1690.
2. Henri-Jules de Bourbon-Condé. Il avait les droits domaniaux dans le duché de Bourbonnais, donné à son père en 1661, en échange du duché d'Albret, et pour en jouir au même titre. Au nombre de ces droits était celui d'*annuel* ou de *paulette* sur les offices de judicature et de finance, qui montait alors au soixantième denier du prix capital de l'office. Racine, titulaire d'un office de trésorier de France au bureau des finances de Moulins, était tenu d'acquitter ce droit chaque année, pour conserver le prix de sa charge à ses enfants; mais le prince lui en faisait remise.

Votre Altesse sérénissime, le très-humble, très-obéissant et très-fidèle serviteur,

RACINE.

LXIX.[1]

DE RACINE AU MÊME.[2]

J'ai parcouru tout ce que les anciens auteurs ont dit de la déesse Isis, et je ne trouve point qu'elle ait été adorée en aucun pays sous la figure d'une vache, mais seulement sous la figure d'une grande femme toute couverte d'un grand voile de différentes couleurs, et ayant au front deux cornes en forme de croissant. Les uns disent que c'étoit la lune, les autres Cérès, d'autres la terre, et quelques autres cette même Io qui fut changée en vache par Jupiter.

Mais voici ce que je trouve du dieu Apis, qui sera, ce me semble, beaucoup plus propre à entrer dans les ornements d'une ménagerie. Ce dieu étoit, dit-on, le même qu'Osiris, c'est-à-dire ou le mari, ou le fils de la déesse Isis. Non-seulement il étoit représenté par un jeune taureau, mais les Égyptiens adoroient en effet, sous le nom d'Apis, un jeune taureau bien buvant et bien mangeant, et ils avoient soin d'en substituer toujours un autre à la place de celui qui mouroit. On ne le laissoit guère vivre que jusqu'à l'âge d'environ huit ans, après quoi ils le noyoient dans une certaine fontaine; et alors tout le

---

1. L'autographe existe à la Bibliothèque nationale. Voyez, pour la date, la note 1 de la lettre précédente.
2. M. le Prince se proposait de décorer la ménagerie de Chantilly de quelque ouvrage de peinture ou de sculpture. Il avait communiqué ses idées à Racine, et lui avait demandé un mémoire sur ce sujet.

peuple prenoit le deuil, pleurant et faisant de grandes lamentations pour la mort de leur dieu, jusqu'à ce qu'on l'eût retrouvé. On étoit quelquefois assez longtemps à le chercher. Il falloit qu'il fût noir par tout le corps, excepté une tache blanche de figure carrée au milieu du front, et une autre petite tache blanche au flanc droit, faite en forme de croissant. Quand les prêtres l'avoient trouvé, ils en donnoient avis au peuple de Memphis; car c'étoit principalement en cette ville que le dieu Apis étoit adoré. Alors on alloit en grande cérémonie au-devant de ce nouveau dieu, et c'est cette espèce de procession qui pourroit fournir de sujet à un assez beau tableau.

Cent prêtres marchoient habillés de robes de lin, ayant tous la tête rase et étant couronnés de chapeaux de fleurs, portant à la main, les uns un encensoir, les autres un sistre : c'étoit une espèce de tambour de basque. Il y avoit aussi une troupe de jeunes enfants, habillés de lin, qui dansoient et chantoient des cantiques; grand nombre de joueurs de flûtes et de gens qui portoient à manger pour Apis dans des corbeilles; et de cette sorte on amenoit le dieu jusqu'à la porte de son temple, ou, pour mieux dire, il y avoit deux petits temples tout environnés de colonnes par dehors, et aux portes, des sphinx à la manière des Égyptiens. On le laissoit entrer dans celui de ces deux temples qu'il vouloit, et on fondoit même sur son choix de grandes conjectures ou de bonheur ou de malheur pour l'avenir. Il y avoit auprès de ces deux temples un puits, d'où l'on tiroit de l'eau pour sa boisson; car on ne lui laissoit jamais boire de l'eau du Nil. On consultoit même ce plaisant dieu, et voici comme on s'y prenoit. On lui présentoit à manger : s'il en prenoit, c'étoit une réponse très-favorable; tout au contraire, s'il n'en prenoit point.

On remarqua même, dit-on, qu'il refusa à manger de la main de Germanicus, et ce prince mourut à deux mois de là.

Tous les ans on lui amenoit, à certain jour, une jeune génisse, qui avoit aussi ses marques particulières ; et cela se faisoit encore avec de grandes cérémonies.

Voilà, Monseigneur, le petit mémoire que Votre Altesse sérénissime me demanda il y a trois jours. Je me tiendrai infiniment glorieux toutes les fois qu'elle voudra bien m'honorer de ses ordres, et m'employer dans toutes les choses qui pourront le moins du monde contribuer à son plaisir.

Je suis avec un profond respect, de Votre Altesse sérénissime, le très-humble et très-obéissant serviteur,

RACINE.

LXX.[1]

DE NICOLE A RACINE.

[Décembre 1690].

J'attends, Monsieur, à me réjouir avec vous un peu plus à fond sur le présent que vous avez reçu de Sa Majesté. La charge, les circonstances, tout m'y plaît. Je me réjouis qu'on me puisse dire : *sunt hic sua præmia laudi,*[2] et que la malice et les préventions ne puissent pas tout ; mais je me réjouis encore bien plus

---

1. Publiée pour la première fois par M. l'abbé de La Roque, *Lettres inédites de J. Racine,* etc., p. 175, en note. L'original existe et appartient à M. Aug. de Naurois.

M. l'abbé de La Roque suppose qu'elle a pu être écrite à l'occasion de la nomination de Racine à la charge d'historiographe du roi. Mais M. Mesnard cite le témoignage de J.-B. Racine en tête d'une copie de cette lettre : « Lettre de M. Nicole à mon père dans laquelle il lui fait compliment sur la charge de gentilhomme ordinaire dont le roi lui avoit fait présent (déc. 1690) », témoignage tout à fait concluant.

2. « Le mérite trouve ici sa récompense. » *Énéide,* I, 461.

qu'on n'ait point été intimidé de ces préventions, et qu'en allant son chemin sans crainte on ne soit tombé en aucun inconvénient. C'est le sujet pour moi d'un grand discours, que je n'entamerai pas dans un billet qui n'a pour but que de satisfaire à un devoir de civilité qu'il est bon d'abréger en un temps où vous êtes accablé de ces sortes de civilités. Je suis, Monsieur,

Votre très-humble et très-obéissant serviteur,

NICOLE.

Suscription : A Monsieur Monsieur Racine, à Paris.[1]

LXXI.[2]

DE RACINE A MADAME RACINE.

A Cateau-Cambresis,[3] le jour de l'Ascension
[15 mai 1692].

J'avois commencé à vous écrire hier au soir à Saint-Quentin ; mais je fus avertis que la poste étoit partie dès midi : ainsi je n'achevai point. Je viens de recevoir vos lettres, qui m'ont fait un fort grand plaisir. Je me porte bien, Dieu merci. Les garçons de M. Poche m'ont piqué mon petit cheval en deux endroits en le ferrant, dont je suis fort en colère contre eux, et avec raison. Heureusement M. de Cavoye mène avec lui un maréchal, qui en a pris soin, et on m'assure que ce ne sera rien. Nous allons demain au Quesnoy, où on laissera les dames,[4] et après-

---

1. Cette lettre est cachetée à la cire rouge, portant l'empreinte d'une croix dans laquelle est entrelacée une couronne d'épines avec les deux mots : *Libertas summa*. (A. de L. R.)

2. L'autographe existe à la Bibliothèque nationale.

3. Racine était parti le 10 mai 1692 pour suivre le roi à la campagne de Namur.

4. Mme de Chartres, les deux princesses de Conti, Mme de Maintenon et plusieurs dames de la cour.

demain au camp près de Mons. L'herbe est bien courte, et je crois que les chevaux ne trouveront pas beaucoup de fourrage. Le blé est fort renchéri à Saint-Quentin ; le septier, qui ne valoit que vingt sous, en vaut soixante-six : c'est à peu près la même mesure qu'à Montdidier. Votre fermier sera riche, et devroit bien vous donner de l'argent, puisque vous ne l'avez point pressé de vendre son blé lorsqu'il étoit à bon marché. Écrivez-en à votre frère. Le Roi eut hier des nouvelles de sa flotte; elle est sortie de Brest du 9 mai. On la croit maintenant à la Hogue, en Normandie, et le roi d'Angleterre embarqué. On mande de Hollande que le prince d'Orange voit bien que c'est tout de bon qu'on va faire une descente, et qu'il paroît étonné. Il a envoyé en Angleterre le comte de Portland, son favori, a contremandé trois régiments prêts à s'embarquer pour la Hollande, et on dit qu'il pourroit bien repasser lui-même en Angleterre. Monsieur de Bavière est fort inquiet de la maladie du prince Clément, son frère, qui est, dit-on, à l'extrémité. Il le sera bien davantage dans quatre jours, lorsqu'il verra entrer dans les Pays-Bas plus de cent trente mille hommes. Le Roi est dans la meilleure santé du monde. Il a eu nouvelle aujourd'hui que M. le comte d'Estrées avoit brûlé ou coulé à fond quatorze vaisseaux marchands anglois sur les côtes d'Espagne, et deux vaisseaux de guerre qui les escortoient. Cela le console avec raison de la perte de deux vaisseaux de l'escadre du même comte d'Estrées, qui ont péri par la tempête. Voilà d'heureux commencements : il faut espérer que Dieu continuera de se déclarer pour nous. Faites part de ces nouvelles à M. Despré[aux, à] qui je n'ai pas le temps d'écrire aujourd'h[ui], et au c[her] M. Vuillard. J'ai rencontré aujourd'hui M. Dodart pour la première fois. Il dit qu'il a été et qu'il est encore mal logé; mais il se porte à merveille. M. du Tartre[1] se trémousse à son ordinaire, et a une grande épée à son côté, avec un nœud magnifique; il a tout à fait l'air d'un capitaine. Adieu, mon cher cœur : embrasse tes enfants pour moi. Exhorte ton fils à bien étudier et à servir Dieu. Je suis parti fort content de lui; j'espère que je le serai encore plus à mon retour. Écris-moi souvent, ou lui. Adieu, encore un coup.

Suscription : A Madame Madame Racine, rue des Maçons, proche la Sorbonne, à Paris.[2]

1. Chirurgien juré du Parlement de Paris, il était devenu chirurgien ordinaire du roi.

2. Cette lettre est la seule conservée de toutes celles que Racine a écrites à sa femme. Comme il n'avait rien de caché pour elle, il ne voulait pas apparemment qu'elle gardât ses lettres. (LOUIS RACINE.)
M. Aimé Martin a publié dans l'édition de Racine de 1844, tome VI, p. 415, le billet suivant de Racine à Mme Racine.

« Au Quesnoy, le 16 mars.

« Je vous écrivis hier de Cateau-Cambresis; nous sommes arrivés à nos quartiers, et, comme je vous le mandois, nous partons demain pour le camp devant Mons.

« Les dames qu'on laisse ici ont témoigné le désir de suivre le roi au camp; ce qui a beaucoup réjoui Sa Majesté. On vient d'amener au roi deux manières de paysans, qui étoient sortis de Mons avec des lettres de l'ennemi. Ces lettres portent que la ville peut tenir plusieurs mois contre les forces du roi, mais cela est peu vraisemblable, et la campagne ne sera point longue.

« Écrivez à votre frère touchant votre fermier. Adieu, mon cher cœur; embrasse tes enfants pour moi, et donne-moi souvent des nouvelles de notre fils. Qu'il travaille et se mette en état de vivre en honnête homme. Adieu, à demain. »

Ce billet, qui est plein d'erreurs, est assurément apocryphe. On a vu toutefois une autre copie prétendue autographe du même billet où les erreurs étaient corrigées. Ainsi la date y est fixée au 16 mai 1692 et non au 16 mars. Au lieu de : « Nous partons demain pour le camp devant Mons, » il y a : « Nous partons demain pour le camp de Gévries, près de

LXXII.[1]

D'ANTOINE ARNAUD A RACINE.

Ce 2 juin [1692].

A un aussi bon ami que vous, si généreux et si effectif, il ne faut point de préambule. J'ai des obligations extrêmes à un échevin de Liége nommé M. de Cartier, parfaitement honnête homme, et, ce que je considère plus, fort bon chrétien. Il craint, et avec raison, ce qui pourra arriver après la prise de Namur, que l'on doit regarder comme indubitable. On cherchoit des recommandations pour lui auprès de M. le maréchal de Luxembourg; mais j'ai assuré ceux qui en vouloient écrire à Paris, qu'il n'y en avoit point de meilleure que la vôtre. Employez donc, mon très-cher ami, tout ce que vous avez de crédit dans cette maison, afin qu'il connoisse que la prière que je vous ai faite pour lui n'a pas été inutile. Il voudroit bien aussi avoir des sauvegardes de Sa Majesté pour sa maison de Liége, qui est fort belle, et pour une terre qu'il a dans le pays de Limbourg, auprès de l'abbaye de Rosleduc.[2] Cette terre paye contribution, et ainsi on n'a peut-être pas besoin de sauvegarde. J'en ai écrit à M. de Pomponne, et l'ai prié instamment de me faire ce plaisir, s'il y a moyen. Mais vous êtes si bon que vous ne trouverez pas mauvais que je vous conjure d'en être le solliciteur. Si le petit ami qui est depuis si longtemps auprès de moi[3] peut passer jusques au camp,[4] ce sera lui qui vous rendra ce billet, et qui

---

Mons, où est le rendez-vous des armées de Flandres. » Au lieu de : « Ces lettres portent que la ville peut tenir, etc., » il y a : « *Namur* ne peut tenir contre les forces du roi. » Mais tout cela est trop suspect pour être admis dans la correspondance du poëte.

1. L'autographe existe à la Bibliothèque nationale.
2. A sept lieues de Maestrich.
3. M. Guelphe.
4. Mon père était alors avec le roi, devant Namur où il l'avait suivi.

(J.-B. RACINE.)

vous entretiendra de beaucoup de choses qui se peuvent mieux dire de vive voix. Je suis tout à vous, mon très-cher ami.

Suscription : A Monsieur Monsieur Racine, gentilhomme ordinaire du Roi.

LXXIII.[1]

DE RACINE A M. RIVIÈRE.

A Paris, le 8 novembre [1692].

Nous avons bien pensé ne vous pas envoyer notre enfant, le lait de sa nourrice s'étant arrêté presque aussitôt après son arrivée, et ayant été même obligés d'en envoyer querir une autre. Mais enfin, à force de caresses et de bonne nourriture, son lait est assez revenu, et nous n'avons pas voulu désespérer une pauvre femme à qui vous aviez donné votre parole. J'espère que notre générosité ne nous tournera point à mal, et qu'elle en aura de la reconnoissance. Nous avons envoyé en carrosse l'enfant et la nourrice jusqu'au Bourget, pour leur épargner le pavé dans un coche. Je crois, Monsieur, que je n'ai pas besoin de vous le recommander. Voici pourtant quelques prières que ma femme me dit de vous faire. Elle vous supplie de bien examiner la nourrice à son arrivée,[2] et si son lait n'est pas suffisant, de lui retirer sur-le-champ notre enfant, et de le donner à cette autre dont vous aviez parlé. L'enfant est de grande vie, et tette beaucoup. D'ailleurs elle n'est pas fort habile à le remuer. Nous vous prions d'envoyer chez elle, surtout durant les

1. Publiée pour la première fois par M. l'abbé de La Roque, *Lettres inédites de J. Racine,* etc., p. 295.
2. M. Rivière était médecin tout en remplissant d'autres charges.

premiers quinze jours, une sage-femme, ou quelque autre qui soit instruite, de peur qu'il n'arrive quelque inconvénient. Nous vous prions aussi d'ordonner qu'on ne le laisse point crier, parce qu'étant un garçon, les efforts sont à craindre comme vous savez. Ayez la bonté [de voir] si son berceau est bien tourné. Les soldats font peur aussi à ma femme, et j'ai recommandé à la nourrice, si il y en passoit chez elle qui fussent insolents, de se réfugier aussitôt chez vous. Enfin, Monsieur, souvenez-vous que c'est en votre seule considération et à celle de ma sœur que nous envoyons cet enfant à la campagne. Sans cela, nous l'aurions retenu à Paris avec bien de la joie, quoi qu'il en eût coûté, et ma femme même a bien versé des larmes ce matin en le voyant partir. J'ai payé six francs au coche pour la nourrice et pour l'enfant. Si le cocher a eu bien soin d'eux et si la nourrice en est contente, je vous prie de lui faire donner quinze sous. J'ai donné à la nourrice trois écus neufs, et je lui ai dit de se bien nourrir sur le chemin et de vous tenir compte du reste. Je vous prie aussi de donner un écu à la nourrice de Nanette, qui lui a envoyé des biscuits.

J'espère que vous voudrez bien prendre la peine d'avancer pour nous les mois qu'il faudra à la nourrice. Voilà, Monsieur, bien des peines que je vous donne. Je vous envoie deux livres, dont il y a un pour vous, et l'autre pour dom prieur de Bourgfontaine, à qui je vous prie de vouloir faire mes compliments. Je doute qu'ayant un second fils nous puissions songer à une terre. Nous ne sommes pas à beaucoup près assez riches pour faire tant d'avantages à notre aîné. Vous savez le droit des aînés sur les fiefs.

Je vis avant-hier M. Lhuillier, qui m'assura que vous deviez être entièrement en repos, et que vous ne seriez point révoqué. Je suis pressé de finir cette lettre. Je salue ma sœur et ma nièce, et suis, Monsieur, entièrement à vous.

Ma femme vous conjure de lui mander des nouvelles de son enfant dès qu'il sera arrivé, et de ne la flatter sur rien, mais de lui mander toujours la vérité.

Si cet enfant n'étoit pas bien et que vous ne fussiez pas.....

LXXIV.[1]

D'ANTOINE ARNAUD A RACINE.

Ce 15 juillet 1693.

J'ai douté, Monsieur, si je vous devois remercier de ce que vous avez fait de si bonne grâce pour obtenir le passe-port que je vous avois demandé; car me flattant d'une part qu'il n'y a guère de personne que vous aimiez plus que moi, et sachant de l'autre combien ce vous est un plaisir d'obliger vos amis, je me suis presque imaginé que c'est peut-être à vous à me remercier de ce que je vous avois fait avoir cette occasion de me donner une preuve de votre inclination bienfaisante. Le petit frère[2] est charmé de la bonté que vous lui avez témoignée. Il m'a rendu compte de l'entretien que vous avez eu ensemble sur mon sujet. Dieu me fait la grâce d'être sur tout cela sans inquiétude, et si j'ai quelque peine, c'est d'être privé de la consolation de voir mes amis, et un tête-à-tête avec vous et avec votre compagnon[3] me feroit bien du plaisir; mais je n'achèterois pas ce plaisir pour la moindre lâcheté : vous savez bien ce que cela veut dire. Ainsi je demeure en paix, et j'attends en patience que Dieu fasse connoître à Sa Majesté qu'il n'a point dans tout son royaume de

---

1. L'autographe existe à la Bibliothèque nationale.
2. François Guelphe, secrétaire de M. Arnaud.
3. Boileau.

sujet plus fidèle, plus passionné pour sa véritable gloire, et, si je l'ose dire, qui l'aime d'un amour plus pur et plus dégagé de tout intérêt. Je pourrois ajouter que je suis naturellement si sincère que, si je ne sentois dans mon cœur la vérité de ce que je dis, rien au monde ne seroit capable de me le faire dire. C'est pourquoi aussi je ne pourrois me résoudre de faire un pas pour avoir la liberté de revoir mes amis, à moins que ce ne fût à mon prince seul que j'en fusse redevable. Je suis tout à vous, mon cher ami.

LXXV.[1]

DE RACINE A M. DE BONREPAUX.[2]

A Paris, le 28 juillet [1693].

Mon absence hors de cette ville est cause que je ne vous ai point écrit depuis dix jours. Il s'est pourtant passé beaucoup de choses très-dignes de vous être mandées. M. de Luxembourg, après avoir battu un corps de cinq mille chevaux, commandé par le comte de Tilly,[3] a mis le siége devant Huy, dont il a pris la ville et le château en trois jours, et de là a marché au prince d'Orange, avec lequel il est peut-être aux mains à l'heure qu'il est.[4] Monseigneur a passé le Rhin, et, s'étant mis à la tête d'une armée de plus de soixante-six mille hommes, a marché droit au prince de Bade, en intention de le chercher partout pour le combattre, et de l'attaquer même dans ses retranchements, s'il prend le parti de se retrancher. Mais

1. L'autographe existe à la Bibliothèque nationale.
2. Il était alors ambassadeur en Danemark et plénipotentiaire auprès des princes d'Allemagne.
3. Cette affaire est du 15 juillet, Huy fut pris le 23.
4. Ce fut le lendemain 29 juillet 1693 que le maréchal de Luxembourg rencontra le prince d'Orange et le duc de Bavière à Nerwinde.

ce qui a le plus réjoui tout le public, c'est la déroute de la flotte de Hollande et d'Angleterre, qui est tombée, au cap Saint-Vincent, entre les mains de M. de Tourville. J'entretins hier son courrier, qui est le chevalier de Saint-Pierre, frère du comte de Saint-Pierre, lequel fut cassé il y a deux ans. Je vous dirai en passant qu'on trouve que M. de Tourville a fait fort honnêtement d'envoyer dans cette occasion le chevalier de Saint-Pierre, et on espère que la bonne nouvelle dont il est chargé fera peut-être rétablir son frère. Quoi qu'il en soit, la flotte, qu'on appelle *de Smyrne*, a donné tout droit dans l'embuscade. Le vice-amiral Rouk, qui l'escortoit, d'aussi loin qu'il a découvert notre armée navale, a pris la fuite, et il a été impossible de le joindre. Il avoit pourtant vingt-six ou vingt-sept vaisseaux de guerre. Les pauvres marchands, se voyant abandonnés, ont fait ce qu'ils ont pu pour se sauver. Les uns se sont échoués à la côte de Lagos, les autres sous les murailles de Cadix, et il y en a eu quelque trente-six qui ont trouvé moyen d'entrer dans le port. On leur a brûlé ou coulé à fond quarante-cinq navires marchands et deux de guerre, et on leur a pris deux bons vaisseaux de guerre hollandois tout neufs, de soixante-six pièces de canon, et vingt-cinq navires marchands, sans compter deux vaisseaux génois qui étoient chargés pour des marchands d'Amsterdam, et dont le chevalier de Saint-Pierre, qui est venu dessus jusqu'à Roses, estime la charge au moins six cent mille écus. On ne doute pas qu'une perte si considérable n'excite de grandes clameurs contre le prince d'Orange, qui avoit toujours assuré les alliés que nous ne mettrions cette année à la mer que pour nous enfuir et nous empêcher d'être brûlés. Le chevalier de Saint-Pierre a rencontré M. le comte d'Estrées à peu près à la hauteur de Malgue, [1] et prêt à entrer dans le détroit. Le Roi a été très-aise de cette nouvelle, que l'on a sue d'abord par un courrier du duc de Grammont et par des lettres de marchands. On parle fort ici des mouvements qui se font au pays où vous êtes, et il me paroît qu'on en est aussi fort content par avance. Nous soupâmes hier, M. de Cavoye et moi, chez Mme..... [2]

1. Malaga.
2. La suite manque. Dans un autre manuscrit de cette lettre, qui appartient à M. Feuillet de Conches, elle continue en ces termes :

« Chez Mme la comtesse de Grammont avec Mme de Caylus, toute brillante de jeunesse et de beauté. M. Despréaux et M. de Valincourt, dont vous connoissez le respect pour votre personne, vinrent nous joindre. J'ai eu une sensible joie à voir combien vous êtes honoré dans cette maison où vous êtes en réputation d'être un des plus honnêtes, un des plus aimables et des plus polis hommes du monde, du commerce le plus agréable et le plus sûr. On mentionne quelques traits fort beaux de vos ambassades, qui ne sont pas pour vous nuire auprès de Sa Majesté. Votre amie, Mme de La Fayette, nous a été d'un bien triste entretien. Je n'avois malheureusement point eu l'honneur de la voir dans les dernières années de sa vie. Dieu avoit jeté une amertume salutaire sur ses occupations mondaines, et elle est morte après avoir souffert dans sa solitude, avec une piété admirable, les rigueurs de ses infirmités, y ayant été fort aidée par M. l'abbé du Guet et par quelques-uns de Messieurs de Port-Royal qu'elle avoit en grande vénération, ce qui a fait dire mille biens d'eux par Mme la comtesse de Grammont, qui estime fort Port-Royal et ne s'en cache pas. Le roi demeurera encore quelques jours, peut-être plusieurs semaines, à Marly où je retourne ce soir.

« Je suis avec un profond respect, Monsieur, votre très-humble et très-obéissant serviteur.   « RACINE. »

Mais l'authenticité de cet autographe n'est pas certaine.

LXXVI.[1]

DE RACINE A LA MÈRE AGNÈS DE SAINTE-THÈCLE RACINE.

A Versailles, le 12 novembre [1694].

Je suis parti exprès de Paris. . . . .
. . . un peu de temps, parce que la chose demandoit quelques réflexions. Il dit que M. du Tronchet est fort honnête homme, mais qu'il faut voir s'il lui convient d'être votre supérieur, et même s'il vous convient qu'il le soit. Je lui ai représenté combien il étoit à souhaiter qu'on ne vous donnât point un homme qui fût d'humeur à troubler et à inquiéter votre maison, et que j'espérois de sa bonté qu'il auroit soin de laisser les choses dans la paix où elles sont. Il m'a répondu fort honnêtement qu'il vous laisseroit ce choix à vous-mêmes, et qu'il y apporteroit toutes les facilités qui dépendroient de lui. Il m'a fait entendre qu'il en avoit déjà parlé au Roi, et je n'en ai pas douté un moment. Enfin il s'est étendu sur vos louanges, et m'a répété encore qu'il ne pouvoit pas être plus satisfait de votre conduite qu'il étoit, et qu'il en avoit plus d'une fois assuré Sa Majesté. J'ai fait mon possible pour tirer de lui une réponse plus positive; mais il a persisté à me dire que rien ne pressoit, et que la chose méritoit un peu de réflexions. Voilà, ma chère tante, tout ce que je vous

---

1. Publiée pour la première fois par M. Mesnard, d'après une copie communiquée par M. Sainte-Beuve, qui l'avait trouvée dans les *Journaux manuscrits de Port-Royal*, conservés à la bibliothèque de la maison de Klarenburg.

Il s'agissait de donner un nouveau supérieur à Port-Royal, et Racine fut chargé d'en parler à l'archevêque de Paris.

puis mander de ses sentiments. Je puis pourtant ajouter à cela qu'il ne m'a paru en lui aucune mauvaise intention.....

LXXVII.[1]

DE RACINE A LA MÈRE AGNÈS DE SAINTE-THÈCLE RACINE.

Ce lundi, veille de Saint-André [29 novembre 1694].

M. l'abbé Dongois, chanoine de la Sainte-Chapelle, et un de mes meilleurs amis, étant allé voir avant-hier matin Monsieur l'Archevêque, ce prélat, après lui avoir quelque temps parlé de moi, au sujet des *Cantiques* que vous avez vus, lui demanda confidemment ce qu'il pensoit de M. du Tronchet, son confrère. M. l'abbé Dongois lui en parla avec toute l'estime possible, et le dépeignit comme un ecclésiastique également plein de sagesse et de piété. Là-dessus Monsieur l'Archevêque lui raconta les vues que vous aviez eues pour en faire votre supérieur, prit de là occasion de témoigner toute la satisfaction qu'il avoit de votre bonne conduite, et enfin assura qu'il n'avoit aucun éloignement à vous accorder M. du Tronchet, quoique lié très-étroitement, dit-il, avec M. de Tillemont et M. Le Nain. Il ajouta qu'il en avoit parlé au Roi, et fit entendre qu'il étoit persuadé que c'étoit moi qui vous avois inspiré cette vue. M. l'abbé Dongois fit réponse qu'à la vérité vous ne pourriez pas choisir un plus honnête homme, ni qui lui pût être moins suspect; mais qu'il étoit convaincu que

1. Même origine que la lettre précédente.

M. du Tronchet ne vouloit être supérieur ni de votre maison ni d'aucune autre.

Monsieur l'Archevêque l'assura qu'il était disposé à vous accorder tel autre homme que vous demanderiez sur son refus, pourvu que vous ne lui proposiez aucune personne distinguée pour être d'intrigue ou de cabale. Il permit à M. l'abbé Dongois de me rendre compte de toute cette conversation. M. l'abbé Dongois me vit donc dès le soir même, et me dit qu'il avoit vu l'après-dînée M. l'abbé du Tronchet, et qu'il l'avoit trouvé très-sensible à l'honneur que vous lui vouliez faire, mais très-résolu à ne point accepter cet honneur, et à ne se mêler d'aucune direction. Nous avions résolu d'abord, M. Dongois et moi, d'aller voir ce matin Monsieur l'Archevêque; mais j'ai cru qu'il valoit mieux que je fusse instruit auparavant du choix que vous avez à lui proposer. Je vais cette après-dînée à Versailles, d'où je crois aller à Marly mercredi prochain, pour y demeurer jusqu'à samedi au soir. Ayez la bonté entre ci et ce temps-là de prendre vos mesures pour le supérieur que vous avez à lui demander, et je me chargerai très-volontiers de lui en parler. On m'a dit que vous aviez pensé à M. de La Barde et à Monsieur le curé de Saint-Séverin. Le premier est un homme tout languissant, à ce qu'on m'a dit, qui a déjà quelque atteinte d'apoplexie, et qui n'est point du tout en état d'agir; l'autre est un très homme de bien, plein de bonnes intentions, et qui aime la vertu et le mérite. Je crois même que Monsieur l'Archevêque l'estime particulièrement. M. l'abbé Dongois croit que vous pourriez proposer aussi Monsieur le curé de Saint-Méry, dont Monsieur l'Archevêque s'accommoderoit très-volontiers, et qui seroit peut-être en état de vous rendre de grands services. On m'a nommé M. Gobillon, curé de Saint-Laurent, dont on dit beaucoup de bien. J'attends votre réponse à Paris, où je serai samedi prochain, et m'offre très-volontiers d'aller trouver Monsieur l'Archevêque quand je saurai vos intentions...

LXXVIII.[1]

DE RACINE A MADEMOISELLE RIVIÈRE.[2]

A Paris, ce 3 juillet [1695].

J'ai vu tantôt la lettre que vous avez écrite à ma femme, et j'ai beaucoup de chagrin de tous les embarras où vous vous trouvez. Il eût été à desirer que M. Rivière m'eût communiqué la proposition que M. de Saint-Quentin lui avoit faite d'acheter la charge de receveur en commun; car je vous aurois conseillé assez volontiers d'entrer en part avec lui, et il ne vous en auroit coûté que six ou sept mille francs, que vous auriez pu hasarder, d'autant plus que je vous mandois qu'au cas que M. Rivière achetât la commission, Messieurs des gabelles ne lui donneroient point de contrôleur. Mais puisque c'est une affaire faite, il faut attendre en patience que ces Messieurs puissent exécuter la parole qu'ils m'ont donnée. Cependant je suis surpris qu'on vous presse de déloger, car M. Lhuillier m'a dit positivement qu'on avoit envoyé à tous les commis des ordres imprimés de ce qu'ils avoient à faire, et m'avoit dit aussi que M. Rivière ne devoit point quitter le grenier

---

1. Publié pour la première fois par M. l'abbé de La Roque, *Lettres inédites de J. Racine*, etc., p. 300.
2. L'original de cette lettre a été donné par les descendants de Mme Rivière à la Bibliothèque de la ville de Laon.   (A. de L. R.)

tant qu'il resteroit du sel de l'ancienne masse. M. de Saint-Quentin auroit dû, ce me semble, me faire faire quelque honnêteté avant que de s'associer avec M. Hardy; mais il faut prendre patience. Je souhaite que vous puissiez avoir la maison de M. Regnaud, car pour celle de M. Champion, à la vérité elle est plus belle; mais, comme vous dites, elle est un peu loin de toutes vos habitudes, et il faudroit changer de paroisse. Je vous suis très-obligé de l'amitié que vous avez pour notre enfant, et de la peine que vous ressentez à vous en séparer. Mais il ne vous a que trop incommodé par le grand soin que vous avez pris de lui, dont j'aurai toute ma vie beaucoup de reconnoissance. D'ailleurs je ne suis point d'avis de vous le laisser plus longtemps, à cause de l'embarras où vous êtes. Ainsi j'espère qu'à la première occasion, ou, pour mieux dire, au premier beau temps, vous aurez la bonté de nous le renvoyer. J'approuve la charité que vous voulez faire au cousin de La Haye. Tout débauché qu'il a été, il ne faut pas l'abandonner dans l'extrême misère où il est, et je donnerai même quelque chose de plus, si vous le jugez à propos. Je crois vous redevoir beaucoup d'argent, et vous me ferez plaisir de me mander ce qui en est et à quoi le tout se monte. Prenez le moins d'inquiétude que vous pourrez dans tout ce changement, et croyez, ma chère sœur, que j'aurai une continuelle attention à vos intérêts. J'embrasse ma nièce de tout mon cœur, et vous prie de faire mes compliments à M. Rivière. Ma femme et nos enfants vous saluent.

Suscription: A Mademoiselle Mademoiselle Rivière, à la Ferté-Milon.

LXXIX.[1]

DE RACINE A LA MÈRE AGNÈS DE SAINTE-THÈCLE RACINE.[2]

Mardi, 30 août 1695.

J'ai eu l'honneur de voir, ma très-chère tante, Monsieur l'archevêque de Paris, et de l'assurer de vos très-humbles respects et de ceux de votre maison. Je lui ai dit même toutes les actions de grâces que vous aviez rendues à Dieu, pour avoir donné à son Église un prélat selon son cœur. Il a reçu tout cela avec une bonté extraordinaire. Il m'a chargé d'assurer votre maison qu'il l'estimoit très-particulièrement, me répétant plusieurs fois qu'il espéroit vous en donner des marques dans tout ce qui dépendroit de lui. Ensuite je lui ai rendu compte de toutes les démarches que vous aviez faites auprès de son prédécesseur pour obtenir de lui un supérieur. Je ne lui ai rien caché de tous les entretiens que j'avois eus avec lui sur ce sujet et du dessein que vous aviez eu enfin de lui demander Monsieur le curé de Saint-Séverin. Il me dit que le choix étoit très-bon, et que c'étoit un très-vertueux ecclésiastique. Je lui ai demandé là-dessus son conseil sur la conduite que vous aviez à tenir en cette occasion, et lui ai dit que, comme vous aviez une extrême confiance en sa justice et en sa bonté, vous pensiez ne devoir rien faire sans son avis; que d'ailleurs, n'étant pas tout à fait pressées d'avoir un supérieur, vous aime-

---

1. Tirée de l'*Histoire générale de Port-Royal*, de dom Clémencet.
2. Voy. tome VI, p. 160.

riez bien autant attendre qu'il eût ses bulles, s'il le jugeoit à propos, afin de vous adresser à lui-même. Il m'a répondu, en souriant, qu'il croyoit en effet que vous feriez bien de ne vous point presser, et de demeurer comme vous étiez, en attendant qu'il pût lui-même suppléer aux besoins de votre maison. Je lui témoignai l'appréhension où vous étiez que des personnes séculières ne prissent ce temps-ci pour obtenir des permissions d'entrer chez vous. Il loua extrêmement votre sagesse dans cette occasion, et m'assura qu'il seconderoit de tout son pouvoir votre zèle pour la régularité, laquelle ne s'accordoit pas avec ces sortes de visites. Je lui demandai s'il ne trouveroit pas bon, au cas qu'on importunât Messieurs les grands vicaires pour de semblables permissions, que vous vous servissiez de son nom, et que vous fissiez entendre à ces Messieurs que ce n'étoit point son intention qu'on en donnât à personne. Il répondit qu'il vouloit très-bien que vous fissiez connoître ses sentiments là-dessus, si vous jugiez qu'il en fût besoin. Je lui dis enfin que vous aviez dessein de lui envoyer M. Eustace, votre confesseur. Il me dit que cela étoit inutile; qu'il étoit persuadé de tout ce que je lui avois dit de votre part. Il ajouta encore une fois, en me quittant, que *votre maison seroit contente de lui*. Je crois en effet, ma très-chère tante, que vous avez tout lieu d'être en repos ; je sais même, par des personnes qui connoissent à fond ses sentiments, qu'il est très-résolu de vous rendre justice ; mais ces personnes vous conseillent de le laisser faire, et de ne point témoigner au public une joie et un empressement qui ne serviroient qu'à le mettre hors d'état d'exécuter ses bonnes intentions. Je sais qu'il n'est pas besoin de vous donner de tels avis, et qu'on peut s'en reposer sur votre extrême modération. Mais on craint avec raison l'indiscrète joie de quelques-uns de vos amis et de vos amies, à qui on ne peut trop recommander de garder un profond silence sur toutes vos affaires...

LXXX.[1]

DE RACINE A LA MÈRE AGNÈS DE SAINTE-THÈCLE RACINE.[2]

A Paris, le mercredi 15 février [1696].

J'ai eu l'honneur de voir Monsieur l'Archevêque samedi dernier, tout au soir; il me parut très-content de ce qui s'étoit passé à l'élection, et des témoignages avantageux que Monsieur le grand vicaire lui a rendus de la maison. Il me demanda si l'on étoit aussi content de Monsieur le grand vicaire qu'il l'étoit de vous. Je lui fis réponse qu'on ne pouvoit pas être plus édifié de lui qu'on l'avoit été; et je le priai même de lire la lettre que vous m'aviez écrite là-dessus, par où il connoîtroit mieux vos sentiments que par tout ce que je pourrois lui dire; qu'en un mot toute la maison le demandoit pour supérieur. Monsieur l'Archevêque me dit qu'il liroit votre lettre, et qu'il y feroit ses réflexions. Il ne me voulut pas dire positivement qu'il vous accordoit votre demande, parce qu'il vouloit vraisemblablement en parler auparavant à Monsieur le grand vicaire, lequel de son côté est venu me

1. Même origine que les lettres LXXVI et LXXVII.
2. Voy. tome VI, p. 162.

chercher à Paris pendant que j'étois à Versailles ; et, ne m'ayant pas trouvé, il voulut voir ma femme, et lui parla de toute votre communauté avec les termes du monde les plus remplis d'estime et de vénération ; et vous devez vous assurer qu'il a toute l'intention possible de vous servir ; et je ne doute pas qu'il ne consente très-volontiers à être votre supérieur. Je n'ai encore pu lui rendre sa visite ; mais je l'irai chercher au plus tard après-demain, et je vous rendrai compte de toutes choses...

LXXXI.[1]

DE RACINE A LA MÈRE AGNÈS DE SAINTE-THÈCLE RACINE.[2]

A Paris, ce lundi au soir, [5 mars 1696].

Je ne doute pas, ma chère tante, que vous n'ayez déjà appris que Monsieur l'Archevêque vous a enfin donné le supérieur que vous lui avez demandé. Je lui avois fait présenter, il y a cinq ou six jours, par Mme la duchesse de Noailles, sa belle-sœur, un mémoire que j'avois écrit à Marly, dans lequel je lui marquois que vous et votre communauté persévériez à lui demander qu'il vous donnât M. Roynette pour supérieur, ou du moins qu'il lui ordonnât d'en faire les fonctions, sans en avoir le titre, si l'on jugeoit que ce titre pût lui faire tort dans l'esprit des gens prévenus contre votre maison ; qu'il suffisoit que M. Roynette fût chargé de prendre connoissance de vos

1. Même origine que la précédente.
2. Voy. tome VI, p. 164.

besoins et de l'état de votre communauté, pour en rendre compte à Monsieur l'Archevêque; et que ce fût aussi par lui que Monsieur l'Archevêque vous fît connoître ses volontés; qu'on ne prétendoit point exposer la santé de Monsieur le grand vicaire en l'obligeant à faire de fréquents voyages à Port-Royal; que ce seroit assez qu'il en fît un présentement pour prendre une exacte connoissance de la maison; en suite de quoi il pourroit, s'il vouloit, n'y point aller jusqu'à la première élection, c'est-à-dire apparemment dans trois ans, si pourtant on pouvoit supposer que cette pauvre communauté, qui n'est plus, à proprement parler, qu'une infirmerie, dureroit encore trois années. Voilà à peu près ce que contenoit mon mémoire; et j'ai mis ces dernières paroles parce que je savois de fort bonne part qu'on avoit ouï dire à Monsieur l'Archevêque que ce seroit grand dommage de laisser périr une maison où la jeunesse étoit autrefois si bien instruite dans les principes du christianisme. Je suis fort aise, ma chère tante, que la chose ait réussi selon vos intentions. M. Roynette chargea avant-hier M. Vuillard de me dire que Monsieur l'Archevêque l'avoit en effet prié de consentir à être votre supérieur, et qu'après avoir représenté à ce prélat les raisons qu'il avoit de refuser cette commission, fondées principalement sur son peu de capacité (car c'est ainsi que son humilité le fait parler), et encore sur ses infirmités, enfin voyant que Monsieur l'Archevêque persistoit à l'en presser, il l'avoit acceptée; et qu'il feroit de son mieux pour s'en bien acquitter. Il ne reste donc plus qu'à prier Dieu qu'il entretienne dans le cœur de ce nouveau supérieur les bons sentiments que je lui vois pour votre maison. Ce qui est certain, c'est qu'il me revient de toutes parts qu'il est très-sage, très-doux, et tout plein de justice et de probité. J'irai au premier jour faire vos très-humbles remercîments à Monsieur l'Archevêque, et voir aussi M. Roynette, et vous rendrai compte de ce qui se sera passé dans ces deux visites...

LXXXII.[1]

DE RACINE A M. RIVIÈRE.

A Paris, ce 21 mars [1696].

Je portai d'abord votre lettre à M. Lhuillier, qui me promit très-volontiers de demander à la Compagnie la commission que vous me mandez qui étoit vacante; et j'ai retourné aujourd'hui chez lui pour savoir la réponse. Mais il s'est trouvé que ce n'est point une commission qui soit à la nomination de la Compagnie, mais seulement une place de commis qui dépend et est aux gages de M. Bertrand fils, à ce que je crois, de M. Bertrand, bailli du Comté.

Si c'eût été quelque place qui en eût valu la peine, je me serois offert très-volontiers d'en écrire à M. Bertrand le père, qui est notre parent. Mais je vois bien que c'est seulement une espèce de facteur, que son fils, qui est receveur général des gabelles, emploie pour ses propres affaires. Vous jugez bien que j'aurois eu du moins autant de joie que vous que la chose eût pu vous être convenable, et qu'elle eût dépendu de Messieurs les inté-

1. Publiée pour la première fois par M. l'abbé de La Roque, *Lettres inédites de Jean Racine,* etc., p. 298. M. l'abbé de La Roque l'a datée de 1694. Mais elle est postérieure à la lettre précédente, puisque, dans celle-ci, nous voyons que le petit Louis Racine est encore à la Ferté-Milon, et que nous voyons dans l'autre qu'il est de retour à Paris.

ressés.[1] M. Lhuillier a toujours la même bonne volonté de vous faire plaisir, et ne désespère pas que les affaires ne changent entre ci et un an. Cependant, Monsieur, je vous prie de me donner avis de toutes les choses que vous croirez qu'on peut faire pour vous. Je vous ai dit plusieurs fois, et je vous le redis encore, que je n'aurai point de véritable satisfaction que vous ne soyez content. J'ai quelquefois du regret de ce que vous ne vous associâtes point avec M. de Saint-Quentin. Mais outre que je ne sus rien de ses pensées sur la commission, ni des propositions qu'il vous avoit faites, la vérité est que M. Lhuillier empêchoit tous ses propres parents de mettre leur argent à ces sortes de charges, et qu'il étoit toujours persuadé que cela ne dureroit pas. Ils espéroient même mettre des contrôleurs qui veilleroient sur les commis. Mais M. de Pontchartrain ne l'a pas voulu jusqu'à cette heure, de peur que cela ne détournât les gens d'acheter les commissions. Il faut prendre patience en attendant que les choses changent.

Nos enfants attendent leur cousine Manon ce printemps, et c'est ce qui les a empêchés de lui envoyer ses étrennes, qu'elles lui donneront à Paris à elle-même. Notre petit garçon est très-joli et nous donne beaucoup de plaisir. Nous vous sommes très-obligés de l'avoir si bien élevé. Je salue ma sœur de tout mon cœur, et ma nièce; ma femme vous fait aussi à tous ses compliments. Je suis, Monsieur, de tout mon cœur,

Votre très-humble et très-obéissant serviteur,

RACINE.

1. On appelle *Intéressés*, dans les fermes du roi, ceux qui n'ont intérêt que dans les sous-fermes, ce qui les distingue des intéressés aux fermes générales, qu'on appelle *fermiers-généraux*. (*Dictionnaire de Furetière.*)

Nous ne songeons plus à Silly[1] ni à aucune terre.

Suscription : A Monsieur Monsieur Rivière, conseiller du Roi, grènetier à la Ferté-Milon.

LXXXIII.[2]

DE RACINE A ***.

A Paris, le 13 septembre [1696].

Je n'ai reçu aucun papier de P. R.[3] Cela est cause, Monsieur, qu'il y a beaucoup de choses que je n'ai pas comprises dans le petit mémoire que vous m'avez envoyé. Vous me donnez un rendez-vous chez M...; mais votre porteur m'a assez embarrassé en me disant que vous étiez actuellement à Villeneuve. D'ailleurs, ou nous parlerions d'affaires en présence de M. V..., et il seroit fort surpris qu'ayant été longtemps avec moi, il y a quatre ou cinq jours, je ne lui ai parlé de rien ; ou nous nous cacherions de lui, et il s'offenseroit peut-être de nos manières mystérieuses. Ainsi il faut remettre à nous entretenir une autre fois. J'aurois pu faire quelque usage de cette requête qu'on vous a envoyée, et qu'on étoit convenu de m'envoyer ; mais il faut aller mon chemin, ou plutôt il faut tout remettre à la Providence, qui a jusques ici assez bien conduit toutes choses. Je suis entièrement à vous.

RACINE.

1. Silly, ancien fief très-rapproché de la Ferté-Milon.
2. Publiée par M. Mesnard. Le manuscrit original se trouve à la Bibliothèque de Troyes.
3. Port-Royal.

LXXXIV.[1]

DE RACINE A MADEMOISELLE RIVIÈRE.

A Paris, le 10 janvier [1697].

Votre dernière lettre, ma chère sœur, ne m'est parvenue que depuis quelques jours. J'étois à Versailles quand elle est arrivée ici, et ma femme, qui savoit que j'attendois de vos nouvelles avec impatience, crut ne pouvoir mieux faire que de me l'adresser où j'étois; mais elle ne me fut point rendue, par la négligence des commis de la poste, et il fallut la faire revenir ici, ce qui me causa un retard de quinze jours. J'approuve tout ce que vous avez fait, et je vous en remercie. D'après tout le bien qui m'a été dit du jeune homme qui recherche la petite Mouflard, je verrai avec plaisir ce mariage, et je leur donnerai pour mon présent de noces une somme de cent francs : c'est tout ce que je puis faire. Vous savez que notre famille est fort étendue, et que j'ai un assez bon nombre de parents à aider de temps en temps : ce qui me force à être réservé sur ce que je donne, afin de ne manquer à aucun d'eux quand il aura recours à moi dans l'occasion. D'ailleurs l'état où sont présentement mes affaires me prescrit une sévère économie, à cause de tout l'argent que je dois encore pour ma charge. Je dois surtout six mille livres qui ne portent point d'inté-

---

1. Cette lettre se trouve dans le recueil de Louis Racine, mais incomplète et mêlée à une partie de la suivante. Elle a été donnée intégralement par l'éditeur de 1807. Il est vraisemblable que l'autographe des deux lettres avait été communiqué à cet éditeur par la famille de Racine.

rêt, et l'honnêteté veut que je les rende le plus tôt que je pourrai, pour n'être pas à charge à mes amis. J'espère que, dans un autre temps, je serai moins pressé, et alors je pourrai faire encore quelque petit présent à ma cousine.

Le cousin Henry est venu ici, fait comme un misérable, et a dit à ma femme, en présence de tous nos domestiques, qu'il étoit mon cousin. Vous savez comme je ne renie point mes parents, et comme je tâche à les soulager ; mais j'avoue qu'il est un peu rude qu'un homme qui s'est mis dans cet état par ses débauches et par sa mauvaise conduite vienne ici nous faire rougir de sa gueuserie. Je lui parlai comme il le méritoit, et lui dis que vous ne le laisseriez manquer de rien s'il en valoit la peine, mais qu'il buvoit tout ce que vous aviez la charité de lui donner. Je ne laissai pas de lui donner quelque chose pour s'en retourner. Je vous prie aussi de l'assister tout doucement, mais comme si cela venoit de vous. Je sacrifierai volontiers quelque chose par mois pour le tirer de la nécessité. Je vous recommande toujours la pauvre Marguerite,[1] à qui je veux continuer de donner par mois comme j'ai toujours fait. Si vous croyez que ma cousine des Fossés ait besoin de quelque secours extraordinaire, donnez-lui ce que vous jugerez à propos.

Je ne sais si je vous ai mandé que ma chère fille aînée étoit entrée aux Carmélites : il m'en a coûté beaucoup de larmes ; mais elle a voulu absolument suivre la résolution qu'elle avoit prise. C'étoit de tous nos enfants celle que j'ai toujours le plus aimée, et dont je recevois

---

1. C'était la nourrice de Racine. Il ne l'oublia pas dans son testament.

le plus de consolation. Il n'y avoit rien de pareil à l'amitié qu'elle me témoignoit. Je l'ai été voir plusieurs fois ; elle est charmée de la vie qu'elle mène dans ce monastère, quoique cette vie soit fort austère ; et toute la maison est charmée d'elle. Elle est infiniment plus gaie qu'elle n'a jamais été. Il faut bien croire que Dieu la veut dans cette maison, puisqu'il fait qu'elle y trouve tant de plaisir. Adieu, ma chère sœur : ne manquez pas de me tenir parole, et de m'employer dans toutes les choses où vous aurez besoin de moi.

Suscription : A Mademoiselle Rivière, à la Ferté-Milon.

LXXXV.[1]

DE RACINE A MADEMOISELLE RIVIÈRE.

A Paris, le 16 janvier [1697].

Je vous écris, ma chère sœur, pour une affaire où vous pouvez avoir intérêt aussi bien que moi, et sur laquelle je vous supplie de m'éclaircir le plus tôt que vous pourrez. Vous savez qu'il y a un édit[2] qui oblige tous ceux qui ont ou qui veulent avoir des armoiries sur leur vaisselle ou ailleurs, de donner pour cela une somme qui va tout au plus à vingt-cinq francs, et de déclarer quelles sont leurs armoiries. Je sais que celles de notre famille sont un *rat* et un *cygne,* dont j'aurois seulement gardé le cygne, parce que le rat me choquoit ; mais je

---

1. L'éditeur de 1807 a le premier donné exactement le texte de cette lettre, d'après l'original qui était entre les mains de M. Jacobé de Naurois.
2. Édit du 20 novembre 1696.

ne sais point quelles sont les couleurs du chevron sur lequel grimpe le rat, ni les couleurs aussi de tout le fond de l'écusson, et vous me ferez un grand plaisir de m'en instruire. Je crois que vous trouverez nos armes peintes aux vitres de la maison que mon grand-père fit bâtir, et qu'il vendit à M. de La Clef. J'ai ouï dire aussi à mon oncle Racine qu'elles étoient peintes aux vitres de quelque église. Priez M. Rivière de ma part de s'en mettre en peine, et de demander à mon oncle ce qu'il en sait, et de mon côté je vous manderai le parti que j'aurai pris là-dessus. J'ai aussi quelque souvenir d'avoir ouï dire que feu notre grand-père avoit fait un procès à un peintre qui avoit peint les vitres de sa maison, à cause que ce peintre, au lieu d'un rat, avoit peint un sanglier. Je voudrois bien que ce fût en effet un sanglier, ou la hure d'un sanglier, qui fût à la place de ce vilain rat. J'attends de vos nouvelles pour me déterminer et pour porter mon argent : ce que je suis obligé de faire le plus tôt que je pourrai.

J'approuve fort qu'on fasse son possible pour sortir d'affaire avec le fils de M. Regnaud, et on ne sauroit trop tôt finir avec lui, pourvu qu'il nous fasse voir nos sûretés en traitant avec lui. Je suis bien fâché de l'argent qu'on vous a encore nouvellement fait payer au grenier à sel. Il faut espérer que la paix, qu'on croit qui se fera bien= tôt, mettra fin à toutes ces taxes qui reviennent si souvent.

Je crains que ce ne soit pas assez de quarante francs par mois pour cette pauvre cousine des Fossés. J'en passerai par où vous voudrez, pourvu que vous preniez la peine de m'avertir quand vous n'aurez plus d'argent à moi. Ma femme et nos enfants saluent de tout leur cœur

M. Rivière et ma nièce, et vous font mille compliments. Quand le mariage de la petite Mouflard sera conclu, je donnerai très-volontiers les cent francs que j'ai promis. Adieu, ma chère sœur : je suis entièrement à vous. Votre petit neveu est fort joli et bien éveillé.

LXXXVI.[1]

DE RACINE A MADEMOISELLE RIVIÈRE.

A Paris, le 24 mai [1697].

Quoique vous n'ayez pas eu de mes nouvelles depuis quinze jours, je n'ai pas laissé de faire bien des pas pour vous depuis ce temps-là; et je puis dire que j'ai remué ciel et terre pour vos intérêts. J'ai eu recours même à Mme de Pontchartrain, et elle a écrit et parlé très-fortement à M. Lhuillier et à son intendant pour faire en sorte que M. Rivière fût rétabli dans sa commission. Ce qui fait la plus grande difficulté, c'est le titre de Mlle Hardy, que Messieurs les fermiers généraux ne peuvent rembourser qu'au mois d'octobre, qui est le temps où commencera leur nouveau bail. Ces Messieurs promettent de placer ailleurs le frère du défunt; mais ils voudroient que M. Rivière pût faire en sorte que la veuve le prît pour homme[2], afin qu'il exerçât la commission pour elle jusqu'à ce qu'elle soit remboursée. Mme de Pontchartrain a fait écrire à cette veuve par son intendant, afin qu'elle s'accommodât avec M. Rivière. J'ai promis de mon côté que

---

1. Publiée pour la première fois par M. l'abbé A. de La Roque, *Lettres inédites de J. Racine,* etc. p. 302.
2. C'est-à-dire le prit pour caution. Voy. *Dictionnaire de Furetière.*

M. Rivière lui feroit tous les avantages qu'elle pourroit souhaiter, et lui céderoit même en un besoin tous les gages de la commission. C'est donc à lui à offrir à cette veuve toutes les conditions qu'elle voudra, et de faire en sorte qu'elle s'accommode avec lui. Faites-lui toute sorte d'honnêtetés là-dessus, afin qu'elle n'ait aucun lieu de se plaindre, et que je puisse dire à Mme de Pontchartrain que M. Rivière lui a fait toutes les propositions du monde les plus avantageuses; car il importe extrêmement que M. Rivière se treuve en place au renouvellement du bail, et je puis vous assurer que ces Messieurs ne demanderont pas mieux qu'à l'y laisser. Mlle Hardy n'aura aucun lieu de se plaindre de vous quand on la remboursera, et quand on donnera une autre commission à son beau-frère, peut-être meilleure que celle de la Ferté-Milon. Dites à M. Rivière qu'il conduise tout cela fort adroitement. Surtout qu'il se garde bien de se vanter de mon crédit, et de dire à personne au monde que j'aie parlé à Mme de Pontchartrain. Du reste, ma chère sœur, si la chose manque, et ne réussit pas aussi bien et aussi promptement que je le voudrois, il faudra se soumettre à la volonté de Dieu, et attendre en paix quelque meilleure occasion. Vous voyez bien par toutes mes démarches que je m'intéresse plus à vos affaires qu'aux miennes, puisque assurément je serois fort peu capable de faire pour moi toutes les sollicitations que je fais pour vous. Ne songez point à me remercier : songez plutôt à me mander au plus tôt des nouvelles de la disposition où vous paroît Mlle Hardy à l'égard de M. Rivière. Quelqu'un m'a dit qu'elle viendroit à Paris au premier jour. Ayez soin de m'informer de son départ, et de tâcher même de savoir où elle loge quand elle est à Paris. Adieu, ma chère sœur : faites mes compliments à M. Rivière et à ma nièce. Les Carmélites ont été obligées de nous rendre pour un temps ma fille aînée, parce qu'elle se trouvoit fort incommodée depuis une chute qu'elle a faite dans leur maison. Ma seconde fille, Nanette, a voulu à toute force entrer au noviciat à Melun ; mais nous retardons sa prise d'habit le plus que nous pouvons.

LXXXVII.[1]

DE RACINE A MADEMOISELLE RIVIÈRE.

A Paris, ce 8 septembre [1697].

Je voulois, ma chère sœur, attendre à vous écrire que votre affaire fût entièrement terminée. Mais elle ne l'est pas encore, et j'ai affaire à des gens fort difficiles, et qui ont peine à s'accorder ensemble. Cependant n'ayez point d'inquiétude, et surtout gardez-vous bien de faire paroître que vous en avez. Croyez que votre affaire me tient plus au cœur que toutes les miennes, et qu'on me fait espérer toutes choses avec un peu de patience. Nous avons reçu la toile dont vous prétendez faire présent à mon fils. Vous jugez bien que nous ne sommes pas gens qu'il faille gagner par des présents : c'est bien plutôt à moi à vous en faire. Mais nous parlerons de tout cela quand je serai pleinement content sur tout ce qui vous regarde. Adieu, ma chère sœur : encore un coup, soyez en repos. Je salue de tout mon cœur M. Rivière.

1. Publiée pour la première fois par M. l'abbé de La Roque, *Lettres inédites de J. Racine,* etc., p. 304.

Suscription : A Mademoiselle Mademoiselle Rivière, à la Ferté-Milon.

LXXXVIII.[1]

DE VAUBAN A RACINE.

Paris, 13 septembre [1697].

Dès aussitôt mon arrivée ici, j'ai écrit, Monsieur, à tous ceux qui pouvoient me rafraîchir la mémoire du siége de Philisbourg; et à mon retour j'enverrai à Lille rechercher mes lettres du siége de cette place à M. de Louvois, et de M. de Louvois à moi, avec quelques brouillons des attaques que j'y dois avoir. Sitôt que j'aurai ramassé tout cela, j'en ferai un agenda, que je vous remettrai.

Je n'ai pas plus tôt été arrivé ici que j'ai trouvé Paris rempli des bruits de paix que les ministres étrangers y font courir à des conditions très-déshonorantes pour nous; car, entre autres choses, ils écrivent que nous avons offert, en dernier lieu, Strasbourg et Luxembourg en l'état qu'ils sont, outre et par-dessus les offres précédentes qu'on avoit faites; qu'ils ne doutent pas que ces offres ne soient acceptées, mais qu'ils s'étonnent fort qu'on ne les a pas faites il y a deux ans, puisque, si on les avoit faites en ce temps-là, nous aurions eu la paix. Si cela est, nous fournissons là à nos ennemis de quoi nous bien donner les étrivières. Un pont sur le Rhin, et une place de la grandeur et de la force de Strasbourg, qui vaut mieux elle seule que le reste de l'Alsace, cela s'appelle donner aux Allemands le plus beau et le plus sûr magasin de l'Europe pour les secours de Monsieur de

---

1. Publiée dans la brochure qui a pour titre : *Abrégé des services du maréchal de Vauban fait par lui en 1703, publié avec un supplément par M. Augoyat, lieutenant-colonel du génie.* Paris, 1839, in-12. Elle y est datée de 1696, mais M. C. Rousset, qui l'a reproduite presque tout entière dans l'*Histoire de Louvois*, la reporte avec raison au moment du congrès de Ryswick, en 1697.

Lorraine, et pour porter la guerre en France. Luxembourg, de sa part, fera le même effet à l'égard de la Lorraine, de la Champagne et des Évêchés. Nous n'avons après cela qu'à nous jouer à donner de l'inquiétude à Monsieur de Lorraine : le voilà en état d'être soutenu à merveilles.

Je ne veux pas parler des autres places que nous devons rendre. Je ne vous ai paru que trop outré là-dessus; il vaut mieux me taire, de peur d'en trop dire. Ce qu'il y a de certain, c'est que ceux qui ont donné de pareils conseils au roi ne servent pas mal ses ennemis.

Ces deux dernières places sont les meilleures de l'Europe; il n'y avoit qu'à les garder; il est certain qu'aucune puissance n'auroit pu nous les ôter. Nous perdons avec elles, pour jamais, l'occasion de nous borner par le Rhin; nous n'y reviendrons plus; et la France, après s'être ruinée et avoir consommé un million d'hommes pour s'élargir et se faire une frontière, [maintenant] que tout est fait, et qu'il n'y a plus qu'à se donner un peu de patience pour sortir glorieusement d'affaire, tombe tout d'un coup, sans aucune nécessité; et tout ce qu'elle a fait depuis quarante ans ne servira qu'à fournir à ses ennemis de quoi achever de la perdre. Que dira-t-on de nous présentement? Quelle réputation aurons-nous dans les pays étrangers, et à quel mépris n'allons-nous pas être exposés? Est-on assez peu instruit dans le conseil du roi pour ne pas savoir que les États se maintiennent plus par la réputation que par la force? Si nous la perdons une fois, nous allons devenir l'objet du mépris de nos voisins, comme nous sommes celui de leur aversion. On nous va marcher sur le ventre, et nous n'oserons souffler. Voyez où nous en sommes. Je vous pose en fait qu'il n'y aura pas un petit prince dans l'empire, qui, d'ici en avant, ne se veuille mesurer avec le roi, qui de son côté peut s'attendre que la paix ne durera qu'autant de temps que ses ennemis en emploieront à se remettre en état, après qu'ils auront fait la paix avec le Turc. Nous le donnons trop beau à l'empereur pour manquer à s'en prévaloir.

De la manière enfin qu'on nous promet la paix générale, je la tiens plus infâme que celle du Cateau-Cambrésis, qui déshonora Henri second, et qui a toujours été considérée comme la plus honteuse qui ait jamais été faite. Si nous avions perdu cinq ou six batailles l'une sur l'autre, et une grande partie de notre pays, que l'État fût dans un péril évident, à n'en pouvoir relever sans une paix, on y trouveroit encore à redire, la faisant comme nous la voulons faire. Mais il n'est pas question de rien de tout cela, et on peut dire que nous sommes encore dans tous nos avantages. Nous avons gagné [un] terrain considérable sur l'ennemi; nous lui avons pris de grandes et bonnes places; nous l'avons toujours battu; nous vivons tous les ans à ses dépens; nous sommes en bien meilleur état qu'au commencement de la guerre; et au bout de tout cela nous faisons une paix qui déshonore le roi et toute la nation. Je n'ai point de termes pour expliquer une si extraordinaire conduite; et quand j'en aurois, je me donnerois bien garde de les exposer à une telle lettre : brûlez-la, s'il vous plaît.

LXXXIX.[1]

DE RACINE A M. RIVIÈRE.

A Paris, ce 22 février [1698].

Je n'ai pas plus tôt reçu votre lettre, que j'ai été la montrer à M. Le Jarriel. Il m'a paru que je lui ai fait plaisir en lui nommant mon cousin du Pin avec M. Lauge, parce que M. du Pin est de Paris, et que ces Messieurs aiment assez qu'on leur nomme des gens de connoissance. Je suis fort sensible à l'amitié que mon cousin vous montre en cette occasion, et je meurs d'envie qu'il m'en fasse naître une où je puisse lui en témoigner ma reconnoissance. Je vous envoie deux modèles de cautionnement que M. Le Jarriel m'a donnés pour vous y conformer. Priez M. du Pin et M. Lauge de signer, et prenez

1. Publiée pour la première fois par M. l'abbé de La Roque, *Lettres inédites de J. Racine,* etc., p. 305.

la peine de m'envoyer cet acte par la poste, afin que M. Le Jarriel voie que je suis homme de parole.

En même temps, vous pouvez partir pour Soissons et y porter à M. d'Épagny la lettre par laquelle M. Le Jarriel lui mande de vous venir mettre en possession. Je crois qu'il faudra toujours garder le secret le plus que vous pourrez, jusqu'à ce que vous soyez installé. J'écris aussi à M. d'Épagny, afin qu'il vous reçoive bien, et qu'il fasse les choses le plus diligemment qu'il pourra. Il me semble que l'intention de M. Le Jarriel est que vous ne rendiez sa lettre à M. de Falconière que lorsque M. d'Épagny viendra vous mettre en possession. Adieu, Monsieur : je suis entièrement à vous. Je salue ma sœur et mon cousin du Pin.

Il n'est pas besoin que vous fassiez signer ce M. Visart ou Vitart, car je n'ai pas bien su lire ce nom ; et il suffit des deux que j'ai nommés à M. Le Jarriel, puisqu'il en est content.

Je viens de recevoir les deux procurations. Je ne les avois pas encore vues quand je vous ai écrit, et M. Le Jarriel m'avoit dit de les envoyer querir au bureau des fermes. Il n'y aura qu'à les faire signer, toutes telles qu'elles sont, par-devant notaire. C'est un modèle général pour tous ceux à qui ces Messieurs donnent des commissions.

Suscription : A Monsieur Monsieur Rivière.

XC.[1]

DE RACINE A MADAME DE MAINTENON.

J'avois pris la liberté de vous écrire, Madame, au sujet de la taxe qui a si fort dérangé mes petites affaires; mais n'étant pas content de ma lettre, j'avois simplement dressé un mémoire, dans le dessein de vous faire supplier de le présenter à Sa Majesté. Monsieur le maréchal de Noailles s'offrit généreusement de vous le remettre entre les mains, et, n'ayant pu trouver l'occasion de vous parler, le donna à Monseigneur l'Archevêque, qui peut vous dire si je lui en avois seulement ouvert la bouche, et si, depuis deux mois, j'avois même eu l'honneur de [le] voir. Au bout de quelques jours, comme je n'avois aucunes nouvelles de ce mémoire, je priai Madame la comtesse de Gramont, qui alloit avec vous à Saint-Germain, de vous demander si le Roi l'avoit lu, et si vous aviez eu quelque réponse favorable. Voilà, Madame, tout naturellement, comme je me suis conduit dans cette affaire. Mais j'apprends que j'en ai une autre bien plus terrible sur les bras, et qu'on m'a fait passer pour janséniste dans l'esprit du Roi. Je vous avoue que lorsque je faisois tant chanter dans *Esther :*

> Rois, chassez la calomnie,

je ne m'attendois guère que je serois moi-même un jour

---

1. L'autographe existe à la Bibliothèque nationale, mais ce ne paraît être qu'un brouillon ou un projet. Le texte, envoyé à Mme de Maintenon, a pu être quelque peu modifié. Quelles que soient les prétentions des collectionneurs, il n'est pas connu.

attaqué par la calomnie. Je sais que, dans l'idée du Roi, un janséniste est tout ensemble un homme de cabale et un homme rebelle à l'Église. Ayez la bonté de vous souvenir, Madame, combien de fois vous avez dit que la meilleure qualité que vous trouviez en moi, c'étoit une soumission d'enfant pour tout ce que l'Église croit et ordonne, même dans les plus petites choses. J'ai fait par votre ordre près de trois mille vers sur des sujets de piété; j'y ai parlé assurément de l'abondance de mon cœur, et j'y ai mis tous les sentiments dont j'étois le plus rempli. Vous est-il jamais revenu qu'on y ait trouvé un seul endroit qui approchât de l'erreur et de tout ce qui s'appelle jansénisme? Pour la cabale, qui est-ce qui n'en peut point être accusé, si on en accuse un homme aussi dévoué au Roi que je le suis, un homme qui passe sa vie à penser au Roi, à s'informer des grandes actions du Roi, et à inspirer aux autres les sentiments d'amour et d'admiration qu'il a pour le Roi? J'ose dire que les grands seigneurs m'ont bien plus recherché que je ne les recherchois moi-même; mais dans quelque compagnie que je me sois trouvé, Dieu m'a fait la grâce de ne rougir jamais ni du Roi ni de l'Évangile. Il y a des témoins encore vivants qui pourroient vous dire avec quel zèle ils m'ont vu souvent combattre de petits chagrins qui naissent quelquefois dans l'esprit des gens que le Roi a le plus comblés de ses grâces. Hé quoi! Madame, avec quelle conscience pourrai-je déposer à la postérité que ce grand prince n'admettoit point les faux rapports contre les personnes qui lui étoient le plus inconnues, s'il faut que je fasse moi-même une si triste expérience du contraire? Mais je sais ce qui a pu donner lieu à une accusation si injuste. J'ai une tante qui est supérieure de

Port-Royal, et à laquelle je crois avoir des obligations infinies. C'est elle qui m'apprit à connoître Dieu dès mon enfance, et c'est elle aussi dont Dieu s'est servi pour me tirer de l'égarement et des misères où j'ai été engagé pendant quinze années. J'appris, il y a près de deux ans, qu'on l'avoit accusée de désobéissance, comme si elle avoit reçu des religieuses contre la défense qu'on a faite d'en recevoir dans cette maison. J'appris même qu'on parloit d'ôter à ces pauvres filles le peu qu'elles ont de bien, pour subvenir aux folles dépenses de l'abbesse de Port-Royal de Paris. Pouvois-je, sans être le dernier des hommes, lui refuser mes petits secours dans cette nécessité ? Mais à qui est-ce, Madame, que je m'adressai pour la secourir ? J'allai trouver le P. de La Chaise, et lui représentai tout ce que je connoissois de l'état de cette maison, tant pour le temporel que pour le spirituel. Je n'ose pas croire que je l'aie persuadé ; mais du moins il parut très-content de ma franchise, et m'assura, en m'embrassant, qu'il seroit toute sa vie mon serviteur et mon ami. Heureusement j'ai vu confirmer le témoignage que je leur avois rendu, par celui du grand vicaire de Monsieur l'Archevêque, par celui de deux religieux bénédictins qui furent envoyés pour visiter cette maison, et dont l'un étoit supérieur de Port-Royal de Paris, et enfin par celui des confesseurs extraordinaires qu'on leur a donnés, tous gens aussi éloignés du jansénisme que le ciel l'est de la terre. Ils en sont tous revenus en disant, les uns qu'ils avoient vu des religieuses qui vivoient comme des anges, les autres qu'ils venoient de voir le sanctuaire de la religion. Monsieur l'Archevêque, qui a voulu connoître les choses par lui-même, n'a pas caché qu'il n'avoit point de filles dans son diocèse, ni plus régulières, ni plus soumises à son autorité. Voilà tout mon jansénisme. J'ai parlé comme ces docteurs de Sorbonne, comme ces religieux, et enfin comme mon archevêque. Du reste, je puis vous protester devant Dieu que je ne connois ni ne fréquente aucun homme qui soit suspect de la moindre nouveauté. Je passe ma vie le plus retiré que je puis dans ma famille, et ne suis pour ainsi dire dans le monde que lorsque je suis à Marly. Je vous assure, Madame, que l'état où je me trouve est très-digne de la compassion que je vous ai toujours vue pour les malheureux. Je suis privé de l'honneur de vous voir; je n'ose presque plus compter sur votre protection, qui est pourtant la seule que j'aie tâché de mériter. Je cherchois du moins ma consolation dans mon travail; mais jugez quelle amertume doit jeter sur ce travail la pensée que ce même grand prince dont je suis continuellement occupé me regarde peut-être comme un homme plus digne de sa colère que de ses bontés.

Je suis, avec un profond respect, votre très-humble et très-obéissant serviteur,

RACINE.

A Marly, le 4 mars [1698].

XCI.[1]

DE RACINE A LA MÈRE AGNÈS DE SAINTE-THÈCLE RACINE.

A Paris, le 9 novembre [1698].

J'arrivai avant-hier de Melun fort fatigué, mais content

---

1. L'autographe existe à la Bibliothèque nationale.

au dernier point de ma chère enfant. J'ai beaucoup d'impatience d'avoir l'honneur de vous voir, pour vous dire tout le bien que j'ai reconnu en elle. Je vous dirai cependant en peu de mots que je lui ai trouvé l'esprit et le jugement extrêmement formé, une piété très-sincère, et surtout une douceur et une tranquillité d'esprit merveilleuse. C'est une grande consolation pour moi, ma très-chère tante, qu'au moins quelqu'un de mes enfants vous ressemble par quelque petit endroit. Je ne puis m'empêcher de vous dire un trait qui vous marquera tout ensemble et son courage et son bon naturel. Elle avoit fort évité de nous regarder, sa mère et moi, pendant la cérémonie, de peur d'être attendrie du trouble où nous étions. Comme ce vint le moment où il falloit qu'elle embrassât, selon la coutume, toutes les sœurs, après qu'elle eut embrassé la Supérieure, une religieuse ancienne lui fit embrasser sa mère et sa sœur aînée, qui étoient là auprès fondant en larmes. Elle sentit tout son sang se troubler à cette vue. Elle ne laissa pas d'achever la cérémonie avec le même air modeste et tranquille qu'elle avoit eu depuis le commencement. Mais dès que tout fut fini, elle se retira, au sortir du chœur, dans une petite chambre, où elle laissa aller le cours de ses larmes, dont elle versa un torrent, au souvenir de celles de sa mère. Comme elle étoit dans cet état, on lui vint dire que Monsieur l'archevêque de Sens l'attendoit au parloir avec mes amis et moi. « Allons, allons, dit-elle, il n'est pas temps de pleurer. » Elle s'excita même à la gaieté, et se mit à rire de sa propre foiblesse, et arriva en effet en souriant au parloir, comme si rien ne lui fût arrivé. Je vous avoue, ma chère tante, que j'ai été touché de cette fermeté, qui me paroît assez au-dessus de son âge.

M. Fontaine, qui, comme vous savez, est retiré à Melun, assista à toutes les cérémonies, et me parut très-édifié de ma fille. Le sermon de M. l'abbé Boileau fut très-beau et très-plein de grandes vérités. Tout cela a fait un terrible effet sur l'esprit de ma fille aînée, et elle paroît dans une fort grande agitation, jusqu'à dire qu'elle ne sera jamais du monde ; mais on n'ose guère compter sur ces sortes de mouvements, qui peuvent passer comme bien d'autres qu'elle a plusieurs fois ressentis. Elle ira demain trouver M. Le Noir, que j'ai été voir cette après-dînée. J'y ai trouvé M. de Saint-Claude, à qui j'ai rendu compte de tout ce que M. l'abbé Boileau m'a dit sur votre affaire de Montigny. Ma femme envoyera demain chez Jeanne une boîte où elle a mis les hardes les plus nécessaires pour Fanchon, dont nous vous supplions de nous mander des nouvelles. J'ai confié à Nanette que Fanchon étoit avec vous. Quoiqu'elle eût grande impatience de l'avoir avec elle, elle m'en a témoigné une extrême joie. Elle a relu plus de vingt fois la lettre que vous lui avez fait l'honneur de lui écrire, et met sa principale confiance en vos prières. J'oubliois de vous dire qu'elle aime extrêmement la lecture, et surtout des bons livres, et qu'elle a une mémoire surprenante. Excusez un peu ma tendresse pour une enfant dont je n'ai jamais eu le moindre sujet de plainte, et qui s'est donnée à Dieu de si bon cœur, quoiqu'elle fût assurément la plus jolie de tous nos enfants, et celle que le monde auroit le plus attirée par ses dangereuses caresses. Ma femme et nos petits enfants vous assurent tous de leur respect, et font mille compliments à Fanchon. Ma fille aînée s'est donné l'honneur de vous écrire.

Il m'est resté de ma maladie une dureté au côté droit,

dont j'avois témoigné un peu d'inquiétude à M. de Saint-Claude ; mais M. Morin, que je viens de voir, m'a assuré que ce ne seroit rien, et qu'il la feroit passer peu à peu par de petits remèdes qui ne me feroient aucun embarras. Du reste, je suis assez bien, Dieu merci.

Je suis bien plus en peine pour ma sœur Isabelle-Agnès, dont je suis bien fâché de n'apprendre aucune nouvelle certaine. Mme la comtesse de Gramont m'a dit que M. Dodart lui en avoit parlé à Fontainebleau avec de grandes inquiétudes. Ne doutez pas qu'il n'ait consulté M. Félix, et qu'il ne l'aille voir dès qu'il sera de retour. On m'a dit qu'il n'arriveroit ici que jeudi. Je n'ai point été surpris de la mort de M. du Fossé; mais j'en ai été très-touché. C'étoit pour ainsi dire le plus ancien ami que j'eusse au monde. Plût à Dieu que j'eusse mieux profité des grands exemples de piété qu'il m'a donnés ! Je vous demande pardon d'une si longue lettre, et vous prie toujours de m'assister de vos prières.

FIN DU TOME VII.

TABLE

DU TOME SEPTIÈME.

INTRODUCTION

	Pages.
I. Remarques sur l'*Odyssée* d'Homère et sur les *Olympiques* de Pindare.	I
II. Annotations.	II
III. Discours académiques.	IV
IV. Correspondance.	XIII

REMARQUES ET ANNOTATIONS

REMARQUES SUR L'*Odyssée* D'HOMÈRE	3
Livre Ier.	4
Livre II.	14
Livre III.	24
Livre IV.	35
Livre V.	50
Livre VI.	66
Livre VII.	78

TABLE.

	Pages:
Livre VIII	88
Livre IX	103
Livre X	117

REMARQUES SUR LES *Olympiques* DE PINDARE 131

Ode I	131
Ode II	139
Ode III	144
Ode IV	146
Ode V	148
Ode VI	149
Ode VII	152
Ode VIII	157
Ode IX	161
Ode X	165
Ode XI	170
Ode XII	171
Ode XIII	173
Ode XIV	176

ANNOTATIONS 179
NOTES SUR L'*Iliade* D'HOMÈRE 179

Livre Ier	179
Livre II	180
Livre III	180
Livre IV	182
Livre VI	183
Livre VII	186
Livre VIII	186
Livre IX	187
Livre X	187
Livre XI	187
Livre XII	188
Livre XV	188
Livre XVI	188
Livre XVII	188
Livre XVIII	188
Livre XIX	189
Livre XX	190

Livre XXI.	Pages.
Livre XXI.	191
Livre XXII.	191
Livre XXIII.	191
Livre XXIV.	192
NOTES SUR LES ODES DE PINDARE.	193
Olympique I.	193
Olympique II.	194
Olympique III.	194
Olympique IV.	195
Olympique V.	195
Pythique VI.	195
Pythique VII.	195
Pythique VIII.	197
Néméenne III.	196
Néméenne IV.	197
Néméenne V.	198
Néméenne VIII.	198
NOTES SUR LES *Coéphores* D'ESCHYLE	198
NOTES SUR QUELQUES TRAGÉDIES DE SOPHOCLE.	200
Notes sur *Ajax*.	201
Notes sur *Électre*.	202
Notes sur *OEdipe-roi*.	211
Notes sur *Ajax*.	214
Notes sur *Électre*.	222
Notes sur *OEdipe à Colone*.	222
Notes sur les *Trachiniennes*	222
NOTES SUR QUELQUES TRAGÉDIES D'EURIPIDE.	227
Notes sur *Médée*.	227
Notes sur *Hippolyte*.	229
Notes sur les *Bacchantes*.	230
Notes sur les *Phéniciennes*.	233
Notes sur *Hippolyte*.	236
Notes sur *Iphigénie à Aulis*.	236
Notes sur *Ion*.	236
Notes sur *Électre*.	237
NOTES SUR LA *Poétique* D'ARISTOTE.	237
NOTES SUR LA *Pratique du théâtre* DE L'ABBÉ D'AUBIGNAC.	239

DISCOURS ACADÉMIQUES

		Pages.
I.	Discours de l'abbé Colbert.	243
II.	Réponse de Racine à l'abbé Colbert	248
III.	Discours de Thomas Corneille.	252
IV.	Discours de Bergeret.	260
V.	Réponse de Racine à Thomas Corneille et à Bergeret	266
VI.	Discours de Valincourt, successeur de Racine.	276
VII.	Réponse de La Chapelle à Valincourt.	285

CORRESPONDANCE

Lettres de Racine à diverses personnes et de diverses personnes à Racine		293
I.	D'Antoine le Maistre à Racine (1656)	293
II.	De Racine à l'abbé Le Vasseur (1659).	294
III.	De Racine à Marie Racine (1660).	296
IV.	De Racine à l'abbé Le Vasseur (1660).	297
V.	De Racine à l'abbé Le Vasseur (1660).	300
VI.	De Racine à l'abbé Le Vasseur (1661).	303
VII.	De Racine à l'abbé Le Vasseur (1661).	307
VIII.	De Racine à l'abbé Le Vasseur (1661).	309
IX.	De Racine à l'abbé Le Vasseur (1661).	314
X.	De Racine à l'abbé Le Vasseur (1661).	318
XI.	De Racine à l'abbé Le Vasseur (1661).	320
XII.	De Racine à Marie Racine (1661).	322
XIII.	De Racine à La Fontaine (1661)	324
XIV.	De Racine à M. Vitart (1661)	329
XV.	De Racine à l'abbé Le Vasseur (1661).	332
XVI.	De Racine à l'abbé Le Vasseur (1661).	333
XVII.	De Racine à l'abbé Le Vasseur (1661).	337
XVIII.	De Racine à Mlle Vitart (1661).	342
XIX.	De Racine à Marie Racine (1662)	344
XX.	De Racine à M. Vitart (1662).	346
XXI.	De Racine à Mlle Vitart (1662).	350
XXII.	De Racine à Mlle Vitart (1662)	351
XXIII.	De Racine à l'abbé Le Vasseur (1662).	354

TABLE.

		Pages.
XXIV.	De Racine à l'abbé Le Vasseur (1662).........	358
XXV.	De Racine à Mlle Vitart (1662)	359
XXVI.	De Racine à l'abbé Le Vasseur (1662).........	360
XXVII.	De Racine à l'abbé Le Vasseur (1662).........	363
XXVIII.	De Racine à Mlle Vitart (1662)	367
XXIX.	De Racine à M. Vitart (1662).............	369
XXX.	De Racine à l'abbé Le Vasseur (1662)	373
XXXI.	De Racine à M. Vitart (1662).............	376
XXXII.	De Racine à M. Vitart (1662)	379
XXXIII.	De Racine à M. Vitart (1662).............	383
XXXIV.	De Racine à l'abbé Le Vasseur (1662).........	387
XXXV.	De Racine à La Fontaine (1662)	391
XXXVI.	De Racine à M. Vitart (1662).............	398
XXXVII.	De Racine à Marie Racine (1663)	401
XXXVIII.	De Racine à Marie Racine (1663)	403
XXXIX.	De Racine à l'abbé Le Vasseur (1663).........	404
XL.	De Racine à l'abbé Le Vasseur (1663)	406
XLI.	De Racine à l'abbé Le Vasseur (1663)	408
XLII.	De la sœur Agnès de Sainte-Thècle à Racine	410
XLIII.	De Racine à Marie Racine (1664)............	411
XLIV.	De Racine à Marie Racine (1665)	413
XLV.	De Racine au P. Bouhours (1676)	414
XLVI.	De Racine à *** (1678)	415
XLVII.	De Racine à Mlle Rivière (1681)............	415
XLVIII.	De Racine à Antoine Rivière (1682)	416
XLIX.	De Racine à Mlle Rivière (1683)	418
L.	De Guilleragues à Racine (1684)............	419
LI.	De Racine au P. Bouhours (1685)............	422
LII.	De Racine à Mlle Rivière (1685)............	422
LIII.	D'Antoine Arnaud à Racine (1685)	424
LIV.	De Racine à Mlle Rivière (1685)............	425
LV.	De Racine à Mlle Rivière (1685)	426
LVI.	De La Fontaine à Racine (1686)	427
LVII.	De Racine à Mlle Rivière (1686)............	430
LVIII.	De Racine à Mlle Rivière (1686)............	431
LIX.	De Racine à Mlle Rivière (1687)............	433
LX.	De Racine à Mlle Rivière (1687)............	434

		Pages.
LXI.	De Racine au P. Rapin (1687)	435
LXII.	De M. de Bonnafau à Racine (1687)	436
LXIII.	De Racine à M. Rivière (1688)	437
LXIV.	De Racine à Mme de Maintenon (1688)	439
LXV.	De Racine à Mlle Rivière (1688)	439
LXVI.	De Racine à Mlle Rivière (1689)	441
LXVII.	De Racine et de Boileau au maréchal de Luxembourg (1690)	442
LXVIII.	De Racine à M. le Prince	444
LXIX.	De Racine à M. le Prince	445
LXX.	De Nicole à Racine (1690)	447
LXXI.	De Racine à Mme Racine (1692)	448
LXXII.	D'Antoine Arnaud à Racine (1692)	451
LXXIII.	De Racine à M. Rivière (1692)	452
LXXIV.	D'Antoine Arnaud à Racine (1693)	454
LXXV.	De Racine à M. de Bonrepaux (1693)	455
LXXVI.	De Racine à la mère Agnès de Sainte-Thècle Racine (1694).	458
LXXVII.	De Racine à la mère Agnès de Sainte-Thècle Racine (1694).	459
LXXVIII.	De Racine à Mlle Rivière (1695)	461
LXXIX.	De Racine à la mère Agnès de Sainte-Thècle Racine (1695).	463
LXXX.	De Racine à la mère Agnès de Sainte-Thècle Racine (1696).	465
LXXXI.	De Racine à la mère Agnès de Sainte-Thècle Racine (1696).	466
LXXXII.	De Racine à M. Rivière (1696)	468
LXXXIII.	De Racine à *** (1696)	470
LXXXIV.	De Racine à Mlle Rivière (1697)	471
LXXXV.	De Racine à Mlle Rivière (1697)	473
LXXXVI.	De Racine à M^{le} Rivière (1697)	475
LXXXVII.	De Racine à Mlle Rivière (1697)	477
LXXXVIII.	De Vauban à Racine (1697)	478
LXXXIX.	De Racine à M. Rivière (1698)	480
XC.	De Racine à Mme de Maintenon (1698)	482
XCI.	De Racine à la mère Agnès de Sainte-Thècle Racine (1698).	485

FIN DE LA TABLE DU TOME

PARIS. — Impr. J. CLAYE. — A. QUANTIN et C⁰, rue Saint-Benoît. [1216]

CHEFS-D'ŒUVRE DE LA LITTERATURE FRANÇAISE

FORMAT IN-8° CAVALIER, PAPIER VÉLIN DES VOSGES

Imprimés avec luxe par J. Claye et ornés de gravures sur acier par les meilleurs artistes

38 volumes sont en vente à 7 fr. 50

On tire de chaque volume de la collection *150 exemplaires numérotés* sur papier de Hollande, avec figures sur chine avant la lettre, 15 fr. le vol.

Il ne nous reste plus qu'un petit nombre d'exemplaires de MOLIÈRE, sur papier de Hollande et nous ne pouvons plus les donner, en dehors de la collection et séparément, qu'au prix de 30 fr. le vol.

ŒUVRES COMPLÈTES DE MOLIÈRE. — Nouvelle édition très-soigneusement revue sur les textes originaux, avec un nouveau travail de critique et d'érudition, aperçus d'histoire littéraire, examen de chaque pièce, commentaire, biographie, etc., etc., par M. Louis Moland. 7 vol.

ŒUVRES COMPLÈTES DE J. RACINE. — Avec une vie de l'auteur et un examen de chacun de ses ouvrages, par M. Saint-Marc Girardin de l'Académie française et M. Louis Moland. 8 vol.

ŒUVRES COMPLÈTES DE LA BRUYÈRE. — Nouvelle édition, publiée d'après les éditions données par l'auteur, avec une notice sur La Bruyère, des variantes, des notes et un lexique, par A. Chassang, lauréat de l'Académie française, inspecteur général de l'instruction publique. 2 vol.

CHEFS-D'ŒUVRE LITTÉRAIRES DE BUFFON. — Avec une introduction par M. Flourens, membre de l'Académie française, secrétaire de l'Académie des sciences, etc. 2 vol. avec un beau portrait de Buffon.

HISTOIRE DE GIL BLAS DE SANTILLANE. — Par Le Sage, avec les principales remarques des divers annotateurs, précédée d'une notice par Sainte-Beuve, les jugements et témoignages sur Le Sage et sur *Gil Blas;* suivie de *Turcaret* et de *Crispin rival de son maître.* 2 vol.

L'IMITATION DE JÉSUS-CHRIST. — Traduction nouvelle avec des réflexions par M. l'abbé de Lamennais. 1 vol.

ESSAIS DE MICHEL DE MONTAIGNE. — Nouvelle édition, avec les notes de tous les commentateurs, complétée par M. J.-V. Le Clerc, précédée d'une nouvelle étude sur Montaigne par M. Prévost-Paradol. 4 vol. avec un beau portrait de Montaigne.

ŒUVRES DE CLÉMENT MAROT. — Annotées, revues sur les éditions originales et précédées de la Vie de Clément Marot, par Charles d'Héricault. 1 vol. orné du portrait de l'auteur.

ŒUVRES CHOISIES DE MASSILLON. — Accompagnées de notes et précédées d'une notice par M. Godefroy. 2 vol. avec un beau portrait de Massillon.

ŒUVRES DE JEAN-BAPTISTE ROUSSEAU. — Avec un nouveau travail de M. Antoine de Latour. 1 vol. orné du portrait de l'auteur.

ŒUVRES COMPLÈTES DE BOILEAU. — Avec des commentaires et un travail nouveau de M. Gidel. 4 vol.

ŒUVRES COMPLÈTES DE LA FONTAINE. — Nouvelle édition, avec un nouveau travail de critique et d'érudition, par M. Louis Moland. 7 vol.

ŒUVRES COMPLÈTES DE MONTESQUIEU. — Textes revus, collationnés et annotés par Édouard Laboulaye, membre de l'Institut. En vente les tomes Ier, IIe et IIIe.

www.ingramcontent.com/pod-product-compliance
Lightning Source LLC
Chambersburg PA
CBHW071938240426
43669CB00048B/1812